西方传统 经典与解释
Classici et commentarii

HERMES

U0330093

HERMES

在古希腊神话中，赫耳墨斯是宙斯和迈亚的儿子，奥林波斯神们的信使，道路与边界之神，睡眠与梦想之神，亡灵的引导者，演说者、商人、小偷、旅者和牧人的保护神……

西方传统 经典与解释

Classici et commentarii

HERMES

尼采注疏集

刘小枫 ● 主编

尼采在西方(重订本)

Nietzsche in Western

刘小枫 ● 选编

华东师范大学出版社

华东师范大学出版社六点分社　策划

"尼采注疏集"出版说明

尼采是我国相当广泛的读书人非常热爱的德语作家,惜乎我们迄今尚未有较为整全的汉译尼采著作集。如何填补我国学园中的这一空白,读书界早已翘首以待。

"全集"通常有两种含义。第一个含义指著作者写下的所有文字的汇集,包括作者并未打算发表的笔记、文稿和私信等等。从这一含义来看,意大利学者 Giorgio Colli 和 Mazzino Montinari 编订的十五卷本"考订版尼采文集"(*Nietzsche Sämtliche Werke*:Kritische Studienausgabe in 15 Bänden,缩写 KSA,实为十三卷,后两卷为"导论"、各卷校勘注和尼采生平系年),虽享有盛名,却并非"全集",仅为尼采生前发表的著作和相关未刊笔记,不含书信。Giorgio Colli 和 Mazzino Montinari 另编订有八卷本"考订版尼采书信集"(*Sämtliche Briefe*, Kritische Studienausgabe in 8 Bänden)。

其实,未刊笔记部分,KSA 版也不能称全,因为其中没有包含尼采在修习年代和教学初期的笔记——这段时期的文字(包括青年时期的诗作、授课提纲、笔记、书信),有经数位学者历时数十年编辑而成的五卷本"尼采早期文稿"(*Frühe Schriften*:*Werke und Brief* 1854—1869;Joachim Mette 编卷一、二;Karl Schlechta / Mette 编卷三、四;Carl Koch / Schlechta 编卷五)。

若把这些编本加在一起（除去 KSA 版中的两卷文献，共计二十六卷之多）全数翻译过来，我们是否就有了"尼采全集"呢？

Giorgio Colli 和 Mazzino Montinari 起初就立志要编辑真正的"尼采全集"，可惜未能全工，Volker Gerhardt、Norbert Miller、Wolfgang Müller-Lauter 和 Karl Pestalozzi 四位学者在柏林－布兰登堡学园（Berlin-Brandenburgischen Akademie der Wissenschaften）支持下接续主持编修（参与者为数不少），90 年代中期成就四十四卷本"考订版尼采全集"（Nietzsche Werke Kritische Gesamtausgabe，44 Bände，Berlin / New York，Walter de Gruyter 1967－1995，共九大部分，附带相关历史文献）。我国学界倘若谁有能力和财力全数翻译，肯定会是莫大的贡献（最好还加上 Supplementa Nietzscheana，迄今已出版七卷）。

"全集"的第二个含义，指著作者发表过和打算发表的全部文字，这类"全集"当称为"著作全集"（KSA 版十五卷编本有一半多篇幅是尼采 1869—1889 的未刊笔记，尼采的著作仅占其中前六卷，未刊笔记显然不能称"著作"）。尼采"著作全集"的编辑始于 19 世纪末。最早的是号称 Großoktavausgabe 的十九卷本（1894 年开始出版，其时病中的尼采还在世），前八卷为尼采自己出版过的著作，九卷以后为遗稿；然后有 Richard Oehler 等编的 Musarion 版二十三卷本（1920—1929）、Alfred Bäumler 编订的 Kröner 版 12 卷本（1930 陆续出版，1965 年重印）。这些版本卷帙过多，与当时的排印技术以及编辑的分卷观念相关，均具历史功绩。

1956 年，Karl Schlechta 编订出版了"三卷本尼采著作全集"（Werke in 3 Bänden，附索引一卷；袖珍开本，纸张薄、轻而柔韧，堪称精当、精美的"尼采著作全集"）——尼采自己出版的著作精印为前两卷，卷三收尼采早期未刊文稿和讲稿以及"权力意志"遗稿。KSA 版问世后，Karl Schlechta 本因卷帙精当仍印行不衰——迄今已印行十余版（笔者所见最近的新版为 1997 年），引用率仍然很高。

Karl Schlechta 本最受诟病的是采用了尼采胞妹编订的所谓"权力意志"遗稿（张念东、凌素心译本，北京：商务版 1991）——由于没有编号，这个笔记编本显得杂乱无章（共辑 1067 条），文本的可靠性早已广受质疑。KSA 版编辑尼采笔记以年代为序，从1869 年秋至 1889 年元月初，长达近二十年（七至十三卷，近五千页），其中大部分不属遗著构想，所谓"权力意志"的部分仅为十二和十三卷（十三卷有贺骥中译本，漓江出版社 2000；选本的中译有：沃尔法特编，《尼采遗稿选》，虞龙发译，上海译文版 2005）

有研究者认为，尼采并没有留下什么未完成的遗著，"权力意志"（或者"重估一切价值"）的写作构想，其实已见于最后的几部著作（《偶像的黄昏》、《善恶的彼岸》、《道德的谱系》、《敌基督者》）——尼采想要说的已经说完，因此才写了《瞧，这个人》。按照这种看法，尼采的未刊笔记中并没有任何思想是其已刊著作中没有论及的。

研究尼采确乎当以尼采发表的著作为主——重要的是研读尼采或充满激情或深具匠心地写下并发表的文字。此外，尽管尼采的书好看，却实在不容易读（首先当然是不容易译），编译尼采著作，不仅当以尼采的著作为主，重要的是要同时关注注释和解读。

我们这个汉译"尼采注疏集"含三个部分：

1. 笺注本尼采著作全集——收尼采的全部著作，以 KSA版为底本（其页码作为编码随文用方括号注出，便于研读者查考），并采用 KSA 版的校勘性注释和波恩大学德语古典文学教授 Peter Pütz 教授的"笺注本尼采著作全集"（共十卷）中的解释性注释（在条件许可的情况下，尽量采集法译本和英译本的注释——Gilles Deleuze/Maurice de Gandillac 主编的 Galimard 版法译全集本主要依据 KSA版；英文的权威本子为"剑桥版尼采著作全集"）；

2. 尼采未刊文稿——选编重要的早期文稿（含讲稿和放弃了的写作计划的残稿）、晚期遗稿和书信辑要；

3. 阅读尼采——选译精当的文本解读专著或研究性论著/文集；

由此形成一套文本稳妥、篇幅适中、兼顾多面的"尼采笺注集"，虽离真正的"汉译尼采全集"的目标还很遥远，毕竟可为我们研读尼采提供一个较为稳靠的基础。

"尼采注疏集"是我国学界研究尼采的哲学学者和德语文学学者通力合作的结果，各位译者都有很好的翻译经验——这并不意味着译本无懈可击。编译者的心愿是，为尼采著作的汉译提供一种新的尝试。

刘小枫

2006 年 5 月于

中山大学比较宗教研究所

德语古典文化与宗教研究中心

目　　录

第一编　尼采思想释义

第二编　后现代思想中的尼采

第三编　尼采与西方大思想家

编者说明

尼采辞世百年之际,我应约选编了这部文集,当时还没有想到今后要做"尼采注疏集"。如今,"尼采注疏集"编译计划已经展形,《尼采在西方》初版中的一些篇章已见于近几年来陆续出版的译著,为免除重复,这次重订删去了五篇已见于别处的文章(施特劳斯、沃格林、罗森、皮尔逊、兰佩特等),另增补了两篇新译(兰佩特、瓦提莫)。

"尼采注疏集"扩大了尼采研究文献的选择篇幅,但选题范围紧缩到疏解文本方面,解读方向也有确定取向。《尼采在西方》的选材范围仍然是综合性的:以海德格尔的解读为起点,提供 20 世纪关于尼采的三个方向的研究文献——1. 施特劳斯学派的解读;2. 后现代派的解读;3. 其他学院式的解读。读者在使用这些材料时,当注意解读取向上的重大差异。

所选篇章大多来自西文书刊,少数来自如今已很难找到的我国十多年前的旧刊;重订时,凡已发现的讹误,均作了订正,断乎仍有未能发现者,盼读者不吝指明。

刘小枫

2008 年 5 月于沐猴而冠斋

第 一 编
尼采思想释义

尼采的扎拉图斯特拉是谁?

海德格尔　著

郜元宝　译

尼采的扎拉图斯特拉是谁?

看起来这似乎很好回答,因为我们发现尼采自己用清晰的字句给出的回答,甚至还是用斜体字标出的。尼采的回答见于他专门用来塑造扎拉图斯特拉形象的著作中。该书有四部分,从 1883 年一直写到 1885 年,题曰《扎拉图斯特拉如是说》。

尼采给这书起了一个副题:"一本给每个人而又不给任何人的书"。"给每个人"的意思当然不是给任何人。"给每个人"的意思是给每个作为人的人,这人的本性在任何时候都会成为值得他思考的对象。"而又不给任何人"的意思是不给那怀着无益的好奇心从随便什么地方施施然飘荡而来的人,他们仅仅使自己陶醉于从这书中找到孤立的片段与卓特的箴言;他们不愿意循着在这里寻求其表达的思想的小路走下去,而只盲目踯躅于它的半抒情半嘲骂、忽而温煦忽而狂暴、时常睥睨万物但有时也不免老生常谈的语言。

《扎拉图斯特拉如是说:一本给每个人而又不给任何人的

书》。从这书最初面世,迄今已历70余年,它的副题已经以一种不寻常的方式变成了现实——尽管是在完全相反的意义上。它成了给每个人的书,但直到今天,还没有出现一个思想者,可以当得起这本书的根本之思,并且能够领会其全部本源的含义。谁是扎拉图斯特拉? 如果我们细审这书的标题,是会发现一些暗示的。扎拉图斯特拉如是说。他是说话者。哪一种说话者? 演说者甚或说教者么? 不。说话者扎拉图斯特拉是"辩护者"——Fürsprecher(说情者、代言者)。这里我们遇到了一个非常古旧的德语词,它有好几种含义。Für(给)实际上意指 vor(在前面,置于前面)。Fürtuch 在阿勒曼尼方言中至今还当"围裙"讲①。"辩护者"辩护,他也是代言者。但 Für 的意思还有"为了……的利益"、"代表……的立场"、"为着……的正义"。一个辩护者最终是分疏与解释他所讲的话和为了他所讲的话而作出分疏与解释的人。

扎拉图斯特拉是这三重意义上的辩护者。但他辩护什么? 他代表谁的立场说话? 他试图解释什么? 扎拉图斯特拉是为任何事情作出辩护的辩护者,抑或只是为一件总是而且首先要向人诉说的事情辩护的辩护者?

《扎拉图斯特拉如是说》第三部分临近结束,有一节叫"病愈者"。"病愈者"就是扎拉图斯特拉。但"病愈者"是什么意思?"病愈"(genesen)相当于希腊文 *neomai*,*nostos*。这词的意思是"回家"。"病愈者"就是收拾身心回家的人——就是说,回到他自己的天命中去。病愈者走上了回归自己的路,所以他可以说出他是谁。在有关段落中,这病愈者说:"我,扎拉图斯特拉,是生命的辩护者,苦痛的辩护者,循环的辩护者……"

---

① 英语"围裙"(pinafore)和德语 Fürtuch 字面上的意思都是穿在胸前的织物。——中译注

扎拉图斯特拉为生命、痛苦、循环说话，这就是他要为之辩护的。这三样东西——"生命、痛苦、循环"——相互从属，是相同之物。如果我们能够正确地将此三重性思为一种事物和相同之物，则我们就能够臆度扎拉图斯特拉是谁的辩护者，以及他自己作为辩护者又是谁。当然，我们现在就可以起用一种粗糙的解释，并以无可否认的正确性断言，在尼采的语言中，"生命"是指作为所有存在者而非仅仅作为人的存在的基本特征的权力意志。尼采用下面的话解说"痛苦"的意思："所有痛苦者，都将生存"，也就是说，"痛苦"乃是其生存之道为权力意志的所有事物，这就是指："构成性的诸权力彼此冲撞"。"循环"是圆的标志，它总是回复到自身，也总是抵达不断重现的同一者。

照此说来，扎拉图斯特拉就现身为这一事实的辩护者：所有存在者都是权力意志，都作为创造性的冲撞不已的意志而痛苦着，也因此而在相同物的永恒回复中遑其所愿。

我们已经用那个表述将扎拉图斯特拉的本质归结为一个定义，就像某人在教室里说的那种。我们可以将它写下，记牢，根据需要拿出来。我们甚至可以参照尼采著作中用斜体字标出的那些解说谁是扎拉图斯特拉的句子，使这样的定义显得有根有据。

在已经提到的"病愈者"一节中，我们读到："你（扎拉图斯特拉）是永恒回复的教师！……"在全书的序言中我们还读到："我教你们超人的道理。"

根据这些段落，辩护者扎拉图斯特拉就是"教师"。他似乎教诲两件事：同一物的永恒回复和超人。但他所教诲的东西是否相互从属，如果是，又以什么方式相互从属，却并非立即昭然若揭。而且，即使弄清了永恒回复与超人的关联，我们是否在倾听辩护者，是否在向这个教师学习，也还是不确定的。如果没有这样的听与学，我们永远也不能清楚地知道谁是扎拉图斯特拉。

因此，仅仅收集那些辩护者与教师关于自己所说的话还不够。我们必须留心他怎么说，在什么场合说，带着什么意图说。关键性的话——"你是永恒回复的教师"——并非扎拉图斯特拉对自己说的。这是他的禽畜告诉他的话。他们一开始就被立即确定了身份，在全书序言最后，这一点就更加清楚了。它是这样说的：

> ……日当正午，他（扎拉图斯特拉）疑惑地望着天空，因为他听到头顶上有鸟的尖叫。看哪！一只鹰在空中兜着大圆圈而盘旋着，它身上还挂着一条蛇，这蛇不像攫获之物，倒像是朋友：因为她自己缠绕于鹰的颈项。

由这神秘的缠绕，我们已经有一种预感，即圆圈和圆怎样含蓄地显现于鹰的盘旋与蛇的缠绕中。因此这个圆，也曾被称为anulus aeternitatis 而熠熠生辉：比如印章的指环和永恒之年。这两个禽畜的视野，即不断盘旋以及不断形成的圆圈，就表明它们属于什么地方。因为鹰和蛇最先并不构成圆圈；它们只是遵循这圆圈，由此获得他们的本性。在它们的视野中，出现了扎拉图斯特拉所关心的东西，他疑惑地凝视天空。因此，文章继续写道：

> "它们是我的禽畜！"扎拉图斯特拉说，并且心中欣悦。
> "太阳下面最骄傲的禽畜，太阳下面最聪明的禽畜——它们走出来巡视了。"
> "它们想确信扎拉图斯特拉是否还活着。是的，我还活着吗？"

只有当我们在"权力意志"的意义上理解"生命"这个含义不

定的词时，扎拉图斯特拉的问题才仍然具有其重要性。扎拉图斯特拉问：我的意志和那遍及所有存在者的作为权力意志的意志是一致的吗？

扎拉图斯特拉的禽畜使他弄清了自己的本质。他问自己他是否还"活着"（还"是"），也就是说，他是否已经是他真正所是的人。从遗稿中我们读到一则为《扎拉图斯特拉如是说》所作的注解：

"我有时间等待我的禽畜吗？如果他们是我的禽畜，他们会知道怎样找到我的"。扎拉图斯特拉沉默了。

于是前面引用的"病愈者"那一段，扎拉图斯特拉的禽畜对他说了如下的话——用斜体字标出，我们不会漏看的——"扎拉图斯特拉，你的禽畜很知道你是谁以及你必须成为谁：看哪，你是永恒回复的教师——那就是你的天命！"

所以这就清楚了。扎拉图斯特拉首先必须"成为"他所是的。扎拉图斯特拉带着恐惧从这个"成为"退缩了。这恐惧弥漫于那展示其性格的全书中。这恐惧决定了全书犹豫踌躇并且总是凝结不通的风格。这恐惧从一开始就抑制了扎拉图斯特拉全部的自信与傲慢。你如果没有首先并且始终察觉到那所有话语中的恐惧——它似乎是傲慢的而且常常表现为意醉神迷的样子——你就绝不可能知道扎拉图斯特拉是谁。

如果扎拉图斯特拉尚在"成为"永恒回复者，那他显然不可能一开始就有这个教义。这就是为什么还有别的话竖在他的道路的开头："我教你们超人的道理。"

但是当我们使用"超人"一词时，一开始就必须避开这个词所包含的全部流俗领悟的虚伪含混的言外之意。尼采并没有把"超人"这个名称给予迄今为止生存着的人类，而只给那在超迈的向度上生存的人类。他也并非用"超人"来指称某种类型的人类——他们将人性抛到一边，从而制造随意的法则和巨大无边的尺度。相反，认真从字面来理解，超人乃是个人，他"胜过"迄今为止一直那么存在的人，其唯一目的就是要将迄今为止的人带领到他的尚未获得的本性中去，在那里护卫他。尼采死后出版的一则关于扎拉图斯特拉的注解这样说：

> 扎拉图斯特拉不想"丢失"人类的过去，只想将一切投入熔炉。

但对超人的悲哀的呼唤又所为何来？何以一直先前的人不再是充足的？因为尼采看出在那样一个历史时刻，人总是随时准备统治整个地球。尼采是第一个这样的思想者，有鉴于世界历史的肇始，他提出了决定性的问题并深思其形而上学的内涵。这问题是：就其迄今为止的本性来说，人是否随时准备着僭取整个地球的统治权？如果不是，在如其所是而存在的人身上必须发生什么，他才"能够""隶属于"地球，并因此而履行那古老教言的指令？① 如其所是的人，倘若打算完成这个任务，就必定不能被引领而"超出"他自身吗？如果这样，那么被正确地理解的超人就不会是一头扎进空漠之境的放纵而颓败的想象的产物。然而，超人也不能通过现时代的解释而被历史地揭示出来。因此，我们绝不能在那些人物身上寻找超人的本质结构——作为肤浅

---

① 海德格尔认为西方形而上学的一个主要内容，就是人的存在变成了"主体"(subject)，这是对人的存在同时也是对 subject 一词最大的误解。subject 的希腊文是 *hypokeimenon*，本义并非指人的主动性或主宰权，而是指人作为存在者的存在——人存在着，不是作为其他存在者或地球的主人，而是作为融入诸多存在者中的一员，亲近、顺应其他存在者的存在。"古老的教言"即指 subject 一词的"原义"所指示的一种存在方式，姑从英译为"隶属于"。另请参看《世界图画的时代》。——中译注

而扭曲的权力意志的主要执行者，他们被推到肤浅而被扭曲的权力意志的各种制度化形式的极点。但有一事我们很快应该注意到：这种旨在树立那教诲超人的道理的教师形象的思，不止今天甚至还在更远的明天关怀着我们、关怀着欧洲、关怀着整个地球。不管我们接受或反对，不管我们无视它或以错误的方式模仿它，它都如此。所有本质的思都无可违抗地要穿越一切党派偏见和异议。

那么最吃紧的就是，我们首先必须学会怎样向这个教师学习，即使他仅仅提出超过他自身能力的问题。唯有这样，有朝一日我们才能看出谁是扎拉图斯特拉——或者我们将永远看不出。

但还要考虑到，那超出尼采思想的寻求，是否可以作为他的思想的赓续，抑或肯定是一种倒退。首先要考虑的是，这种"倒退"是否标志着仅仅退却到一个历史上可以确定的过去，在这样的过去（比如歌德的世界）人们希望可以获得新生；或者，"倒退"指向过去，其源头仍然有待于回忆，以便成为新的黎明的开始。

但这里还是让我们集中精力来学习关于扎拉图斯特拉的一些绪论吧。完成这一工作的最好的方式，是努力追随那个教师的最初的步骤。他通过显示而设教。他前瞻超人的本质，赋予它可见的外形。扎拉图斯特拉只是老师，不是超人自己。尼采也非扎拉图斯特拉，他只是试图在思想中抓住扎拉图斯特拉的本质的提问者。

超人胜过先前与当代的人，因此他是通道，是桥梁。如果我们——学习者——愿意追随教我们超人的道理的教师，我们就必须随着这个隐喻停下来，走上桥梁。我们将完全正确地理解这个通道的意义——如果我们注意到三件事：

1. 人不经意地由此出发之地。

2. 桥梁本身。

3. 人穿越通道所要到达的目的地。

目的地必须始终被保持在视野中——首先是被我们；被穿越者；最后，被将要揭示目的地的教师。如果缺乏对目的地的预见，穿越就没有方向，而穿越者必须将他自己从中解救出来的出发点也就不能确定。另一方面，只有当人已经穿过去了，那鼓舞他穿越的力量才能充分清楚地显示其自身。对穿越者，确实也对那即将显示桥梁的教师和扎拉图斯特拉本人，目的地总在一定距离之外。这距离始终在那儿。因为距离的持存，目的地又始终近在咫尺，始终在那个亲近之处，而此亲近之处一直将遥远者作为遥远之物保护着，让人们不断回忆它，思及它。让人回忆遥远之物的这种亲近感，在德语中叫做 Sehnsucht（遥情）。Sucht（病）一词是"寻求"的一种变体，它被错误地和"探究"联系起来。古字 Sucht 的意思是病，忍受，痛苦。

遥情是对遥远者的极度痛苦的亲近感。

穿越者的遥情被引向他穿越而去的地方。穿越者，甚至为他指路的教师，正如我们上面所说，只是走在通向他的本真的心性的路上。他是病愈者。在《扎拉图斯特拉如是说》第三部，"病愈者"一节之后，紧接着是"论伟大的遥情"一节。有了从第三部结尾开始的这第三节，《扎拉图斯特拉如是说》全书达到了高潮。在死后发表的注解中，尼采写道："一种神圣的痛苦是《扎拉图斯特拉如是说》第三部的内容。"

在"论伟大的遥情"一节中，扎拉图斯特拉和他的灵魂对话。根据后来成为西方形而上学精髓的柏拉图的信条，思想的本质就内在于灵魂与自己的对话。这是 the logos hon aute pros auten he psyche diexerchetai peri on an skope：对话中的自我凝聚，在它所领会的周围不管什么事物中，灵魂走上它的通向自己的道路。

扎拉图斯特拉，在和他的灵魂的对话中，思他的"最渊默之思"。他以这样的话开始"论伟大的遥情"一节："呵，我的灵魂，我教你说'今天'、'某天'与'从前'并教你跳着圆舞超过所有'这里'、'那里'和'远处'。"

"今天"、"某天"和"从前"这三个词，是大写并加引号的，它们为时间的基本特征命名。扎拉图斯特拉说出这三个词的方式喻示着，在其存在的根基处，他必须进一步告诉自己什么。那是什么呢？"某天"和"从前"，将来与过去，也"有如""今天"。而目前就像过去，也似将来。所有这三个时间段呈现为一，为彼此相像者，而融入单一的目前，亦即永恒之"现在"。形而上学称持存的"现在"为"永恒"。尼采从永恒的立场出发，也把这三个时间段设想为持存的"现在"。但对尼采来说，这种持存不在于某种静态的事物，而在于同一物的回复。当扎拉图斯特拉教他的灵魂说那三个词时，他就是同一物的"永恒回复"的教师。永恒回复是亦乐亦苦的生命取之不竭的丰盈。这便是同一物的永恒回复的教师之"伟大的遥情"的要义，也就是为什么在同一节里"伟大的遥情"又被称为"过于丰盈的遥情"的原因。

"伟大的遥情"多半依靠它从中汲取唯一安慰——信心——的东西而存活。古老的德语词 Trost（solace，请比较：betroth，trust）已被"希望"所代替。那启示扎拉图斯特拉的"伟大的遥情"教他顺应并专意于他的"最大的希望"。

然而是什么引导他并使他有资格走向这"伟大的遥情"呢？

何种桥梁让他穿过而走向超人，在此穿越中让他离开他至今所是的人，从而将他从他至今所是的那个他中解放出来？

正是在展示穿越之举的《扎拉图斯特拉如是说》的独特结构中，对此问题的回答在准备性的第二部中显示出来。在"论塔兰图拉的毒蜘蛛"一节，尼采让扎拉图斯特拉说，"因为，人应该脱去仇恨，这对我而言是通往最高希望的桥梁，是暴风雨后的彩虹。"

比起对被曲解的尼采哲学的流俗理解来,这话似乎十分奇怪而又令人迷惑。尼采难道不是被人们视为权力意志、强力政治与战争、疯狂的"衣冠禽兽"的始作俑者吗?

实际上"人应该脱去仇恨"是用斜体字排出的。尼采的思所沉思的,是如何从仇恨精神中解脱出来。作为对报复心的挣脱,它意欲充当不仅超越单纯的手足之情也高于任何单纯的惩罚愿望的精神;这种精神先于一切对和平的企求与战争贩卖,也与那种借契约建立与保障和平(pax)的精神无涉。同样,要求解脱仇恨的精神也自外于和平主义、强权政治和专为自己打算的中立立场,它还自外于勉力作出的满不在乎和逃避牺牲,自外于盲目的渴求与不惜任何代价的行动。

一般所认为的尼采的自由之思,就是要求解脱仇恨的精神的一部分。

"人应该脱去仇恨"。即使我们仅仅模糊地将此自由的精神领会为尼采之思的根本,那么一直流行的关于尼采的想象就会不攻自破。

"因为人应该脱去仇恨:对我来说那就是通向最高希望的桥梁",尼采如是说。他因此以本来预备隐蔽的语言清楚地陈述了他的"伟大的遥情"的旨趣。

但尼采这里使用的仇恨一词是什么意思?照他说,什么才算是"脱去仇恨"?

我们若能向这两个问题投去一点微弱之光就心满意足了。或许,这微弱之光会让我们更清楚地看到那将要引导这样的思从迄今为止的人出发而穿越到超人的桥梁。穿越中,人要穿越而去之地成为可见的。那时我们将更清楚地看见,作为生命、痛苦和循环的辩护者,扎拉图斯特拉如何同时又是同一物的永恒回复与超人的教师。

但有些事何以如此决定性地依赖于对仇恨的解脱?解脱的

精神在什么地方起着支配作用？在《扎拉图斯特拉如是说》第二部结尾倒数第三段，尼采给出了答案。这段的标题就叫"论解脱"。文章说："我的朋友，'仇恨的精神'一直是人类最佳的反思的对象；哪里有痛苦，哪里也就需要惩罚。"

　　这句话一开始就将仇恨与人类迄今为止的思联系起来。在这里，反思不仅指随便什么思索，更指人与所有事物、所有存在者的关系在其中被奠定、被调适的那种思。只要人与存在者发生关联，他就根据存在者"是"什么及怎样"是"，根据存在者如何可以存在及应该怎样存在诸如此类存在者的存在的实情来反映存在；简言之，他依据存在者的存在来反映存在者。这种反映就是思。

　　根据尼采的论述，这种反映一直就被仇恨的精神所左右。人们认定，他们和存在事物的关系如果被如此左右着，便是最好的了。

　　不管用什么方式，人只要能够这样对他自己反映存在者，他就是依据存在者的在来反映它们。因此，人总是超越在者而穿越到在。希腊语中，"在……之外"是 *meta* 一词。所以，人和如此存在的存在者的所有关系，本身就是"在物理学之外"。① 在将仇恨理解为调适和决定人与存在者的关系的那种精神的时候，尼采一开始就形而上学地看待仇恨。

　　在这里，仇恨不是单纯道德的主题，解脱仇恨也不是道德教育的任务。仇恨和报复心也不是心理的内容。尼采形而上学地看待仇恨的本质与蕴涵。但仇恨究竟指什么？

　　如果我们暂时贴近这个词的字面意义——自然要有必要的审慎——我们将发现一种暗示。Rache（报复）（to wreak vengeance），中古英语作 wreken（泄愤，报仇），拉丁语作 urgere，言外

---

① "在物理学之外"（metaphysical），亦即通常所谓"形而上学"。——中译注

之意都是"压紧或重压"、"驱使"、"赶出"、"消除"及"追赶"。在何种意义上仇恨才是迫害呢？毕竟，仇恨并不简单地追逐某种事物，夺取和占有它。它也并不仅仅指消灭它所追逐的东西。怀着仇恨的迫害进而就与它所仇恨的东西照面。它通过贬低它而反对它的对象，这样，通过将贬低的对象与它自己的优越性相对照，它就可能恢复它自己在它看来唯一具有决定意义的合法性。因为仇恨是由被征服与被损害的感情激发起来的。在尼采创作《扎拉图斯特拉如是说》时，他写下这样的评论："我建议所有的殉道者考虑一下，是不是仇恨驱使他们走向极端。"

　　什么是仇恨？我们现在可以试着说：仇恨是怀着反对与贬低之心的迫害。在迄今为止的反思中，在迄今为止从存在的角度对存在者的所有反映中，一直持续着和弥漫着这种迫害吗？如果仇恨的精神确实有此形而上学的意味，那它肯定会在形而上学的结构中被察觉。为了在某种程度上察觉仇恨的形而上学意味，就让我们考察一下存在者的存在在现代形而上学中出现时的本质特征吧。在谢林 1809 年所写的《对人的自由的本性及其对象的哲学研究》一书的几句话里，有关于存在的本质特征的经典表述。它们宣布：

　　　　在最终和最高的意义上，只有意志，没有存在。意志是源初的存在而且所有（源初存在）的意义都仅仅归属于它（意志）：它是无条件的、永恒的、不依赖于时间的、自我确证的。一切哲学都只在努力寻找这一最高的表述。

　　自古以来的思所具有的意味，皆归因于谢林在它们最终、最高、因此也是最完美的意志的形式中发现的存在。但在这里，处于这种意愿中的意志并不表示人的灵魂的一种能力。"意愿"一词在这里指作为整体的存在者的存在。它就是意志。这话对我们，听起来很陌生，也确实很陌生，只要我们对西方形而上学一直坚持的思仍然陌生的话。而且我们将一直是陌生者，只要我们不思考这些思而只是永远继续转述它们。比如，我们可以确认莱布尼兹以历史的精确性作出的关于存在者的存在的论述，却决不肯哪怕是稍微想一想当他从作为单子、作为 *perceptio* 和 *appetitus*、作为反映与努力的联合体——也就是从意志的角度给存在者的存在下定义时所想的东西。莱布尼兹思考的对象通过康德和费希特找到了作为民族意志的表述，后来黑格尔与谢林又各自以自己的方式思考过。当叔本华将他的主要著作题名为《作为意志和表象的世界》时，他心中所想的也是同一件事。而且当尼采认为存在者的源初存在就是权力意志时，他所想的也是同一件事。

在这里，存在者的存在始终作为意志而现身的事实，并不取决于少数几个哲学家关于存在者所形成的观点。任何饱学之士的解释都永远无法阐明作为意志而现身的存在究竟意味着什么；作为意志而现身的存在的意义，唯当它被认为值得像在思中追寻存在事物那样追寻时，它才可以在思中被寻求，也因此才能够在回忆中被保护。

对现代形而上学来说，尤其在其特殊的表述中，存在者的存在就显现为意志。但人之为人，在于他在思的时候关联着存在者并因而在存在中被保护。思必须使它自己的品质响应它与之关联的东西——即作为意志的存在者的存在。

而照尼采的说法，迄今为止的思一直被仇恨的精神左右着。如果我们假定尼采是形而上学地思这个问题，那他是怎样设想仇恨的本质呢？

在《扎拉图斯特拉如是说》第二部"论解脱"一节，尼采让他的扎拉图斯特拉说：

这，也只有这，才是仇恨本身：意志对于时间以及时间的"它是"（It is）的厌恶。

仇恨的本质的定义强调在报复中什么是敌对的、反抗的，并因此强调厌恶，这与我们将其特征描述为仇恨的那种特殊的迫害相一致。但尼采并不仅仅说："仇恨是厌恶。"仇恨同样也不是憎恶。尼采说："仇恨是意志的厌恶。"但"意志"意味着作为整体的存在者的存在，并不只是人的意志。将仇恨的特征描述为"意志的厌恶"，便将其敌对性的迫害从一开始就保持在存在者的存在的领域。当我们看到意志的厌恶被引向什么时，问题立刻变得清楚了。仇恨是"意志对于时间以及时间的'它是'的厌恶"。

在第一次、第二次甚至第三次细审关于仇恨的本质的这个定义时，仇恨与"时间"被强调的关系将会令人诧异、难以索解而且最终显得武断。必定如此——如果我们不进一步反思"时间"一语在这里究竟指什么的话。

尼采说仇恨是"意志对时间的厌恶……"，这不是说"对某种暂时的东西的厌恶"，也不是说"对时间的一种特殊品质的厌恶"，它只是说"对时间的厌恶"。

无疑，紧接着"对时间的厌恶"一语的是"以及时间的'它是'"。但这是说，仇恨是对时间中的"它是"的厌恶。当然我们可以正确地指出，时间不仅包括"它曾是"，而且恰如其本质所是，也包括"它将是"和"它现在是"，因为时间不仅被过去，也被将来和现在所规定。因此当尼采对时间的"它是"给以极大的强调时，他显然并不打算使他对仇恨的本质的描述依附于如此这般的"这个"时间，而是依附于时间的特定方面。谈到"这个"时间，它的状态是什么？时间被设定在过去。时间以停止存在的方式而过去。在时间中到来的东西并不持久，它们只是不断地过去。去到哪里？去到流逝的瞬间。一个人死了，我们说他已经过去。当前意味着必须过去、稍纵即逝的东西。

尼采将仇恨定义为"意志对于时间以及时间的'它是'的厌恶"。这个附加的定语，并非挑出时间的一种特征而忽略其他两种特征。相反，这样做是把时间的根基放在它的完整而固有的时间的本性中。尼采在"时间和时间的'它是'"一语中所使用的"和"字，并不是简单地过渡到时间的一个附加的特殊品性上去。"和"此处的意思与"而这就意味着"相同。仇恨是意志对时间的厌恶，而这就意味着，仇恨是对时间的停止存在、时间的稍纵即逝的厌恶。意志对时间不再有任何影响，而且意志的意志力总是与时间相对抗。时间和它的"它是"是导致意志寸步难行的绊脚石。时间，作为稍纵即逝者，是意志所忍受的不幸。作为忍受此不幸的意志，它忍受时间的稍纵即逝性，它希望它自己作为忍受者的存在的终结，因此也希望所有事物的消失。对于时间的厌恶贬低稍纵即逝者。尘世，大地以及大地上所有的事物，确实不该存在，而且归根结底，缺乏真正的存在。柏拉图已经称此为 me on，不在。

根据谢林的论述——他的论述仅仅表达所有形而上学的主要理念——"时间的独立性，永恒"是存在的首要属性。

但对时间的最深的厌恶并不仅仅在于贬低尘世。对尼采来说，最有意味的仇恨在于那将永恒理念奉为绝对的反思；与永恒理念相比，当前甚至必须自行贬低为实际的不在。

如果并且只要人贬低尘世——仇恨的精神在此贬低中左右着他的反思——那么人又是如何认定他对地球的统治权，如何让地球作为地球归入他的保护？如果将地球作为地球来保护已岌岌可危，那么仇恨的精神首先就一定消散。这就是为什么对尼采来说，从仇恨精神中产生的解救是通向最高希望的桥梁。

不过，这种对稍纵即逝者的厌恶的挣脱又在何处？在于从意志本身解脱出来吗？在叔本华意义上，还是在佛教的意义上？

在现代形而上学理论中,存在者的存在就是意志,由此说来,对意志的解脱同时就是对存在的解脱,而这也即堕入空虚的无中。对尼采来说,挣脱仇恨,确实就是挣脱意志中令人厌恶、反感和不得不贬低的东西,但它并不挣脱所有的意志。解脱将厌恶从它的"不"中解放出来,为了"是"才赋予它自由。那么这"是"肯定什么呢? 确切地说,作为仇恨精神的厌恶所否定的是:时间,稍纵即逝者。

对时间的"是"就是意志,这个意志将使稍纵即逝者留驻,不让它被贬低到虚无。但稍纵即逝者如何才能留驻? 只能以这样的方式:作为稍纵即逝者,它不仅仅不停地过去,还总要进入存在。它只能以这样的方式留驻:稍纵即逝者和停止存在的事物在它们的演化(becoming)中应该作为和自己相同的东西返回。但只有当它是永恒,这种回返自身才会持续。按照形而上学理论,"永恒"的品性属于存在者的存在。

对仇恨的解脱是从对时间的蔑视而进到意志的桥梁,这个意志在同一物的永恒回复中反映存在者,而在此反映中,这个意志就成为循环的辩护者。

换句话说:只有当存在者的存在对人来说被反映为同一物的永恒回复时,人才能穿过桥梁并在此穿越中从仇恨的精神里解脱出来;只有那时,人才可以是超人。

扎拉图斯特拉是教我们超人的道理的教师。但他宣讲他的教义,只是因为他是同一物的永恒回复的教师。这种同一物的永恒回复的思想是头等重要的;它是"最渊深的"思。这就是为什么教师最终才说出它而说出之后又总那么不情愿的原因。

谁是尼采的扎拉图斯特拉? 他是这样一个教师,其教义将把先前的反思从仇恨精神中解脱出来,从而使它归入对同一物的永恒回复的"是"。

作为永恒回复的教师,扎拉图斯特拉教诲超人。一条死后

发表的注释表达了这一教义的副歌："副歌：爱应该只有
jurisdiction（在其作品中遗忘自己的创造的爱）。"

作为永恒回复和超人的教师，扎拉图斯特拉并不教诲两件
不同的事。他所教诲的相互从属，因为每一个都要求另一个的
回应。这种回应——它的存在模式和它撤回自己的方式——遮
蔽于它自身，但也揭示出扎拉图斯特拉的形象，并因此使它值得
思考。

但这教师知道，他所教诲的东西一直是个幻象和谜。他就
留驻于此反思性的知识中。

因为现代科学的特殊支配地位，我们现代人就被引诱到错
误中，坚信可以从科学中获得那种反思的知识，而且坚信思应该
从属于科学的裁判。但思想者能够用以表达的独一无二之物，
既不能逻辑地也不能经验地说明或辩驳。这也不关信仰的事。
它只能在追问之思中成为可见的。那时见到的东西总是现身为
始终值得追问的东西。

由此我们可以理解并留驻扎拉图斯特拉的形象所揭示的幻
象与谜了。让我们再来考察一下在他旅行开始时出现在他面前
的他的动物的图景吧：

> ……他疑惑地望着天空，因为他听到头顶上有鸟的尖
> 叫。看哪！一只鹰在空中兜着大圆圈在盘旋，它身上还挂
> 着一条蛇，这蛇不像攫获之物，倒像是朋友：因为她自己缠
> 绕于鹰的颈项。"它们是我的禽畜！"扎拉图斯特拉说，并且
> 心中欣悦。

而"病愈者"第一节的一段，只是在前部分特意引用过，说：
"我，扎拉图斯特拉，生命的辩护者，痛苦的辩护者，循环的辩护
者——我召你们来，告诉你们我的最渊默之思！"

　　在第三部"论幻象和谜"一节,扎拉图斯特拉用同样的话确立其同一物永恒回复的思想——"我最渊默之思"。在和侏儒的争吵中,扎拉图斯特拉第一次试图思考在他看来符合他的遥情的东西的暧昧不明的特征。对他来说,同一物的永恒回复不仅始终是个幻象,也是一个谜。它既不能逻辑地也不能经验地证实或证否。归根结底,每个思想者的本真的思都这样:预想性的,但暧昧不明——却值得去思。

　　谁是尼采的扎拉图斯特拉? 我们现在可以用一个公式来回答:扎拉图斯特拉是同一物的永恒回复的教师和超人的教师。但现在我们看到,也许我们甚至看得更清楚,在这单纯的公式之外:扎拉图斯特拉不是教诲两种不同事物的教师。扎拉图斯特拉教诲超人因为他也是永恒回复的教师。反之亦然,扎拉图斯特拉教诲永恒回复因为他也是超人的教师。两种教义在一个循环中相互从属。通过它的循环运动,教义就和存在事物,和组建存在者的存在的那个循环相一致——也就是说,和演化中的永恒相一致。

　　教义和它的思想,当它们穿越那被称为解脱仇恨精神的桥梁时,抵达了这个循环。一切先前的思都将由此而被克服。

　　《扎拉图斯特拉如是说》完成于1885年,紧随其后不久的一份笔记,收入从尼采遗稿中连缀起来并以《权力意志》之名出版的材料中,标明第617节,这节有一个下面加横线的小标题"概述"。在这里尼采用寥寥数语极其清晰地集中阐述了他的思想要点。作为插入语而对文本的评论特别提到扎拉图斯特拉。"概述"以这句话开头:"将存在的特征铭刻在演化上面——那就是最高的权力意志。"

　　最高的权力意志——亦即一切生命的生命力——是将稍纵即逝者反映为在同一物的永恒回复中的一种凝固的演化,并由此使那稍纵即逝者得到安全,得到保护。这种反映就是思,正如尼采的笔记所强调的，这种思就是把存在者的存在的特征"铭刻"在存在者上。这种思将演化置于它的关怀并保护演化——永远冲撞的存在者的演化和思的痛苦是一回事。

迄今为止的反思，迄今为止的仇恨精神，被这种思克服了吗？或者，在这种"铭刻"中（它将一切演化置于同一物的永恒回复的保护），仍然遮蔽了一种对单纯的稍纵即逝者的反感，也即遮蔽了一种被极度圣洁化的仇恨精神？

一旦我们提出这个问题，就会产生一种印象，似乎我们正试图用尼采自己的方式将他力求克服的东西又塞给了他，似乎我们的观点只是由此这位思想者的思想就被驳倒了。

但热衷于批驳的企图决不会带我们踏上思想者的小径。这样的企图反映了一种褊狭心态，为哗众取宠，它们必然要寻找发泄渠道。其实，尼采本人早就预先回答了我们的问题。1882年，紧挨在《扎拉图斯特拉如是说》之前，《快乐的科学》(*Die Fröhliche Wissenschaft*)出版了。在该书临近结尾的一条(341)，尼采的"最渊默之思"第一次以"最大的压力"为题表达出来。接着"最大的压力"的最末一段(342)被逐字逐句采入《扎拉图斯特拉如是说》而当做该书序言的冒头。

从遗稿中我们可以发现《快乐的科学》手稿。我们在手稿中读到：

> 对于精神被战争和胜利所激励的人们，征服、冒险、危机甚至痛苦已是必不可少；无论如何，这都是对高山之巅的空气、严寒中的散步、坚冰与山峦的嗜好；这也是一种崇高的憎恶与极度充盈的仇恨——当谁忍受着极大的痛苦而将生命置于他的保护之下时，那里面就有仇恨，对生命本身的仇恨。

　　我们除了说扎拉图斯特拉的教义并没有从仇恨中汲取解救的力量之外,还能说什么别的呢? 我们将承认这一点。然而我们这样说,绝非作为据说是对尼采思想的一种批驳。我们甚至不是作为对他的思想的异议而说出这一点。但我们确实要说,为的是想看清尼采的思有多少以及为什么会在迄今为止的反思的精神中打转。我们还想看清楚,当其特征被描述成我们并没有阐明就勉强放过的仇恨精神时,那迄今为止的思的精神是否以其决定性的本质与我们照面。不管怎样,迄今为止的思是形而上学的,而尼采的思大概就让形而上学走到它的尽头了吧。

　　这就是为什么某些事情会在尼采的思想中出现,这就是:那种思本身已经不能再思下去了。在已经被思及的东西背后的这种没落,正是创造性的思的特征。而且当一种思的路径将形而上学带到完成境界时,它就在罕见的意义上指向某种尚未被思的东西,某种在清晰的同时也很混乱的事物。但看见这事物的眼睛在哪儿?

　　形而上学的思基于在真实的存在者与比较而言并不组建真实的存在的存在者之间所作出的区分。但对形而上学的本质来说,决定性的东西绝不在于这样的事实:这种区分是作为超感觉和感觉的对立而出现的。相反,在劈开的意义上,这种区分始终是首位的和持续性的。甚至当柏拉图对超感觉和感觉的严格等级划分被颠覆而感觉在更加本质和广泛的意义上被经验到——尼采称之以狄奥尼索斯之名——时,这种区分仍然阴魂不散。因为作为扎拉图斯特拉"伟大的遥情"的对象的那种充盈,乃是不止歇的永恒的演化,恰如在同一物的永恒回复中权力意志本身所愿望的。

　　在他最后一本书《瞧,这个人!》最后一行,当尼采思及厌恶的极端形式时,他就提出形而上学本质上是什么的问题。他写这书是在 1888 年 10 月;20 年以后,这书才出版,印数很有限,直到 1911 年才被收进格罗索克塔夫（Grossoktav）编辑的全集第十五卷。《瞧，这个人！》最后一行说："我被理解了吗？——Dionysus versus the Grucified（狄奥尼索斯是十字架上的耶稣的对头）……"

谁是尼采的扎拉图斯特拉？他是狄奥尼索斯的辩护者。这就是说：扎拉图斯特拉是宣讲同一物的永恒回复同时也是宣讲他的超人教义的教师。

那最后一句话回答了我们的问题吗？不，它确实没有，即使我们循着那些解释这句话的参考材料而去追寻尼采的路径，即使我们从第一步起就跟随他穿越桥梁。但看似一种回答的这句话使我们留意并使我们更加静心屏气地回到标题所示的追问。

谁是尼采的扎拉图斯特拉？问题现在变成：谁是这个教师？谁是这个出现在形而上学趋于完成的阶段的存在者？在西方形而上学历史上，没有别的地方像在尼采这里，是由形而上学的个别的思想者真正用这种方式表达出或者用更清楚而确实的语言想出这一本质的形式；没有别的地方，除了在作为西方思想开端的巴门尼德那里，但那里也只是呈现为模糊的轮廓而已。

在扎拉图斯特拉的形象中，重要的仍然是教师宣讲相互从属的某种双重性事物——永恒回复与超人。某种意义上，扎拉图斯特拉本人就是这种相互从属。从这个角度看，他也是一个我们一直还未能看穿的谜。

"同一物的永恒回复"是存在者的存在之名。"超人"是顺应这个存在的人类之名。

在哪个方面存在与人类相互从属？如果存在不是人的所为，不处于人的权力中，如果人不仅仅是诸般存在者中的一个特例，那他们又如何相互从属？

只要思始终仰仗传统的人的概念，存在和人类的相互从属又怎能被讨论？根据这种传统概念，人是 animal rationale（理性的动物）。对扎拉图斯特拉来说，鹰和蛇两个动物告诉他为了是其所是(to be who he is)而必须做什么，这是偶然的巧合，还是单纯诗歌的夸饰？在这两个动物的形象里，骄傲与智慧的联合对有头脑的读者来说是显而易见的。不过我们必须知道关于它们两个尼采思了些什么。在与创作《扎拉图斯特拉如是说》同时的笔记中，我们读到："对我来说谦逊与骄傲是紧紧相连的……二者的共同点是对事物进行评价时冷峻而目不转睛的瞪视。"

我们在别处还读到：

> 关于骄傲，我们的说法是如此愚蠢——基督教甚至让我们觉得骄傲就是邪恶！问题是：那向自己要求许多也从自身得到许多的人，肯定觉得自己跟不这样做的人相距遥远——这遥远的距离就被别的那些人解释成"自视甚高"；但他知道这遥远的距离仅仅是夜以继日不停的劳作、征战与胜利：所有这些，别人皆一无所知。

鹰——骄傲的动物；蛇——智慧的动物。它们都加入它们在其中翱翔的圆圈，在这圆圈中，他们的存在形成圆；而圆和圆圈再次缠在一起。

我们一看到这两个动物，作为永恒回复和超人的教师的扎拉图斯特拉是谁之谜就变成一个幻象。一瞥之间，我们立刻可以而且也更容易领会上述解说当做值得追问的东西努力向我们昭示的是什么：存在与人类的关系。

> 看哪！一只鹰在空中兜着大圆圈在盘旋，它身上还挂着一条蛇，这蛇不像攫获之物，倒像是朋友：因为她自己缠绕于鹰的颈项。
>
> "它们是我的禽畜！"扎拉图斯特拉说，并且心中欣悦。

"战士精神"与扎拉图斯特拉的
政治哲学 *

潘格尔　著

王新生　译

　　尼采对战争的赞颂宛若笼罩在其对人的状态的全部洞见和
诘难之上的一团疑云。在尼采的著作中,这种赞颂并非偶尔得
见,而是频频出现的;这种赞颂并非意兴阑珊之作,而是热情洋
溢的华章。尽管如此,几乎尚未有严肃的尼采诠释者因其而正
视这种赞颂。即使寥寥无几的正视这一点的诠释者,在我看来,
也没有对战争和战士精神在尼采哲学中的地位作出足够清晰的
说明。在下文中,本人意在表明,只有设法补足该项缺失的说明
环节,我们方始获得进入尼采成熟的、"扎拉图斯特拉式的"人类
未来愿景之核心的法门。

　　我这样说当非有意与谴责法西斯分子歪曲利用尼采所言战
争之绝佳和"危险地活"(FW283)①的众人唱反调。但是,正如丹

＊　谨将此文题献给恩师克罗卜西教授,贺其 65 岁华诞。谨向慷慨解囊的谷艮海
　　姆纪念基金顺致谢忱。

①　援引尼采著作时,将在著作缩写之后标出引文所出格言或段落的数码。涉及《扎
　　拉图斯特拉如是说》一书的引文时,将在括号中标出宣讲的标题,如分节则标节
　　号。本人采信考夫曼英译本,为更忠实于原作起见略作改动。

豪瑟所力言,尼采适合这种曲解——和适合卢卡奇那样的反向曲解——这一事实需要超常韧力的深思熟虑。① 其至一个本来有益的《扎拉图斯特拉如是说》评述,一旦它回避该关键点,其价值则开始变得令人生疑。② 人们不能止于把扎拉图斯特拉对战争和战士的礼赞解释为师法赫拉克利特的纯粹的诗化形象语言;③ 试图就赫拉克里特的著作残篇(或者就所以为的尼采对这些残篇的理解)来说明扎拉图斯特拉的宣讲,无异于以万古之谜解今日之惑。④ 然而,类似的努力——洗脱掉扎拉图斯特拉用词明显的黩武色彩,以及忽视《扎拉图斯特拉如是说》戏剧性情节中扎拉图斯特拉宣讲的上下文脉——却是自然地承袭了由莫莱尔和(较不确定地)由雅斯贝斯及考夫曼所代表的、至今仍最有影响力的处理尼采的政治感想的方略。⑤ 此处这种方略宣称,尼采对战争的赞美几乎只指智力比拼,即"观念战争"。尼采非但不支持军事争斗,"反一政治"的他反而可以说是战争的反对者。我们被告知,必须从隐喻的意义上,必须从尼采更为冷静、更为理性的中期著作当中的格言警句角度解释他充满活力的好战言辞。即便如此,一经审视,恰恰这些格言警句(《道德的谱系》Ⅱi 442,444,477;ii 187)证明破坏这样一种方略的基础。在这个语境中,颇受偏爱的引文是《漫游者及其影子》(284);但极少得到强调的是,尼采恰恰

① 丹豪瑟,《尼采的苏格拉底视野》第一章,康奈尔大学出版社,伊撒卡。

② 参见,例如,陶姆森,《尼采的〈扎拉图斯特拉如是说〉之为文学现象》修订本,第40—44,50—51,108—109 页,阿泰那埃姆出版社,法兰克福,1974 年。

③ 马里埃蒂,《尼采著作中的主题和结构》,第 316 及以后诸页,现代文学出版社,巴黎,1957 年;考夫曼,《尼采:哲学家、诗人、敌基督》第 4 版,第 386—390、413 页,普林斯顿大学出版社,普林斯顿,1974 年。

④ 赫施拜尔与尼米斯,《尼采和赫拉克利特》,《尼采研究》卷 8(1979 年),第25页。

⑤ 莫莱尔三卷本《尼采》第三卷,第 228—242 页,奥比埃一蒙田出版社,1971 年;雅斯贝斯,《尼采:哲学理解导论》,第 261—262 页,比较第 268—270 页和 276 页,德格录泰尔出版社,1947 年;考夫曼,《尼采》,第 135—136 页。

在其所公开发表的文字中的这段最为"爱好和平的"文字中论证道,只有在"一个因战争和胜利、因最发达的军事秩序和才智而出众的民族"的领导下,一种可敬的欧洲和平才能浮现。即使说尼采所颂扬的战争只是针对过去各类有限的、武士的争战也无济于事:正如斯特朗的恰当评述那样,"尼采具体地谈到'从未有人目睹过的战争'"①。不过,如果我们带着最终发现他处理该关键点和关键文本的希望把斯特朗读下去,我们注定会大失所望。斯特朗知道,尼采对古代城邦的赞美包括对它的专横奴隶制度和流血伤亡的未加粉饰的赞美(例如,参见《善恶的彼岸》257,260,262),但是斯特朗展开阿伦特对古希腊"公共空间"的狂喜,以掩盖这些刺耳的音符;在此基础上,尽管承认尼采"伟大政治"的概念包含着对伟大战争的渴望,但是他试图给人们留下这样一种相当含混的印象,即尼采只是把这些战争构想为达到普世和平及一个"新埃斯库罗斯(Aeschylus)"道路上的一些插曲(同上,第 192—202,208—217,292—293 页)。

　　与这些对尼采的战争言辞进行消毒和"左"化相比,考普斯通②则是令人振奋地率直。尽管他承认扎拉图斯特拉歌颂的战争"包含着比用刀剑枪炮的战争多得多的内容",但是他不会忽视这样一个事实,那就是"尼采在《扎拉图斯特拉如是说》中所言及的战争当然包括通常意义上的战争"。考普斯通要求我们把这种"战争与文化的亲密关系"的"夸大",视作对"布尔乔亚知足"的"全国性的虚弱和老朽"的一种可以理解的过度反应。但是尼采的战争颂歌能否作为校治"物质知足的因循守旧"的措施得到充分的理解? 对于被尼采所折服却又缺少考普斯通那样坚定的基督教信念的李而言,一个对尼采热衷战争的范围更加直率、从而

---

① 斯特朗,《尼采和变容政治》,第 9 页,加里福尼亚大学出版社,伯克利,1975 年。
② 考普斯通,《尼采:文化哲学家》第 8 章,巴恩斯和诺贝尔出版公司,纽约,1975 年。

激起涟漪的评估是必要的："尼采，不用说，并未与无产阶级结成同盟……他觉察到另一种力量……黩武主义的力量。他与这共命运。在这一点上是没有任何怀疑余地的。"① 尽管如此，李也不能够接受尼采这样一位如此深邃的思想家内心是黩武的这一思想。因而他从尼采中读解出发生在所以为的热爱和平的《扎拉图斯特拉如是说》和相继著作之间的一种绝对性的转折或退化。当李被迫注意到他在尼采先于《扎拉图斯特拉如是说》写就的一本单一著作（同上，第 198—199,214—215,303 页）的内部本身发现了所以为的转折时，这种读解所导致的困难就变得明显起来了。

对有关尼采的文献中一些要点的这一简短概述，至少足以初步确立这样一种需要，即需要回头仔细考虑尼采发表的主要著作中有关战争的学说。一个显而易见的起始之处就是著名的"论战争和战士"这一宣讲；对这一宣讲的恰当理解，就像对扎拉图斯特拉的任一宣讲的恰当理解一样，首先要求密切注意整个语境。

"论战争和战士"在卷一谋篇中的地位

"论战争和战士"这一宣讲是一组四个相互关联的宣讲中的第二个宣讲。这一组四个宣讲相当清晰地勾勒出第一部分的主题。在这组宣讲之前的八个宣讲中，扎拉图斯特拉勾画了其新的本体论的和心理学的概念，并且把其教诲承诺的强度和含义置于中心——其教诲承诺被理解成最富才华的青年人的一种正在成形的启示来源。紧连着这组主题性宣讲的前面二个宣讲，已经痛楚地提示了当代社会环境加诸青年人的毁灭性的压力。如此这般，对扎拉图斯特拉而言，接着把其焦点转向这种环境的

---

① 李，《悲剧哲学家：尼采研究》，第 298 页（援引了《权力意志》127、868、898、951、957），麦笋出版社，伦敦，1957 年。

时刻业已到来。他是通过处理当代文化的四大中流砥柱——宗教、军队、国家和观念"市场"或知识分子界①——来做到这一点的。这四个宣讲中的最后一个宣讲始于、亦终于扎拉图斯特拉勉励其青年听者"遁入孤寂"。尽管如此,在发表这一宣讲时扎拉图斯特拉在整部著作中首次把他的听者唤作我的"朋友":扎拉图斯特拉所指的孤寂状态,远非离群索居,而是真正友谊的先决条件。不仅如此,扎拉图斯特拉下一个宣讲的开篇是"我爱……"。这些观察为我们发现卷一中其余宣讲的主题是爱预先做了准备。扎拉图斯特拉对爱的探究同时就是对新爱之形式、对根源于新爱的新"美德"和新价值的一种创造:我们在这些宣讲中目睹了一种新纯洁、一种新友谊、一种新自由、一种新正义、一种新两性之爱、一种新婚姻圣礼、一种新父母身份、一种新勇气(或面对死亡的姿态)和一种新慷慨之诞生。看来,扎拉图斯特拉的爱和扎根于这种爱的新美德,只有在人们想透并遗弃当代世界中的诸强之后才能被恰当地理解和体验。不过这必须加以限定。新爱并未遗弃战士。例如,学习男女之爱的人学到"男人应教育来从事战争,而女人应教育来取悦战士:除此皆愚妄";学习死亡和勇气的人学到,退而求其次,战斗中英雄般地死最荣光(显然,并非只是"智力"比拼)。

　　这种对战士及其美德的持续执著来得并不完全意外,因为即使人们第一次读及也会明显地发现:扎拉图斯特拉在这有关战士的宣讲中比在这一节的其他三个宣讲中对其臣民更有好感。这里,臣民也是直接的宣讲受众:他们或他们中的一些人可谓孺子可教也。扎拉图斯特拉向他们明白地表明,他敬重——有些严重保留地——军人精神本身。他鄙视大多数现存的武装

———————————

① 承蒙丹豪瑟助我理解这些演说的序列,《尼采的苏格拉底视野》,1974年,第36—37页。

力量,因为他们并不忠于那种精神,相反,却放任自己成为那制造战争但根本不好战的现代国家的安慰奴仆,"我看到很多士兵——要是我看到战士该多好啊!"尽管这样,扎拉图斯特拉在这里作出的选择不是把焦点放在周围占主导的卑鄙,而是放在他所描述的从一些人身上所放射出的"高贵",这些人中的一些可能是穿军服的(参见,CD"前哨战",38)。

战士是尼采在别处所称的一种"伟大传统"(WM729)的产物;扎拉图斯特拉的称颂,首先表明承认以一种宝贵的传统遗产——这种遗产正在消亡,但必须保持其活力——作为基础而最终发展出这种传统遗产的一种全新的样式。那么,我们的首要任务就是去揭示现代社会正在消失的或所缺失的是什么,正在消失的或所缺失的也许会通过强调战争的美德或绝佳而得以保留或恢复。为此,我们需要仔细考虑扎拉图斯特拉就其他三个更具现代特色的社会中流砥柱所发表的宣讲。

现代政治社会的无精神热

四个宣讲的处理阶序总体上是向上攀升的,从最不受尊敬到最受尊敬。宗教受到的低等对待在某种意义上是开启其他一切之门的锁钥。只是因为组织化了的宗教崇拜已经变得如此明显地空洞,才有被国家和知识界所填补的精神真空的存在。当我们细想扎拉图斯特拉不屑专门留出一个宣讲论及经济学或本义上的"集市"这一事实时,这变得尤其清楚明白。真正算数的集市是新型的"观念市场",该市场并不仅仅反映那以消费者为导向或以市场为导向的社会,而且最终形成或赋予这种社会以意义。至于为这种社会推波助澜的"工作—伦理",扎拉图斯特拉是在讨论现代宗教世界观的语境中谈及的,并且暗示前者主要源自后者。基督教的遗产,一个现在没有上帝的遗产,是一种"死亡的布道",它无处不显身,特别是表现为普遍的尘世生命短暂无常、苍白空虚和完全无救之感。这特定的现代疾患或"不适"(Unruhe；比较洛克的《人类理解论》ⅡⅩⅺ31ff)只能从"疯狂工作"(wilde Arbeit)中寻求解脱,借"快、新、奇"得以"逃脱"(Flucht)。

但是基督教的废止也使对半—异教的战士精神的欣赏得以浴火重生成为可能。问题是,这一重续欣赏和每一超越舒适保护的策动,发现自己在上帝死后处于心灵的荒漠中；而且现代国家这一"新偶像"步入这个荒漠。鉴于扎拉图斯特拉对战士的宣讲是对新奉献的一种召唤,它起初会被误解为一种对接手国家的勉励；于是,扎拉图斯特拉立刻着手表明他有意激发的憧憬绝不能在国家中或被国家所促进。谈论国家就是再次谈论死亡——谈论"诸民族"(Volker)的死亡。谈论"国家",并非谈论政府或一般政治,而只是谈论最近历史中出现的一种颓废的政府或政治。①

一个"民族"(Volk)是一个封闭社会,其统治者和被统治者统一于一种共同的"信仰"和"爱",这一共同的"信仰"和"爱"使他们鲜明地与所有别的人们、与所有别的这样的"诸民族"区别开来。一个"民族"的法律要求每一公民或成员接受、反映和深化那些由共享的"道德和权利"概念所构成的困难挑战。另一方面,一个国家则是一个冷酷的官僚权威,在缺少共有的特殊统一目的的大众头上"高悬利剑和百般欲念"。在国家主导的地方,所有种类的私人品味无目的地浮现,而且被允许相互竞争,只要它们仍保持无害,"善恶语言的混乱杂合,这就是国家和标识所给予你们的"。国家的统治机器在普遍原则的名义下实施和平。但是献身这样的"人"权凸现着怪异,即这样的一种社会的怪异,这种社会以普遍的、物质的和容易的为自己定向,而不是以某种独特的生活方式为自己定向,这种生活方式以一切皆精神和罕

---

① 对这点缺乏认识导致雅斯贝斯和考普斯通误入歧途。

见的方式寻求凸现自己。"每一民族都以自己的语言讲着善恶——对此它的邻居并不理解。它发明自己的道德和权利语言"。众民族通过训练其青年人驾驭在由该民族的最高目标决定规则的竞赛中的激情，来努力陶冶他们；而国家却培育一种相对主义的"自由教育"，向青年人灌输无数的过去"价值"，而没有激发对其中任一价值的真正献身："他们为自己偷窃创造们的著作和智者的宝藏；教育，他们称为盗窃。"国家的警察向犯罪开战，各种国家军队为经济问题或本质上微不足道的政治和领土争执发动了偶发性的、毁灭性的战争。但是由于缺少重质战争所需的自我超克，致使在民族之间有关它们的异族理想上和在一个民族内部对其独特理想的争逐解释上，人作出强烈的道德承诺的能力在枯萎。尽管如此，在一个被剥夺了其他充满活力的意义来源的世界里，国家的权力和光辉对某些出类拔萃的青年人也有难以抵御的魅力。扎拉图斯特拉因而竭尽一切宣讲之能，力劝"丰富的心"远离他所称的国家结构中的政治仕途"诱惑"。

　　不过，现代社会对杰出青年人构成的最大威胁不是社会政治的诱惑。因为要看透国家的自命不凡并不怎么困难：这些自命不凡分析起来最终与国家自己的许诺是相矛盾的。一方面，国家确实一度宣称享有民族传统的统治者们当体现民族的渴望时享有尊重；但是另一方面，国家也宣称当臣民以其希望的方式追求幸福时对臣民加以保护，这意味着国家承认其存在是为比其更尊贵的一个私人界之故。在这一界里，会发现意见领袖，他们表达道德的、宗教的、美学的和政治的风尚，而这是有才华的青年人在构造一个所谓的"个人"价值法典或生活－计划时要从中挑选和取舍的。处于顶端的是"伟人"（在我们的时代，扎拉图斯特拉头脑中的例子会是像萨特、阿伦特、德里达、福柯、艾柯和马尔库塞这样的人）；在他们之下飞着"集市之蝇"——名列前茅的新闻工作者、一级教授、时尚艺术家、批评家和评论家。扎拉图斯特拉把"伟人"称作"肃穆的弄臣"，借此他意指他们是骗子，而且意指他们在某种程度上知道自己是骗子。他们把自己装扮成带来惊天动地洞见的人，事实上他们的"创造"只是来自过去真正哲学家、神学家和艺术家的著作，经过重新包装的、无生命的剽窃物。那些真正的哲学家、神学家和艺术家们的真正影响鲜为人知，甚至他们的名字也经常只是被模模糊糊地记得。然而，正是围绕着他们，以及围绕着他们通过其各自的追随者历经世纪的殊死搏斗，文明才得以真正地但不可见地运转，甚至现在亦如此。这些扎拉图斯特拉后来将称之为"极智者"的真正思想家们（比较，"论自我超克"）从未被简单地等同于他将称谓的"著名智者"；但是在较早的众民族间，经常遮住真正智者光辉的"著名智者"并非像我们今天的"伟人"那样的"演员和戏子"。这是因为那时的学问仲裁人倾向于有天分的业余者，他们在教会、军队或贵族之家具有负责的职位。他们把自己当做他们认为不可变更的道德和宗教原则的监护人，而且为了这些原则之故他们把一切新的东西置于彻底的审查之下。那些在这种氛围中企图创新的人是冒着一切风险的，包括自己的生存：创造就是向既存权力挑战。如果且当新生事物获得突破或赢得生路时，在生存的整体中肯定就会产生持久和深远的变化。因此人们不接纳什么新生事物，而且反对一切新生事物；但是他们对异族事物罕有的迷恋经验和常有的仇恨具有一种不为现代的观念狂欢节中的人所知的凝重、激情和强度。这狂欢是某种社会的征兆，这种社会几乎没有不可交易的承诺，而且在这种社会，结果是，观念漂浮在雾气蒸腾、微不足道的自由中。

　　知识分子是在这样的氛围中茁壮成长的一些丑陋的小生物（"苍蝇"）。他们把提升自己的被认可度作为他们唯一的持续目标：他们每人都"总是相信借此能够促成最强的信念——相信自己"！在早先的时代里，一些确有（但属二流）天分的人们感到被驱使否定他们所有的创造性，被驱使从过去的更伟大人物中寻求他们思想的源头，于是他们被引导，在更深刻的思想和感情源泉的影响下重新思考他们的观念。但是他们的现代对应者却被引导到恰恰相反的方向上。不仅如此，"观念的集市"要求"伟人"提出能够"产生影响"的易于快速吸收的戏剧性观念。"集市"于是促成特定的一类精神。犯罪和革命给知识分子留下了残酷和伤感的印象："推翻——对他而言意味着：说服。对他而言鲜血算做所有论据中最好的论据。"知识分子不能区别残酷意志和相伴的杀戮、死亡意愿，不能区别考验和对深思熟虑的美德的献身。"精神为演员所具有，但少有对精神之意识"。

即使当一个有天分的青年人感到"集市"的腐败，他也发现几乎不可能逃脱其恶性影响。与"从远处招手示意"的国家不同，"集市之蝇"则无处不在。扎拉图斯特拉是带着这样的确信开始这一宣讲的，就是他的青年听者已经"被伟人的喧嚷弄得头昏脑胀，被小玩意的叮咬搞得周身刺痛"。唯一的希望寓于一种与所有体面的东西的决裂之中；这种决裂之得以维持自身，部分地通过对一度在一千个过去的民族及其受敬重的战士的目标中（"论一千零一个目标"）所展示的爱和严肃之虔敬回忆。能够在困境中鼓起勇气的青年人将会感到与这些过去的英雄的一种深刻的相似；但是他自身内在的自我—实验、自我—考验的英雄主义必须为一个博大的耐心所包容，只允许慎重交友和渐渐地、一点点地为一个新时代作组织准备（特别是通过一种彻底重构的家庭生活）。预期那英雄时代，最早只会出现在国家当今的铁器时代走完其倔强的路程之后——这是一个几代人的过程：

> 你们今天孤独，你们正在撤退，总有一天你们会成一族；出自你们，你们已经选择了自己，将生成一个特选民族——出自这一特选民族，将生成超一人。（"论赋礼美德"，2）

在这一漫长的间隔时间中,扎拉图斯特拉的追随者们——如果他们把"好欧洲人"尼采作为模范——将密切关注一出正在加深的政治虚无主义戏剧,而且甚至可能不时地借提出具有适当弹性的、意在启发最好战的政治演员的一些建议而加以干涉(比较《善恶的彼岸》之"民族和祖国")。特别是,他们将远远地支持和鼓励"军事国家这个获得或维系关涉人的最高类型的那个伟大传统之最后手段"(WM729)。但是他们之所以这样做,主要是为了替将来保留可燃的煤炭和非常不同的炭火:

> 注意了,在有关古代的诸起源上变得智慧的人,最终将为未来和新起源寻求来源。啊,我的弟兄们! 离新的民族创始和新的泉水奔下新的深渊已经不太远了。("论新旧约版",25)①

这些未来的民族,尽管将把它们的祖先回溯到诸古时的战

---

① 本人无意探究尼采对政治层面上虚无主义五花八门的可能演化路径所作的不同而复杂的讨论;我的焦点在尼采希望这些路径所通往的目标,或使之通往的目标。摩尔根在《尼采何谓》(哈佛大学出版社,剑桥,1941 年)第 354—376 页中,就尼采所设想的、一切正常情况下的阶段提供了一份简明、有益的说明;但必须追加的一点是,在一切情况是否正常发展上尼采甚至比摩尔根所提示的更缺乏信心。末人的胜利至少像末人的超克一样可能;因而尼采有时探讨超人得与末人共存的可能性;参见汉斯的《扎拉图斯特拉如是说》中的超人和扎拉图斯特拉-遗产 1882—1885》(《尼采研究》卷 13,第 233、242 页,1984 年)中的片段引文。雅斯贝斯(第 266 及以后诸页)对尼采就后面两个世纪中可能的好、坏发展路线所作的不同提示进行了有益的概述;但是此处,就像其对尼采的政治思想的一般讨论一样,雅斯贝斯没有足够严肃地对待或想透尼采之末人意谓什么。雅斯贝斯之声言——对尼采而言,战争是人的状态的一个必然的或永久的方面(同上,第 259、第 261—262 页),在这一点上就表现得尤其明显。对尼采而言,当下可见的最强潮流奔向末人,从而奔向一个伴之以国家凋零的普世和平的社会。针对"第二佛教"的拥护者们,连同他们顽固的道德"和平党"(参见 WM748),战争和战争引发的挑战从而必定是所意欲的和奋争的。这就是为什么尼采支持"军事国家"的一个重大理由。

士民族,但是它们两者在种类上将是不同的:它们的统治阶层将
是扎拉图斯特拉所称的"新贵族"(neuer Adel)。尽管这一阶层
将与"抛弃一切过去"的"群氓"直接对立而存在,但它在对其理
想的易变性的意识方面和在由未来决定其相继取向方面则是空
前的(同上,11—12)。未来战士必须有何种特点,必须如何结合
新与旧,开始在扎拉图斯特拉论战士的宣讲中成形。

扎拉图斯特拉的战士与苏格拉底的战士

随着我们把焦点缩小到这一宣讲,我们必须牢记在心的是:在
这里——就像在每种"类型"描绘一样——尼采是在描述一个阶
级,其样本区间内包括较高和较低的、较完美的和较不完美的(在这
方面摩尔根的评述是有用的,第 139,225—226,231,370,374 页);而
且扎拉图斯特拉从一开始就强调这样一个事实,那就是,战士即使
是或特别是在其最"崇高"时,亦并非那最高类型。战士是一种更高
的人的"同伴和先驱",是"圣徒"的"同伴和先驱"(尽管圣徒必须认
定为变容的战士,因为"智慧是女人,总是独爱战士"——"论读与
写")。我们想起柏拉图的苏格拉底之同样复杂的战士肖像是有益
的和恰当的。他的"武士"起初是"哲学狗",仇恨和对抗一切新的和
异族的,而且独爱所熟悉的(《理想国》,374—376)。通过一种包含
着费力筛选机制的教育,其中一些上升为战士—艺术家,其性爱被
导向美(403c);其中又一些人渐渐具有一种政治家的"谨慎",从而
够格当"完全的武士"(412a—414b)。然而,即使这些所谓的统治者
最终亦必须从属于"业已证明为最好的"一小撮人;他们不但在战争
和政治统治方面证明是最好的,而且在另一种教育和活动中亦是如
此,这种教育和活动与较早的那些活动可以说没有一点共同之处:
哲学,作为生命的一种活动或方式,属于"蒙恩岛"(503a—b,518c—
521b,525b,540b,543a)。

　　不过,比任何相似性更有启发的是强烈的对照。苏格拉底的战士把战斗或争辩术当做捍卫原则的手段,原则的价值并不依赖于战士如何更好地为原则作战或认为如何更好地为原则作战。扎拉图斯特拉倾向于启发那些为自己的侵略感到自豪的战士:"对我而言你们应该是些用眼睛寻找敌人的人……你们应该把和平当做达到新的战争的方法来热爱——而且短暂的和平和长久的和平之间你们更应热爱短暂的和平。"出于"爱"、一种"生命之爱",即出于对他们的最高思想的爱,这些新的战士激起他们尊重并且因而"仇恨"的人们的敌意;他们之所以这样做,不仅是为了考验和砥砺其献身,而且首要的是为了用战斗为其所献身的确立基础。

　　为了看清这一转折有多么彻底,人们需要比较一下苏格拉底所代表的视角——这一视角以这种或那种方式一直是直到尼采前的共识。从这一视角,即使是一个伴随最丰富的辩论或升华为一种最丰富辩论的圣战(例如,中世纪穆斯林哲学家们所称的 kalam)也不能为他们为之而战的信条提供证明。这样的战争或许确立起敌手的献身精神、论辩力和智力,或许更多地显露出处于危险中的那些原则的预先假设和相继后果;但是这样的战争不能确立起——不论是借其结果还是借其进行方式——这些原则的有效性。这不是要否认(相反,柏拉图式的对话有时鲜明地说明)激情争论和打破传统对真正思想的创始可能是必不可少的。前尼采传统之《圣经》传承和古典传承二者皆倾向于把严格的权威和对这些权威的勇敢反叛之间的冲突,视作艺术天才和真正的智慧之爱产生的肥沃土壤。在这一方面,托克维尔的《美国的民主》(特别参见卷Ⅰ篇Ⅱ章7和卷Ⅱ篇Ⅰ章1—3,10,13,15,20),以其攻击宽容的现代民主社会中人们的头脑缺少真正自由,一直是我们回顾较早的和前一自由的理解时最深入浅出的指南。托克维尔以巴斯卡尔所唤起的理论生活提醒我们，真正的完美思维只有在把所争论的置诸脑后才能形成。最饱满的或最具自我意识的思维是对自然的或神圣的智慧的探求，智慧对所有的人而言都是同一智慧（即使并非所有的人都必然达到），而不是可以被任何人作为胜利品窃取的某种东西。通往智慧的最好的终极途径不是"争辩"（eristics）或意在取胜的辩论，而是"辩证法"或意在达到意见一致的友好说理。的确，前一尼采的共识认为，严肃的拼搏、犀利的辩论只有在设定某种这样的目标的前提下才可能。舍此，努力说服或超越观念领域的对手又能有什么意义呢？（这里考虑一下柏拉图的《欧绪德谟篇》）正如尼采本人重复表明的，赋予过去的民族中一些最伟大的民族生命的充满活力的竞争精灵——theagon，"好的厄里斯不合女神（Eris）"——只有在一个由对一种固定的神圣秩序的共同信念所确立的"视界"中才能繁荣昌盛。①

扎拉图斯特拉充分意识到作为他说话对象的战士开始仍然紧握着上述这个古老的传统："你说，这是甚至使战争变得神圣的好的事业吗？"这意谓战争或冲突只能由在存在的秩序上先于冲突的东西成为神圣的。针对这一点，扎拉图斯特拉发表了他的最著名或最恶名昭彰的学说："我对你们说，正是好的战争使任何事业变得神圣。"不是任一或每一战争都具有神圣性；只有"好的战争"使事物变得神圣。尽管如此，好的战争，某一特定种类的战争，对使任何事业变得神圣是必不可少的。

从事"好的战争"的战士不是作为个体进行战争的，而是作

①　参见题为"荷马的竞争"的未发表的早期著作残篇；考夫曼在《袖珍尼采》（北欧海盗出版社，纽约，1972 年）第 32—39 页中的节略逐译，不仅删除了对希腊词 agon（竞争）的政治环境的讨论，而且删减了绝大多数至关重要的对赫西俄德的讨论，歪曲了该短作。如是，考夫曼的译本模糊了竞争（按尼采对它的理解）之神学上的和政治上的限定性，对尼采用希腊词"竞争"所表达的意思作了一个过于个人主义的无拘无束的释译。比较"希腊悲剧时代的哲学"第 5 节。

为某种命令链中的一个忠顺的下属:"你的高贵应是顺从。你的
发布命令也是一种服从……而且你所爱的一切首先让你自己受
命去做。"那么,为了把握"好的战争"的意义,我们需要理解"发
令者"的特性。在这一宣讲中,发令者的唯一例子是扎拉图斯特
拉本人,其作为发令者类似一名战士。扎拉图斯特拉告诉"他的
战争中的兄弟们"说,"我过去和现在与你们皆属同类"(同时,他
告诉他们他是他们的敌人;其发号施令看来依赖于他们已被他
打败这一点)。固然,扎拉图斯特拉发布的具体命令指向超越他
本人和所有的人的超一人;但是我们通往人的这些未来的和更
高的形式的唯一通途是借助他们的"先驱"扎拉图斯特拉及其战
争。现在尽管扎拉图斯特拉显然在整个卷一进行一种论辩或战
争,但我们却是在卷二听到他对他自己的战争和一般意义上的
战争的最为清楚明确的反思。

扎拉图斯特拉的论战预警"好的战争"

卷二几乎完全是在"蒙恩岛"上发生的。在那里扎拉图斯特
拉主要向"你们知情者"讲话——即对那些经年累月地苦思冥想
和讨论他在他们中间的早先现身的追随者们讲话。扎拉图斯特
拉只有在当他感到他们的反思已经导致他们"否定"他之后,才
返回到这些追随者们中间。这种否定不是扎拉图斯特拉将在卷
三中哀叹的"叛教者们"的那种否定,这些人回到旧上帝并且因
而完全看不到"蒙恩岛"。这里的否定是那些现在强壮得足以做
扎拉图斯特拉的"敌人"的那些人们的否定。他们已经独自把事
情想透了,而且从而渐渐对扎拉图斯特拉的整个学说(至少如卷
一中所表达的学说)产生了影响深远的怀疑,他们甚至创造了一
种对扎拉图斯特拉毫无恭维的解释,即一种"图像"论,它是如此
有说服力,以致令那些或多或少仍然忠于扎拉图斯特拉的门人

感到羞惭。尽管或鉴于他的"学说处于危险之中",扎拉图斯特拉感到欢欣鼓舞,因为这意谓"他的希望之子",就像扎根的大树,已做好了承受其论战风暴的准备(比较"拥镜之童"和"论无意间的蒙恩")。那阵风暴将教导和再度塑造他的"朋友"和"敌人";但是它也将使那否则不会发生之事,即在扎拉图斯特拉身上完全发展和滋养智慧,成为可能。扎拉图斯特拉的智慧之母在与她自己先行产生的后代间的仁爱的战斗中滋养着她的新幼子。尽管扎拉图斯特拉的学说变得著名起来,而且开始在广泛的世界中产生回响(比较"幻象及迷疑");尽管扎拉图斯特拉后来透露了在整个社会中移植和传播其弟子,以让他们出演他们自己与众不同的剧目之意图("论无意间的蒙恩"),但就现在而言,他的战斗是在那些(脱离一般意义上的世界的)往昔的或生疑的弟子们的相对狭隘的视界中发生的。

　　来自这些门徒的不出所料的挑战主宰着卷二的最初的一些演说的顺序。在卷一中扎拉图斯特拉已经以多种方式宣布了上帝的死亡。但是他也宣布了超人的来临。这可以不被解释成重蹈一种诗人的和先知的神话制造的覆辙吗?该神话不是一个不健康地鄙视人的生命、把生命导向另一个否定生命的"拯救者"的神话吗?为了回应一些这样的怀疑,扎拉图斯特拉开始了一个宣讲,以前所未有的清晰表达其"真理意志"或对"所有事物的可思考性"的需要对一切推测("论蒙恩岛")的严格限制。鉴于这一真理意志,扎拉图斯特拉判定"诗人们撒谎太多了"。在演示他的无与伦比的真理意志如何甚至转向它自己时,扎拉图斯特拉承认这意志——在它极端的、无神论的形式上——尽管不是自治的,但至少部分地是自豪激情的一种自然的结果或表达。然而,扎拉图斯特拉的自豪是创造者的自豪,创造者高兴地看到超出狭隘的自我之外的更伟大的东西,因为那更伟大的东西仍然是他自己的。于是扎拉图斯特拉克服了有关他就像人们曾经看待上帝一样看待超人的指责;他仰赖上帝就像一个怀孕的母亲仰赖她寄望将来青出于蓝的孩子一样。

自豪的忠实或忠实的自豪(刚直)——在自身中寻找并发现自豪与羞惭是如何交织在一起的——已经赋予扎拉图斯特拉一种对于同情(尤其当指向像扎拉图斯特拉自己那样的更高的人们时)的毁坏动力的洞见。扎拉图斯特拉紧接着在一个宣讲中展开了这一洞见,以回应有关他甚至对他的门徒也明显冷淡和轻视的攻击("论有同情之心的人")。

基督教的僧侣是同情之教师或所认为的同情之知情者;而且尼采很容易地把它从扎拉图斯特拉论同情的宣讲,引导到讲述一个关于扎拉图斯特拉及其"门徒"的故事。这个故事通过描绘扎拉图斯特拉针对其精神之根的战争,深化了我们对他的这些精神之根的理解("论僧侣")。该故事或许可以认作尼采对某个颇有智慧但怀有敌意的读者的回应,后者已断定自己能够令人满意地把卷一的扎拉图斯特拉解释为僧侣类型的一个新的、反基督教的版本。我们现在获悉,该类型因其禁欲主义而受到扎拉图斯特拉的景仰。通过把人的残酷向内转,该传统创造出了新的"英雄式的"挑战、新的美德、新的灵魂深渊和一种新的心理意识,这些是不为异教的英雄们所知的——包括"忠实的",但却是朴素地忠实的波斯人。正如在卷一后来的宣讲中变得愈加明显的那样,扎拉图斯特拉(最重要的是在其真理意志和并存的极大的羞惭感方面)的僧侣的传人——尽管他也带着波斯战士的剑或弓以及(现在不再是朴素的)自豪。但恰恰因为他是而且承认自己是一类僧侣中的一个,扎拉图斯特拉比他的任何一个敌人都更加清楚地看到什么是在僧侣的禁欲主义中必须克服或超越的。他们的禁欲的自我一超克具有太少的禁欲的自我一质疑;他们深信殉道足以证明一个学说的真理。扎拉图斯特拉未来的圣徒不是殉道者——至少不是这个意义上的殉道者。他们将知道"使任何事业变得神圣"

的"好的战争"包括比殉道多得多的东西——愿意为一个理想去死亡和杀戮只是一个理想必要的根据,但绝不是充分的根据(比较《敌基督》53—54)。然而,僧侣没有用自我一质疑足够地折磨他们自己这一点,并不是有关他们的最坏的事,尽管这是什么是最坏的事——即他们信仰一个救世主——的先决条件,救世主作为一个彼岸的存在最终把他们从自我一同情中所见的生命重负,即他们的禁欲的生命一活动重负之中解救出来。在扎拉图斯特拉之前,禁欲理想总是由否定生命的救赎信仰以这种或那种方式陪伴着;正是对整个过去历史的这个见解,而不是别的什么,使扎拉图斯特拉相信"从未有过一个超人",一种正如扎拉图斯特拉所设想的,并立意帮助创造出来的人。超人,在他对待生命的姿态方面,将证明是第一个欢天喜地拥抱禁欲主义的禁欲者。在这一矛盾的意义上超人将拯救人类——把人类从对各种拯救者的需要或渴望中拯救出来。

　　现如今甚至扎拉图斯特拉的"兄弟们"亦未获得如此拯救。他们仍然把他们自己身上的最高者,即他们的美德,当做为了获得合理性的证明所需的某类奖赏。换言之,他们仍然把他们艰难的自我一超克当做必定为某种进一步的善作出贡献的牺牲,或为实现处于超克或美德经验之彼岸的某种需要作出贡献的牺牲。在他接下去的演说中("论有美德的人"),扎拉图斯特拉严责他的朋友们之如此缺乏"纯粹性",强调他自己的道德教诲的无限制的、从而前所未有的"纯粹性":"我甚至并不教诲美德是它自己的奖赏。"(难道超人不是给所有扎拉图斯特拉的美德定向的奖赏或外在目的吗?)尽管对扎拉图斯特拉本人而言这一谴责宣讲不带任何挖苦和愤慨,而是充满了流溢的慈祥和"圣洁的笑与美的震颤",但是这一宣讲实乃最具侵略性或最直接地对扎拉图斯特拉所许给自己的朋友们进行了攻击:他可以肯定这攻击在他们中间激起了回应性的愤怒。

　　这个时刻,划定了仍然把扎拉图斯特拉及其"门徒"区别开来的精神分水岭,标志着扎拉图斯特拉针对其友的论战渐趋强烈。在接下去的宣讲中("论群氓"),他提醒他的朋友们注意他和他们之间有那么多的共同之处——尽管或因为针对群氓有着兄弟般的争论。但是,为了像打一场"好的战争"一样与任何事情作战,为了打一场将在扎拉图斯特拉对自身的理解中打开新的深渊的战争,扎拉图斯特拉必须努力以最深刻和最具挑战性的方式解说群氓。扎拉图斯特拉通过聚焦在他们的宣传中的一个令人困扰的新的(和将来的)发展,做到了这一点。群氓现在有了新的、聪明的代言人——新的"毒蜘蛛"——毒蜘蛛们在卢梭的最重要启发下(M,前言),用动物的内脏编织了一个平等主义的正义学说,动物的内脏被一种完全负面的和反动的憎恨所驱动,矛头针对每一试图在现代世界主张优越和阶序者。足以令人感到奇怪的是,这些毒蜘蛛中有些以听起来与扎拉图斯特拉自己的学说别无二致的一种学说之名,展开对死亡的布道者们和禁欲主义的战争。在一个值得一书的先见之明中,扎拉图斯特拉预见到,他的有关上帝之死、"创造性"和价值的主观性的学说将会被敌-基督徒、反-禁欲的左派所盗用和滥用。有感于这些左派的或平等主义的"尼采主义者们"的令人厌恶的乱象,扎拉图斯特拉遂赋一首(他们所称的)"敌意之歌"——一首散文诗,在其所有尝试中该诗最充分、最优美地描述了那条通往他梦寐以求的未来的道路:

　　　　在千桥万径之上,他们将如蜂如麇涌向未来;借更多的战争和不平等,他们被区别分开:我的大爱令我如此道来。
　　　　在战斗的烽火中,他们将发明影像与幽灵;凭影像与幽灵,最高的战斗将在他们彼此之间展开。
　　　　善恶、贫富、高下,凡价值之名,都将是武器用于前线;

都将是嘎嘎作响的路标,标志着生命须超克自身一遍遍。

　　生命欲踏阶攀柱茁壮入高端;欲穷千里目且睹蒙恩之美颜:因而它要求高端!

　　因其要求高端,固其要求阶梯以及矛盾在阶梯和攀爬者之间!

未来的战士—哲人们

　　超人们及其先行者们,作为最早以一种"纯粹的"方式把美德作为目标者,将获知在努力理解或处理那"高的"善方面,我们只能从对诸如有益的、令人愉悦的或(通常的意义上)健康的等等善的理解中获得有限的帮助。"历史感"及作为僧侣禁欲传统最终结果的残酷的诚实,通过下述揭示而澄清了高贵者的地位:不存在这样一些可详述的"自然的"需要和"灵魂的健康",对此高贵的行为和特性能加以满足和推进、从而能为高贵者提供自然标准和普遍目的。不仅如此,高贵者或美丽者不再被构想为享有或来自某种"高贵者的观念"或某种"理性的观念",抑或某种我们获召臣服在它面前、把我们所有的"需要"作为祭品奉献在它面前的神格。高贵者的根基总是在一种人的需要中,即一种对高贵者的需要或一种跻身于高贵者的需要中。但是这种需要并不是被所有的人同样感觉到的,而且在那些的确强烈地感觉到它的人们之中,这种需要的目标指向也是些完全不同的、独有的和历史上偶然的对象。高者或高贵者现在被揭示为某种严格说来比较性的或相对性的东西:高者的光芒向前照射,对着低者或更低者并且落在其上,与低者或更低者形成对照。从中作出这一判断的视角总是一个暂时的、相竞争的和主观的视角。

　　通过常新的、坚决的对抗,那些对何为迄今所想象出的最具挑战的生命方式有着鲜明不同的愿景的人们,竞相确立其愿景的相对的优点。为了在扎拉图斯特拉的水准上展开竞争,他们必然感到这样一种得加以满足的异常强烈的"需要",即合入且超越那为犹太一基督教的和异教的传统二者皆要求的考验。如果我们回忆一下扎拉图斯特拉自己在卷一最后十个宣讲中引发论战的价值创造,我们就会获得有关这个需要的一个具体的例子,对其表达模式也会有所了解。在每一新美德或圣礼方面,扎拉图斯特拉毫无保留地宣称,要表明每一传统遗产中某些最严重的挑战是如何能够融成一个新的综合体的,而滤掉了那些幻觉以及耶路撒冷和雅典(或罗马)的至少某些"不纯粹性"的这一综合体是:得到强化的贞洁、纯洁、同情、羞惭、自省和热忱与极度的自豪、男子气概、轻松嬉笑、优美典雅、坦荡竞争和热爱生命合而为一。尽管如此,扎拉图斯特拉的这些创造并不是源自最伟大的冲突,甚至他在卷二中介入的更为激烈的论战也几乎不能说是代表针对同侪的一场战争。扎拉图斯特拉恳求他的门徒们:"朋友们,让我们也相互为敌吧!让我们彼此像众神一样争斗吧!"——但是这戏剧使下述这点很明显,即扎拉图斯特拉还得有待发现匹配的对手(参见"墓歌")。相应地,他是否认为自己在最完全的意义上已经打了"好的战争"就非常值得怀疑了。所有尼采新创的价值仍属预做准备性质的;因而以扎拉图斯特拉本人严格的标准来衡量是"不纯粹的"。它们表达一个小荷初露的或未来的过渡文化,这种文化不会把它自己的美德作为目标,而将通过奋力孕育出一个超一人类来界定自己:只有更远未来的这种人类才能够创造希腊一罗马的和犹太一基督教的诸综合,这些综合不是仅作为预做准备性的(准一)"价值"矗立着,而是相反,作为目的(tele)、作为目标(当然不是作为"永恒的"目标)矗立着。

　　这些人们,他们最终的确开始进行充分意义上的"好的战争",每人都将努力证明,他需要为自己设定的那些考验是可以想象出的最综合的考验——它们不仅显露和充分展现其独有的、妙不可言的自我,而且赋予其他众自我以表达和考验的最充分的可能空间。在辩论和冲突的过程中,他将努力证明其愿景的相对能力使最怀敌意的对手们发生突变,从而把他们辩证地纳入。他将寻求确立起这样一点,即他的生命任务的"影象"来自对迄今存在的所有人的类型的更加穷根究底的探究;它提出并回应更多令人烦恼的问题;激发更伟大的爱和虔诚;更好地解释高者或高贵者在整个过去的、历史上的概念区间,或更为清楚地对之加以交响乐化。再者,他们每个人都将努力表明,他的理想或"幽灵"允许甚至引发新的竞争者的高贵性概念——新的"影象与幽灵"——未来最具契机的演化。

创造者们之间的这一战争将反映并折射回每一创造者的自我之内部激情间的战争。即使能够宣称已经取得某类最完全和最丰富的胜利的战士——该胜利反映了在其内部诸激情最具表达性和最富有成果的连结——迟早将会发现(或在战斗中被迫承认)在其暂时建构起来的、有几分下一意识的心理机制中,一种缺陷业已露出端倪。迄今被当做"低下的"、"魔鬼似的"、"可耻的"或"恶的"激情的某种新的连结,将彰显自己是一种被忽略的可能性的源泉、一种具有闻所未闻要求的新的生活方式的源泉。扎拉图斯特拉在卷一中所描述的戏剧将再度重演:"我的兄弟,战争和战斗是恶吗? 但这恶是必需的;在你们的美德中妒忌、怀疑和诽谤是必需的。"("论享受和承受激情")战士们未来的领袖们于是将继续带有那些由僧侣首先导入世界的、陀斯妥耶夫斯基式的突然发作和内心的挣扎。但是现在自我—实验、羞惭和超克的无休无止的循环将在 askesis 的原意上是"禁欲的"——灵魂的一种得到肯定和受到欢迎的体操(比较《敌基督》57)。而且现在这种 askesis 的从事者将不再隐藏,而是直接表达他要把他的体操加诸别人之上的欲望;僧侣和战士的新的综合体将以一种甚至更为坦诚和自我意识的版本,恢复异教战士那伸出手臂交友且塑造周围的人们的欲望。

在这扎拉图斯特拉的解释中,高贵者或高者是一个彻底的个人品味问题——不是一种宽容的品味而是一种好战的品味:

> 不过,说"这是我的善恶"的他已经发现了自己。以此,他堵住了那说"一切人的善恶"的鼹鼠和侏儒的嘴。
>
> 诚然,我也不喜欢那些说一切皆是"好的",而且这个世界是"最好的"的人。这样的人们我称之万事皆足者。
>
> 万事皆足,它知道如何品味一切:那不是最好的品味!我敬重已学会说"我"和"是"和"否"的那些执拗的舌头和肠胃。
>
> ……但那——是我的品味:无所谓好坏,却是我的品味,对此我不再羞惭,亦不再隐瞒。
>
> 这——是我的路向——你们的呢?("论重力精灵",2)

一旦这个关于赋予价值的"真理"——或换一种更好的表述——一旦这个令人难以抵御的生命"影象"或解释,变得被广泛接受,很多人甚至大多数人开始失去他们对高贵者的品味,从而失去坚决的自我-超克能力和意志坚定的行动能力。这是当代虚无主义的魂灵,这是末人的预兆。但是扎拉图斯特拉的梦想是,这占大多数的原型——末人们将最终发现他们自己被迫与具有他的品味的人们作战,即与那些能够且将把生命变成一个战场的人们作战,自我-意识到的主观品味在那战场上要么不得不捍卫自己要么被毁灭:"朋友们,你们对我说不存在为了品味和品尝打仗之事吗?但是生命的全部是一场为品味和品尝而进行的战斗!品味——同时既是砝码又是天平又是称量者:复是一切活着的事物、一切不为砝码、天平和称量者而战的事物的苦恼!"("论崇高者们")在扎拉图斯特拉的分封中,因每一阶

序排定皆是具有视角性的,所以从未没有过争论:每一阶序排
定,可以说,是作为引起许多争论性而存在的,其存在模式寓于
争论中。① 没有战斗是实实在在地赢了或输了,输赢只在种种
目睹者—战斗者们的眼中。尽管如此,尽管没有客观的观点或
标准,但是当大量的人们在他们具有相对力量的判断上取得交
汇,并且在这一共享判断的基础上把他们自己安排在阶序中时,
某种(若总是得到限定)相当大的主观际一致是可能的。人们必
须赶紧加上一点,即每一这样的等级制(就像自我中的激情的每
一等级制)仍是流动的或"试验性的",而且总是易于变化的——
不仅从深深的下面和高高的上面,而且从外面。

未来的诸民族

　　看来正是这一类型的等级制是扎拉图斯特拉设想的新的诸
民族之为人期待的核心。在遥远的未来,可能有这样的一天破
晓,其时大量的军事上和政治上强大的或雄心勃勃的人们中了
扎拉图斯特拉的一个或更多的"隐士们"之学说的魔力,而且对
隐士们"血写的"书籍或隐士们的云游四方、巡回布道和铁嘴钢
牙的论战心醉神迷。这些政治领袖——我们或许受到诱感要称
之为"武装起来的预言家"——将学会如何把孤独的"圣徒们"或
超人们的思想翻译成很多人可理解的那些理想;围绕着这些理
想,诸文化(某种形式的主人和奴隶的诸文化,《善恶的彼岸》
257)得以开始形成。然后,在精力旺盛和虔诚的旧时贵族阶级
中发现的角逐,将以新的版本重新上演。但是这一次领导阶层
将知道,而且将迫使至少上层诸阶层在下述意识方面形成交汇,
即正在被探究的、辩论的和考验的不是某种永恒的东西——不

---

① 比较海德格尔2卷本《尼采》卷1,第37—38页,奈斯克出版社,普夫林根,1961年。

论它是上帝、自然规律还是人性——的区别性观点，而是更高的人们的可变的发明。这些民族的文化将被这样的意识渗透，即他们所恪守的道德的充分意义（甚至）不是在任何固定不变的意义上被（超人）任命的，而是依赖（至少部分上）"新的高贵性"自身在详细说明道德愿景时和代表道德愿景作战时所创造的。此外，新的高贵性将把自己构想作未来革命贵族的，甚或超人的产卵场，而且将花大力气设计一种或许对这样的人们催生的、具有竞争力的精神教育。与外国民族源源不断地冲突，处心积虑地助长民族内部的强烈敌对，这将是未来的诸民族的道路：

> 我的兄弟们呦，不久将始兴新的诸民族……及至有人喊道："看呀，一口解众人之干渴的水井，一颗慰众人之渴求的唯一的心，一种使众工具得其用的唯一意志！"——在那人周围便聚成一个民族，即众多实验者—尝试者们（Versuchende）。
>
> 能发布命令者也必须能服从——这就是现在考验的！随之又有多少漫长的寻求、熟考、误考和重新学习与实验啊！
>
> 人类社会：它是一个实验性的考验，我如此说教——一种长期的寻求；但是他寻求发号施令者！
>
> ——我的兄弟们呦，一种实验性的考验！而非一种"契约"！（"论新旧约版"，25）

在这同一语境中，扎拉图斯特拉几乎逐字逐句地重审了他有关战争和战士宣讲中的一段，但是现今——是完全在独处中和只向想象出的未来"兄弟们"说的——他揭示了全部内蕴："啊，蒙恩的遥远时代！其时一个民族会对它自己说：'我要当主人，——凌驾诸民族。'我的兄弟们，因为最好者应该统治，最好者也要统治。而学说与此不同的地方，最好者是告阙如的。"（同上，21）当然，在那些渐渐分享扎拉图斯特拉的"品味"的人们中间，"主人地位"的意义将经受一种变化：在未来，真正的胜利将不是贬损或消灭一个战败的和受奴役的民族，而是允许他们在他们的征服者们的生命方式的丰富性中发现他们自己的有些杰出的一个位置——实际上，是对其有些杰出的更令人满意的一个解释，更全面的一个表达领域。这意味着，不论民族之间的对抗么惨烈，"扎拉图斯特拉的"所有民族中的统治阶级都将共享一个由共同献身于（通过扎拉图斯特拉的遗产皆已学会加以尊崇的）"好的战争"而结成的纽带（同上，11）。

　　至于未来的这种尘世瓦尔哈拉英烈祠（Valhalla，北欧神话主神暨死亡之神奥丁接纳阵亡战士英灵的殿堂——中译注）的较低的阶序，扎拉图斯特拉谈及的甚至比柏拉图的苏格拉底谈及的《理想国》中的最低阶级还要少。如果我们看看尼采别的著作，我们发现他对未来的种姓社会的一些暗示，这种社会具有严格的考验，导致在"阶序和等级"（die Ordnung der Kasten）（《敌基督》57 及上下文）内部和之间的向上和往下的流动性。处于底层的是布尔乔亚，或曰下述这类男女中的绝大多数，这类男女需要私人财产和金钱，追求"安逸的生活"，他们因而被惩罚的威胁和一种习以为常的羞惭感所统治；居于其上的是尼采所描述的一个遴选的精英劳动阶级，他们在道德"原则"的旗帜下受到管束，其自豪使他们相信这些道德"原则"甚至约束处于战士阶级的他们的上级（WM763,764）。[1] 显然万分可能的是，对所有非战士－贵族的人们而言——也有可能对很多是战士－贵族的

---

[1]　比较昂德莱尔三卷本《尼采，其人其学》卷 3，第 466—467 页，加利马德出版社，巴黎，1958 年。

人们而言——宗教信仰将实现一个强大的复兴（比较《善恶的彼岸》61 与《敌基督》55—57）。我们可以预期，超人们或他们的通俗影像变得被崇拜甚至在某种意义上被神化。尽管扎拉图斯特拉催生的新贵族阶级将奋力避免这样的信仰变成一神教的，或避免其变得与另世的存在物和永恒的相连接，但是看来"重力精灵"将在未来仍然接"宗教本质"（Das Religiose Wesen）之踵而至。不过这也被扎拉图斯特拉当做一种考验或试探，当做一种必需的障栏来加以欢迎，而且这也不仅仅是为了教育未来的青年创造者们。因为凡有一种具体的高贵性的地方，凡堪称有或确实有一种"舞蹈着的"、暂时的高贵性的地方，必定有一种具体的低贱性——在其背景上，高贵性浮现出来，界定自身，并得以持续。

> 难道一定不存在某种之物，人们于上翩翩起舞、飘然舞去吗？因轻者和最轻者之故，一定不能有鼹鼠们和沉重的侏儒们吗？（"论新旧约版"，2）

尽管尼采对未来的较低诸阶级的评述是散见各处的和用隐喻体表达的，但是并不像他对战士和哲学家们的更为直白和强调的宣告那样成问题和难解。的确，他提议的道德重新取向所渗入的范围越广泛，我们的惊叹就越增长。究竟什么明证、什么人类（过去或现在的）经验可能导致尼采相信，总有一天，严肃、小心的人们会为那些（在战斗和战斗员之外别无根据和正当理由的）"诸品味"之故投身生死较量呢？

扎拉图斯特拉为其未来战士之愿想提供理据和确证的尝试：作为权力意志的真理意志

如果说扎拉图斯特拉在某处认真谈论过上述问题的话，那就是在紧接着"敌意之歌"的几次宣讲中。这支"歌"证明是由十次宣讲组成的一个系列宣讲的一个序曲,这个系列宣讲的统一基调是智慧或智者的生命。作为防卫战打响的对他的旧门徒的战斗以胜利而告终,在更充分的意义上重新确立起扎拉图斯特拉的发号施令者地位;对他来说调转枪口对准其最古老的、最伟大的敌人们——对准所有那些宣称或已经宣称为智者的人们——的时机已经成熟。在这最伟大的战争的进程中,扎拉图斯特拉(有史记载以来首次)详尽说明在他所谓的敌意之歌中所暗指的"生命的秘密":权力意志。如果这个教诲令我们不得不默认的话,那么它绝非仅使我们承认所有扎拉图斯特拉的敌手们的相对不智;看来它还至少会为上文提出的问题提供大部分答案。因为,如果我们透过权力意志学说的眼镜看生命,我们将会看到未来的战士-哲人们(远非没有先例或先前没有暗示)能够视作一直无意识地或半有意识地体现在迄今生命的每一原子中的东西的第一个完全自我意识的形式。已获估价的一切——甚至那些愉快或有益的,更遑论高贵的了——皆能够解释作每一生物所感到的、对其难以扼阻的那个塑造、从而主宰竞争性环境之冲动而言最佳的通衢大道。

但是什么明证强使权力意志学说被接受或使之易于接受呢?扎拉图斯特拉本人以无以复加的力量提出了怀疑此学说的明显根据:"我去了生物那里,我沿着其最宽阔和最狭窄的路径行走……而且其双眼在对我说话。但是凡在我发现生物的地方,我都听到对服从的说教。一切生物皆为服从。"在生命的每处我们都看到统治者们的等级制和被统治者们的等级制以及维持或确立这些等级制的斗争——正如亚里士多德所强调的(《政治学》1254a22 及以后)。但是正如尼采比亚里士多德更强调的,这种斗争和等级制开始被逐渐视作基本上不是被一种主人意志、重塑意志和创造意志赋予生命的,而是被一种服从"意志"

（如果可以被如此称呼的话）赋予生命——在最强大的和最高的那里，它作为只服从他自己的意志；但是在所有别的那里，它作为依赖内部和外部的某种固定的极点或（“重力”的）中心，而据此行为和统辖能够取定其方位。人们或许——而扎拉图斯特拉当然确实——试图把所有这服从解释作达到发号施令的一个手段；但是这样的一种解释会显得比相反的解释缺少悟性，因为它会显得颠倒了一目了然的优先顺序；这个一目了然的优先顺序表明，凡命令皆最终服务于顺从的爱（爱欲），即一种“目的驱策”。针对这一公认的强大证明，扎拉图斯特拉诉诸一种唯一的证人：诉诸最智慧者们及其对他的新学说的解释威力的“测试”，尤其诉诸他的新学说解释或“解决你们这些最智慧者们内心的迷疑”的能力。唯一的一条明白无误地声援作为所有生命的解释的权力意志学说的证据，是哲学家之为真正的哲学家的内在的个人经验，正是这一证据决定性地使天平发生了倾斜。那也正是为什么尼采对该学说专有的详细说明（如尼采自己后来的出版著作中的诸详细论述中最重要的——《善恶的彼岸》第一、第二章），出现在对“真理意志”和对那些被这意志所占有的人们的内在生命作出解释的语境之中的原因。至于为什么这一生命形式的解释——真正的哲学——对扎拉图斯特拉而言具有如此大和决定性的权重，我们权且作下述考量：哲学是解释活动的最高形式。只有满意地说明哲学生命的那一种对生命的解释性说明，才可以说是对它自己的活动的充分说明，亦即对解释性生命－活动的充分说明，通过解释性的生命－活动所有的生命对我们来说变成一个解释主体。

扎拉图斯特拉对真理意志的说明始于显然据称的那些真理意志的献身者们，即“著名的智者们”。根据扎拉图斯特拉，这些著名的思想家们一经审视，证明一直充其量是些有天赋的神学家，而不是真理的意志者。他们可能一直比诗人们更独立，诗人

们是些"道德的男侍",总是"相信人们及其智慧"("论诗人";比较
FW1);然而,甚至是或确切说正是在著名的智者们对盛行的教条
的挑战中,他们把他们的奴役暴露给了预先一存在的流行的道德
或宗教的信仰——对此他们加以了润色和深化。针对著名的智
者们和他们服侍的诸伟大民族,屡次兴起过大量匿名的"自由精
灵"。他们是些"非崇拜者",他们"生活在森林中"——精灵的森
林中,并且在那里行使毫不妥协的真理意志;这种真理意志把每
一伟大文化连根拔起,并且把它们的极限根基暴露在光天化日之
下。由于他们的令人毛骨悚然的破坏性,这些精神的"豺狼"总是
一直被民族之"猎犬"所追捕。但是从扎拉图斯特拉的视角看来,
这些豺狼显现为"狮子",居住在精神的"沙漠"中——"饥饿、凶
暴、孤独,亦不信神"。如此它们是扎拉图斯特拉——"不信神的
扎拉图斯特拉"(比较《敌基督》12—13)的先驱。

　　尽管如此,宣称拥有哲学权或智慧权的人们的这一初始的、
双重的范畴化,证明是极端不完备的。在论智者的第一个宣讲
之后,扎拉图斯特拉发表了三首诗歌宣讲,其中他试图给我们进
入其对智慧和对智慧之爱欲的最内心经验的门径,这是一种完
全超越了所有过去的经验之桎梏的经验。只有在这些酒神颂式
的自我启示的余波中,只有在由它们铸就的安静肃穆的铸造物
中,我们才最终被引导进入冲力意志的在场。而且这里扎拉图
斯特拉直接的听众是"最智者",他们肯定不是自由精灵,更不用
说著名的智者了。最智者看起来是变了形的自由精灵,即自沙
漠返回(可能已伪装改扮,大概是伪装成著名的智者或诗人——
比较《善恶的彼岸》28—30,40,289;《敌基督》23,55—57)、然后
接管诸民族并通过急剧地重塑诸民族最高的理想而加以"摧毁"
的预言家们。"最智者"是那些狼似的思想家,他们最终使得其
批判和怀疑的巨大威力,服务于编织那些回答或规避其时所能
想象的问题的新哲学体系和政治理想。

实际上，扎拉图斯特拉在这里坚持的是，如果我们——以及最智者们本身——在对过去最伟大的思想家们和诸文化的历史研究中"测试"哲学生命的这个三重概念，我们会发现它正是那令人不得不信服的解释性方略。同时，我们将看到可以合理地把哲学当做一把打开生命之全部的锁钥的另一个重要原因。不但说明生命的每一尝试都必须聚焦于说明它自己，而且我们现在认识到，这种说明的最充分的形式———一旦在历史上浮现——是人类的历史存在中最强大的、决定性的力量。

尽管如此，即使经过测试我们发现自己被这样的对所有过去的哲学的特性和角色的解释打败，而且不得不加以接受，这也不足以使扎拉图斯特拉的冲力意志学说不得不被接受，尤其是这学说对"真理意志"之可能的未来命运的充满希望的解释。毕竟，扎拉图斯特拉承认过去的最智者不能诚实地把他们自己视作发令的创造者："你仍然想要创造这样的世界，在其面前你能够跪拜。"甚至最具自我意识的生命的经验在基本议题上仍然是含糊不定的：即使是最智者也经验到他们自己被一个跪拜或服从的基本意动所拥有。难道这不提示着生命的一个不同的和真正悲剧性的解释吗？难道生命不可能是某种东西，总是渴求某个加以服从的东西、某种重力中心吗？在这一探寻中难道生命不可能变得越来越强壮和越具自我意识，但是然后进入一个瘫痪和破裂开始并持续的阶段，而且随着意识的增长意识到，没有这样的彼岸而只有"创造性"吗？扎拉图斯特拉的完全相反的解释，他对最具自意识的生命能使自己接受"创造性"的坚持，最终看来并非仅依赖他对过去的思想家们的经验的解释，而是依赖于他从对自己的真理意志经验的解释出发对那经验的解释。恰恰这经验（在位于自我超克宣讲之前的诗歌中传达给最智者的），正是冲力意志学说的真正的基础、基本的预先假定；恰是这经验能够和必须重塑最智者的自我理解——从扎拉图斯特拉的挑战的观点重新赋予那理解以根据。

　　尽管尝试对扎拉图斯特拉的诗歌作完整的阐释这里不是地方，但是下面的预览仍是恰当和有益的。①

　　在"夜歌"中，扎拉图斯特拉大唱孤寂之挽歌，这种孤寂不属于已与所有有意识的崇拜一切两断的一个自由精灵，而是属于一个"太阳"———一个类神的人，他流溢着提供给其他人的爱和崇拜的新对象，而且仍然怀着几近绝望的缺憾渴望自己是对他自己外部某物的一个热爱者和崇拜者。人们可能会说，扎拉图斯特拉这里表达的是一个困境，即在哲学的自我理解中或在其试图解释它自己的最深层的动机中，困扰着即使并非全部也是大部分"现代"或后－马基雅维里哲学的一个困境。流经马基雅维里或作为扎拉图斯特拉的遗产的那个伟大传统（例如，培根、笛卡尔、霍布斯、洛克、孟德斯鸠、卢梭、黑格尔和马克思）是一个深远的倾向，即一个哲学家不把自己构想为真理的一个纯粹热爱者，而是一个带来"新样态和新阶序"的"立法者"、"缔造者"，甚或一个"预言者"。哲学家易于把自己看做需要远非知识，看做需要在创造或建立某种意义上未来政治家和思想家们的视界、终极根基的工程中运用他的知识。但是像这样的"预创"活动能被合理地理解为最高的或最充分的人类奋进吗？或者并非所有人的预创不得不被视作要么是"预创者"别的生命－活动的一种副产品，要么是作为那些"被预创"的人们的某些别的生命－活动的附属吗？因为，要么新后代——生命之具有新美德的方式和那些过着像这样的一些生活的人们——在"立法的"创造和发现中将至少与他们的"之母"等同，要么他们将做不到。假

━━━━━━━━━━━━━━━

①　兰姆珀特，《扎拉图斯特拉的舞歌》，《诠释：政治哲学杂志》卷8（1980年），第141—155页，业已彰显这些诗歌的重要性以及通过对《扎拉图斯特拉如是说》卷二和全书之序列或谋篇的仔细解码来理解这些诗歌的重要性；不过正如即将明了的，我未能跟进其细节诠释。丹豪瑟（第257—259页）的简洁讨论颇有助益。

设他们等同或超越他们的"之母",这意味着他们必须变得在发现、选择或塑造生命中像其"之母"一样地自由和具有创造。他们必须发现尚未被发现的决定性的真理,或如此对生命进行革命化和重新创造,以至于再制或摈弃他们的"之母"赋予他们的一切。那么那"之母"的预创就变得按比例地越来越不重要。用扎拉图斯特拉的影像来说,像这样的前孩子他们自己会变成"众太阳"——从而就像他对于他们一样,他们对于他漠不关心、毫不感恩或"不为所知"。更有甚者,任何新的存在物(如果这些同等地具有创造性,他们又依次创造)将最终使他们的"之母"们变得无足轻重。假设,另一方面,"后代"仍然在某种决定性的意义上是扎拉图斯特拉的"孩子们"。假设他的预创性活动仍具极大的意义,假设所有他的"孩子们的"立法创造性是在某种终极的母体组织之中,或在被扎拉图斯特拉给出的某种终极"律法"或估价(权力意志、"创造性"概念或"自我")之下进行的。在这种情况下,后代在某种决定性的意义上,在创造的范围上,逊于扎拉图斯特拉,那么他的预创活动就没有产生那种与他自己的创造性的自我和创造性同等的子代,更不用说超越了;他的预创只是成功地从强者产生了较弱者,从更宽阔和更独立或自一驱动产生了较狭隘的和更依赖的。这的确是扎拉图斯特拉发现自己所处的状况,作为"太阳"他在自己周围只能看到黑暗和曝光的穷困的子代,而这最终可以回溯到他这个太阳。这就是产生那挽歌(后来尼采所称的上帝的挽歌)的状况,这是个看起来恰切界定那把预创性的爱当做生命要点的每一悲剧性尝试的挽歌。尽管如此,扎拉图斯特拉还是从下面的舞歌里所表述的经验中获得了某种安慰,而且不仅是安慰。

通过这"舞歌",扎拉图斯特拉试图告知智慧女神和生命女神间的令人着迷的关系,即他的狂野的、飘忽不定的和极具诱惑的智慧女神(当然包括飘忽不定的权力意志学说和作为生命之巅峰的超人学说)和更狂野的、更飘忽不定和更具诱惑力的生命女神间的关系。扎拉图斯特拉这个面对"重力精灵"和渴望永恒(因而矛盾的"上帝的倡导者",[Gottes Fürsprecher])时的嘻笑者,"对智慧女神有好感,而且通常是太有好感了",因为他是如此提示着生命女神——他所真正爱的,不知疲倦地追求和努力把握理解的。生命女神一般显得高深莫测,因而只能是智慧女神(例如,权力意志学说)有与之相近似的某种东西。尽管如此,当人们真正地倾听生命女神时,当人们向生命的证据敞开心扉的时候,生命女神本身坚持生命女神既不"深奥"也不"神秘"——而只是"可变的",因此是不可能一劳永逸地占有和把握的。生命女神本身提示着,假定她高深莫测这一点是人的或多或少带有恨意的幻觉,诞生于以一种最终的方式占有和主宰生命女神的欲望的受挫("如果我不能详知什么是生命,生命就一定是一种深不可测的神秘;生命就一定扎根于某种不可知的和怪异的自在之物或上帝中")。当生命女神让扎拉图斯特拉描述他的智慧女神(权力意志学说)时,生命女神肯定他的描述会符合、也只能符合生命女神本身! 正是在他听了来自生命女神的这种回应之后,扎拉图斯特拉发现生命最高深莫测,也最令人心醉神迷。如果生命女神所言不虚,如果令人无法招架的证据不欺诈,扎拉图斯特拉通过奋力推介一个满意的理论说明,已经捕捉到作为一个整体的生命女神的现在"本质"。更确切地说,他已经改变了所有先前的生命,对它进行了重新解释,并且通过赋予它一种新意义——该意义以一种前所未见的方式符合、实现或完成所有现象——而对它进行了重新制造。他就像庭院设计师,通过他的建设,每一生物获得否则就不存在的一个新位置和重要意义。尽管如此,在建构生命之全部要符合的新模子时的那一刻,扎拉图斯特拉禁不住怀疑他是否为所有存在的东西猜到并发现了一个位置;他肯定知道他并未猜到未来的整个潜在;他知道他不能长久把捉住生命女神。他的智慧女神本身,即权力意志学说教导说,智慧女神的每个表达反映了一个具象的、暂时的视角,因而仍然向未来的剧烈修正,乃至被将来出现的更全面的视角所取代敞开了大门。生命女神的、权力意志的和人的创造性的新的独具显现,将赋予权力意志和对存在的每一理论说明以一些全新的具体内容。不过在这个历史时刻,"与我们相关的世界",那个真正"是"的唯一"世界",急切地诱使我们相信它已为扎拉图斯特拉的智慧所完全把握——只要那智慧对生命的不可扼阻的变移性以及所有这样的貌似洞见的时刻的因变暂时有效性并不健忘。这些闪闪发亮、插翅能翔的时刻——其中生命女神对扎拉图斯特拉面授机宜、验明他的智慧女神是她的一幅充分的肖像——只是些在扎拉图斯特拉的意识生命中偶尔涌现的时刻。这些是一个巅峰,在上面作为一个整体的生命女神,通过思想家代言,看上去变得对自己有了意识;这些是扎拉图斯特拉在其中被诱使说"现在一个神在通过我跳舞"("论读与写")的那些时刻。

　　那引发这样的诸时刻的诗歌,不可避免地由墓地和"墓歌"所追随。在这诗歌三部曲的最后一个,扎拉图斯特拉试图传达那创造性灵魂的理想和迷人理论(其中某些可能的确短暂地捕捉到在所示意义上的生命"本质")之再三死而"复活"的极痛感。促使那灵魂"忍耐"的基本力量,促使它重启通过被构造的智慧以期掌握生命的崭新实验的基本力量,与最终使智慧的每一成功展现变得过时的那力量是同一力量:那意志,这不是传统术语所指的有意识的意志,而是作为无意识的自我(推动、塑造和被无意识所塑造的诸激情之变动不居的等级制)的意志。

　　看来这三个诗歌表达了一个经验循环序列中的诸阶段,这个序列必须被当作一个统一体来推断和把握,这样才能被恰当地理解。通过这些诗歌,扎拉图斯特拉暗示或明示了通往思想者与他自身的最深刻的思想对象相关的一个新姿态的道路。扎拉图斯特拉的个人经验教导我们,当道德和形而上学的智慧看来诱人地包含作为整体的生命的时候,即使是暂时的,那么这样的智慧也能够保持传统智慧对人心的某种权威把握。

扎拉图斯特拉的影子：自由精灵和
以美之名攻击崇高

　　不论我们在有关这些狂诗的教诲方面最终可能得出什么判断，它们的文本促使我们想要知道扎拉图斯特拉是否已经抛弃了——即使或只是出于他自己的根据——由自由精灵所代表的可替代性的哲学生命概念。为什么不是自由精灵或归根结底最智者——这个类型描绘膜拜但不允许自己被膜拜——呢？最初的回应看来会是这样的，即像这样的人过着一种悲剧性的不完美和受挫的生活：他"带着破碎的崇拜心进入无神的沙漠，在骄阳炙烤的如海的漫漫黄沙中，他干渴地眯视着一些富有水井的岛屿，那里生物歇息在如黛的树木下。尽管如此，他的干渴并未迫使他变得像这些生物一样舒适而居；因为哪里有绿洲哪里就有偶像"。如果或当自由精灵的生活过去是非悲剧的；甚至或恰恰是这里有对所认为的真理意志的纯粹性和高贵自足性的一种不加置疑的自豪。这是"他的非自由"（比较《善恶的彼岸》105）。扎拉图斯特拉撕掉了这个最后偶像的面纱，通过把自由精灵解释作扎拉图斯特拉精灵性概念的终极见证人，而暴露出这个最后偶像的可疑性："精灵就是生命，它切入生命：伴随着极痛，它增加自己的知识。"自由精灵最好解释作无孔不入的残酷渴求的一种强烈的表达，就是权力意志（比较 WM416）：他的"真理意志"实际上是通过内省的自我撕裂而赋予其"幸福"的一种残酷。这种残酷在过去已经不得不通过把它的拥有者"作为牺牲品奉献"在高贵的真理祭坛上，给它自己合理性的证明。但是这点一经被认识到，自由精灵一经通过拒绝纯粹真理意志的客观高贵性和其可能性而变得"非常自由"，那么其可疑的、成问题的生命方式要么变成痛苦的虚无主义(一种否则无目标的激进怀疑主义的残酷和自我—残酷),要么成为扎拉图斯特拉的战争和美德之创造的序曲。在扎拉图斯特拉看来没有第三条道路。而且这是我们先前定位了的基岩的一部分:扎拉图斯特拉的"品味"否定或不知道渴求(或意欲)(既无所谓高贵也无所谓美丽的)真理的那种经验,否定或不知道从(既无所谓高贵也无所谓美丽的)真理中获得的那种消费、不可减缩的快乐经验。

但是扎拉图斯特拉反复地力劝我们"严格起来"!那么,让我们毫不犹豫地问他这个问题的答案:为什么不是严格的虚无主义?为什么不把生命解释作在对每一愿景和希望的英雄式的、细致的剖析中登峰造极?这不会是一种无懈可击的胜利的生存——对好些有"品味"的人们而言——甚至是高贵的生存吗?通过把周围的一切化简为瓦砾,这样的一种生命不塑造我们周围的一切、不在我们周围的一切之上留下一种真正不可磨灭的印记吗?(比较"影子"、"忧郁之歌"、"论科学"与 FW285 和《善恶的彼岸》229—230)在扎拉图斯特拉的英雄主义(目标在超人)和作为它的"影子"的这个英雄式的虚无主义之间的选择,只是无根据的决定而无他吗?或者,在对扎拉图斯特拉的"品味"的辩护中再无什么可说吗?切勿再多说吗?

在我们看来,这一严肃问题按扎拉图斯特拉的前提是必然导致的;而且,看来扎拉图斯特拉也预期到这一问题(比较 FW285 和《狄奥尼索斯—酒神颂》,"Nur Narr! Nur Dichter!"),其答案开始在紧随自我超克的宣讲中出现。这里扎拉图斯特拉宣称对"崇高的"人(der Erhabene)"不合品味"。崇高的人是那精灵(Busser des Geistes)的最高的"禁欲"或"忏悔"的类型,最好的诗人有一天可能成长为这种类型(参见"论诗人"末尾)。他是一个具有真正"英雄意志"的人,其在"知识森林"中糟糕的"狩猎"带给他的战利品是"丑陋的真理"。不过在这一过程中,他的生存已被他作战的针对物所界定。崇高者代表反应性生存的一种高级形式。他缺乏真正的独立或自一动,因为他的活动只有在他对之作战的"幽灵和图像"拥有触动人心的力量时,才保持英雄性和挑战性。他生存的核心,是一场需要有有价值的敌人的战争——有价值的敌人的可能性又是他忙于摧毁的。再者,这个英雄式的意志在察觉到伟大性的一切地方,也察觉到丑陋,或曰必须被暴露、被拒绝和被克服的东西——但是没有某种清晰的美丽和高贵观念,"丑陋"能保有任何意义吗?(比较 WM416)而且现代的、幻灭的崇高以及完全寓于对丑陋之揭露和摧毁的悲剧英雄主义,能够足以构成这样的一个观念吗?扎拉图斯特拉坚持认为,英雄式意志以其最高类型的悲剧严肃性指向自身之外的一个更宁静、甚至"无一意志"的生存(mitab-geschirrtem Willen),它充满一种美、一种雍容安逸、一种金色的笑,这预示着与所有事物,包括所有被克服的事物的一种调和或创造性的整合。(比较《致冯施泰因的信》,1882 年 12 月初)如果我们要理解这种以美丽之名对崇高进行攻击的全部意义,我们首先必须承认它代表一种对与德国哲学伟大传统——由康德的《纯粹理性批判》所确立,在席勒的诗歌和散文中得到最优美表达("理想与人生"和"论崇高")的伟大传统——一脉相传的美学和道德价值标准的"重估"。根据这一传统,美者是感官世界中和谐、欢快和自我完善的东西;的确,美者看来揭示一种否则在机械世界中不可发现的目的性或艺术性。美者在目击者中导致一种欢乐的狂喜,而这在追求美者之外、在这狂喜之外别无他求的意义上是"无功利"的。"美丽的人"(席勒首先想到歌德)是一种在其身上自然和理性、享乐和职责、幸福和美德优雅和谐的人。但是恰恰因为美者显示完美或完备,它没有能够迫使我们超出自然的显现世界(现象界);它并未启发我们或使我们准备尝试超克或超越那世界。结果,美的经验充其量能抚慰我们,但不能"教育"我们预期和真正接受人的经验不可避免地向我们揭示的、在道德价值和幸福之间的不和谐。因为这种对我们心灵教育的缺失，所以我们必须转向更高的道德和美学的范畴——崇高。在使我们的活动和理解能力相形见绌和无能为力者面前（波涛汹涌的大海、广阔无垠的苍穹、体面人们的残暴屠杀），我们的崇高经验是作为不受欢迎的恐惧或忧郁而开始的。但是在观者对他自己作为人的尊严的意识中，这种不快或痛楚能够被美化（特别是在艺术家的帮助下）成一种敬畏，后者突然把我们的心智的目光向上扭转并离开感官世界或经验历史的世界。随着我们恢复意识到自由和职责的另一内在领域——其中我们拥有通过经验自然所无法把握的一种重要感和命运感，我们的恐惧被一种对显现世界的英雄式的蔑视所取代。崇高的在场导致一种"强烈的狂喜"，这种狂喜不能归结为任何在纯美中所获取的快乐。"崇高的人"是这样的人，在其中这狂喜承受一种生命，在这生命里职责经常与偏好或幸福相冲突，在这生命里尊严要求不停地与显现世界作战，要求尝试超克显现世界，即那显然在人的历史经验中给定的世界。

对尼采或其扎拉图斯特拉而言，这解释性的和估价性的姿态是基于一些不再无懈可击的观念。席勒的崇高概念表达了一种对道德律或"真实世界"的信念，而即使这"真实世界"的"难以捉摸的、苍白的、北欧日尔曼的和康宁斯堡的"版本（GD，"真实世界是如何变成一种寓言的"），现在也是完全不可信的。在我们的时代，作为"崇高"的真实内核仍然存留的是，紧缩和超克每种这样的希望或幻觉的意志，英雄般地直面生存之难以克服的摇摆不定和虚无主义的特征的意志。另一方面，与美相关的狂喜，歌德的整个生命毫不费力地、略带质朴地表达的或无论如何预示的狂喜，应享更高的阶序而且能够且必须赋予一个新的和坚固的根基。为了给它那根基，我们必须超越所有的诗人甚至歌德。最高的美属于未来,现在所见的充其量是在一个"梦境"中的它的"影子"。(比较"蒙恩岛"结尾和"论崇高者们"结尾)未来的美将预先假定并从对所有过去的诗和美的批判中生长出来。不仅如此,未来之美将浮现自我和预先假定永恒重现的论战批评和自我批评:恰恰是在这里,在他预示未来之美的轮廓中,扎拉图斯特拉最强烈地让人想起他对竞争的"诸品味"间无休止战争的呼唤。但也是在这里,他透露了甚至这种战争也必须被超越的信念。或者换他的另一种说法,超出崇高的"英雄"生命的那美的生命,会属于一个"超—英雄",出现在其生存的某些时刻的高贵或美,预设了先行获得的最大的"恶"或毁灭:"当权力变得和蔼而降入可见物时——我称这样的降入为美"。(比较摩尔根,第 231—232 页)

一种新的圣徒资格:战士精神的超克

一旦到达这一点,我们突然意识到扎拉图斯特拉对崇高的攻击,他要求崇高被超越,隐含着对战争和(甚至最高的)战士精神被超越的一种要求。一开始我们就注意到,扎拉图斯特拉坚持战士不是最高的人的类型。现在我们处于卷一中扎拉图斯特拉对战士的批评之词的一个位置:在那里他说,因为他们是"丑陋的",所以他们应该以"崇高的、丑陋的斗篷"包裹起来。尽管扎拉图斯特拉对是否和在什么程度上使自己免受这种批评仍有些不清楚,但是我们倾向于假定,自夸"我不再像你们那样感觉……我俯视因为我已提高……我已学会飞翔"的扎拉图斯特拉,已经超越了战士的局限——尽管仍"属他们那类"。但是在这自夸的同一宣讲中("论读与写"),扎拉图斯特拉好像流露出在智慧女神和生命女神间对智慧女神的更高尊重。现在在卷二中(和在其生命的许多年之后),我们听到一个不再那么自信的扎拉图斯特拉坦言,他在很大程度上仍然把自己只是当做一个诗人,"我属于今天和过去……但是我身上有着某种属于未来的东西"("论诗人")。当我们回首考虑,在历经这种对崇高的攻击之后,创造性的战争和权力意志学说看起来像什么时,扎拉图斯特拉在其自己的学说或智慧中所看到的广泛不足也一定变得明显起来。

就在发布其"敌意之歌"之后和就在发表有关智慧的宣讲之前,扎拉图斯特拉承认,他自己已经被报复精神所啮咬。起初,我们倾向于假定,他只是意谓承认他的学说在某种程度上是对现代平等主义的一种道德反映。但是在同一宣讲中扎拉图斯特拉强烈地暗示,报复是一种非单独这一点所能解释的更大的危险敌手——事实上扎拉图斯特拉的整个任务可以从超克报复来理解,"因为人可以从报复中解脱出来——对我而言那是通往最高希望的桥梁,是暴风雨长期肆虐后天空的一道彩虹"。而且现在我们开始看到为什么或许是这样的理由。我们业已达到这样一点,即被迫想知道像至今所详述的权力意志学说是否并不等同于这样一个学说,即报复处于所有生命的最核心。在冲突中和通过冲突创造价值,在严格地相对于诸竞争者、在超越且并入诸竞争者时确立高或高贵:这并不需要意味着创造只是否定先前和当前的价值而无他,而是的确提示着每一创造,甚至最慷慨的创造也彻头彻尾地带有反应性的、"崇高"的——从而是依赖性的和丑陋的——激情色彩。把问题换一种表达方式就是:权力意志学说教导我们"凡善恶的创造者首先必是价值的破坏者和消灭者。如此,最高的恶属于最高的善"。这并非只是意味着残酷的毁灭是一种不得已采纳的、必需的序曲——一种场地清理。毁灭带有创造。"精灵就是生命,切入生命。"正如尼采后来对其学说所作的总结:"我把美的意志当做一种保护和恢复手段;不过,从根本上,永恒的创造在我看来与毁灭冲动一样,同痛楚相关联。"(WM416;比较 GMII18;JGB229—230;WM417)权力意志看来表达了对大凡生存的这样一种解释，即所有的生存从根本上说都是由否定－毁灭、痛楚与施痛赋予活力的。这是随着卷二渐近收尾时针对扎拉图斯特拉而增长的抑郁不满中的一个主要成分，或者就是那主要成分，而这在"论救赎"中得到动人的表达。扎拉图斯特拉发现他与之斗争如此之久的"重力精灵"，在迄今已经验明的那些来源之外或之下，具有一种蜿蜒曲折的来源；权力意志学说，远非超克了这一渴望某种固定物的更为深刻的来源，而只是对之作了不经意的表达。

人们尚未寻求从历史生存的流变中逃脱的理由，只是因为他们被从死亡和一切时间中的生存者之难以超越的倏忽特征反弹回来。另外，或曰超出这一范围之外，他们已经谴责了他们的生存，因为不论多么朦胧，他们毕竟意识到每一行动和创造是无可逃避地被"残疾的"过去赋形的——即使只是负面地和辩证地，而且正是在这残疾过去的背景上现在和未来的"子代"界定它自己。人们已经为自己对过去和未来进行了报复，已经尝试从另世、另生的观点诠释生命，以便对如此注定于依赖性的"说－不"的一种生存之囚禁加以补偿。但是在这里面，当然，他们仅仅深化了"说－不"。①

---

① 本人谨此处别于海德格尔（玛格努司，《尼采的扎拉图斯特拉是谁？》，英译，安里森编《新尼采》，第 64—79 页，戴尔出版社，纽约，1977 年），以及众多追随海德格尔断定或认定报复精灵首先代表精神之超克或逃脱生存之倏忽特征的热望的解释者们。在我看来，扎拉图斯特拉刻意使他这方面的思想非常精确。报复精灵主要不是憎恨时间、暂时性和当前、现在（或未来）之流逝特征；而是用扎拉图斯特拉细选的和强调性的话说："这，是单独的这，是报复本身：意志对时间及其'曾是'的憎恨。"（"论救赎"）且给海德格尔当庭答辩的机会（第 72—73 页）："尼采说报复是'意志对时间……的憎恨'，这并说……'对时间的一个具体特性的憎恨'，它只说'对时间的憎恨'。当然，在'对时间的憎恨'几个词之后紧跟着'及其曾是'。……将要确当指出的是，时间不仅包括'曾是'，而且本质上包括'将是'和'现是'……从而，当尼采极力强调时间的'曾是'时，他显然并非着意以他对报复本质的特征化来指涉'那'像这样的时间，而是时间　（转下页）

　　唯有行动、冲突和创造性每时每刻把它自己想做不仅是它的"敌人们"和过去的反作用和继承人,而且是原因和父亲;唯有过去也被想作未来或未来的特选后续,唯有时间是周而复始的;唯有那时,权力意志才会把它自己想作从撒播报复之渴望的受难中获得救赎。唯有新的美德在这样的确信所发散的光亮下被创造,它们才能宣称在对所有历史的并构和肯定的交响化中是真正原创的和综合的。换言之,永恒重视对"伟大风格"而言是必要条件,"伟大风格"在尼采那里的意义和重要性已经得到海德格尔明白而具说服力的解释(《尼采》卷1,第146—162页;比较摩尔根,第223页及以后诸页)。同样,永恒重现亦能这样来理解,即为"夜歌"中所表达的悲剧性的两难境地提供了一种可能的解决方案。在这里我甚至不能尝试勾勒对永恒重现所回应或意在解决的那些多重问题的讨论梗概,亦不能尝试勾勒对尼采来说所导致的该学说的多重意义的梗概。除我在对"舞歌"的评述中已经指出的之外,我亦不再探索尼采的"形而上学"之深深地令人迷惑的本体论地位。但是在战争主旋律的后续完成的基础上,为什么需要永恒重现学说的主要理由变得显而易见。这学说不是对权力意志学说的一个纯粹补充,更不构成权力意志学说的一个矛盾:只有权力意志通过一模一样之永恒重现,只有永恒重现"是权力意志,岂有他哉!"(WM 结尾),生命才从辩证的、亦即反应性生存中摆脱出来。

　　(接上页)的一个特殊方面。与'那'时间相关的寓境究竟为何?时间寓于流逝中。……去往何处?进入瞬间。……那附加的定义并非通过忽略时间的另外两个特性而独钟一个特性,而是在时间的整个和固有本质中验明了时间的基础。……这里的'及'与'而且那意味着'中的而且是同样的。"在我看来海德格尔在这里着力解释了所不能一般解释的东西。是重力精灵,而非报复精灵,才是意志对单纯时间的憎恨;而且,重力精灵在《扎拉图斯特拉如是说》中显然与报复精灵不是同一种东西。归根结底,前者是一个侏儒,而后者是通过毒蜘蛛之咬来传递的。

　　这并非一时否认一模一样的永恒重现学说在其含蕴和对生命行为的规范方面是极为模糊不清的：就像扎拉图斯特拉"诱人的尝试"的每一方面一样，这学说本身也需要诠释——而且通过这一需要考验它的所有听众。这学说是"最重的负荷"（FW341；比较 WM1053—60）。当然通过这学说击败报复精灵决不意味着重力精灵的失败。的确，《扎拉图斯特拉如是说》中有关永恒重现的第一个表述是出自重力精灵之口（"论幻象和迷疑"；比较FW341）。侏儒欢迎一个能够解作无新之可能、一切皆命定的学说毫无困难。但是尼采肯定该学说能够在相反的方向上获得诠释，而且在相反的道路上保持生命力，即允许每个创造者把他的价值当做在某种意义上既是生存整体的始因又是目标。正如扎拉图斯特拉的无一历史的动物们所说而且他自己希望学会说的，"在每个现在，存在开始……我自己属于原因"（"康复期"）。

　　但是这是亚一人们的宣讲；提示着该学说如何容易地诠释表达末人的世界观。归根结底，永恒重现不能被当做隐含每一微不足道或荒谬绝伦的时刻和"生命风格"的绝对平等的、普遍的兴奋或奉承吗？① 仅仅永恒重现观念并未解除由末人所代表的危机，事实上强化了危机。因为这样的一种学说能够充当宽容的、自我一满意的末人穿着狂舞的一套完美的睡衣。为了使该学说在扎拉图斯特拉的意义上"增强生命"，所需要的是些肯定该学说又肯定战争的"超一英雄"：他们对生命充满勇气的、艰难赢得的肯定，不是那些驴子一崇拜者们神化一种不加选择的"说一是"的肯定，而是这样一些人的肯定，这些人论证并肯定因他们自己非常具体的、但包容一切的、起完善作用的价值创造之故，每一时刻，甚至末人的时刻都是必需的。这样的人们将会学

---

① 参见玛格努司之作《论"永恒重现"》，《尼采研究》卷 8（1979 年），第 374—375页，试图用永恒重现佐证尼采的思想是"多元论"的。

到扎拉图斯特拉所称的"伟大的、爱的鄙视，这种鄙视在感到最鄙视的地方最爱"。（比较 WM1041 与"论重力精灵"2、"论伟大的渴望"、"唤醒"和"驴子—佳节"）

基督传布那要求对敌人们纯爱的一种圣徒资质或圣性；扎拉图斯特拉（在一个典型的新综合中）教诲说，人能够变成新的一类圣徒：战士、敌人、爱与之作战的对手者。的确，像这样的就是扎拉图斯特拉宣称所是的，至少是所预示的（"论战争和战士"之首）。但是，在最完全的意义上，在同一时刻，爱和恨的这种结合可能吗？作为一个整体的《扎拉图斯特拉如是说》这出戏，以及扎拉图斯特拉诸歌的序列，看来指向一个"生命韵律"（借用摩尔根语），其中激烈的论战交锋阶段与长期的孤独的自我探索阶段相交替。后面这些阶段，尽管总是反映冲突和为得到更新的"立法"尝试作准备的挑战，但是它们本身是新的"圣徒资质"的真正的巅峰。因为在这些时段里创造者的自我—怀疑、自我—诘问、他的羞惭和他对与自己相同的人们的怜悯——简言之，其受难——会达到最强烈的程度；而且同样，如果所有这些得以幸存，他在这些时段期间会最终获得自我和世界的无所不包的再—整合，其中生存的一切会发现新的意义。他不仅会因此经历他自己的类神的、立法的独一性的最深的可能感，而且经历一种特别丰富的欢乐、对人的慈爱和恬静的"命运之爱"（amor fati）：

　　深远的受难造就高贵；它加以区分。……

　　把两个人最深远地区分开来的是不同的纯净感和纯净程度。……纯净的最高本能把那在最奇妙、最危险的孤寂中拥有它的人定为圣徒：因为这恰是圣徒性——上述本能的最高精神化。……

　　一个追求伟大的人把路上遭遇的每个人要么当做一种手段，要么当做一种耽搁和障碍——或一个暂时的休憩之地。他对同胞们的高等级的善只有当他处于高端时或统治时才有可能。不耐烦以及他对直到那时他一直判给喜剧的意识——因为即使战争也是喜剧并且像每一手段那样掩盖目的——损坏了其所有陪伴……

因为对我们而言孤寂是一种美德，作为一种崇高的倾向和对纯净的一种渴求，猜知人与人——"在社会中"——的所有接触如何包含着不可避免的不纯净。所有的共同体都以某种方式、在某种地方、在某个时刻造就——"普通"。（JGB270—71，273，284；比较43）

新圣徒将是"知识的圣徒"（比较"魔术师"2）；他们的圣徒资质或圣性决不预设一个处于他们的自我之彼岸的神圣领域。同时，他们的知识将不排除一种强烈的崇敬、"虔敬"甚至"信仰"。但是，这种虔敬尽管在发现崇敬的每一外在对象都是自我的一种创造之后仍然幸存，但是将无可避免地越来越多地固定在创造着的自我，越来越少地固定在自我的"工作"。真正高贵的灵魂并不感到一种"对高贵的需要"，而是"高贵灵魂本身的需要"（JGB287）。它的价值创造，至少当它处于巅峰时，不是对渴有所缺的表达，而是它之所有的流溢而出。这样的一个灵魂"一般并不喜欢'向上'看——而是要么水平地和慢慢地向前看，要么向下看：它知道它自己在高端"（JGB265）。但是一个纯粹的"水平的"崇敬在用语上不是一个矛盾吗？看来尼采试图表达的经历得包括某种从远处看自己，或某种从某人有意识的自我到某人的整个自我或者"身体"或者灵魂的探访；因此，尼采在这些语境中强调高贵的灵魂对它自己的繁杂的、神秘的、亚理性的深处的持久的意识——并且从而强调了它不是用宣讲而是用诗歌表达它自己的需要（特别参见"论伟大的渴望"和JGB289）。"一个哲学家"尼采，是"一个不停地经验、看见、听见、猜测、憧憬和梦想非凡事物的人；他就像被他的各种经验和霹雳所击中那样被他自己的宛若来自外面、上面和下面的思想所击中"（JGB292）。知识的圣徒将知道所有价值的来源是他自己，但是他也将在他自己内在经验貌似高深莫测的生命。再加上尼采在《善恶的彼岸》中几无暗指的一种考虑因素，即这样一个事实：超人们把他们自己视作而且可能也被他人视作尽管是难免一死的，但又是所有存在之永恒重现的亮点、目标和原因，如果不称这样的一些存在者为美化成为（当然是一类新的）神的人又称为什么？这种神是"狄奥尼索斯式的"，其诞生，其激烈奋争、战斗和狂喜的生命，其最终的死亡——在允诺重生的光环中——"超克"并"舞去"对永久和对"悲哀"的悲剧的需要，"凡攀上最高的山者都嘲笑一切悲剧和悲剧的严肃"（"论读与写"）。由此可见，由未来的宗教的、信仰的"诸民族"给予超人们的或他们的诠释者们的朦胧的而且无疑被歪曲的崇拜，在某种意义上证明是真实的。正如扎拉图斯特拉不是一度而是再度所说的，"正因为这是类神的，所以存在着诸神，但是决没有上帝！"（"论背教者们"，"新旧约版"11）

　　但是好像也可以推知扎拉图斯特拉本身不是一个超人。不可否认，尼采对他的扎拉图斯特拉的等级或地位的论述是相差极大的，而且在《瞧，这个人！》中和其他后期发表、未发表的著作中，尼采有时说扎拉图斯特拉（和他自己）属于所可能企及的巅峰之上的存在者。但是尼采也说了些大为谦卑的话；而后者在我看来必须被当作他的最深思熟虑、最不矫饰的判断。正如我们已经注意到的，在《扎拉图斯特拉如是说》中较早的一点上，主角扎拉图斯特拉的确把自己描述为处在顶点并且充满神性，"我只信仰会跳舞的神……现在我轻盈，现在我飞翔，现在我在自己之下看到我自己，现在一个神在通过我跳舞"（"论读与写"）。但是扎拉图斯特拉的创造者在他唯一重要的、片断性的《权力意志》（1038）里对扎拉图斯特拉的明显反思中，正是对这段进行了如下的诠释或纠正："——有多少新神仍是可能的！……借助扎拉图斯特拉在这句话中无法估计的权威：扎拉图斯特拉竟至坦称：'我只信仰会跳舞的神'——重复：有多少新神仍是可能的！——扎拉图斯特拉自己自然仅是一个旧的无神论者：他既不信旧的又不信新的众神。扎拉图斯特拉说他会；但是扎拉图斯特拉将不。切勿误解他！"在《扎拉图斯特拉如是说》的临结尾处，"魔术师"（充其量是现代艺术家）表达了扎拉图斯特拉是一个"知识的圣徒，一个伟大的人"。对此扎拉图斯特拉回答道："我自己，自然——我尚未看见一个伟大的人。要看见什么是伟大的，即使我们时代最精微的眼睛也是太粗糙的……我们的时代属于芸芸众生（Der Pobel）：其因而能够知道什么是伟大的，什么是渺小的！"即使是一个扎拉图斯特拉，在其对人的伟大性的理解中，仍不知怎地被他与之战斗的民主的时代精神大大地扭曲（再次比较"毒蜘蛛"之尾）。

　　扎拉图斯特拉的意象能力中一个甚至更重要的局限，就在卷四紧接着的一节（"歇业"）中得到"末代教皇"的描述。教皇道出这样的猜测，即"不信神者扎拉图斯特拉"事实上比老教皇更少不信神；用教皇的话说，扎拉图斯特拉是"那些所有不信上帝者中最虔诚的"——而且（教皇问）"难道不是你的虔诚本身不再让你信一个神吗？"我们可以说，扎拉图斯特拉的自我仍然被自由精灵的无神论的虔诚附体太多：它仍然太多地是崇敬真理或诚实——现在被理解作怀疑者令人发问、让人生疑的辩证毁灭力量（FW344；比较 GM Ⅲ 23—27）——的柏拉图－基督教传统的继承人。扎拉图斯特拉意识到这个局限，从而在某种意义上超越了这个局限——但是尚未摆脱它的最后束缚范围。①

---

① 比较 JGB,44,229—230 和施特劳斯的《注意尼采〈善恶的彼岸〉的谋篇》,《柏拉图政治哲学研究》,第 175—176 页,芝加哥大学出版社,芝加哥,1984 年。

　　但是在扎拉图斯特拉那里还有第三个缺陷，而且按他自己的标准判定是最具决定性的缺陷。正如所反复强调的，扎拉图斯特拉并不创造在他所理解的这个术语的完全意义上的"价值"，从而并不展示在他所理解的这个术语的完全意义上的"价值"之可能性。而是我们表明，人们、诸生命方式本身是目的而不仅是通往别的某物的"桥梁"。尚不止如此。扎拉图斯特拉呼唤在一种特殊的、"纯粹"的意义上是目的的美德。他呼唤历史上首先例证一种纯粹的高贵性的人们；他们将不把他们的美德和创造视作修复缺陷或满足需要的工具，后者超出了那些美德和创造；他们甚至将不寻求满足一种对高贵的需要，而只是满足一种高贵的需要，满足一种表达高贵和冥想高贵的需要。他们将不像"发明了幸福"的那些可鄙末人们一样痴迷于幸福；扎拉图斯特拉在这部著作中所说的几乎最后的几个字是，"我所关心的是幸福吗？我所关心的是我的工！"①但是还得向我们表明高贵（高者或美者，是正经可爱的，不仅是当代意义上装饰的或"美学的"）离开好——意指可人的、有用的导致个人幸福的、扎拉图

_____

① "迹象"；比较"甜蜜—牺牲"和"新旧约版"5；"高贵的灵魂如是希冀：……人们将不希冀享受欢乐！"以及 WM1052。彼劳特《尼采那里的至福》，林基司，英译，安理森编《新尼采》第 229 页）用一个与柏拉图《会饮篇》中狄奥提玛的颂辞绝对鲜明的对比，极为清晰地彰显了传统的或（人们会说的）常识的幸福概念与尼采的某类"至福"概念间的区别——"幸福"一词可以用于"至福"，但须极为谨慎。"凡因不幸福、匮乏、贫困、妒忌和仇恨而起的欲念皆受到极力遣责。倘若尼采的哲学不是一种新哲学，而是一条新的哲学化道路，那只是因为这种革命恰以欲念的形式或本质来进行。智慧改变其内容之时，乃爱好改变其形式之日……如是，欲念现在拥有作为其父（毋宁其母）的财富，不再贫穷；行动是幸福的孩子，不再是不幸福的孩子；美是起始的，不再是终结的……至福的人更关心创造，而不是行动；更确切地说，在他看来位于其至福高端的唯一行动是……孕育孩子。一个令人吃惊的词，一个看来与我们刚才所述相抵触的词……不过，这吃惊测试出，没能辨认出在……以柏拉图的、黑格尔的、马克思或萨特的（正如人们所偏好的）否定性所孕想的行动与尼采所孕想的行动之为创造……之间的一个本质区别"。

斯特拉所轻蔑地总括为"对美德的一种奖赏"的——之衡量或不经好之衡量是可能的。很多人必然地或出于"本性"地认为他们需要这样的一个崇敬对象或尊崇对象，这么一个事实本身，几乎不能证明他们的确需要它或存在某种满足这样一种需要的某物；更不能证明人们能够创造某种将满足它的某物。而且很多多思的道德人和反思的信仰人（和绝大多数艺术家们）业已担保这样的纯粹高贵之存在这点本身，只会使该命题在任何扎拉图斯特拉语境中变得更费猜疑。尽管如此，大家心中会想，扎拉图斯特拉是否已经着手对那令苏格拉底如此痴迷的高贵和高贵之爱的一种真正眼明的、固执己见的版本探究。可以借助一个为人所爱用的苏格拉底式的类比最简单地表明那根本困难。扎拉图斯特拉仰赖生命的一个新的、自足的体操。但是体操锻炼能够理解为一个纯粹的目的本身吗？即使最狂热的体操家难道不因其衡量标准——不因"强健"、"挑战性"、"协调"、"优美"、"柔软"与"臃肿"、"落俗套"、"走形"、"笨拙"、"僵硬"之定义——而依赖于身体在满足人的具体需要方面的某种部件功能概念吗？难道每一可想见的"灵魂体操"不同样如此吗？但是只要这一发问路线仍然是无限开放的，一切就仍然是开放的，或曰悬而未决的。或者苏格拉底无疑会说的，我们重新发现了那永久的问题：还有什么？或许，如果不是目标，就是永久的路标和路径吧？

扎拉图斯特拉是永恒重现之教师。如是，勘探或创造了所有未来有意识生命和创造之母岩。他建造了未来每一价值的模子。他从而矗立于历史中的某类绝对时刻，在历史中成为重现之永恒。那么这地位难道不是超人吗？但是这思路必须加以认真界定。因为永恒重现的意义或作为整体的模子，显然有赖于部件的特征、有赖于永恒重现的那些时刻和在者们。决定性的问题是：将会有、能够有也许某天会证明尚未实现的高贵之可能性的人们和价值的永恒重现，还是只会有带着希望的扎拉图斯特拉的永恒重现？

　　既然这问题仍然敞开着，难道扎拉图斯特拉不仍然只是接近崇高——出手、渴望和奋力超克所给定的，但是尚未到达、尚未处于一个变得和蔼的位置，只是处于一个约略显示和蔼、浅尝应然的纯粹和恬静的位置吗？"谁应是大地的主人？……最纯粹者应是大地的主人……在你看来我像神吗？但是时呀，世呀，你们太呆板，　伸手抓取神吧，不要伸手抓取我……我非神……我是什么？一个醉酒的、甜蜜的里拉琴……——受难者皆如是说：'我要孩子们，我不要我自己'，——但是欢乐并不要继承人或孩子们——欢乐要它自己，要永恒，要重现……"（"醉歌"）难道扎拉图斯特拉不仍然向这样的敌意猜疑敞开吗？即他事实上比一丝不苟的、现代的和崇高的人要低些，他在某种程度上仍属诗人之列。扎拉图斯特拉透露，他的"睿智热望"已经把他卷入"遥远的未来"，那里"舞之蹈之的众神耻于所有衣衫……那里一切皆变得看起来是众神之舞和众神之闹……许多神祇的一种永恒逃逸和复又彼此寻踪，就像许多神祇竟相互斗嘴，复又彼此倾听，复又归属一道"。但是扎拉图斯特拉一会儿又声称，这种揭示只是一个"影像"或"寓言"（Gleichnis）："像诗人们，我腾跃和结巴，而且真的，我耻于仍是一个诗人！"（"论新旧约版"2；比较"论诗人"、"忧郁之歌"3，以及尼采"狄奥尼索斯—酒神颂"之首颂）情况会是这样吗？即扎拉图斯特拉对有关尝试回应我们对今世为真、今生永恒的纯粹高贵之热望必然意味什么的冷酷透想，揭示的不是对这些热望的答案，而是所有这样的热望之颇成问题的特征？

经验的局限:虚无主义

布隆舍　著

孙宜学　译

　　尼采的思想始终与虚无主义有关,具有讽刺意味的是,他所用的"虚无主义"这个词无疑借自布尔热。① 不过,在使用这个

---

① 格郎尼在《尼采哲学中的真实问题》中列举了这一术语的不同出处:雅可比,让·保尔,屠格涅夫,陀思妥耶夫斯基,布尔热等都对此有过表述。我们还可以在这个名单中再加上一些人,但这并不重要。这个词不仅比较浅显,而且还是自相矛盾的,因为它同时又自命为有系统性。然而,人们只把这种矛盾指责为枯燥乏味或毫无生气。"无"(nothingness)和"一无所有"(nothing)之间的这种语义游戏表明:我们显然很难否定还没得到第一次肯定的东西。无论如何,这个术语缺乏深度,这并不只使其变得毫无生气。例如,笛卡尔、康德、黑格尔和柏格森就不仅拒绝脱离存在思考"无",而且还因诸多原因对之很不满(黑格尔或许是个例外。他极其有害地把"无"等同于直觉,从而把直觉变为"无"):首先,它是意志完整的标志(因而也就成了完美的标志);其次,它或是没有概念,或是只有一个没有对象的空洞概念;最后,它是一个没有对象或概念的真空——即它只是一个词或一个词的幻觉。至多只是一种残余物——这种残余物或许是什么东西。所有这些变形(以延续和完整的潜在要求为基础)都一无所用,因此,它们甚至不能用来决定与这个"一无所有"(nothing)紧密相关的语言是否有什么话要说,或正好相反,没什么话要说。它们甚至不能用来决定"没什么"(no thing)是否就不能先于语言本身。

词时，他对之作了热情而又胆怯的检验；有时以一种简洁、激进的语言表述它，有时又用一种不确定的、犹豫不决的方法，用一种不可能有的思想来表述它。总之，对尼采来说，虚无主义就像一个无法超越的极点，但它又是超越的唯一真实途径；它是新开端的源泉。尼采对这个概念有各种不同的表述，但这种摇摆不定不能归因于尼采不稳定的天才或性格，也不能归因于其"缺点"；他的思想就是这样的。当然，要回答"什么是虚无主义"肯定毫不困难，尼采也曾明确回答过这个问题，如"最高的价值就是无价值"。他也同样明确地表达了这种堕落的根源："上帝死了。"但当他为这个戏剧性的事件加上一种可厌的名声时，他自己内心并不是不相信的。克尔凯郭尔的基督教、更特殊的陀思妥耶夫斯基的基督教和尼采的无神论（"我恨一切神"）一样，都属于已经失去神性之光的世界在自身历史发展过程中的转折点。上帝死了。这里的上帝既是指宗教的上帝，也是指走马灯般试图取代上帝的一切——如理想、意识、理性、进步的确定性、民众幸福、文化等等。一切都不是无价值，而是无绝对价值——人无所凭依，一切价值都只是在无限的发展过程中获得的意义。

　　这种分析并不能使我们为之心动，因为我们对此毕竟太熟悉了。那么，虚无主义是什么呢？它只是一种纯粹的人道主义！或者说是对这样一个事实的认可：人被剥夺了或者说摆脱了以上帝为典范所设想出的具有绝对意义的理想，所以，从现在开始，人必须创造世界并赋予其意义——就从现在开始。这是一项巨大的、也是令人迷醉的使命。尼采以一种自己觉得那么纯粹并且表达得那么充分的快乐，在这个抽去了我们脚下每一个坚固基础的无限否定的运动中，看到了一扇通向突然变得无边无际的知识天地的大门："终于，地平线再一次开启了自己的大门……每一个机会都又给了发现者；

大海，我们的大海，再一次在我们面前铺开……而还有另一个世界等着我们去发现——而且还不止一个！启程吧，哲学家！"①尼采书中这样的例子举不胜举。想想看：可以自由地、无限地、无论冒什么危险地去认识和探索，而不再以天空为界，或者说不以真理、太人性的真理为标准，这真是一种幸福，尼采也无穷无尽地表达这种幸福。读他的书我们不会不对他发起的这个纯粹的探索运动产生兴趣。只不过，使其名声稍损的是这样一个事实：他对自己发起的这个运动，这个根本不是呼吸某种模糊的、非理性的意识，而是肯定一种强力知识——"明确、直接、果断"——那种在自然科学中已得到证明的知识——的运动缺乏敏感。"为什么要说'物理学万岁'原因即此。或者进一步说，我们为何能达到如此的成就：因为我们诚实！"

　　研究虚无主义的首要方法既不是个人的经验，或哲学的定律，也不是投射于人性上的致命的光芒，更不是宣誓永远献身于虚无。相反，虚无主义只是历史长河中完成的一件事，就像历史甩落的一件东西，或是当历史改变自己的方向，表现出一种否定性，即价值本身不再有任何价值时的一个蜕变期；它也有自己的肯定性：地平线第一次无限期地为知识打开了大门——"一切都被允许了。"当旧价值的权威轰然倒塌时，这个新的允许意味着可以去认识一切，意味着人类的活动不再受任何限制。"在我们面前还有一个未知领域，谁也没见过它的边界，它超越了迄今为止一切思想的一切领域和角落，这是一个充满美丽、奇异、可疑、恐惧……的世界。"②

　　有人说，尼采对科学只是泛泛了解，这是可能的。但事实上他受过职业化的科学方法的训练，除此之外，他对科学的了解足

----

① 《快乐的科学》，第343、289节。
② 同上，第382页。

以使他能预感到科学会变成什么，并去重视它，甚至预言——而不是悲叹——从现在开始，当今世界上一切严肃性都只局限于科学，局限于科学家，局限于技术的巨大力量。一方面，他猛烈地攻击说：既然虚无主义可能超越一切，那么，对任何专门科学以及这种科学的持续发展来说，它都是地平线。另一方面，他也同样清楚地看到，当世界不再有任何意义时，当世界只有这个或那个荒谬体系的伪意义时，只有谨慎的科学运动独自能克服这个真空的无序状态，并有力量为自己确立恰当的规则和创造意义（但只是有限的意义，也就是说，操作的意义）。——因此，这种力量，要么将其运用范围扩展到极限，要么就立即控制它。

　　我同意这种观点。这又一次打消了人的疑虑。当虚无主义为我们勾勒出世界的轮廓时，与其相对应的科学则创造了支配它的工具。宇宙统治的时代被打开了。但这也造成了某些后果：首先，科学只能是虚无主义的了；它只是一个被剥夺了意义的世界的意义，一种最终以无知为基础的知识。对这一问题的答案将是：这种保留看法只是理论上的；但我们不必过于匆忙地否定这种保留看法，因为科学本质上是生产性的。我们知道，科学不必解释世界，而只是改变世界，以此科学传达了自己的虚无主义要求——即科学把大多数有用的工具转变成否定力量，但这是一种危险的游戏。知识本质上是危险的。尼采以最直接的方式系统阐述了这种危险："我们实验真理！人性或许会被它毁灭！那就毁灭吧！"如果科学家不为科学导致的这一灾难假意悲叹的话，那他就要这样说，也"必须"这样说。——因为宇宙在建立之初就包含着毁灭的可能。尼采说，毁灭和创造是很难根本分开的。当然，危险也是巨大的。而且，在节制和完整方面，科学本身就具有矛盾性：它可以创造一个科学家不再继续如此存在的世界，这个世界不再允许追求知识的客观性，而只允许对它进行任意理解。换句话说，虚无主义通过使科学成为可能，也使自己成为科学的可能——这意味着它可以毁灭人类世界。

另一个后果是：与虚无主义的真空相对应的，是科学运动；与科学已取得的成就相对应的，是地球的支配地位。最伟大的征服力量开始运作了。现在的问题是，当实现了这个转变，并且历史到了转折关头时人怎么样了？他也被改变了吗？他超越了自己吗？他准备成为自己本来的样子：一个无所依靠、头脑清楚，要把自己变成一切的主人的人吗？不。人，还是现在这个样子，就是尼采了解的这些19世纪末的资产阶级，这些目光狭隘、游移不定、邪恶和不完整的人；他对自己也参与其中的正处于完成过程中的事件仍然一无所知。这一事件是其力所不及的，也就是说，既然他必须自由地创造这个世界以及与这个没有标准的世界相符的自身的意义，这一事件将赋予他无限的权力，并强加给他一种他曾承担过的那种极端的责任。

我经历过一连串的颠覆和动乱，"恐惧的可怕逻辑"，以及尼采早就预言将成为19世纪特征的各种大战，这一切的一切都直接源于下面这种不平衡：今天的人相信自己的本性是确定的、稳定的，在自己封闭的小圈子里是幸福的，并且屈服于报复精神；然而，在非个人性的科学力量以及把他从价值观中解放出来的那一事件的力量的推动下，他掌握了一种超过他自身的力量——他甚至都没有用这种力量去超越自己。当今的人是最低级的人，但他的力量是超常人的力量，这个矛盾怎么会不包含最大的危险呢？尼采没有满足于保守的态度，也没有去谴责知识，为了保护人身上（即，与他同时代的人）永恒的东西，他支持科学，支持征服，他认为它们将是人性将来发展的方向。

海德格尔已在几篇文章中表示，这就是超人的意义：超人不是今天那种不平衡的人，也不是那种以武断为原则，以癫狂为规则的人。他不是成就突出的权力意志的操作者，也不是注定要把天堂的祝福带到地球上来的巫师。超人只是领导人成为自己的人:是超越了自己的存在,他证明了超越自己的必然,接着就消失在这个十字路口。

如果真是这样(但,是这样吗?),我们就能明白为什么超人可以被看作是继虚无主义的极端否定之后的第一个决定性的肯定——而他自己却没有成为这种必然的否定。超人是已经征服了真空(由上帝之死和道德堕落造成的)的人,因为他能在这个真空里找到征服的力量,一种对他来说已不仅仅是力量,而且还是意志——征服他自己的意志——的力量。摆脱了所有讥刺或偏离的东西,摆脱了所有通过容纳意志而推翻意志的东西,摆脱了所有反动的意志,他的意愿里就没有什么否定的东西了:只需要一个自由的行为,他就能支配和决定其命运的程度。

然而,即使我们如此解释,超人的形象仍然是模糊的。作为人类进化的终端,自我征服在这个人身上是被否定的。如果这个形象不是终端,那是因为还有没被征服的东西。因此,其意志就没有摆脱所有永恒的意义:其仍然还只是权力意志。通过超人,尼采巧妙地引进一个新的人,这个人除了其否定性格外与今天的人没什么区别,而就因这种否定性格,他才与别人有质的不同——更穷,更单纯,更温顺,更能自我牺牲,更缺少决断,说话更安静。然而,就是因为这种本性,这种意志,才使超人成为虚无主义的形式,坚强有力而又严肃冷峻——因为,尼采明确表示,"意志宁愿要'无'也不愿不要"。超人渴望"无",他可以自由选择死亡,并在渴望"无"中维持意志的纯粹本质。那就是虚无主义本身。

扎拉图斯特拉充满热情而又绝对明确地宣布了超人的诞生;接着,他又焦虑不安地、犹豫不决地、充满恐惧地宣布了永恒轮回思想。他的语气为什么前后不同?为什么宣布了永恒轮回思想、地狱思想的人却不停地推迟、拖延这种思想,似乎它是一切思想的轮回呢?这是它的谜,无疑也是它的真理。我也愿意指出的是，长期以来，几乎所有的评论家，不管是"左"派还是右派（鲍美尔是纳粹官方的尼采解释者，他排除了永恒轮回理论），都为这个"戒律"所阻，这个从赫拉克利特起就已经四面出击但又似乎任性、无用、神秘且过时的戒律。严格地说，一个现代人能够达到这种思想是可以想象的。但即使他在研究中被这样一种恐惧所控制，即使他把这种思想看作是颠覆这个世界的最有力、最痛苦也最合适的思想，甚至在这之后出现了一种人人都急着逃避的荒谬，因为他们认为思想所具有的一切力量恰恰都源于孕育了尼采的这种思想的那个狂迷的幻象，尼采在阐释过程中还是出现了一个变化，那就是重视了这种思想。卡尔·洛维斯出版过很多重要的著作，竭力要使我们更关注这种思想。毫无疑问，也是我们这个时代的精神促使我们去思考时间，思考意义的迂回，思考历史的终结：把存在的虚空作为新的开始。

　　永恒轮回思想的陈旧和荒谬仍让人觉得奇怪。它代表了一种逻辑的迷惘，尼采本人也没能避免这一点。这就是虚无主义思想的卓绝之处；虚无主义就是这样通过明确把自己变得不可征服而绝对征服了自己。当人们决定正面研究虚无主义时，这种思想更能够启发我们理解它所设的陷阱。尼采（或者说是扎拉图斯特拉）曾绝对明确地说过：当意志成为解放者时，它就会痛斥过去。已完成的事实的基础是意志（不管它是多么强大和固执）所不能取代的，而就是意志把一切情感都转变成怨愤。复仇精神在于把意志转变成反意志，一种相反意愿的运动：当前者，即意志偶尔发现了"它过去是"时，这一运动就发生了。现在，只要人有"怨愤"之心，他就一直停留在目前自负的层面上，他就仍然只会贬低一切世俗的东西，他自己，以及代表某种绝对思想的时间——远远不是最高的希望。在世俗的层面上，他一定不再受不可恢复的过去和不可逆转的时间的必然性的限制；他需要把时间当作全部成就。

　　但回到时间之后就是逃避可能；在这里它不可能具有最高的意义：它预示了作为权力意志的超人要遇到的挫折和失败。超人永远不能极端。永恒轮回不属于权力的范围。要经验永恒轮回就要推翻所有这些视角。意欲要"无"的意志成为意欲要永恒的意志——在那个过程中，永恒，既没有意志也没有结局，将返回自身。个人的和主观的万能被转变成非个人的"存在"的必然。重估价值并没有在否定每　种绝对价值的基础上赋了我们一个新的价值标准；它只使我们达到一个不再适用价值观念的秩序。

　　我们就这样恢复了永恒思想和"存在"思想——对"永恒"的爱和对"存在"深处的认识——难道这不就表明我们肯定避开了虚无主义？实际上，我们恰处于虚无主义的心脏。尼采已经以自己简洁明了但尖锐深刻的方法（按路加可的说法，这种方法促使他去讨论什么是非人性的）很好地表达了这一点：

　　　　让我们想想这种思想的最可怕的形式：它是存在，没有意义或目的，却不可避免地重新出现，"无"却永无终结："这是一种永恒的轮回。"是虚无主义最极端的形式。①

　　从这段话我们能知道些什么？可以知道我们现在还以为虚无主义与"无"密切相关。这种想法是多么轻率：因为虚无主义与"存在"密切相关。虚无主义不可能走到终端并在这个终端上找到一个结果。它暴露了"无"的软弱无力及其胜利的徒有虚名；它告诉我们，当我们思考"无"时，我们仍是在思考存在。一切都不会结束了；一切都只是重新开始，万事万物皆如此：午夜只是乌云遮布的正午，而光线最强烈的正午只是我们永远无法

———————————

① 《权力意志》，第55节。

逃脱——即使通过死以及尼采所谓的光荣的自杀也不行——的光之深渊。在这里，虚无主义把自己最后的也是相当残酷的真理告诉了我们：它暴露了虚无主义的不可能性。

　　这有一点开玩笑的味道。但实际上，我们也想承认，如果现代的一切人道主义、科学工作和现世的发展都以不满足于自己的现状为目标，因而希望改变存在本身，希望为得到其权力而否定它，并运用这种权力来否定人类统治的无限运动的话——那么，事情似乎就是：这种否定的薄弱，以及"无"不可否认地被揭示为"存在"的方式，会一举摧毁我们想支配地球和通过赋予自然一个意义——即，通过使其非自然化或曲解它——而解放自己的努力。但这只是解释了对地狱的奇怪描述的第一种方式，只是部分地解释了扎拉图斯特拉在理解了自己最终将永远不能超越人的不完美，或者说，理解了只有寄希望于自己的轮回才能做到这一点，而且即使做到也是充满矛盾时的失望。但这种轮回有什么意思？它只证明了虚无主义的极点恰恰就是它被颠覆的地方，虚无主义自身就是颠覆：它是肯定，并在从"不"到"是"的过程中顺带反驳了虚无主义——即使虚无主义只是肯定，只此一点，虚无主义就可以扩展到一切可能的肯定。据此一点，我们可以得出这样的结论：虚无主义与"绝对"要征服虚无主义的意志是完全相同的。

尼采的道德批判

伯格曼　著

汪洪章　译

　　尼采最为精彩，也最为持续不懈的道德批评包含在他所撰写的一篇长文中。文章追本溯源地描述了两种并置对立的道德，即主人的道德和奴隶的道德。在那篇文章中，他提了个问题，提问的方式不是温文尔雅或故作哲理沉思貌，而是义愤激越、惊恐愕然，意在振聋发聩、警醒世人。他问道：温良、谦卑和克己，中庸、怜悯和同情是何以成为价值的？这究竟是怎么了？须知亟待解释的正是那魔鬼般令人骇异的暴突不常、不依、不顺的叛逆精神。

　　问题并不在于为什么那么多的人装作谦恭以掩饰其傲慢自大，或者貌似同情怜悯，其实幸灾乐祸。矫饰和虚伪两者不是问题的要害。否则提问方式仍然是司空见惯的，它无异于进一步确认并俯首贴耳于这些价值。问题的关键是：人们如何才能探究这些品质得以提升为价值的过程？这些品质是如何被置于偶像的地位的？因为从表面上看，它们显然不具备获得这些地位的权利。

　　对此，尼采所作的回答实际是以讲故事的形式进行的。讲述时，尼采本人为故事提供了不少佐证，并一口咬定他讲的故事是真的。然而故事仍有杜撰色彩，展读之初，我们姑且视其为杜撰。很久以前的原始时代，最初创建主流道德的是那些被尼采发人深省地称为"主人"的人。这些人的道德激情直率的程度无以复加：他们想当然地以评价物的方式来评价人类。据此，人类可喜的品质有：健康、力量、肉体或曰性感魅力，还有各种天赋、才能，如颖悟力、想象力和黠智，以及不懈的激情，此外还有坚忍不拔的耐力，等等。所谓"好的"起初指的就是这些品质；因此"好的"只不过是个统称或天真率直的叹语。对具有这些品质的人来说，"好的"一词所意味着的，正是因拥有这些品质而感到的欣喜、骄傲和幸福。它将这些品质又反射到以这些品质为乐的人身上。而"坏的"一词与"好的"恰恰相反，其实只不过是人们自然而然所期盼的另一半，甚或较少些，是拙劣的事后聪明。"坏的"表示缺乏那些优良品质，因此，"坏的"总是混杂着一种遗憾和匮乏的感觉，凡夫俗子在缺乏那些优良品质的情况下，都会有这种感觉。

　　据此，尼采为一场旷日持久的斗争构拟了一则故事。尼采所谓的"奴隶"既不是被剥夺了特权的较低阶层中的成员，也不是明显受压迫的人们（民）。相反，没有天赋才能（缺乏精力、身体欠佳、缺乏活力、精神萎靡，且缺乏肉体和性感魅力）且成社会沉渣余孽的人，因自己成了自己道德的累赘，因而身心疲惫，尼采将这些人通称为"奴隶"。这些人禁锢于卑贱之中，曾长期为自己生活的枯燥乏味、落落寡欢而愤愤不平，最终起而作难，与那些幸福的大自然的宠儿作斗争。这种斗争当然是毫无希望、毫无裨益的。结果，黔驴技穷之际，这些奴隶打出自己的最后一张王牌（这是尼采的故事中最核心的部分），即颠覆现有的价值体系。他们将毒药投入"生命的所有源泉"。其后，他们又突然回过头来,清算自己的嫉妒心理,疑神疑鬼地驱邪伏妖:把自己迄今为止朝思暮想的东西统统称之为"邪恶"。恶这一观念就是如此产生的,它与起初的"坏的"不是并行不悖,而是并置对立的,因为它指出的特征直至当时恰恰是"好的"(一直被认为是"好的"的"自豪"现在却成了"邪恶")。而且,内涵上亦有区别:失落感一去不返——取而代之的东西尼采将其与"拔除"的幻想相联系。所谓"好的"亦如此。"好的"这一概念也是超越或颠覆的结果,其产生之日正是奴隶们默认自己的失败和无能之时。这帮奴隶认可自己的失败和无能,使之神圣化并称之为"善"。

故事中含有尼采对自己开始时所提问题的回答。这个问题是:温顺、谦卑、中庸、节制以及苦行禁欲,起初是如何得以成为善行美德的? 回答是:通过彻头彻尾的欺骗行为,通过身处劣势的人施行的特洛伊木马式的诡计!

如对那段著名的原文作一典型的粗略阅读,那么以上所述可视为这种阅读的意译或概要。这种阅读带来一个令人毫不奇怪的事实:许多人读时情感激越,然而一周或数月之后似乎又变得宁静安然,并怀疑起人生价值,甚至感到悲哀起来。不长的一段时间内,有扇门好像开向另一个明亮得多的房间,然而,好景不长,幻想破灭,他们又得回到平淡生活的灰色现实中。要是人们只是这样肤浅地阅读尼采,要是人们读时显得那么从容不迫,安逸自得,那么,尼采对道德的攻击可能会被规避搪塞掉,而阅读尼采时所产生的失望正是由于这种从容不迫、安逸自得的心理所致。为说明起见,让我们来看看三种回答的说服力。第一同时也是个不甚相关的问题是,对原始道德的描述能令人信服吗? 我们在那些不同的早期文化中所发现的种种道德,都有着许许多多复杂而特殊的局限性。这些道德与尼采的主人道德到底是否相似? 倘若答案是否定的,那么尼采所谓的奴隶对这种道德的目的和动机进行反叛的权利不就等于被剥夺了吗? 这样一来,在尼采的道德反叛的合理性、可信性还是个问题之前,人们不是就得先信奉他的所谓主人的统治(即天赋不凡而有特权的阶层之统治)吗?

　　人们似乎还可以提出一条驳议,即一切文化现象的起源与这些现象后来所具有的功能、用途或价值本来是没有任何关系的,而这一点也是尼采本人在一些不同语境中所一再重申和强调的。但即使将此忽略不计,尼采是否真的进一步将色拉锡马库斯早已提出的学说颠倒了过来,也还是个问题;因为色拉锡马库斯不也强调说过道德是"强者的发明"吗? 其目的不也是要更加容易地使弱者屈从于强者的意志吗? 尼采的说法也许更能引人好奇,引发兴趣,但实在地说,却仍不得要领、不能令人信服。更为重要的是,他的学说难道不是仅仅重述了一遍我们的早期历史,而使严肃、紧迫得多的任务(即评价和裁定的任务)未能得以完成? 因为即使一套道德箴言为奴隶们所发明了出来,但人们对这套箴言的真实性和合法性仍感茫然。暂且臆断,尼采学说确实导致了发生学上的谬误。

　　这就为人们预备了第三个,可能也是最为有力的诘难:如果道德当真是由生性脆弱、意志不坚的人所构想出来的,那么,祝贺他们获此殊荣! 道德的本质目的难道不正是为弱者提供安全保护吗? 而在这种情况下,所谓的奴隶,其所从事的不也正是人们所需要的东西吗? 人们期望并建议他们所做的到底是什么?

　　这使我们又想起许多人在初读尼采时的亢奋过去后所拥有的那种反应。这些人读后曾一度恣情放纵、希望无边,然而,随后却又变得失望消沉。其原因也不正在此吗? 相信精神亢奋时的活力能给人带来纯粹快乐,这当然是美妙的。谁能抵挡其吸引和诱惑? 然而不幸的是,在这冷酷而充满争斗的世界上,人们却不应如此。在这个世界上,人们需要道德律令来制约强者,实施公正和节制。尼采早期对主人价值的幻想因而也就成了一声令人舒畅但却短暂的叹息。不管道德的发明是谁构想的，传统价值仍是我们最终所需要的东西。因此，我们必须和尼采分道扬镳。

也许最好将我们到目前为止所说的只看作是个开场白，将其看作是正戏之前的庞契和朱迪①演出的一出古怪、可笑的开场戏，因此下面有必要用一种截然不同的新方法重新展开论述。

倘若在我们的思考中，有不少地方犯了较大、同时也很粗率的错误怎么办？我们天真爽快地推定，以为所有的文化都有某种道德，甚至也许还以为某种道德和我们自己的类似。要是这种无根据的推定完全错了怎么办？要是这种推定的错误，并非主要由于其他一些文化的法则的表象比我们目前所想象的更加斑驳陆离，而是由于其他一些更为深层的重要原因，那又该怎么办？要是一些文化法则的底层结构与支撑道德的基础彻底不同怎么办？这种不同要是大得足以使这些别样文化的法则压根儿就不是道德的不同翻版，而根本越出了这一范畴或根本就不是什么道德，那么情形又将如何？

以下举证颇能说明这一点。在为数不少的相异文化（比如，包括巴厘岛②人文化）中，甚至最骇人听闻、罪孽深重的犯罪（如对乱伦禁忌的违犯），在当地人中所引发的反应和判断，与我们所熟悉的也有着本质上的截然不同。更有甚者，这些对我们来说简直是大逆不道的犯罪行径，竟然被解释为所谓的"愚蠢的过失"。而这，与这些文化中较大程度的温和、宽容、民族脾性的较为温馨可人是毫无关系的。深重的罪孽被称为"愚蠢的过失"，因为作为先决条件的诸多观念，其底层结构与我们视为当然的，

---

① 庞契和朱迪是一种傀儡戏中的男女主角，两人专事争吵，滑稽可笑。——中译注
② 巴厘岛为印度尼西亚的一个岛。——中译注

其间有着惊人的差异。

比如，在其形式于我们所熟悉的所有事物中，自由这一概念不仅在根本不同或较不发达的文化中不为人知，即使在高度发达而且在某种程度上相互关系较为密切的文化中（比如在中国或日本文化中）也鲜为人知。

与此相关，我们还可以发现，在这种文化中，没有类似我们所谓的责任观念，而我们所谓的犯罪概念亦告阙如。更有甚者，人们有理由假定，以上提到的一系列概念很可能是来自于同一根源，或者是建立在一些共同的假定的基础上的。说这种假定带有很大程度的根本性，似乎也不无理由。因此，失去独立自主性，并且遭到禁锢，画地为牢，违反本性的个我观念似乎就是命定的了。

然而就连这一观念也未能触及事情的最为深部的根源，因为有所作为并能够采取真正的行动，这才是更为基本而重要的。而实际上，好像有令人信服的证据表明，在我们目下所讨论的那些文化中，要么没有这种植根较深的前提条件，即使有，至少也是很不相同的。

令人烦恼的是，在这根深蒂固的层次上，我们自己作为标准而广为接受的对自我的看法，显然并非是无懈可击而且富于理性的。相反，人们一般认为，人类不是自然中的怪物而是其整体的一部分。这种想法比起我们的看法似乎更切近人事，也更为新颖。之所以如此，部分地由于这种假定是伴随着一种信念而来的，认为因果联系着的事件之流流过人类某一个体，就像流过所有别的东西一样。另有种观念认为：因果性在围绕人类个体的壕沟前被止住了脚步，以至在那个个体内部产生了一种真正自发的行动。然而这种观念显然并非是不证自明的。

露在水面上的冰山尖顶暴露了我们或明或暗地加以提倡的观念形态的东西，即有个不容否定的事实：滔天的罪行竟能被解释为小小的"愚蠢过失"。关于这一点还有一项证据，我们看来是"惩罚"，而在这些另类文化中却得到截然不同的理解，在这些文化中人类与自然并非界划分明、相互对立。在他们看来，人类是为自然所浸没，并深陷其中，因而小过失或大罪行都被认为是一种扰乱自然的行为。一种犯罪，即使是乱伦罪，也与扰乱自然秩序相类，只是性质上严重得多。但根本上说来，仍是过失。就像在气温降到零度以下前，忘了将输水管里的水抽干，或像在自己要劈开的木头里塞进所有的楔子一样，疏忽大意，多此一举。不错，在这种情况下，犯了罪的人都要改过；然而，改过行为本身有着完全不同的含义。在某一特定的文化体制中，犯罪所招致的改过行为意味着惩罚，或恢复被扰乱了的社会平衡；在大多数人类早期文化中，这些改过行为被用来恢复自然和谐，或用以恢复被扰乱了的自然法则（关于这一点，可参看《俄狄浦斯王》）。

对犯罪行为本身的理解还有两种截然不同、并行不悖的方式：在许多人类早期文化中，与几乎是通过神的中介而带到人世上的事件相比，人的犯罪其性质只不过是轻得多的"过失行为"。人们认为，某种情势一经形成，特定的行为的发生就几乎是不可避免的了。这种行为从此就像一只硕大无朋的黑鸟，高高地盘旋于村子的上空，探寻着可实施这一行为的人家的茅舍，以便降落。犯罪人因此被认为是遭遇不幸的人，正是这位不幸的人成了这一行为的实施者，并因而成了这一行为的工具。为避繁冗，我们径直用"命运"这一概念，聊作解说，以求切合我们自己的文化体制。

给这部分的讨论作一小结的方法之一是将某一文化法则中"内容"和"形态"之间的划分作为一个主要区别稍加介绍。我们可以说，能动性、自我性、自由、责任、责备和罪行，这些东西构成了我们所熟知的形态诸相，而别类文化的诸种法则则以根本不同的样态呈现自己。因此，使用这些概念时，我们常犯的一个严重错误就是:误将两种截然不同的文化规则体系表面上所呈现出来的相似性看作彻底同一性。不错,相同的犯罪行为在两种文化中都被摈弃于法律保护范围之外。然而,这只不过是极其粗略地一览而过所得的相似性。"内容"和"形态"很可能夸大了其间微乎其微的相似性,而对其间的差异性则未能给以足够的重视。也许人们可以说,那仅仅是符号的相似性:土地测量员和牧师都做一个十字架,但做出来的十字架,其形态上的差异,与他们两人做的十字架所表达的两种意义之间的差异,是一样地大、一样地深。

明白阐述这些差异,可以使我们对生活其中的更为广阔的世界有个截然不同的认识。因为现在我们似乎有理由认为,在更为特定、更为严肃的意义上,道德应该等同于一种完形的存在。它表面上包括这样一些概念:自由、责任、责备、罪行,而在较深的层次上,还包含自我性和能动性。而在另一方面,也暗示人们:在更为严格的意义上,仍有一系列截然有别的行为指导或人格判断的文化法则根本不是道德。

另一个必然的推论(这一推论是尼采不可缺少的)就是明确承认:人们即使没有某种道德,但无疑仍拥有种种价值,并且对这些价值进行评价、区分,给定品第。而要拥有某种道德,则必须同时拥有某种文化法则,这种法则还必须具有某种特定的上面已描述过的形态。

我想要强调的是,从一个角度来看,这就好比是一种契约,而从另一角度来看,又只不过是将我们已有的理解深化了而已。比如,A·S·尼尔著有一部广为人们议论的《夏日山》。当他说,他"绝不会将道德用到孩子身上",他所乞求的区分和我们刚刚作出的一样。他的书能使人更好地理解尼采;之所以如此,主要原因是尼尔没有受过尼采的影响。尼尔解释说,对一个想摆弄你钢琴的孩子,你最好将你的个人意志和盘托出,并面对面直截了当地对他说:"我不愿让你的手指碰这架钢琴,因为它是我的,而我很爱护它。"这么说的效果要比说"这样不好,这不是小孩该做的事"干脆奏效得多。前一种说法实际可将整个正常的顺从的世界置于一边,而将那小孩孤零零地甩到另一边。这样做可使那小孩为与其身心极不相称的权威所震慑。此外,在某些疗法中,尤其是在婚姻咨询中,施行疗法的医生或学者可能会很容易地说,只有双方当事人抛弃前嫌,不要再激烈地争辩谁该担负责任,遭到谴责,否则事情是不会有什么希望的。他可能还会说,双方必须想想自己想要做些什么、应该做些什么。在我们已着手构拟的框架中,这无疑等于将道德(即掩盖在那种形态中的规则)抛诸脑后。

假如道德现在真的已仅仅成了包裹诸种文化规则的一种非常专门化、非常奇怪的形态,事实上,假如这种形态相对来说较为罕见,太具特质,那么,在较为粗略然而却非常重要的层次上,这就意味着,除此之外的选择既不是混乱,也不是虚无,也不是彻底抛弃价值。恰恰相反,人们可以断定,拥有价值的其他方法可疑性较小,也较少神秘色彩,不怎么容易导致自欺欺人,并因而选择这些方法。有人担心正是道德将我们与天启阻隔了开来,天启对许多人来说是最后的一个喧声如雷的字眼,它能将他们送回到道德的怀抱。对这些人,我们得说,这种担心是毫无理由可言的。

毋庸置疑,尼采本人并未使用"内容"、"形态"这样的术语。在他的那些洋洋洒洒的著作中,连我们刚才阐明的那种区分,他都没有好好去做。然而同时有项不可否认的事实是:他宣称一切道德的事实和现象都是虚妄和幻象。这种宣称远不止一次在其著作中出现,绝非罕见,更不是片言只语。此外,他还称自己是个非道德主义者。比如,在他所写的著作中有好多处写道:"你该"应被抛弃,而代之以"我要",人不该说什么这"错"那

"恶",而应该限制自己只用像"羸弱"、"病瘠"或"愚笨"之类的字眼。

所有这些都表明,尽管表面上看尼采的著作中见不到对文化差异有什么充分阐述,但这种区分在他的著作中事实上还是存在的。透过表面现象将这种区分揭示出来显得较为重要;因为除非将这种区分实实在在地指陈出来,否则,连尼采思想努力的最基本的轮廓都休想看得出来。一方面,这种区分决定了尼采不仅对基督教道德而且对所有道德"本身"大肆挞伐,但更为重要的是另一方面,即别的种种价值,或那些为价值制定法则的种种方法,与使这些价值成为"道德"的"形态"之间有着天壤之别。

这是个很为关键的问题,否则人们会以为尼采的意图是说所有价值都是幻象,是不真实的,或是毫无根据的。而这是尼采压根儿都没想到的事。要是那样以为的话,人们就完全将尼采著作中的攻击力调换了一个方向,以致使其指向完全相反的方向,彻底背离了尼采的意图。瓦解、侵蚀或取代现存的价值并不是尼采的目的。尼采将这种解体、分化的企图称为"虚无主义"。使人们提防这种虚无主义,避免其发生,并为那些仍然浑浑噩噩的、大梦未醒的人敲响警钟,这一直是尼采矢志不渝、鞠躬尽瘁地为之奋斗的艰辛使命。他攻击道德是因为道德有将其他价值一起摧毁的危险,道德比其他任何别的东西都应得到区别、筛选、搁置一边,以便人们能得以拯救别的几乎被道德践踏殆尽的种种价值(或拥有价值的方式)。

道德所呈现出来的独立而极为奇特的整体图像不禁使人们要追问,如何解释它那令人奇异的表象。假如人们能充分注重到:道德得以建立的最重要的底层结构在其他文化中根本不存在;再者,犯罪、自由及责任的表征在这些文化中亦付阙如;而这后一点对一个最根本、最不可或缺的先决条件(即独立自主行动着的自我这一观念)来说尤其如此。以上假设成立的话,那么,以往的人们完全有理由认为事情发生的决定性原因是由于人们信奉一神论,而且是种很为特别的一神论。在这种信仰中,神向人们提出种种根本的个人要求,并监督着人们对这些要求的无条件服从。这两者看上去似乎确实互为补充。倘若有什么东西能产生那种不甚明显或反直觉的观念(即以为个人是独立自主的),那么,这种观念就是一种意象或是梦魇,以为造物主全神贯注于我们。在这种将人类孤立出来的幻象中,神的一阵扫视可使人类显得赤身裸体,孤零零地站在那儿面对上苍;还有什么别的东西能像这种幻象一样,产生如此效果呢?

这使我们得以采取下一个明显的步骤。因为哪怕是最为模糊不清的大众思想都证明,在道德与对神的信仰之间存有某种联系。毫无疑问,尼采强烈地感到了这种联系的存在。因为,这事实上是一个先决条件。在此基础上,他坚信:即将到来的"神"的死亡将侵蚀、毁损现有的道德。尼采这一信念是广为人知的。不过,我们现在可以澄清一下道德与对神的信仰之间所存在的联系的严肃性。人们一般以为,惩罚的威慑、奖赏的诱惑,这些一旦突然消失,那么,道德的力量及其指导性权威也就岌岌可危了。与此相对,对其依赖性变得更深、更为亲近,以致人们可以认为,用来阐明道德的那套性质相近的概念,与公众契约得以将"滔天罪恶"这一观念置于其中的那套概念,两者处于同样的地位。一种行为当然可以多种不同方式被视为越轨行为,但未必就是"滔天罪恶"。"罪状"的情形亦如此,而且不只是程度上的问题。问题不在于人们是否可以作出一个很相似但较轻的判决。因违犯神的某项命令而招致的罪行,其情状比起违犯罗马民法、仪式法或早期文化的法规所招致的罪行,不仅仅是程度重一些的问题。因违犯神意而引发的罪行与后者不属同一范畴,其情状是界定分明、非常具体,并只在非常具体的事迹和思想中才有可能。人们可以更进一步地认为，"自由"和"责任"的思想，其情形亦如此。

我们到目前为止仍未涉及道德形态的另一个主要成分——颇具说服力的平等主义。在我们的眼中，某一文化法规之所以成为道德，部分是由于这一法规以人人平等的眼光将我们看作是平等的人类个体。这一特性比我们通常所假定的要特别而可疑得多。因此可以说，一方面，那些只探求某人类个体特定方面（比如只判定某人是渔民、猎人或武士）的法规未被涉及，而另一方面又要求我们放弃这样一种观念，即认为一切人类都置身于纯粹自然事件之流所构成的网络之中，我们不仅是这个或那个部落的一分子，而且是"人类大家庭"的一分子。这种思想与一个单一的、道德的神的观念是紧密关联的。人们可以看出，这种平等的观念是道德的前提条件，它只起源于这样一种信念：在神的眼里，我们大家都是平等的，我们都同为神的孩子。（这后一种思想，即认为以道德形态出现的某项法规把我们当人看，绝不是无害或只是无足轻重的，恰恰相反它是很罕见，同时也是很成问题的。关于这种思想，我在尚未发表的《道德法规之形态》一文中有较为详尽的论述。）

上述思路对当代伦理哲学来说有着一个更具批判性质的意义。因为在此争议的焦点不仅是信仰一神论对产生和发展那些构成道德形态的底层结构是否起工具作用，而关键是其间的联系是观念性的，"罪责"、"责任"（道德意义上的责任）、"道德上错误"或"恶"及所有其他类似概念，其充分意义无法得到理解或表述，如果人们将其与对神的信仰截然分开的话。严格地说来，它们构成不能加以世俗化的神学语言的一部分。

在本文中，尽管我无法对这一点作应有的详尽阐述，但至少有一点可以加以澄清。我认为，对某个行为的可行性或不妥之处，人们可以给出种种理由，然而，为什么做个康德派或功利派哲学家就可使人有权使用类似"有罪的"或"不道德的"这样的字眼？为什么他们这样就算是对的？这其中的原因远不很清楚。说得再明白也较少争议一些，俗界对这种本自神意的法典、法规所作的一而再、再而三的具体化不足以使人遵从，而且是无足轻重的，没有早期那种法典所拥有的那种谴责力度。然而对这些所提出的要求实际上是很强烈的，因为这里所涉及的是整个上下文义之间的关系问题，不只是程度的问题。关于这一点，本文前面已作了阐述。将类似"道德错误"、"道德犯罪"等术语从深深的神学土壤中移植到18世纪启蒙时期的温室土壤中，导致了一种非常麻烦的矛盾心理和情感：人们乞灵于圣经经文可能施加的恐怖，乞灵于这些概念、术语所可能有的力量，然而却不愿或并未作好献身于神的准备，而只有后一种行为理论上才能说得通。

　　这就产生了一个问题，这个问题有点像哲学上所谓的丑行，即：对目前探讨的冗长、而且是派生来的伦理学问题拥有无懈可击的精确性；然而，对如何将整个道德领域同它周遭环境区别开来这么一个更为基本、更具决定性的问题，人们又不知如何作答，感到极其尴尬和无知，两者适成对照，不成比例。康德主义传统也好，功利主义传统也好，在应用相应的判断标准来具体区分不同种类的道德行为方面，都未取得多大进展。相反，人类陷入了一种惊人的冷漠之中：时而说道德就是教育人们"如何生活"，这就使道德给人一种大而无当，几乎无边无际的印象；时而又以为成熟而真正的道德决定只有在特殊而罕见的情况下才有必要作出。

　　人们要想把握到尼采思想中哪怕是最为基本的几条线索，也必须认识到这关键在于这种模棱两可性。有一种方法可使我认识到这一点，即考察一下我们文化中的一个领域——性。对许多人来说，性仍是道德领域的一个典型范例，而对别的文化中的人们来说，则显然不是，就像短语"性选择（嗜好）"的含义所示那样。同样，在有些文化中，用某些词语仍是违禁的，而来自另一些文化中的人则可能惊异得直摇头，心想，这种老掉牙的谨小慎微竟然还存在。当然，也有这样的情况，即人们并不将说句谎话看作是有悖道德，甚至对谋杀罪，人们也见仁见智。不可否认，这里存在不同意见的冲突。而这一事实使人们无法诉诸共通的直觉，以摆脱冲突所引起的困境。然而到底该如何是好呢？

对尼采来说，这种困境有着骇人的影响，因为它预兆了一种人力无可作为的境地——虚无主义。为什么虚无主义尚未登场，就受到公众的欢迎？为什么虚无主义未经粉抹，衣衫不整，就像个邋遢的娼妓，急不可待地登场？虚无主义以这副模样急不可待地登场，目的是否要消除意见分歧，以使所有经验领域被专横地清除出道德范围？在尼采看来，付出较少的代价却能达致两种最佳的境界是极富诱惑力的：人们用严厉而完好无损的道德来装饰自己，但同时又投机取巧地随意拣起或有意选择可以运用这些道德价值的上下语境。尼采预见到人类可能还会继续谨守道德成规（将念珠传给下一代），但同时逐渐地、一个接一个地消灭可运用道德的所有领域，直到一个领域都不剩！道德遗存仍在那儿，然而实际上"人们可以为所欲为"。

在较为狭窄的哲学意义上，人们可以看到，我们在界定这种分别时所遇到的理论上的困难，至少部分地证实了我们前面所提出的更大的要求。因为，如果道德领域与道德无法应用的领域之间的界限，是由神用那一连串清规戒律制定的，那么，我们在设置这一区分并为这区分辩护时遇到的困难最终就有了一个解释（道德的"普遍化"亦可照此进行。假如它企图将神面前人人平等译为大众话语，那么，怨天尤人的不满情绪之所以以各种不同的形式表现出来也就不足为怪了）。

假使我们将焦点更为集中，而有针对性地对准尼采的阐释问题,我们似可强调说,在尼采的著作中,对共同构成(用我们的话来说)道德法则、法典、底层结构的那些个别概念,尼采作了极其多样而繁复的批判。随手举个例子,比如,尼采对"谴责"、"某人咎由自取"等观念的批判,以及与此相关,他还揭露了人们针对"自由意志"及"责任"等观念所作的一系列诡辩。这里尼采经常指出,在那些伪装背后往往藏着一个虐待狂,声称自己是无辜的。我们所拥有的单一的道德形态观念包含并整合着这些四处分散的碎片,使其成为一种完整的思想行为,即对那种形态的批判。此外,这还意味着,将主人道德辱没为奴隶的道德包含着将内容与形态一同转化为道德方式(从"恶"的观念的到来可见一斑)。

然而要对尼采作一概略性的了解,也许更为重要的一点是,引入道德形态这一观念使人们得以能够驳斥那种经常为人重复的看法,即以为尼采竭力主张的"移用伦理",这种文过饰非的说法极具误导性。较为正确的说法应该是,尼采企图抛弃严厉的道德,而代之以一套纯粹自然的法规。换句话说,尼采并不认为我们目前仍将其归于(由早期宗教习惯而来)道德的特权地位(与更大程度的尊严和势力一道)可以在理性上证明其合法性。他认为,过度的权利和影响力要求控制人们的言论和想象(在不同的地方他写到世上无道德的事实),因为根据尼采的判断,不仅神,而且那些支撑着道德形态的一整套概念,都是由不可靠的迷惑人的谬见、妄想而构成的。这些东西所提出的附加要求应该放弃,而一切价值都应在同一自然平面上予以考量、对待。因此,道德及别的东西的区别遭到排斥,而所声称的其他种种价值的"现实性"、"可行性"或"严肃性"还得到了大力颂扬。

当然,尼采所主张的不只是"道德的理性化建构在哲学上是缺乏根据的"。他认为,道德形态的最后一道防线,在其挽救生命的制高点(即对神的信仰)丧失后,只不过是一场文化灾难而已。这并不是否定道德形态所曾起过的重要作用，只是它给一些原则赋予了太多的权力，而这无疑使人们过早地步出了早期尚未得到充分发展的状态（不妨回顾一下，尼采著作中有许多章节描述了旷日持久、严厉苛刻的文化教育，这种教育使我们学会充分地预测自己的行为，因而意味深长地作出允诺）。当然，确切地讲，并不是说比例失调、缺乏平衡和约束的权力就一定会以种种截然不同的方式增加权力本身已包含了的威胁和危险。

首先，存在着一种"互补的贬损性评估"。道德的力量如此巨大，相形之下，所有其他别的价值变得虚幻、脆弱而有"主观性"（大概"趣味"也在这时头一遭变得只是趣味）。但人们似乎也可以说，道德的眩目的强光"导致雪盲"。已习惯其耀眼火光的人现在已看不见火光之外的那些差别所具有的细腻、微妙的价值。更为糟糕的是，以往对神的信仰维系着道德的内容及整个道德领域，而如前所述，现在失去信仰后，这个领域正漂泊浮沉。在尼采看来，这意味着重量极大的文化工具就像一个从天花板挂下来的准备船舶遇险时用的大球，它行将摇摆的路线、敲击的地方都没法预测控制。

以下事实证明这种不确定性。比如许多人将几乎一切政治都看作是道德，而另有些人则自认这种做法不切合实际，行不通；或因疲惫的心理，而对其进行冷嘲热讽。许多人又以类似方式认为商业行为无须受道德的约束。没有人会傻到竟然同某公司管理人员争论说：这项新的劳工政策虽然会使公司利润削减三分之一，但明显更为道德。

如果对道德的应用范围和领域不能达成较为坚实的一致意见，那么，双方你我来往的辱骂、指控都是毫无用处的。尼采认为，这么做有一个危险，这种笨拙不堪、令人可悲的景象会使许多人感到不悦，因而使他们错误地以为围绕别的价值形态所进行的争论，其水平也同样地低，因此也使其滑入尼采极为担忧的虚无主义的泥潭。

除非对道德法则有个较为充分、较为真切的感觉，否则，我们是把握不住这种道德批评的含义的。在此，特别重要的是要理解到，所谓非道德法则，并不是什么奇异得不食人间烟火的东西，它们与"早期"文化，更不用说与"原始"文化相比，绝没什么特异之处。相反，这套法则、法规司空见惯，涉及日用伦常，而且数量极为繁多。我们的文化中没什么东西比退出道德领域的做法再平常的了，这很好地说明了这一点。颇具典型意义的是，许多科学家遭到讥讽嘲骂，你若要他们对自己的研究成果所可能产生的后果负"责任"，他们却会显得趾高气扬、不屑一顾的样子。在我们所确定的语境里，人们对此的反应不只是情有可原的吹毛求疵，从中还可以看出"道德责任"以及道德法则的形态，这些概念本身在性质上就很成问题（人们是否可以说，在这种情况下，需要某种像神一样无所不知的东西来认真地承担"责任"，是否同时可以说这一概念的神学就肯定起源于此）。在你要科学家们承担责任时，他们经常声称自己在生活中对道德崇高理念或骇人的陷阱之类已厌倦，他们的唯一目的就是好好地做个科学家。将自己作为一个人来看（作为神那一群孩子中的一员）这一观念已经被他们直截了当地抛诸脑后，而重视自己作为科学家的独特身份。与此同时，构成底层形态的所有或绝大多数概念也发生了明显的变化。

假如我们以艺术家来替换科学家，这种变化也许尤为明显。艺术家对道德的不屑一顾显得更加神气十足（我不是指他们那放荡不羁的私人生活）。这种不屑一顾被目为一个信条，据此方可臻入艺术佳境。世俗的后果、政治的效果以及一切鄙俗平常的事都被抛诸脑后，他们只将自己奉献给"为艺术而艺术"的标准。为达到我们的目的起见，特别令人深思的是，抛入水中的压舱物中有构成道德方式底层结构的那些概念——"自主性"、故意行为等概念，与封闭得滴水不漏的自我及主导控制，等等，在艺术领域变得滑稽可笑。人们不知道绝妙的主意从何而来；也许是机缘，道听途说的片言只语，掠过的一丝空气引发或启发了他们的灵感。因而对这些主意大肆颂扬或求全责备，或将其视为自己的创意，都显得滑稽可笑。

许多别的职业其情形自然也如此。船长，至少到目前为止人们认为，应与自己的船共存亡，即使灾难不是自己的责任，亦不是由自己的错误导致的。一般说来，士兵也是这样，而军官就更莫能外。这里有个不容辩驳、明白得使人目眩的真理：个人的行为无疑是无法估量的，当然个人也不是自主的或负有责任的；恰恰相反，"服从命令"部分地导致事情变得晦暗不明，直到个人不再将自己"看做是一个人"，而只"看做是一个军官"。

对许多人来说，这种回避，恰恰是一种展示道德法规之优越性和不可或缺性的行为。但人们若用尼采的眼光来看问题，也许事情的另一面就更值得打量。抛却道德是那样地有诱惑力，那么地平常，同时也那么地可以理解，也许对道德法规的性质就该质疑？（看看黑格尔的一段话，人们对这一论点也许会表示赞赏。黑格尔以极其平白的心境说：有些伦理法则很有可能变得要求过高，而这绝不是什么风情万种的优势，倒是彻头彻尾的缺点。他认为完全有理由将其与法律作一类比：不能得到实施的法律是坏法律，因为它削弱了整个法律建制；道德律条也是如此，而且要是得不到实施的话，有可能损及整个道德形态——要是达不到为其底层结构的诸种概念所迫切需要的种种标准，那么价值的整体力量将受削弱。）

我们还可进一步到体育竞技（体育竞技中得到赞成或被看作是好的——比如在拳击或登山运动中——部分是由于此地没有什么借口可言）或手工艺中去寻找例证。在手工艺中，除使用工具的精益求精外，一切都遭到贬斥，其程度比之于在艺术中有过之而无不及。此外，在规范家庭、区域以及划分阶级的规章制度中，在制约着人们空间上安排自己的那些一般性文化成规中，在人们互相交谈（参看考夫曼）、交流眼色、微笑、眨眼（参看克利福德·吉尔兹）中都可找到例证。

最后，与此截然相反，个人私下里独处时的一些规则（比如海明威的"紧急情况下的温文尔雅"）则常常是人们应付令人极其不悦、导致悲观绝望的情况下所守的最后堡垒（W. C. 菲尔兹："风范犹存"）。

以上所述对当代哲学家是如何论述道德的这一话题，可以大致构成一幅较为完整的总体图画。人们常有这么一种印象，即法规、法则及其评价视觉不外乎三种：道德的、审慎的和礼节的。这幅图景绝非天真。做"好"一个艺术家或科学家或拳击手不是礼貌习俗问题（波斯特①并不在场监督你），甚至也更少审慎。人类学家不假思索、心直口快地说"文化完全是由一套一套的法则、法规构成的"，我认为这种说法与事实颇为接近。我们试图对现实作理论的探讨，然而，现实的繁复、差异性以及微妙、复杂性比我们平常所承认的要大得多。必须首先承认，法规、法则的种类难以计数，而且可以想象它们都有着自身的逻辑，这种逻辑制约着人们的判断。而这起码意味着，我们即使在概论性教程中也不能妄称伦理学或道德是教人"如何生活"的。伦理学所能做的要少得多，它只描述某种极为特别的法规运作机制。

这使人感到不悦的惊慌，然而许多人仍然以为尼采的中心意思是在宣扬残酷无情。（尼采著作由考夫曼翻译出版已经33年了！）对尼采的这种曲解也许可使一些年轻人的情绪越发勃郁，然而这也未尝不是一种迂回的策略，因为要贬斥尼采的话，

---

① 波斯特（Emily Post, 1872—1960），美国作家、报纸专栏作家，尤以有关社交礼仪的评论文章著称，著有《礼节：社交惯例蓝皮书》等。——中译注

没有比先使他变得粗野不堪更容易的方法了。无论如何，这仍然是种歪曲。

主人的道德与奴隶的道德之间的区别所带来的动力并未使奴隶得以诱使人们多为别人着想。事实上，这种想法已该休矣。事情绝非那个样子！使生命消损破残的东西与使生命强劲有力的东西其间的分别就像脊梁骨穿过人体一样地存在于尼采的著作中，这种区别是尼采所一再重申的，而且重申时他很少含糊其词，大肆藻饰。

眼下有些趋附时尚的人，操一套后现代话语来谈论主张相对主义及透视法学说的尼采，其中有些人正试图将尼采尊奉为虚无主义的鼻祖和权威。对这些人，以上我们所揭示的那项事实大概足以使他们偃旗息鼓。与这些人所为的恰恰相反，尼采常常使用最为无情而"客观"的标准：因为在所有领域中，他都将行将死亡的东西与仍具生命力的东西区分了开来。

尼采之所以反对奴隶们所传播宣扬的道德，其原因或许有多种，但主要由于这种道德"敌视生命"。也就是说它对双方都具有毁灭性。它不是一种明智的策略。不明乎此，尼采于所谓奴隶的愤怒中发现的毒害人心的非理性就有可能被人们低估。奴隶的道德既削弱了奴隶也削弱了主人。

此外，我们在内容与形态之间所作的不同区分也切中了目前学术上的哲学探讨。很长一段时间以来，伦理学致力于为正确的内容寻找合适的道德方式。（这种努力逐渐地沦落为势不两立的主张，要么某种形式的功利主义，要么某种形式的康德主义，为我们提供些较为具体的评价。）这种主张的根本在于我们以为，道德（或道德观）的形态极其宝贵、极其关键，甚至是不可或缺的，以至可以忽视、排除一切其他可能有的方式。而这现已大大地成了问题，现在，这种可信赖的形态，不只是其表面内容遭到了攻击，因为根据尼采所言，这种形态本身就是毁坏性的。

这就是说,不仅观念上所设置的所谓"罪孽"是种"错误"(这一点,许多哲学家现在大概是可以承认的)。"责任"、独立自主的"自由",以及颇具权威和威慑力的道德的"应该",以及加强所有这些观念且作为名词实体化了的"自我"等等,都是(与我们通常的看法相反)削弱了人心而具有毁坏性的。总之,构成道德视点的一切东西都应予以拒绝和抛弃。

尼采道德批评的要旨最终是为人们带来一个无比灿烂而充满希望的前景:假使迄今为止,我们在观念领域中所取得的貌似崇高的成就中,还仍然有一些是自我毁灭性的,那么毫不奇怪,人类就是很可疑的物种。不过,除了为包裹陈旧道德形态的皮囊充入新的内容以外,我们还有别的更值得做的事情。我们可以设计运用崭新的方式来为将来的价值制定法规。这些更为深刻的变化兴许是一种疗病治伤的方法,也许可以实现尼采对尚未到来充满活力而欢愉快乐的人类所(常常)抱有的希望。

"未来的哲人"是谁？

——对《善恶的彼岸》的一种解读

内哈马斯　著

孙宜学　译

　　《善恶的彼岸》虽然是尼采的一部最为流行、读者也最多的著作，但在结构和内容方面（如果我们暂时可以区分出它的结构和内容的话），它仍然是一部晦涩得让人迷惑的作品。造成这种矛盾的原因有两个。

　　从某种非常基本的意义上来说，我们可以说依然不知道如何阅读它。我们只是不了解它的结构，它的叙述方式。实际上，我们甚至不知道它究竟有没有什么叙述方式。因为，在这部由296节（包括"序言"和"终曲"）构成的作品中，其中许多节既具有纯粹的鲜明性又晦涩难懂。这些节比文本的其他部分更为完美。从鲜明性来说，它们有时会使我们忽略它们周围的那些不太鲜明的部分。若单把它们挑出来并加以讨论，它们会使我们忽略它们与那些只是为了成为它们的框架才存在的小节之间的关系，忽略它们呈现的顺序以及那些支配着它们的似乎简单明了、有时甚至是随意的和偶然的并列的原则。

　　人们一般认为，尼采的所有著作，包括《善恶的彼岸》中那些独具个人性的小节，都是格言式的，① 这就更加强化了人们回避这些问题的倾向。当我们把这些段落当作格言，并且回想起扎拉图斯特拉的"两座山之间的最短距离便是两个峰顶之间的距离：但是你必须有双长腿。格言无异山的峰顶"的观点时（《扎拉图斯特拉如是说》，第1章第1节），我们就常常为了寻找这样的山顶才阅读《善恶的彼岸》。我们因而忽略了，或者说是遗漏了那些山顶赖以存在的峡谷。

　　但并非所有短小的散文都是格言。② 《善恶的彼岸》无论如何决不仅仅是这样，例如，它尖刻地把以前的哲学家描述为"他们命名为'真理'实为他们的偏见的狡猾的代言人"（5）；把自由精神严肃地定性为"在许多精神的国度里，像在家里一样自由自在，或至少像做客一样"（44）；它宣称"真正的哲学家……是发号施令者和立法者"（211）；当然，这样的例子还有很多很多。我们不应回避的是如何把它当作一个整体来读，或至少说是否把它作为一个整体来读的问题。

　　这个问题的一个明显的答案是：尽管《善恶的彼岸》与尼采其他类似的作品有很多区别，但它仍可以说是一部哲学论文。那么，我们或许应该把它当做一部探讨某个特殊的哲学论题（或一系列论题）的连续性的长篇辩论（或一系列辩论）来读。也难怪人们如此看它，因为事实上《善恶的彼岸》确实包含着许多明显的辩论。

---

① 在《尼采：文学家的一生》（哈佛大学出版社，1985年）第1章第1节中，我已大体上表示了反对这种研究尼采的方法。

② 伯格曼在其著作《尼采：最后一个反政治的德国人》（印第安那大学出版社，1987年）中表达了对《善恶的彼岸》中各独立章节的特性的相对矛盾的态度，在书的第160—161页有这样一段话："在《善恶的彼岸》中，尼采通过拉长他的格言和采取散文的方式把它们更紧密地安排起来，这样就获得了一定的成功。他的注意力不那么分散，他对自己的论点也进行了比较一致的探讨。"然而，伯格曼自己并没有进一步探讨这个问题。

例如,在第 15 小节,我们可以发现那种显然是归谬法的东西,尼采将其定性为一种理想主义观点。这种观点认为外在世界是"我们感官的产物"。如果这是真的,尼采辩解说,那么,我们的肉体就是理想主义所界定的外在世界的一部分,那它也应是我们感官的产物。但若如此,感官本身是我们肉体的一部分,那它也就成了自己的产物。鉴于万事万物皆不可成为自己的原因这种合理的假设,这种说法当然就是荒谬的。

但尼采在这里的目的并不是要驳斥理想主义,当我们看到这一小节的最后一句话时就会明白这一点。我们同样也会看到,这一小节也不能和它前后的辩论构成一个系列。虽然《善恶的彼岸》包含一系列的辩论,其中一些辩论甚至可以说很精彩,但其最初目的并不是要确立一种特殊的哲学观点。如果把整部书当作以这个观点为中心的一系列辩论来看,那么其中很多辩论可以说并不出色,或者说一点都不好,这样我们所看到的文本就成了一部非常蹩脚的哲学作品——实际上可以说是一部失败的作品,一部实际上已无法阅读的作品。第 4 章"格言和插曲"的性质更强化了这种观点。这一章确实是由格言组成的,它根本中断了前 3 章表现出的任何形式的叙述的连贯性。第 4 章具有的这种破坏性效果不但我本人经验过,听我讲过《善恶的彼岸》的大多数学生也都经验过。这一部分的侵入迫使正在阅读的读者停下来问一问它想做什么,怎么对待它,也就是说,怎么阅读它。

面对着不能把《善恶的彼岸》当做一篇哲学论文来读的结论,许多读者就转而假定这部作品只是一些没有中心目的、结构独立、短小精悍的格言和警句的汇编。这种假设反映在大家已经司空见惯的一种实践方面,即用其中某些独特的段落或段落群来解释尼采的某种特殊观点。我并不是说这种实践就是错的。但我的确想说这种方法同样使《善恶的彼岸》变得无法阅读。如果我们试图找到各小节之间的那种纯粹辩论性的联系，或者说，如果我们因这种努力以失败告终而灰心丧气，因而把整部书分割成单个的小节而单独阅读的话，那么，除了一些特别引人注意的小节外，我们几乎是一过目就忘了我们刚读过的那一小节讲的是什么。至少我在很多时候就是这样：刚读完它，其中的大部分章节就似乎从意识和记忆中消失了——吃下去了，但并没消化。

然而，其各小节之间并非没有联系。我们不妨再看看第 15小节。在这一节，尼采攻击了这样一种观点，即认为外在世界是我们的感官的产物。然而，他并没以这种结论作结，而是以一个疑问作结："因而，外部世界就不是我们的感官的作品吗？"他为什么在这里问这样一个问题？为什么要在作出这样一个似乎非常有说服力的结论时又显然努力要引入这样的疑问呢？

我想，原因很可能是尼采不愿自己的读者因为自己"驳斥"了理想主义而就得出结论说：现实主义的某些观点，以及认为世界的本质完全独立于任何经验之外的观点就是对的。他的归谬法的核心并不是要说与我们对世界的认识的本质有关的某种特殊观点是对还是错，而是相反，是说既然世界常常被认为是我们的"创造"，那它就一定会被绝对确知。

恰恰就是这个确知问题解释了尼采为什么要在第 16 节转而讨论笛卡尔的观点，即认为，与我们对外在世界的意识相比，既然我们对它的意识是直接的、即时的，那么意识至少能够被确知。在对自己的观点没做任何发展和修订的情况下他又顺便谈到，叔本华的意志观也是这种笛卡尔传统的组成部分；随即他又声称（没有多少辩论色彩），这种传统被深深地误解了。"我思"的断言，他写道，是极其复杂的，"思"本身也是如此——它是一种我们只有提高复杂的推理和阐释过程才能去辨知、才能和其他活动区别开来的活动（如果它是一种活动的话）。"思"不仅不能导致确知,而且还会引出许多与"我思"牵涉到的各种概念相关的附加问题,特别是与自我概念有关的问题。他说,笛卡尔的观点假定自我是在我们逐渐意识到自己的"思"的同一意识行为中被赋予的。但如果没有这种行为,我们的自我概念又是来自何处?

这恰恰就是他在下一小节要处理的问题。在尼采看来,先于自己的思想存在并且以笛卡尔主义为先决条件的不可分割的主体是我们过于重视自己语言的语法形式的结果。因为每个动词都要有一个主语,所以我们就得出结论说:每个活动都要以一个独立的个体为先决条件。他没对这种观点进行任何形式的详细阐述——这种观点在当时是完全新奇的、令人震惊的,而是继续提出一种更惊人的断言,就是,这同一种语法错误在自然科学界产生了原子的概念。对我们语言的同样的误解已经促使我们认为外在和内在世界都是由独立的、自足的单位构成的,在许多方面,它们的特征都是彼此类似的。尼采进而在这两个世界之间建立了另一种连续性:第15和16小节共同表明,外在世界和内在世界都是不能确知的;第17小节则表明,它们之间所具有的平行结构源于同一种错误的假设。就像"更严肃的脑筋最终学会了没有这种'地球残渣'——原子——也行",他也希望将来有一天自我也会消失得无影无踪。

尼采对这一小节中提到的无名的"严肃的脑筋"为什么放弃原子思想没作任何说明,他也没有说这种思想是怎样受到驳斥的。但就是这种驳斥思想以某种虽然严格说来并不合逻辑但却以合理的方式提出了可驳斥性思想。在随后的第18小节,尼采一开始就这样写道:"在某种理论那里,说它是可以驳倒的,这对它来说确实是个不小的刺激:因为,正因为如此,它就会吸引更为精细的头脑。"这段话与《快乐的科学》第51小节的观点遥相呼应:

真理意识——我赞美一切怀疑。我冒昧地对怀疑说：
"让我们试验一下！"

不过，凡是不让进行试验的事物和问题，我是无意过问
的，这就是我的"真理意识"的极限，因为在这极限上，勇敢
失去了它的权利。①

当尼采在《善恶的彼岸》的第 42—43 小节，以及后面的第
210 小节讨论"新哲学家"问题（在第 2 小节已经提到这个问题，
但稍提即弃）时，这个"实验主义"问题重新被提了出来。在这个
问题上，尼采没有去宽泛地探讨可驳斥性的思想，而是很随意
地，很像漫不经心似的谈到，已经被"上百次"驳斥的意志自由的
法则之所以"能持久存在，就只归功于这种魅力"。

在自己偶然提及的这个意志自由法则的驱动下，尼采在第
19 小节开始全面探讨意志概念。这样，他也就再一次重新延续
了他在这之前暗示过的有关叔本华的话题，只不过此时他非常
明确地提到叔本华，并且把自己现在正在讨论的问题，即认为意
愿至少像思想一样复杂，与他以前对笛卡尔主义的攻击联系起
来。紧接着他又针对认为意志是自由的这种"幻觉"发表了很多
虽然不带结论性但却富有启发性的言论，并且再一次把不可分
割的人分解成一个由半独立性的群落构成的团体，一个"下等意
志"或"下等灵魂"的集合体。

尼采认为，人，即主体，是一种内部复杂多样的亲缘语言，这
在很大程度上似乎是单指"我"。他的这种观点，以及另一种观
点，即认为意志概念不仅与形而上学的思考和需要有关，而且也

---

① 关于尼采的"实验主义"的讨论可见考夫曼的《尼采，哲学家，心理学家，反基督
徒》第四版，普林斯顿大学出版社，1974 年，第 85—95 页。我在《尼采，文学家
的一生》中对考夫曼通过讨论得出的结论表示了某种怀疑。

与实践的和道德的需要有关,促使他再一次改变了论述方向。直到第21小节他才又讨论到自由问题,而在第20小节他则转而广泛探讨了各种哲学观点之间的相互依赖关系,更重要的是他还谈到了语法因素和语言因素。他声称,我们的传统概念深受我们语言的影响(或者如我所理解的,深受认为我们的语言结构必须反映世界结构的假设的影响)。就这样,他为自己在第17小节对认为自我和原子都是不可分的观点所进行的攻击提供了一定的支持,他认为自己坚持的多种自我的观点给语言施加的压力本身并不能成为拒绝这种压力的理由。

即使只谈到与这几节有关的几个方面,我的论述也是粗略的,不完全的。但我希望这已经暗示出了把《善恶的彼岸》各小节紧密联系起来的那种复杂的关系。就如我所说过的,严格说来这些关系并无逻辑性;也就是说,我们并不能轻易把这些小节当作一个长篇论证的一个个步骤。我们已经看到,尼采引进论题的目的只是要放弃,随后再重新拾起这些话题;他在此处只是随意提及的问题在彼处则成了中心话题;为了考察某个随意引入的离题的观点,他会立刻中断正在谈论的问题。从最本原的意义上来说,这种联系是符合辩证法的;也就是说,它们是会话式的,它们重复了正在不停地作着长篇独白的某个人所采取的方式——这是谈话的一种方式——并且自然而然地,不可避免地要继续进行下去。

现在我要说的是,我们必须把《善恶的彼岸》当做一种持续的,有时可以说是不连贯的、无序的,但归根结底是有内在联系的长篇独白来看。它的主要部分之间,以及每个小节之间都彼此相关,都只是这篇独白进行中的一个阶段;有时前面的激发后面的;有时又是后面的激发前面的;有时它们着重开始谈论一个在前面被搁置的问题,而这个问题之所以被搁置,或许只是因为某种特殊的联想或某个想象出来的障碍促使作者偏离了自己的主题；有时它们会布置好一个舞台，以便以后在适当的时候引进一种重要的思想，一个与其他已经确立的主题相关的思想。尼采常常会从一个主题转移到另一个主题，这并非因为他已为自己的问题找到了一个满意的答案，而是因为独白就是这样一种毫无结论可言的交流方式；我们越往前阅读，各部分之间的联系也就越有发展；主题被搁置下来留待以后解决；问题之间建立了连续性，而这些问题反过来又产生出它们自己的问题，这些问题反过来又纠缠住最初促生了它们的问题。

　　独白当然可以回答各种各样的问题。但作为一种文学风格来看，它并不能在自己要回答的问题中找到其一致性原则，而只能在一定要参与这些问题的叙述者的一致性中找到。在某种程度上，这个叙述者就是从我们面对的独白中被创造出来的。这样，叙述者就反映了尼采自己的观点，即行动的主体并不会预先获得该行动；独白的各个彼此相关但又各具半独立性的部分反映了尼采把人看做一个"下等灵魂"的集合体的观点，这些"下等灵魂"或许能、或许不能彼此融洽相处。

　　如果我们把《善恶的彼岸》作为一个整体来读，那么关键就是要了解进行独白或表现在文本包含的独白中的这个人。这个人并不始终是令人愉快的、可爱的或正确的，相反，如果他要吸引我们，那他就会从总体上吸引我们。《善恶的彼岸》中独白的主人公不仅含蓄地把自己表现为一个值得去听的人，或许，至少从该术语的某种意义上来说，他还是一个存在。问题是，尽管他的那些观点是错误的，愚蠢的，或者说是令人讨厌的；尽管他有缺点和错误，但他仍是一个值得重视的人。当然，这进而会引发这样的问题，即若重视了隐含在这部作品中的这个特殊人物又会怎样。若以这种方式阅读，《善恶的彼岸》就获得了一种紧迫感；而如果只把它看作是想确立一种独立且一致的哲学地位的徒劳努力，或只看做是尼采许多思想——不管这些思想多么有价值——之矿源，它就不会有，而且也不可能有这种紧迫感。

做任何这样的尝试，我们首先都必须以一种最基本的方式来确定谁是《善恶的彼岸》的叙述者。这就涉及我在这篇文章的开头以逆喻界定这部著作的第二个理由。一个逆喻就是一种反论，虽然它并不常常带有恶意。我们探寻《善恶的彼岸》的主人公本身就会产生一个反论：虽然，我希望，这个反论与认为尼采的著作晦涩得让人迷惑同样都没有什么恶意。当我们试图确切地说出《善恶的彼岸》的主人公对自己的看法时，这个新反论就出现了。

《善恶的彼岸》的副标题是"未来哲学的序曲"。整部书似乎是向前看的，它宣布了一种新的哲理思考方式和一种新型哲学家的出现，这种新的方式和新的哲学家在以前似乎都没有出现过，即使他们曾经出现过，那也是自赫拉克利特、柏拉图、恩培多克勒起才出现的。早在序言中，尼采就写道，反对柏拉图主义和基督教的漫长战斗，也即反对独断论（我们将来还不得不回归于独断论）的战斗，"已经在欧洲造成了一种巨大的精神紧张局面……现在人们用一张弦如满月的硬弓，可以射向最遥远的目标"。他紧接着说，尽管人们尽了种种努力想"把弓弦放松"，"我们这些既不是耶稣会教士也不是民主主义者，甚至称不上是彻底的德国人的人，我们这些'善良的欧洲人'，我们这些有着自由的、'非常'自由的精神的人——仍然感到了它的存在：精神的全部需要和如满月的弓。或许还有箭，有使命，以及——谁知道呢？——有目标"。

这个目标就是将来的哲学，被"满口'也许'的危险的哲学家实践的哲学……说实在的，"叙述者声称，"我已看到这种新型哲学家登台亮相了。"(2)然而，这些"未来的哲学家"(42—44)，这些"新的"(203)或者说"真正的"哲学家就是"发号施令者和立法者"(211)，就如书中所说，他们也至少是明天和后天的产物。叙述者侃侃而谈，但并非充当他们的代言人。他所代表的群体虽然小且经过了选择，但都是今天存在着的：他们是由"善良的欧洲人"（序言），"自由精神"（第2章），甚至"学者"构成，真正的哲学家至少可以与所有这些人都能明显区分开来。因而，尼采，或至少可以说是《善恶的彼岸》的叙述者，就把自己置于某种预言家的地位，宣布这些真正的哲学家将如期到来。

《善恶的彼岸》第5章"论道德博物学"在结尾激烈攻击了"群氓道德"以及这种道德运用于政治的结果：民主和社会主义。尼采在这种道德中发现的令他如此反感的东西是什么？对此人们一般会这样回答：他讨厌这种道德所推崇的特殊价值观——怜悯和爱，利他主义和自我牺牲；他认为，所有这些都只不过是滋生虚伪的不同方法而已。这当然对，但只是部分对。尼采蔑视群氓道德不仅是因为其价值观，而且也是因为它对这些价值观的态度，因为它声称自己是世界上唯一可能的价值观，因而必须被接受：

> 道德，在今日之欧洲就是群氓的动物道德：换句话说，就如我们所理解的，这只不过是人类道德之一，在它旁边，在它之前和之后，还有许多其他的道德，首先，更高级的道德是可能的，或者说本应是可能的。但这种道德竭尽全力所抗拒的就是这样一种"可能"和"本应"，它固执而毫不妥协地说："我即道德本身，除此别无道德。"（202，参看《权力意志》285节）

这最后的声明只是所有独断论研究所作声明中的一个特例，也就是说，这种研究不为它们提供选择的可能性。对群氓道德来说，必须要有这种声明，因为在尼采看来，它们的目的恰恰就是要控制人的行为，以使人与人之间的一切差别都尽可能消失。通过把自己表明为唯一可能的道德,群氓道德才不仅能控制那些需要它提供的法典、离开它就无法生活的人的生命,而且还能控制实际上不需要它,并且有了它就活不下去的那不多的几个宝贵的个体。(参看《道德的谱系》第3章14节)尼采写道:群氓只有通过"人类完全退化和渺小到成为纯粹的群兽动物的程度",才能得以延续。但"我们",他写道:

> 有与之不同的信仰⋯⋯我们须向何方去获取我们的希望呢? 向新的哲学家那里去;除此之外别无选择;向精神们那里去,它们强大、原始,足以树立对立的评价,并能重估和扭转"永恒的价值"⋯⋯这就是我们心目中的领袖形象。请允许我大声说:你们自由的精神们! (203)

　　第5章结尾和第6章开头谈的就是这些新的哲人,并且把这种哲人和那些今天被当做哲人的人以及"我们中间的那些学者"进行了对比,叙述者似乎把自己归于后一类。

　　第6章可能是《善恶的彼岸》中结构最缜密的。这一章共有10小节:前5个小节(204—208)考察了当前哲学的堕落及原因,今天受到重视的学术和客观性的本质,以及由此导致的怀疑主义——一种使人们无力选择的怀疑主义;后5小节一开始就介绍了另一种怀疑主义,一种对既定的价值观和习俗的怀疑主义,一种可以和批评、驳斥那些价值观和习俗的意愿和能力结合起来的怀疑主义。这样,"发号施令者和立法者",也即其所处时代的"恶良心"就成为真正哲学的构成成分。这种哲学不是那种可以传授的哲学:"何为哲学家,这很难说,因为他不必是教授;因为,人们一定懂得这一点,出于经验——或者,人们应当拥有矜持,不去知道这一点。"(213)

　　现在的问题是,《善恶的彼岸》的叙述者是怎样看待这个问题的？他知道哲学家是什么吗？或者说他有不去知道他的矜持吗？人们很容易想到后者，因为叙述者常常把自己描述成新哲学家的预言者，然而，这个预言者并不只宣布这些哲学家即将来临——他也相当详细地对他们进行了描述。那他毕竟知道什么是哲学家了？或者说我们要求助于在知道一般意义上的哲学家是什么和从经验中知道他是什么——也就是说，在仅仅知道哲学家是什么和作为哲学家本身之间的简单区分吗？

这个既是自由精神又是学者的叙述者是怎样谈到这种新哲学家的呢？他认为，与那些仍然固持着旧价值观的哲学家相比，这种新哲学家的一个最重要的特征是他们"创造"了新价值。这就是他们的"秘密：为了知晓一种崭新的人之伟大，为了踏上一条崭新的通向人之伟大的道路"（212）。真正的哲学家：

> 首先要确定人的行动的方向……他们用创造的双手去捕捉未来……现在和过去存在的一切，在这里对他们来说都成了手段，成了工具，成了锤子。他们的"认识"就是创造，他们的创造就是立法，就是要真理意志——权力意志。（211）

这一类的声明表明尼采要求我们把哲学的目的看作是确立某种规范的道德理论，虽然他并不认为自己已经发展了这样一种理论。① 萨瑟最近明确表达了这种观点：

---

① 例如，可参看考夫曼在《尼采精品选》（纽约，兰登书屋，1968 年）中翻译的《善恶的彼岸》第 326 页第 34 节，以及其《尼采，哲学家，心理学家，反基督徒》第 108 页。考夫曼认为尼采显然并不把自己看做这样的哲学家（第 87，403—404 页）。赞同这种说法的还有：霍林希德，《尼采》，伦敦：路特勒吉和保尔，1973 年，第 173 页；梅吉，《极端的预言者：尼采，海德格尔，福柯，德里达》，加利福尼亚大学出版社，1985 年，第 92 页；舒特，《虚无主义的彼岸：脱去面具的尼采》，芝加哥大学出版社，1984 年，第 10 页；斯特恩，《尼采研究》，剑桥大学出版社，1979 年，第 66—68 页。

　　尼采关注的……首先是制订出一种新的价值理论,这种理论既能阐释(作为怀疑论者的哲学家)和重新决定性地评估(作为批评家的哲学家)现存的道德和评估体系,并且也能填满它们纯粹的"价值堕落"在批评的严密监视下在其他方面可能留下的规范的真空。[①]

　　萨瑟很重视《善恶的彼岸》的副标题(对每个词都很重视),他和最近的其他很多人一样,认为尼采:

　　　　成熟的思想一般可以看作是为了构成这样一个"序曲",而不是去探求(或准备充当)这种哲学的充分发展。[②]

　　萨瑟承认,在尼采看来,或许没有任何哲学体系可能是完美的。但重要的是,他认为尼采提供了这样的一种体系,不管这种体系是多么不完美。萨瑟用《权力意志》第972小节来支持他对《善恶的彼岸》第210—211小节的"建设性"阅读。在《权力意志》第972小节,尼采这样写道:"世上有两种哲学家:(1)想发现一种复杂的评估(逻辑的或道德的)真相的哲学家;(2)作为这种评估的立法者的哲学家。"当然,第二类才是《善恶的彼岸》中真正的哲学家。

　　然而,其他读者却无法像萨瑟那样相信尼采只是一种新哲学的预言家。这些读者倾向于把《扎拉图斯特拉如是说》看做尼采的主要著作,是体现了尼采真正有建设性的观点的著作。例如,阿尔德曼就这样写道:"《善恶的彼岸》的副标题本身就……

---

① 萨瑟,《尼采》,伦敦,路特勒吉和保尔,1983年,第344页。
② 同上,第534页。

表明其本质上只是一个开端,尼采显然是要用扎拉图斯特拉来代表将来的哲学家。"①兰波特通过对《扎拉图斯特拉如是说》的详细研究,也相信尼采在《善恶的彼岸》的面具之后隐藏着自己的哲学野心和成就:

> 这部书把最伟大的责任赋予了知道什么宗教值得存在,知道如何组织自己祖国的政治,知道如何指挥和确立世界的发展方向,良心中装着人类的整个未来的哲学家,哲学家尼采一定是把自己隐藏在一个自由精神的面具之下了。②

研究尼采这种哲学态度有两种方法,两类研究者的区别在于是否认为尼采把自己也看成他在《善恶的彼岸》中所描述的那种哲学家。在什么是真正的哲学这个问题上,他们意见一致:它是实证法则的主体,与过去最伟大的哲学相连接,虽然这些哲学不曾意识到自己的创造性地位。

萨瑟认为尼采创造了这种哲学(《权力意志》第 972 节),为了支持自己的这种观点,他引用了尼采的未刊稿,现在我们就看看这部分未刊稿。这部分显然是《善恶的彼岸》第 211 小节的早期版本,尼采在其中说道:

> 这第二种哲学家很少能发展壮大:他们的境况和危险确实是可怕的。他们多么经常地故意遮住自己的双眼,以免注视那条把他们隔离开以免使他们坠入深渊的窄窄的隔

---

① 阿尔德曼,《尼采的天才》,俄亥俄州立大学出版社,1977 年,第 152 页。
② 兰波特,《尼采的教导:对〈扎拉图斯特拉如是说〉的一种阐释》,耶鲁大学出版社,第 247 页。

栏。例如柏拉图,他相信自己所期望的"善"不是柏拉图的
"善",而是"善自身",这是一个名叫柏拉图的人在自己的人
生之途上偶然发现的永恒宝库!

　　如果这种哲学家包括《善恶的彼岸》中未来的哲学家,而且
据说柏拉图也位列其中,这种结论至少可以说是惊人的(更惊人
的是:在《善恶的彼岸》第 212 节,苏格拉底似乎也被归入真正的
哲学家之列)。但我们应该注意到这第二种哲学家所面临的难
题。根据尼采的观点,他们要去认识的是他们自己像什么,什么
对他们来说是善的,他们须凭借什么样的价值观才可以生存、发
展、壮大。但他们并不就此止步(这就可能"坠入深渊"):他们把
自己所认同的善推向全世界,推向每一个人。恰恰就是因为他
们把自己所认同的善看作善本身(也就是说,对每个人来说皆为
善),他们才变成:

　　　　他们偏见的狡猾的代言人,把偏见名之曰真理——远
　　离了良心的勇气——可是他们承认良心就是良知——远离
　　了勇气的雅量审美,他们也清楚这一点,不管它是为某个敌
　　人或某位朋友发出警示,不管是出于自负,还是自嘲。(5)

　　在《权力意志》第 446 节,尼采表达了一个非常相似的观点:

　　　　那么,在哲学家身上什么是退化的呢?——就是他们
　　对人说:他们的品质是,而且必然是,并且是唯有的到达"最
　　高的善"(如柏拉图的辩证法)的品质。他们命令各种各样
　　的人逐渐达到自己这一类人的最高的善……在这里,典型
　　的哲学家就是一个绝对的独断论者。

在我看来,这种话显然使人极难接受对尼采所谓的真正哲学家的本质所作的习以为常、也是最直觉的解释。即使当他把这些哲学家描述成"发号施令者和立法者"时,我们也很难相信他内心的想法,很难相信《善恶的彼岸》的叙述者是谁的预言者。他们是在某种程度上可以用另外的价值观来取代柏拉图式的、基督教的以及康德的价值体系(如果尼采确认康德有自己的价值体系的话)的人。当尼采写到政治的哲学家"创造"价值标准时,我们在试图确定这些价值标准是什么之前,必须问一问它们是"为谁创造"的。当他写到他的哲学家将会发现"提升"人类的新方式时,我们也必须问一问谁将得到这种提升。

我们必须始终牢记,尼采认为柏拉图的方法本质上是独断论的,是把对某个人或某些人的善当作对所有人的善,进而将其当作善本身。与此相反,他的"未来的哲学家",像柏拉图,也会"爱"自己的真理,因为迄今为止,"所有的哲学家都爱自己的真理":

> 但是,肯定地说,都不会成为独断论者。如果他们的真理也是人人的真理,那么对他们来说就会与自豪即审美相悖逆——因为,迄今为止这一直就是一切独断论致力的秘密愿望和言外之意。"我的判断就是'我的'判断",没有别人可以轻易获得这种权利。(43)

当他说道:

> 然而,他发现自己在说:"这是我的善和恶",据此他使得说"善是所有人的善,恶是所有人的恶"的侏儒和隐藏在暗处者缄口无语。(《扎拉图斯特拉如是说》第3章11节)

当然，这也只是扎拉图斯特拉观点的另一种解释方式。

因此，未来的哲学家不能创造出人人共有并且会"提升"每一个人的新的价值体系，他们只能创造他们自己赖以生存和发展的价值观——他们，或许还有其他一些像他们一样的人（这使我们想起未来哲人说过的话：没有别的人可以轻易获得他们的判断，但并不是说没有人曾经获得过）。因此，他们要"提升"的是谁呢？只是他们自己，或许还有其他一些像他们一样的人，如果确有这样的人存在。

现在的问题是，这样似乎就很难与尼采认为新的哲学家"为人类"设计"一种新的伟大……并促使他们踏上一条崭新的伟大之途"（212），他们因而使整个人类受益的观点保持一致。但除非我们假设使整个人类受益就是使所有人受益，否则这句话就很难成立。如果有人能像尼采一样相信"人性的目标不存在于其结果而只存在于其最高的典范"（《教育家叔本华》第9节），如果能像尼采一样声称他的"思想"是"目标是缺乏的，这些一定是个体"（《权力意志》第269节），那这就不会成为问题。尼采始终如一坚持认为，如果以某种方式使一些伟大的个体有可能存在，那么整个人类都将得到"提升"。

在这里我们必须考虑的关键点是"未来的哲学"和"未来的哲学家"的表达方式并不必然要按照尼采读者一贯采取的、从明确的年代学意义来解释。未来的哲学并不必然是在"未来形成"的哲学，它也很可能是"关注未来的哲学"。一旦我们明白这种阅读是可能的，那我们也会明白这是合理的。

看看第211小节描述的"哲学科学工作者"。他们的任务是：

> 须确定对伟大时间的伟大估价——这就叫从前的价值设定。价值创造，成了居统治地位的东西，而且被称之为一

时的"真理"——被强行套入了公式。这些研究者的责任在
于,把此前的一切事件和被估量物弄成了一目了然的、可以
想象的、可理解的、可把握的。是的,一切长度和"时间"本
身要缩减并压倒征服既往。

那么,把哲学科学工作者看作是过去的哲学家也就是恰当
的了,这不仅因为他们已经存在,而且也因为他们思想的主要关
注点就是过去。他们的作用就在于使得"说着'这就应如此!'的
发号施令者和立法者"即真正哲学家的征服成为可能。因此,真
正的哲学家关注的时代是未来,而不是他们所处的时代。
第212小节的开头可以佐证这种解读:

> 哲学家,作为明天和后天所必需的哲学家,任何时代都
> 身处矛盾之中,而且必定如此:他们的敌人每每都是今日的
> 理想。

叙述者接着更加明确地指出,这种哲学家在过去存在过,虽
然他们最常给人的印象是"令人讨厌的傻瓜和问号",而不是掌
握了智慧的人。他写道,他们的使命一直就是充当"他们时代的
恶良心"。就如我们所看到的,他们总是要通过"活体解剖"自己
所处时代的美德,指出一条通向崭新的"人的伟大"的道路。这
就等于再一次说明未来是真正哲学的"内容"而非时间范围。就
是这种敌对而向前看的观点,使尼采能够把他的最大敌人苏格
拉底描述为当然的哲学家。
现在我们来看看第211小节的结尾,在这里,哲学科学工作
者与真正的哲学家被区分开来。这一小节以三个问题作结:"今
天有这样的哲学家吗? 过去有过这样的哲学家吗? 是必须要有
这样的哲学家吗?"霍林希德在谈到这一段时这样说道:尼采之

所以问这些问题,就是"唯恐人们认为他这是在描述自己"①。但我根本不相信这种解释是正确的。就像我们刚才所看到的,在第212小节,苏格拉底似乎被看做是真正的哲学家。因此,第二个问题"过去有过这样的哲学家吗"的答案很可能是肯定的。如果真是这样,那么我们也就可以给第二个问题一个肯定的答案:一定有这样的哲学家,不仅因为他们是必需的或需要的,而且因为他们是活生生的,是实际存在着的。因此,第一个问题"今天有这样的哲学家吗"最终也得到了肯定的回答。

　　但为什么一定要有这样的哲学家?他们有什么必要?尼采肯定不相信他们的出现是历史发展的必然结果,不相信他们的出现是因为时代的需要(即使这是事实)。他认为这完全是一种不同的"必需"。而且——这是我这篇文章的核心——这个问题就是要让读者问"为什么"的,当我们这样问了,我们就会回答说:"一定有这样的哲学家,因为就在现在,在我读这部书时,我就是在与这样的一个哲学家交流。"《善恶的彼岸》本身就是未来的哲学,它的叙述者(还有其作者)就是一个真正的哲学家。这部著作之所以成为这种哲学的"序曲",不仅是因为它预言了它的到来,而且是因为——就像瓦格纳为自己未来的艺术作品所作的序曲(这些作品存在于对它们来说的"现在"中)——它反映的就是那种哲学的主要论题和体系。

　　现在就出现了四个难题。首先是我们凭什么采取我所建议的方式把《善恶的彼岸》作为一部自我参照的著作来读?我们认为叙述者是在含蓄地把自己表现为这样一个哲学家的正确根据是什么?其次,我们凭什么认为可以把这部作品看作一个只不过引入了以后会得到充分发展的主题和体系的序曲?第三,怎样把这个真正的哲学家和其他已经存在着的哲学家区分开来?

_____

① 霍林希德,《尼采》,第173页。

是什么使他，而不是他们，归属于一种"新型的哲学家"？最后，为什么叙述者要以这种隐晦的、间接的方式把自己表现为一个哲学家？为什么他不采取尼采特有的典型方式，一开始就公然宣称和炫耀自己的作用、地位和重要性？

把《善恶的彼岸》作为一个自我参照的文本阅读的理由是：第 212 小节中提到的众多哲学家的特征既是本书叙述者的特征，一般来说也是尼采本人（也是署着"尼采"之名的其他著作的作者）的特征。例如，他说，哲学家：

> 在其同时代道德里最受尊敬的类型中，隐藏着多少虚伪、懒散、怠慢和任性堕落，隐藏有多少谎言，残留下多少美德。

但这只是尼采最核心也最持久的主题。他在这里揭露的问题在第 202 小节已经表达得很明确：

> 人们今天在欧洲知道"何者为善，何者为恶"，在这里以他的赞誉和指责进行自我标榜的东西，自称为善的东西，一概是群畜之人的本能：因为，这样的人突然冒了出来，趋向多数，趋向超过其他本能的优先地位。它用自己的赞扬和谴责美化自己，把自己称作善的，这是兽群和人群的本能，这种本能已经获得惊人的发展，比其他本能更为流行和优越。

尼采后期的所有著作都认为基督教和其道德已经失去效用，包括《善恶的彼岸》的第 3 章"宗教本质"。

面对当前对专门性的偏爱，我们在第 212 小节读到这样的话：哲学家"被迫把人的伟大，'伟大'的概念植入他的广泛性和众多的全体性"。在这种哲学家看来,"这才应称之为'伟大';因为,多倍,可以是全体;广阔,可以是充沛"。这种古典的思想显然也是尼采自己的思想(《偶像的黄昏》第5章第3节;《权力意志》第464,847,928,967节)。在第6章"我们的美德"中这一点也表达得很清楚。在这一章,"我们这些后天的欧洲人……我们这些20世纪的头生子"被说成是由"不同"的道德论者决定的。(215)叙述者后来说道:

> 任何形式和生活方式彼此交织的文化的历史,由于那种在我们这些"现代灵魂"中的混合而涌流出来。于是,我们的本能到处都在后退,我们本身成了大混乱的品类。最后……"精神"就在这当中看到了便宜。(224)

这是什么便宜? 答案可以在《权力意志》第842小节找到,而且是用我们所看到的与受到赞誉的"多倍的全体"有关的术语表达的。在这里,"宏大风格"被描述成想"成为混乱者的主人;是想迫使一个人的混乱成为模式——成为合乎逻辑的、简单的、明确的数学、法律"。

与"削弱和损害意志的时代美德和趣味"相比,尼采认为真正的哲学家所谓的"伟大"就包括"意志的强大,坚忍以及进行长久决断的能力"(212)。这种观点在第6章得到了详尽的发展。最终,今天的哲学家"将要按照一个人所能容纳和承担的、能把他的责任绷紧到何种程度等等来确定价值和等级"(212),这种要求只有在:

> 最傲慢,最灵活,最最否定世界之人的理想中获得满足,这个人不只是学会了满足于过去是、现在还是的东西,学会了与过去是、现在还是的东西协调一致,而是想要重获

那些过去有过、现在有的东西,冲出一切永恒,贪得无厌地
呼唤元首,不只是冲自己,而是冲着整出演艺。(56)

这种理想当然体现于永恒轮回思想之中。这种思想认为,
个体生活的每一个方面对生活本身来说都同等重要;也就是说,
既然尼采相信世界上的一切都只由彼此之间的相互联系构成,
那么,整个世界的每一个方面对生活本身来说都同样重要。因
此,哪怕只想让自己的生活有一瞬间的轮回,那也就等于让整个
世界完全按照自己过去的样子重新复活。但是,既然我们认识
到绝对的东西决定着人是谁,并且想要连他自己在内的一切都
完全照过去的样子复活——如此想望在某种程度上也就是想要
人的生活和整个世界就按照自己原来的样子重新复原,那么,我
们就要承担对绝对的责任。①

我们的第二个问题与《善恶的彼岸》成为序曲的方式有关,
这个问题并不难回答。例如,尼采很快在第 260 小节对主人道
德和奴隶道德进行了对比。《道德的谱系》第 1 章详细发展了这
种对比,并且也详细探讨了基督教道德的起源和功用,而这个问
题在《善恶的彼岸》第 3 和第 7 章只是略微提及而已。《善恶的
彼岸》中随处可见的随意的解释和论述(如第 22、192 小节),在
《道德的谱系》、《快乐的科学》第 5 章、《反基督徒》中则成了中心
主题。就这样,《善恶的彼岸》以其随意的、谈话式的、常常是罗
列的方式,引入了许多在作为作者的尼采所剩不多的时间里占
据了中心地位的主题。

但为什么这种哲学,假定它是真正的哲学,与以前的哲学不
同呢? 也就是说,我们的哲学家是如何与苏格拉底区别开的?
难道只是如第 212 小节所说的那样是因为他的特殊观点与苏格

---

① 关于永恒轮回之说的详细讨论可见《尼采,文学家的一生》,第 5 章。

拉底的观点有区别？还是说这种区别要深刻得多，就像尼采对他的强烈仇恨使我们趋于相信的那样？如果脱离我们上面所列的第四个问题，即为什么《善恶的彼岸》的叙述者不直接以哲学家的身份出现，而是更愿意把自己称为一个"自由精神"和哲学家的预言家，这些问题就无法回答。

这一系列彼此相关的问题的答案是：虽然迄今为止真正的哲学家都是独断论者，而《善恶的彼岸》的叙述者则是一个公开的远近法学说主义者。《善恶的彼岸》中出现的新的哲学家与柏拉图和苏格拉底这样的哲学家不同，即使他们确实是"真正的"哲学家也是如此，因为他们不会认为他们所说的善的也就是，或可以是所有人的善。就是因此，这部著作的叙述者不得不自我约束，间接地把自己表现为一个哲学家。

尼采认为，独断论的构成因素非常宽泛，就如我们所看到的，它包括不承认"不管是为某个敌人或某位朋友发出警示，不管是出于自负，还是自嘲"的每一个方式(5)，当然这只是众多方式中的一种。这就出现了一个问题(以及我上面提到的矛盾)，即很难，即使有可能，前后一致地承认这一点而仍能让人信服。①

先详细表明自己的观点然后再加上一句"但这只是一种解释"，这样做只会使自己的听众或者完全忽视讨论的观点，或者即使他们自愿被这种观点所吸引，他们也会忽视其合理性。因此，远近法学说主义者就面临着这样一个两难选择：一方面不为人所信，另一方面被人教条地接受。依我看，对远近法学说主义者来说，当他们知道自己已经发出警告，说教条地接受他们的责任在于听众时，他们也并不觉得舒适。因为远近法学说主义者最重要的信条必然是远近法学说本身。根据这种观点，既然对

---

① 对这个问题的详细讨论可见《尼采，文学家的一生》，第1—2章。

不同的人来说具有不同的观点和价值观是可能的，实际上也是适合的，那么需要传达的重点就恰恰不是对每一个听众都适合，或更可能是不适合的某些特殊的观点和价值观。

即使说重复"但这只是一种解释"是自欺欺人，但若省略它显然只会更糟。因此，远近法学说所面临的中心问题首先就是如何有效地传达这些观点。

在我看来，传达这些观点的一种有效方法是不通过过多地描述、支持和明确表达它们——虽然在很大程度上这既必要也不可避免——但最关键的是举例说明它们——来表示自己的观点。举例法在列举观点和价值观时并不肯定这些观点和价值观必须被接受，而是把它们当做"可以"接受的观点和价值观来列举的（如果它们的列举是一致的），它还把是否接受它们的决定权——人想成为什么样人的决定权——留给了每一位听众。

我认为，这就是《善恶的彼岸》也和尼采的其他许多作品一样如此缺少辩论的主要原因。尼采并不是像人们常常想的那样因为自己是个"纯粹否定的"思想家才回避辩论的；也不是因为他意志薄弱，发现自己没有推理和辩论的能力才回避辩论的；也不是因为他是个"非理性主义者"，发现推理和辩论是一个已经走到终结的时代的令人反感的隔代遗传的遗留物才回避辩论的。相反，尼采的作品之所以常常把辩论拒之门外，是因为他采取了一种前后一致的聪明策略，这种策略使他提醒自己的读者关注其作品的特征以及他希望他们在他的作品中寻找的他对生活的独特态度。就如我们所看到的，在表达这些特征和态度时，他并没说自己的读者"应该"接受它们，他只是把它们提供给自己的读者来考察（当然，只是因为他选择提供它们所以他才评述它们），但至于是否接受它们，也就是说，读者决定成为哪一种人，决定权掌握在他们自己手里。

《善恶的彼岸》的叙述者声称，真正的哲学家总是怀疑他们时代的思想。他本人就对诸如平等、民主、基督教、科学独立、善与恶截然有别的观点表示怀疑。这些思想和习俗是否应受怀疑，或者说，人们是否首先应该怀疑自己时代的思想，在这一点上人们或许有不同的看法。但这种怀疑的确就是《善恶的彼岸》的叙述者的特征，也可假定为是未来哲学家的特征，或者说，这个叙述者之所以能跻身于他们之中，这种怀疑至少有一半的功劳。当然，拥护这种哲学家是否就一定是种好思想，人们也大可怀疑。但人们并不能因为第6章对这些哲学家的特征作了概括描述就传播这种怀疑或为之辩护。只有当把这部作品作为整体来读以后，这种怀疑才重要；人们有必要对叙述者的性格、态度、思想和价值观的特殊细节作出反应。

　　这个叙述者至少可以促发三种不同的反应。我们首先可以认为他的远近法学说和他所支持和反对的专门思想都是对的。实际上，这种反应就是把他作为一个整体去接受、去喜欢的"决定"，因为即使我们自己也接受了他的远近法学说，我们也不能相信有什么客观的理由，也就是说一种有利于所有人的理由来接受它。作为另一种选择，我们或许可以接受他的远近法学说，但拒绝他提出的某些或全部专门观点。这也是同一类的"决定"。最后，我们或者会认为从理论上说远近法学说是一种坏思想。在这种情况下，我们将不得不与这个主人公以及尼采本人争论远近法学说的优劣。尼采无法相信自己能使所有读者都信服自己的观点。谁也不能证明人有义务接受远近法学说观点；就像诺泽克在其《哲学的阐释》中所说的那样，这是非强制性的。[1] 但尼采在许多后期著作中确实谈到了为什么独断论对某些人，或许是对大多数人具有吸引力。换句话说，尼采无法表明

---

[1]　诺泽克，《哲学的阐释》，哈佛大学出版社，1981年，第1—24页。然而，必须明确的是，诺泽克并不接受尼采那种激进的远近法学说，见第20—21页。

人怎样做到既做远近法学说主义者而又不自相矛盾。但他可以用心理学术语（这些术语可能有道理也可能没道理）描述为什么有人选择（或者说，用他们自己的话说，确信）不做远近法学说主义者。人对远近法学说的态度在很大程度上取决于他对这种描述的反应。

在《罪与罚》中，陀思妥耶夫斯基清楚地表明，拉斯柯尼科夫之所以既令人同情又让人反感，关键是他相信自己是个超人，因而可以采取超常的行动，可以独立采取那些行动。他认为人一旦被选为这种人，他就可以做自己想做的事。只有当他后来因为自己愚蠢而盲目的谋杀已经被流放到西伯利亚时，他才认识到这些并非是各不相关的事实，而只是同一认识的两个方面（虽然陀思妥耶夫斯基本人明确表示他并不认为只用这种认识作为惩罚就够了）。拉斯柯尼科夫认为，如果所有违法的行为都立即受到惩罚，那么：

> 许多没有继承权力但攫取了权力的高高在上者从他们迈出第一步起就应该受到惩罚。但他们成功地迈出了第一步，因而他们就是对的，而我的第一步失败了，这意味着我没有权利让自己迈出那一步。

我现在想说的是，声明一个人是"真正的哲学家"实际上恰恰就是声明这个人有权利思考不平凡的思想，创立不平凡的价值观，因为他已经把自己看作某种超凡的人了。但这两者同样是密不可分的。说某个人是真正的哲学家只是说他在某种程度上描述了某种有内在联系的鲜活的生活画面——至少对他自己来说是有内在联系的、鲜活的。在这样的语境中，单纯描述这种生活画面不仅不充分，而且也是误导的。用一个前后一致的自我，一个前后一致的性格，在我们这里，就是一个前后一致的叙述者来体现这些思想和价值观也是同样必要的。对《善恶的彼岸》中这个做着长篇独白的主人公的身份，尼采有责任保持沉默。尼采的叙述者不想把被拉斯柯尼科夫割裂的两个方面分开，他因而也拒绝鼓励自己的读者这样做，也就是说，他们首先宣布自己是真正的哲学家，然后赋予自己"下命令和立法"的权力。一个人是不是真正的哲学家的问题也就是他是否确实可以下命令和立法的问题，是否可以过上自己的生活的问题。从这种意义上来说，尼采的表达注定是间接的。

《善恶的彼岸》只是一个序曲，但它是自身所包含的哲学的序曲。关于这种哲学的细节尚有太多的话要说，但在这里我们没法这样做了。对《善恶的彼岸》的阅读还远远没有结束。我现在所作的尝试至少可以作为想进一步详细表达其各部分之间的各种内在联系的阅读的基础。但只要我们谈到这部作品具有的令人迷惑的晦涩难懂，我们就要谈到其叙述者和作者。因此，即使当他们促使我们试图以我们自己的观点和价值观来拒绝和取代他们的观点和价值观时，他们也仍然是发号施令者和立法者，他们知道自己的这种身份——他们保持沉默就表示他们知道这一点。①

---

① 圭耶热心地与我讨论了本文的某些章节。

尼采的《快乐的科学》

萨 瑟 著

孙宜学 译

上帝的阴影何时不再遮暗我们的心灵？我们何时方能彻底
清除大自然的神性？我们何时方能具备重新被找到、重新被解
救的纯洁本性而使人变得符合自然呢？

——《快乐的科学》第 109 节

在对哲学家尼采感兴趣的人看来，《快乐的科学》无疑是
其已出版的著作中最优秀、最有启发性、最重要的一部。这部
著作最初只有四卷，五年后又补充了与前四卷主题一脉相承
的第五卷。这部五卷书我们乍一看往往会以为它们只是一部
松散的格言和沉思集，而实际上决不仅仅如此。在这部著作
里，尼采比在以前的任何一部著作里都更明确地表明了自己
的哲学家身份，他不但在其中揭示了自己感兴趣的许多主题，
而且还表明了自己对这些主题的看法和想法。在风格和形式
方面，它和它之前的一系列的格言集很像，在第一版里，尼采

自己也说它就属于这些集子。① 然而,在内容和一致性方面,它却超过了这一系列中的其他著作。实际上,我要说的是,它也是尼采为了勾勒出对我们上面引述的那段话里所呼吁的人性和自然重新阐释的大致纲要,并表明它们的构成方式的一次持之以恒的努力。

《快乐的科学》是尼采的第一次、或许也是他最彻底的一次重视他在前一节谈论的主题——"上帝死了"——并且认真清理了由此导致的很多后果:"而我们——我们仍不得不去战胜它的阴影"(108)。"上帝之死"——也即作为一种有价值的思想的上帝假设之死——也是他在第三卷和第五卷里明确探讨的主题,而在其他卷里也隐约可见。这一主题含蓄地确定了第一卷开始的情境,在第四卷也一样;它使第二卷生气勃勃,也使全书的节奏和乐章充满活力。在"疯子"一节中,疯子的痛苦可能也是比拟他自己体验过的痛苦,但是——就像他在别处所说的"虚无主义的反弹"一样——这是一种"病理学上的"痛苦②——他自己已经克服了这种痛苦,已将其置之脑后。

从语气和内容来看,这部书确是名副其实。经过数年的精神危机的挣扎之后,其作者已经获得了一种新的哲学和精神的健康,就是他在第五卷结束时描述的那种健康(382)。他开始深切而快乐地肯定人生和世界,并且发现"热爱知识者的一切胆大妄为又都被允许了"(343)。他爱知识、爱生活、爱世界,也爱它们所滋养的人性;因为,尽管以前它们使他变得心灰意冷,冷酷尖刻,但他现在重又喜欢它们了。于是他坚定而快乐地踏上征程,去探索沐浴在自"旧上帝已经死了"的消息传播之后所破晓的"新的曙光"之中的它们(343)。当他认识到生活

---

① 这段话不在书内,而是在封底。
② 《权力意志》第13节。

和生命并不仅限于知识及对知识的追求时,他竟然说:只要人心中存有"生活是获取知识的途径"的思想,"他就不仅勇敢,而且也活得快乐,笑得开怀"(343)。他急切地想获得对世界和对我们自身的新的更好的认识;他称作"吸收知识并使其成为本能"的人性和哲学问题也使其着迷(11)。他称作"与生活状况有关的终极问题"也使他重新大有兴趣:"真理在多大程度上才容忍那些被接受的错误? 这既是问题,又是试验"(110)。

可以肯定地说,尼采在这里所说的真理和知识——他显然相信它们是可能的——必须与他的另一论点保持一致,即存在的可透视性到底有多大,这实际上也就是说,除此之外存在是否还有其他特性? 这个问题是"不可确定的",因此我们不能否定世界可以容许"无限的阐释"或无限的"解释的可能性"的可能性(374)。然而,这部著作的力量在于,它表明这种思想并不必定会使"爱知识者"失望,而是相反,它应该重新指引他探索的方向——摆脱获得绝对知识的不切实际的梦想,在我们所面对的现实世界里去理解我们人类自身的现实和可能性。

就像自己常做的那样,尼采在这部书中也常常相对简明地接连论述了很多重大问题和主题。在第五卷临快结束时,他以自己的远见卓识面对并且否定了认为他的简明风格不适合处理这种问题的想法,他说:

> 我在处理较为深奥的问题时就像洗冷水浴一样:快进快出。有人说,不可在水里浸得太深,其实这是怕水的迷信,是冷水之敌……
>
> 对事物只做蜻蜓点水式的接触和闪电般的观察,是否就不能理解和认识它呢? ……但至少还存在许多令人发怵、棘手的真理,它们都是蓦然间被人领悟到的——要么一

定搞"突然袭击",要么就别惹它。

　　尼采这部五卷本著作的目的非常明确,就是要突然袭击、谈论、探究、理解在"上帝假设"以及与其相关的阐释符号坍塌之后需要重新思考的许多问题。他想尽可能多地涉及各个领域,所以无论如何必须简明扼要;他涉及问题的方式也有利于他更快地发现自己正在进行的广泛阐释的基本轮廓,以及其各个特殊方面的内在联系。

　　而且尼采完全忠实于他在标题中所用的"科学"一词的含义——系统的认识行动。该书表面的无序只是一个薄薄的面具,面具之下是他对哲学和理性领域相当突出、相当彻底的重新考察,以及他在处理这一领域的方方面面的问题时的基本的一致性。若注意到前四卷的出版(1882年)和后来补充第五卷后重新出版(1887年)之间有一段时间,这种前后的一致性就非常难得了。

　　第五卷继续了前四卷已开始的任务,这种前后的延续性也使人相当肯定地认为它们表明了尼采在这段时间内,也非常可能是一直延续到他创作生命的最后一年的这段时间内的思想轮廓。因此,为什么这一卷没有引起更多的注意,为什么人们在解释尼采的哲学思想和命题时没把它放在更中心的位置,对我来说这在一定程度上是个难解之谜。如果我们要在他已出版的著作中找到一部反映了"本真的哲学家尼采"的书,依我看符合条件的也就只有这一部了。与其他书中的尼采相比,这部著作中的哲学家尼采显得更和蔼可亲、更会循循善诱、更感人至深(这部书的出版时间也进一步保证了它表达的是尼采成熟期的思想)。实际上,我认为,如果我们在阅读尼采的其他著作时都与这部书联系起来,并据此解释有关的问题,那么,我们会更好地理解和欣赏尼采的哲学思想。

宽泛地说,尼采想通过《快乐的科学》表明他准备怎样履行"顺化"人性概念并使我们重新思考人的可能性的使命。要做到这样,首先就要重新把人性作为基督教衰落之后、形而上学之后,"被重新发现、重新恢复"的自然来解读——然后再把它当作某种因为自身的转变而不再只是自然的东西来读。他进行了各种各样的思考,这些思考以迥然不同但都同样重要的补充方式解释了这些问题,他试图理解和欣赏人的本质、人存在的基本特征、我们太人性的倾向以及这些倾向所容许的发展类别和可以提高人的生活的方式。

尼采在该书中表达的一个基本主题是"我们是什么";另一个对他来说同等重要的主题是"我们可以成为什么"。这两个孪生主题——若从自然主义的角度重新审视,它们是一般人性的;若相应地重新表达的话,它们又是真正人性的,或者说不仅仅是人性的——以"上帝之死"为持续音,是赋予全书潜在结构和统一性的曲调和配合旋律。沿着这条道路,尼采发现,为了进一步清楚明白地揭示出我们的本质和可能性,也为了表明他对后者的看法是怎样揭示前者的,几乎每一个主要的哲学研究领域都有必要,也应当进行重新研究。然而,他所关心的"我们是什么"以及"我们可以成为什么"与他对其他哲学命题和相关问题的思考是根本一致的,他既利用它们,但又采取一种新的系统的阐释角度对它们进行探究。

在这一点上尼采非常像马克思,但(在我看来)他比马克思更复杂、更有力量,他提倡并以实例证明了哲学中所谓的"人类学转移",但这只是哲学思想的一次重新定位,包括获得用于执行摆脱我们自身和世界的神性并对之进行重新解释的计划的"人类学眼睛"。这实际上也就意味着把以"哲学人类学"取代神学和形而上学看作哲学的根本的、中心的目的。对尼采来说,哲学在《快乐的科学》中并没变成哲学人类学;但它通过表达对我们的本质和可能性的理解而紧紧围绕了这一主题,并找到了自己的方式。

就像本书所表明的,尼采的《快乐的科学》是一个宽泛的哲学工程,它甚至宽泛到去思考真理和知识、科学和逻辑、宗教和艺术、社会和文化现象、道德和价值,甚至还包括更普遍意义上的生活和世界。然而,其出发点和不断重复出现的主题是"人的生活及可能性"。对尼采来说,认识我们自己既困难又是可能的,也是最重要的。他进而相信,在认识我们自己的过程中,哲学家长期关注的其他许多问题同样可以得到更好的理解和更适当的处理。

对尼采来说,这就是哲学的任务,即使为了研究它们而必须采取的思考方式与在这之前和之后的许多哲学家长期关注的方式大相径庭也不可改变。他称之为"快乐的科学",也可叫做"快乐的哲学",他所理解和实践的就是这种哲学;其方式反映了尽人之所能毫无困难并成功地探究这些问题的基本要求;这是公开的实验主义的、多重视角的、解释性的;但其目的毫无疑问也是认识性的。他把获得正确而深刻的理解作为主要目的(纵然不是唯一目的);尼采把探求真正有可能获得这种理解的领域视作自己的主要目的——这既是因为那里有未知的东西,也是因为这在我们的认识能力范围之内。

换句话说,这个领域就是人性的领域。他不认为人受到某种一成不变的先验本质的决定,相反,他是沿着"'顺化的'人性"这条道路来重新思考"人"的概念的,在《快乐的科学》中,他就想让我们注意到这一点。这是该书的基本主题。从全面理解人这种既有动物性但又不仅仅有动物性的特殊而又卓越的生物的本性和前景的意义上来说,他的基本任务就是详细阐述哲学人类学。实际上,有了这本书,我们就完全可以说尼采已经启动了这种哲学人类学工程,其价值必须得到充分理解和支持,但至今却鲜有人这样做。

这种可悲的状况最终会得到改变；我敢大胆地希望，在哲学研究的王国里，这一工程很快会得到自己应该得到的崇高地位。然而，我不相信在这方面会有人超过尼采的贡献和价值。虽然他的有些假设和分析可能是错误的或不令人满意的，但《快乐的科学》及其后来著作对这些问题所做的思考的丰富性和启发性却使它们成为取之不尽、用之不竭的无价宝库，任何选择在这个领域工作的人都从中获得灵感。任何这样的人都应该向他妥协。

虽然我主要想探讨该书的第五卷，但第四卷的结构和内容也值得一谈。我们从一开始，从该书第一卷的前面几节中就能听到上面提到的论点和反论点。在第一卷第一节，我们立刻就能看到尼采是怎样使我们去理解人的本性的，是怎样把人看作自然的一部分的。他认为，在人身上，自然的基本法则在强有力地运作着，即使处于更高级的自然也是如此。在随后两节里，他突然转移了注意力，转向去思考高级人性的某些标志了，他认为，这种高级人性使得某些人超越并脱离了常人。接着，在第四节，他又同样突然地返回到前一个问题上来。

这种论点及其反论点以各种各样的变体形式充溢在整个第一卷。尼采广泛思考了各种各样的人类现象，反思了基本的人性以及它们的各种表现形式，也反思了其中的那些非常异常和例外的变形形式。他既想尽力表明这些变形和它们的原型之间的联系，也强调了它们之间的区别，结果使得我们往往因过于关注这一个方面而忽略了另一个方面，因而并不能像预想的那样全部理解它们。尼采就是通过这种反思，也只有通过许许多多这样的反思，认为人们可以很快地理解他在第三卷开头引述的那段话里表达的主题（第三卷通篇谈的都是这个主题，整本书探讨的也都是这个主题）。我们的情感、道德、科学、比较一般的知识、艺术以及宗教只是他在第一卷中思考的诸多问题中的一部分,随后他又重提这些问题——第三卷最详细,第五卷又旧话重提。尼采用于考察、解释、评价这些问题的基本视角在别处他称之为"生命视角"。①

在第二卷,以及第三卷的结尾部分,读者会遇到许许多多的思考以及数种形式的格言,这些思考和格言乍一看似乎与这个基本主题没多大关系,然而,若进一步考察,我们就会发现它们与这个主题大有关系,它们可以说是尼采构思和实施这个主题的工具。它们有些是心理学和社会心理学的;它们的基本价值不在于它们常表现出的对特殊思想的敏锐和兴趣,而在于它们集中表明了尼采是如何让我们理解日常生活中发生的诸多现象中普遍存在的各种倾向的。他以这种方式解释生活的普遍的表面特征,这种方式使他把这些特征与他正在阐述的对人性的更宽泛的"自然化的"解释紧紧地联系在一起,而同时又能注意到它们精美的结构,并公开表明他不会简单地、让人讨厌地忽视它们。

本书其他节的主题虽各有不同,但都服务于这同一个基本目的。在这些节中,他论及了更广泛的社会、文化、艺术和思想问题。一方面,我们可以把这些论述只看作和理解为一个生活在这个社会中的批评家深刻并常常是尖刻刺人的观察;然而,另一方面,它们既为他正在展开的对人类生活进行"自然化"的描述提供了进一步的证据,同时也通过把这些现象回归于生活本身而表明它们与生活并不冲突。虽然这些现象可能是异常的,但它们是同样异常的人的气质和扭曲的基本人性的变体和表现形式。另外,是尼采第一个坚持认为,人的动物性向神性的转变是人类最有趣,也最重要的特征,人一旦回归自然,这种转变就

---

① 《悲剧的诞生》序言2。

尤其值得思考。

　　然而,得出这种观察结果之后,尼采却又把我们的视线引到了相反的观点,那就是他对更高人性的可能性的关注。在第一卷,他一遍又一遍地触及到这个问题,在第三卷的结尾,他相当夸耀地对此作了预言,而在第四卷,这个问题则成了中心。就如尼采在该书第一版所宣称的,如果说整部书"标志着一个系列的结束……这一系列的共同目标是确立自由精神的'新形象和新理想'",①那么,作为这一系列的最后一卷,它肯定是这一系列的高潮。在这一卷里,尼采非常明确地表明他是多么反对用虚无主义的倾向去降低人性的价值,他害怕人性的"自然化"及我们对自身和世界的思考所导致的更广泛的"摆脱神性"会极其迅速地促进这种倾向。

　　从某种意义上来说,尼采在这些方面所做的努力可以看成是他对人的本质进行"自然化"解释的补充。他对普遍人性的考察为发展一种新的研究人类价值问题的方法作了铺垫,并且构成了作为其哲学人类学补充的自然主义价值理论的核心。然而,从另一方面来说,尼采在这些方面的观点可以理解为主要属于他的人类学,而若不描述他心中的那种高级人性的可能性以及它所代表的提高人的生活的价值,他会觉得它们是不完整的。这种探索也是其"快乐的科学"的一部分,因为他认为,如果我们的人性要得到公正的待遇,就必须以这种方式扩展它,其发展的潜能与其基本特征和普遍的表现形式对理解和评价它都同样重要。

　　对尼采来说,若我们对人性及人的过去的探索以失败告终,那一定是因为我们同时还考虑到我们还会成为什么。否则,我们对人性的理解将不完整,或许是一种致命的短视,结果会低估

———————————
① 《快乐的科学》德文原稿封底。

我们自己,而这则可能导致可悲的后果。我们的动物性及其过去,及人类生活的各种各样太人性的普遍特征都很容易吸引住已把"摆脱神性"和"自然化"当作第一要义的科学家的注意。然而,对它们的迷恋则很可能使我们自己成为一幅干瘪的画像,会丢掉尼采所谓的一些根本东西。他对"成为我们的所是"的理解是第四卷的主要论题,他强调说,"我们是什么"不仅包括我们"曾成为什么",而且包括我们"要成为什么"。以这种方式,他想为从自己的哲学人类学中获得某种规范性的力量建立一种基础,从而优先获得他与更普遍的人类生活形式联系在一起的高级人性。

我的论述可归结为这样一点:尼采在《快乐的科学》中所关心和谈论的主题,以及他所采取的方式都表明了他心目中的哲学的本质和任务,他认为可以恰当地将其定性为"快乐的科学"。他的哲学的"科学"目的在于对"上帝死了"之后出现的与我们的人性和可能性有关的各种各样的问题进行全面的重新阐释。其目的既是为了认识也是为了唤起人们的关注;因为其动力得自一种来之不易的确信,即认为其既导致了我们理解力的提高,也指出了提高人类生活的途径。对尼采来说,这种哲学的起点是"完成摆脱人性中的神性的工作",并进而相应地"使人性'自然化'"。

现在我来谈谈本书的第五卷。我认为这一卷特别重要,因为它证明并延续了前四卷早就开始讨论的基本主题;也因为它表明了成熟的尼采在写这一卷的过程中认为哪些问题和主题需要讨论;也因为它进一步表明了尼采准备怎样处理、怎样谈论这些问题。他在这一卷里谈论这些问题时都非常直接、坦率,这在他的其他作品里并不常见。因而这一卷非常有利于我们解释他在别处的言行。更具有特别意义的是,从该书第一卷到最后一卷的写作和出版这段至关重要的时期内,他的笔记里究竟记的是什么，我认为，第五卷对我们完成这项探索工作也有特殊的价值。实际上，他笔记中所记的材料与他在第五卷里要谈的主题是一致的，我们可以比较肯定地说，这些材料同样反映了他对自己要讨论的有关问题的看法。①

另一方面，第五卷有一个特征，即该卷大部分内容都只是在说出他的所思所想，都只在表明他对各种问题的看法，却根本没有明确地、完整地表明他出于什么考虑才这样看这样想，这一特征实际上促使人们去看尼采的笔记及他的其他著作。他粗略勾勒了对人类生活及相关问题进行相当广泛的重新解释的基本框架和主要特征，但却很少表达自己对这一问题的看法；该卷虽不时出现一两句论辩性的和提供证据的思考，然而，总的来说，他只满足于快捷、鲜明地提出问题，似乎他关注的只是保证不会只见树木而不见森林。

这引人注目的一卷包括 40 节和后记，现在我们来看看其内容和结构。它从一开始就"快乐地"宣告了"上帝死了"的主题及其后果（343），强调了上帝之死解放了"热爱知识者"，使他们可以自由地进行新的探险。结束部分（382）庆祝一种新的"伟大的健康"和高级人性已经孕育成形，他以之与"当代人"作了鲜明的对比，并取代了他在几节前（377）描述的实现这种成功所需的过渡时期。在这个结论的前一节（381），尼采回顾了与自己有关的一些问题，这些我们已在前面提到过。在这一节，尼采认为自己的思考既不会被自己的风格和简洁所损害，也不会因自己对科学家所关注的许多事情缺乏公认的了解而受到损害。因而，在后来的相关章节，他这样说道：在解决这

---

① 无疑，在研究尼采时，应该优先考虑他已发表的著作而不是未发表的遗作。然而，研究者也应该承认，借用其遗作中的材料也是有根据的，因为在其已发表的著作中也出现了类似的思想片段。

些与我有关的"问题"时,与科学研究的需要相比,"我们需要更多,也需要更少"。

　　自然、局限、科学价值和科学知识的价值是他讨论的一些主题,第五卷一开始他就在第 2 节批判了科学研究中的"真理意志"(344),在随后的许多节中他又继续了这一主题(355,373)。在一系列相关的反思中,他讨论了具有"学院派"特征的思想的局限性(348,349,366);而在其他小节,他的分析和批评又扩展到与宗教有关的思想方式上去(347,350,351,353,358)。就像人们所预料的那样,他同样仔细审察了道德(345,352,359,380),以及艺术(367,368,370)。

　　他对各种人的类型和现象的考察和评价以及使这些思考具有更重大价值的语境,因尼采在其他许多非常重要的小节不得不说的话进一步确定下来。在这些小节,他对这个世界的基本看法(346),生活的基本特征(349),以及人类本质的某些突出特征(354—361),人性——按照它曾有的样子和可能有的样子——是尼采根本关注的主题,在这一卷和前四卷都是这样;他以彼此互补的分析方式——每一种分析都是为了阐明另一种分析——将这一主题引入自己关注的焦点。①

　　理解尼采所选择的任务和思想很重要,至少从这里看很重要,他所谈的"存在的可透视性"以及"它包含着无限阐释的可能性"都是只可提出来而无法回答的问题,而不是他要肯定的命题。这些问题肯定也不是他认为会对科学知识构成致命威胁的思考。他同样也并不凭它们去排除他认为哲学上的"热爱知识者"新近追求的对我们自身以及世界的更深刻的理解。他对"这

----

① 萨特后来提倡和实践的就是尼采的这种方法,萨特在其《寻找一种方法》(纽约,温特吉,1968 年)中称之为"进退法"。在本书中,尼采也试图找到一条表达和理解人的存在和可能性的恰当且富有成效的方法。

个世界的方式"也发表了很多看法,例如,第五卷前面有几节是
为后面的发展作铺垫的,在其中一节他就谈到了这个问题;尼采
对自己的言谈是确信不疑的,并没说自己的话还值得商榷等等。
"我们看得分明,"他说,"我们生活于斯的这个世界是非神圣的、
非道德的、非人性的";"在很长的时间内,我们对它作了错误的、
骗人的解释,原因在于我们听任了自己的那个崇拜意志,即听任
了一种需要"(346)。

就如这些话所表明的,尼采认为自己所做的正好与之相反,
他是如此诚实地——尽管事实是在前面的一节内他已警告说不
要认为"真理意志"的潜在动机和对生活的价值都是肯定的
(345)——几节以后,他进一步大胆表述了他所谓的"生命的基
本本能",他说这一本能"旨在权力扩张",并表示反对流行的达
尔文观点:

　　生存竞争只是一个例外,是一个时期内生存意志暂时
受到限制所致。而大大小小的竞争全是围绕着为获得优
势、发展和扩展而展开,为了获得适宜于权力意志即生存意
志的权力而展开。(349)

这并不是那些相信人只能理解根据自己的需要安排的这
个世界的内容和结构的人说话的方式。甚至在许多与我们人
类的存在有关,而不是与更普遍意义上的生命和世界有关的讨
论中,尼采也都是从一个他认为自己所获得的超越了常人视角
的立场来进行讨论我们的存在问题,而这个立场则使其能对我
们的存在进行更充分、更深刻的解释。在接近后记的某一节,
他专门谈了道德问题,同时表明这种立场是很难获得的,并且
人们不能认为它会产生绝对的知识;但他显然认为这是可能
的。他写道:

　　"那些超越道德偏见的思想"——倘若它们不是超越偏见的偏见——是以超越道德的某个立足点为前提的,这个点即善与恶的彼岸,人必须攀登、飞翔……

　　人偏偏要朝那彼岸进发、攀升,这或许是一种愚行,一种不智的"你必须",因为我们这些认知者也具有"不自由意志"(特异的)。问题是能否登上彼岸。这取决于诸多条件,主要视我们身体的轻重而定。

　　人必须轻装简从,方可将自己追求知识的意志放逐远方并超越时代,方可为自己创造雄视千古的慧眼和一片明丽的天空。(380)

　　尼采不仅想在道德问题上这样做,而且也想对自己在书中专门谈到的其他人类现象以及更普遍的人性的更广泛的外在形式这样做。在解决这些问题时,他也把自己想象成一个"探求知识者",并以这种身份进行工作。他认为自己被迫——这种力量或许"奇怪和不合情理",但却顽强有力——"驱使"自己的"知识意志"不断增强,强到足以使他把它们纳入自己关注的焦点,并能对它们作出公正的理解和评价。就这样,他没有对生命和世界的基本特征喋喋不休,而只是提出了几个与理解人的一般思想和行为,因此也与理解他在别的地方不断提到的"类型'人'"有直接而重要的关系的一系列有内在联系的讨论命题。在与此有关的一节里(354),他概括描述了意识(意识思想和自我意识)、语言和与我们的社会存在方式紧密相关的交流需要之间的基本关系。在另一节,他粗略描述了自己在这些问题上的一个"最基本的步骤和进步",即学会了"区别一般行为动机——他称其为'一定量的积聚力',它等待为某一目的而消耗掉"——和"既定的、有指向性的行为动机"(360)。

　　而且,在许多谈论道德和艺术现象的小节里,尼采都注意利用自己的观察结果来解释人的本质，并对它们作出专门的解释；因为他认为它们是洞察我们本质的最丰富的源泉。① 在这方面，尼采表明自己是黑格尔的传人，对后者来说，"现在"就是"过去"。"精神现象学"是理解我们已获得的基本精神本质（这些现象之间的联系则被认为特别有利于揭示这种本质）的必由之路。在这里我们甚至可以听到康德的回声，对后者来说，通过对某些经验类型存在可能性的条件和本质的思考所获得的对我们的基本精神构成的洞察是用其他方式无法获得的；虽然尼采对康德关于人的本质的理解所作的自然化的、富有历史意义的修订也发生了深刻的变化。

因而，尼采以"生命视角"考察人类经验和行动的不同形式的策略虽然在某些方面与康德及黑格尔有着重要的区别，但另一方面它们却又存在着有趣的相似性。这一策略的目的既是要通过表现出这些现象和我们的本性及其变化形式之间的关系来提高我们对它们的认识能力，也是为了通过反思它们所揭示的具有这些现象以及有可能具有这些现象的生物的特点来解释人性。尼采认为，在某些情况下，这些现象表达和揭示了某些特殊类型人的一些特征；而在另外一些情况下，他则又认为它们表示了某种更广泛的东西——有时与"当代人"有关，有时又与普遍人性有关。

当然，所有这些都只是"阐释"，而不是会得出没有错误或不可能改正的肯定性、决定性结论的严格的论辩。而且，调查研究的对象并不是固定和永恒不变的，它们并没有永恒性，而只是一种已经定型的生活方式，或许还能进一步改变。因而，这种研究

---

① 尼采这样做时，他所采取的方法和几乎与他处于同时代的迪塞一样（他的研究总是和生命哲学联系在一起），因为迪塞也把以这种社会和文化现象的形式表现出来的各种各样的人类生活形式看做是理解人类生活的关键。见瑞克曼编《在历史中的意义：迪塞的历史和社会思想》，纽约，哈朴，1962 年。

对象所包括的知识肯定不会因为别的原因而成为绝对。但这些考虑都无法阻止尼采。事实上,他并没有完成自己的计划,因为这一计划实际上是根本不可能"被完成的",这一事实同样并不与之相悖。人们可以对之有所理解,就像人会误入歧途一样,即使人所获得的理解总容许被改进。

尼采准备承认,实际上是坚持认为,由此获得的自我认识的价值是值得怀疑的。他也坚持认为,与他设想的高级人性密切相关的高级生活并不仅仅包含去追求和获得知识,而是更多。然而,他显然确信其可能性,并为获得它作出了努力。就像他在《善恶的彼岸》中所写的:

> 把人重新转化回自然;要当许多虚荣而狂热的解释和次要意义的主人,这些解释和意义迄今为止都已刻画在了那永恒的文本——"自然之人"之上了。今后人立于人前,就像今人在科学培育中变僵而立于"其他自然"之前一样,用无畏的俄狄浦斯之眼和奥德修斯之耳……这也许可以是一种罕见和好得了不得的使命,却是一种使命——谁能否认这一点呢?(《善恶的彼岸》,230)

同样重要的是,他继续沿着这个话题说,可能有人会问"我们为什么要选择这般好得了不得的使命呢?"这个问题有"另一种问法",即"究竟为什么要选择知识呢?"因为这暗示了,不管这些问题的答案可能是什么(即使最后一个问题证明根本没有答案,或者说,一个最终只能根据"权力意志"而非真理的内在价值来解释的答案),然而尼采相信,可以称得上知识的东西是可能的,也是可以获得的。这种知识与他提到的那种解释不同,而是坚持他所说的"使命"的结果。我们的本质是其中心目标。

　　在这个方面,我想强调尼采在《快乐的科学》第五卷中谨慎但明确地提出的一个观点,这一观点在这之前也出现过,在其他著作中也出现过。对尼采的人性概念的普遍看法表面上好像得到了这些章节的支持,而实际上只是把一种极度的简化论和生物学倾向推到他身上。然而,这种看法是极度歪曲的,是被误导的,误解了尼采研究人性问题的实际方法,是过于严肃地理解了这一问题。尼采认为,就像扎拉图斯特拉所说的,"灵魂只是肉体的名字罢了"(《扎拉图斯特拉如是说》第 1 章第 4 节),"精神的全面发展或许只是肉体的问题",是"为我们所感受到的高级肉体的发展史"(《权力意志》第 676 节)。但他也认为,随着社会的出现,人的生活已经发生了根本的、普遍的、至关重要的变化——或换句话说,人的生活第一次"变成了"人的生活。

　　尼采辩解说,这种发展"割断了"人类与其"动物的过去"的联系。据说已为人兽建立了"新的生存环境和条件",结果导致其变成了某种"新奇的、深刻的、前所未闻的、自相矛盾的并且'孕育了一个未来'的东西,从而使地球本身的面貌发生了根本的改变"(《道德的谱系》第 2 章第 16 节)。尼采基于哲学人类学所做的大多数考察——实际上这种考察早在《悲剧的诞生》中就已开始了,并终其一生——都是通过反思与人的社会生活和文化生活密切相关的各种现象来进行的。就像我们所看到的,他的确坚持认为,记住"精神的全面发展"最终要归结于"肉体"和我们的心理构成并据此做出相应的解释是非常重要的。然而,他认为,了解人类生活在自身发展过程中通过关注社会和文化现象而被重新构造的方式、了解人类生活的外在本质得到证明的方式和据以建立进一步提高人类生活所需的条件的方式也是同样重要的。

　　因此,在思考这些问题时,尼采并没抛弃自己的哲学人类学观点,他实际上是在用他认为最有说服力、最富有成效、实际上也是我们的人性已变成的那种东西所要求的方式在探求它们。我们的神性可能根本就是一种"高级肉体";但是,如果它是为了让我们认识我们这种生物,如果我们的外在本质和潜在的高级人性都不会被过于简单地理解和误解,我们就必须密切关注其已获得的特征和微妙之处。

尼采最终感兴趣的是人要变成什么——也就是他所说的我们"孕育的未来"——而不是我们已成为了什么。然而,他的冷静足以使他承认,有可能建立的高级人性的任何"新形象和理想"都不是空洞的沉思和妄想,而是都必须建立、也只能建立在对我们现有人性的冷静而敏锐的评价上。我们既要描述其基本规律,也要描述其例外。而且,他还足以敏锐地认识到,要对如此复杂的东西进行考察并做出公正的研究,人们必须学会"如何运用'多种'视角"来"获取知识"。因为,他继续说道,"我们越是运用更多的眼睛、不同的眼睛去观察同一个东西,我们对这个东西的'概念'就越'完整'。我们也就越'客观'"(《道德的谱系》第3章第12节)。至于我们本身的现实性,对他来说这就意味着、暗示了人要研究它就必须关注人类活动中出现的各种不同现象,而采取的研究方法必须适合和敏感于这些现象表现出来的特征,并且能使它们得到更全面的结合和解释。

若能这样,我们就能很好地、也很重要地理解尼采在《快乐的科学》第五卷中对人类文化和社会生活的多种形式进行的广泛探讨。这些研究包括推断人性在发展到本质阶段和既是精神的又是心理学的"高级肉体"阶段的过程中是如何构成自身的;也包括推理训练和改变"自然之人的永恒文本"所需的方法和能力,并以之影响其进一步的发展。因此,当他最后呼吁"源于充溢的权力和丰富"的"精神理想"能够自由地"戏弄""迄今为止一切被称作圣洁、善良、神圣不可侵犯的东西"(382)时,他心目中的高级人性是他审视过的、已经克服了太人性的局限和缺陷的。

所有这些现象一起活画出我们曾变成的那种生物的画像，这样也能使我们发现我们要成为将有的样子必须做什么，建设什么。为了详细表述尼采试图在该书和以后的著作中开创的他心目中的那种哲学人类学，我们需要很多资料，而对这些现象的考察于此也是必要的。

因而，《快乐的科学》可以说是一部很有启迪意义的著作。它举例解释了尼采的"快乐的科学"，揭示了他对这种科学的主要任务和问题的理解，以及他在研究和处理这些问题时所采用的他认为必需的方式。如果有人先入为主地认为哲学人类学怎么怎么样、谈论人性问题是什么什么意思，那么用这种术语来界定他的研究将证明是不合适的。但人们可以反其道而行之——就像我现在做的这样——我们可以根据他在这部著作和其他相关的著作中在说到"人"和"人性"（他常常这样）以及我们的本能时的言行做结论。人们也可进一步（就像我一样）把他对这些问题的看法看做是其哲学人类学观点的基本内容，看做是对这些问题的哲学研究。

毫无疑问，在他的所有著作中，尼采对我们本能的研究都是非常广泛，非常富有想象力的；他对这一问题的兴趣支持和激发了他对各种各样特殊的人类社会、文化和心理现象的思考。若把这一切都称作他的哲学人类学观点似乎不会有太大的收获。然而，我之所以这样做，是因为我发现把他的诸多观点集中起来进行讨论对我们很有帮助。我还要进一步建议：若我们以这种方式来看待他的各种著作，那我们就能更好地、也更重要地理解它们，而且不仅能理解其中的片段，还能将其作为一个整体来理解。

尼采宣布"上帝之死"可能是与对"灵魂假设"的攻击联系在一起的；但他并没有进而宣布福柯所谓的"人之死"[①]，福柯及其

---

① 福柯，《事物的顺序》，纽约，温特吉，1973 年，第 342 页。

盟友竭力要把尼采变成他们所宣布的这种结局的预言者,而实际情形正好相反。①

如果人们能认真思考尼采在《快乐的科学》及后来的著作中所表达的观点,那他们就会非常清楚地认识到,尼采宣布"上帝之死"以及与上帝假设(特别是灵魂假设和存在假设)有关的形而上学假设对人的控制的终结,并不是为了给最近出现的一种重要的哲学概念"人的诞生"铺平道路。

尼采的确很早就开始否定"人"的概念是一种"永恒的真理"(《人性,太人性了》第 1 章第 2 节)。很早就开始了,这很重要——而且,他在提出这个观点之后,接着就来"修正"这个概念,并投入大量的精力以这种方式重新考察我们的本能。他显然相信这个概念能够、也应该被修正——使其从形而上学和神学的解释中解放出来,也从他所处的世纪初产生的与某些戒律相关的概念的位置上(这主要归功于福柯②)解放下来——而且把他赋予自己的"新哲学家"并且自己也努力去实践的那种启蒙哲学研究作为焦点。

对尼采来说,这种研究的目的不是要结束 19 世纪的"人类学的睡眠"③(福柯则相反),而是要催生用相应的术语表达则可称为更复杂的"人类学的苏醒"。尼采并不认为形而上学的终结以及对福柯严格界定的戒律的批评就意味着排除了哲学人类学这样的东西④,在他笔下,它们似乎为他的这种研究打通了在哲学中占据前沿和中心地位的道路——与之相伴则是对价值观的重新评价和一种新的价值理论、道德谱系和道德自然化的发展。

尼采认为,深刻地提出和解答与人性有关的问题这个任务

---

① 福柯,《事物的顺序》,第 385 页。

② 同上,第 10 章。

③ 同上,第 340—343 页。

④ 如福柯在《事物的顺序》第 10 章所表达的观点,实际上这种观点贯穿其全书。

最好不要交给生命科学去解决,因为若用那种科学解决,人性就会被分化成无数的社会和文化生活形式;这个任务最好留给文化人类学家、社会学家和历史学家去做。他也认为,概念的、语言学的、现象学的分析也不是哲学家所借助的人类科学研究的唯一可供选择的恰当方法。他并不认为形而上学的终结就意味着哲学的终结。他呼唤着"新哲学家",相信哲学有自己的未来——不再只作为科学或知识的陪衬。他所提倡和实践的哲学把人性重新作为自己的一个主要论题;因为他相信,这就使谈论"类型'人'"很明智也很重要,他相信,在这个过程中,那些包含着真正哲学化的思想和研究起着关键作用。

尼采称自己为心理学家,认为从现在起其他一切原则都服务于作为解决最基本问题途径的心理学(《善恶的彼岸》第23节),这实际上是在表达这些信仰和计划——即一种哲学的心理学和具有心理学的敏感性的哲学,而不是在这个世纪变成了特殊的行为科学戒律的心理学。因此,当他呼吁把人转化回自然时——接着他让我们注意自己"摆脱兽性"行为的成就——完成了我们的"谱系"——以此为自己的呼吁进一步作了补充。同时他试图发展一种"情感理论",把语言、意识、自我意识、理性和知识看作我们的存在方式。

对尼采来说,哲学人类学事业不会遇到什么敌对的或致命的障碍,我们的人性有其历史和谱系,而且始终允许进一步的改变。在这两种情况下,他得出的教训都不是说人性概念和"类型'人'"概念可以被消灭,或者说哲学无法解决与它们有关的问题。相反,哲学愿意、有办法、必须而且也能适应这些研究对象的特性,能够处理这些问题。

人们为什么对此感兴趣?这不仅是因为最近已有越来越多的人对尼采感兴趣,更重要的是,因为他对我们的哲学家具有启迪意义,并且与当前正在进行的许多争论有关(主要是关于人性和哲学自身的争论）；它对确定今天和明天哲学的工作日程——提出和设计我们必须关注的问题和主题，决定我们怎样解决它们——也有深远的含义。在我看来，它更让人感兴趣的原因是尼采对这些问题的看法也使人们有理由进行严肃的思考，并给其丰厚的回报。①

---

① 对尼采的人性思想及相关问题的比较详细的讨论可参见作者所著《尼采》，伦敦，路特勒吉和保尔，1983 年，第 5 章。

尼采的认识论研究

基尔西霍夫　著

汤镇东、孙希国、马云志　译

郭官义　校

引　言　尼采并没有提出过一种系统的、自身无矛盾的认识论,这似乎与他在哲学上的认识有明显矛盾。尽管如此,他的认识论的某些基本观点还是抓得住的。

尼采认识论的矛盾最终可归纳为一个核心矛盾,对此可作提纲挈领式的如下描述:

1. 认识世界的"客观实在"或"本来实在"是不可能的,因为生命本身不消失,寓于有机体内的视界主义(Perspektivismus)就不可能被超越。我们所讲的"认识"不过是人神同形论的虚构,借助于这些虚构我们才能把一种不可认识和不可把握的宇宙变化,变为我们可量度和可想象的,只有这样,自然界才能成为科学的对象。

2. 越过个人认识"真实世界"的道路是存在的,因为世界的基本结构必然要在作为世界一部分的人身上反映出来,因为二者有其相似的结构。本质上说这种认识就是记忆:认识主体"记得"自己在宇宙生成过程中的起源。这样,理性经验意识的视界主义和相对性将在瞬间发生作用。

尼采用第一个论点反对一切过去的形而上学和所谓"精确自然科学"的认识要求。第二个论点却使尼采自己变成形而上学者,尽管他没有公开承认也没有意识到这一点。

关于第一个问题,我谈八点意见。

1. 尼采在《曙光》(1886年)序言中写道:

> 从柏拉图开始,欧洲所有的哲学建筑师的工作都白费心血,他们真诚严肃赞同的一切像铜铁那样不朽的东西都濒于崩溃或成为废墟。这究竟是什么原因? 现在人们准备对这个问题所做的回答,是何等的错误,因为他们都疏忽了一个前提,即对基础的考察,全部理性的批判即康德对问题所作的灾难性的回答。因此,康德没有真正把我们现代的哲学家们引到一种较为稳定的和较为信赖的基础上来!(要求一种工具批判自己的准确性和使用性不是有点离奇吗? 知性[intellekt]自身能"知道"自己的价值、自己的力量和界限,不是有点荒唐吗?)(克勒纳袖珍本第4卷,第5页。以下只注卷数和页码。)

尼采在遗著中写道:

> 一种工具是不能批判自己特有的使用性的:知性自身不能规定自己的界限,也不能确定自己将会遇到的成功或失败。(11卷64页)

尼采这里批判的就是康德哲学划定理性界限的要求。尼采认为,如果不把获得认识及其本质的真正知识作为出发点,那么,把哲学作为"理性界限的科学"(康德语),则是根本不可能的。"我们要是不知道什么是认识,那么就不可能回答是否存在

着认识。"(第9卷,第362页)

尼采在下面的论述中,对作为"理性界限的科学"的真正认识论的唯一前提,还作了更加清楚的表述:

> 知性不能进行自我批判,因为它本身不能和不同形式的知性相比较,因为知性的能力只有借助于"真正的现实"才能被认识和表现出来,也就是说,我们要批判知性,就必须成为具有"绝对认识"的较高一级生物。(第9卷,第331页)

根据前面的引文,我们可对尼采的观点清楚地作如下的概述:尼采也以叔本华的下述观点为前提:知性从本质上说是无意识的意志源的器械、手段和工具,是权力意志的工具。因此对他来说,对自身的可能性和界限进行自我批判是不可能的,他的这一结论本身是前后一致的。

这种情况唯有在一种"绝对认识"较牢固的基础上才可能(理论上!),这种"绝对认识"是与通过意识所已得出的相对性和所有各种视界主义的观察以外的世界"真正现实"的认识相一致的。尼采不赞同这种"绝对认识",认为它与有机生命的基本条件不相容:寓于有机体中的视界主义是人类认识不能超越的界限。

从这个意义上讲,尼采基本上同意康德的观点:只要我们还是人,我们就不能得到形而上学的认识,即绝对的认识。但是,这种一致性,却不能掩盖这样的事实:尼采认为整个《纯粹理性批判》是荒谬的,没有希望的冒险行为。

这里我们看到了引言中指出的那个奇特的矛盾:一方面尼采(至少是部分地)可称为康德主义者;另一方面,他的哲学观点由于理性批判的阐明界限,表现出了不断的超验论;尼采的创造性的类比原则和"瞬间回忆"原则的认识论,作为认识存在的手段,与康德的认识论正好相反。

下面我们首先看看尼采是怎样给科学认识的本质下定义,研究一下他是怎样看待科学和"真理"的关系。

2. 尼采经常强调,按照认识的"真正"本质来说,什么是认识是无法知道的;他对绝对认识的可能性的根本否定,我们已经谈过了。他在一篇遗著中写道:

> 为了在一定程度上意识到世界,似乎就必须有一个非真实的谬误的世界:……只有在这个与绝对运动相矛盾的虚幻世界产生之后,才能在此基础上认识某些东西,最后才认识一切东西赖以存在的错误……然而,这种错误只能随生命一起被消灭:事物运动的终极真理不能忍受这种吞并,我们(生命的)机体就是以谬误为根基的。(《尼采全集》校勘本第 2 卷,第 401—402 页。)

尼采用以与"事物运动的终极真理"相对立的"虚幻世界",就是"存在"("有")的彻底虚构的世界,这种虚构的世界是以相信稳定性、持久性和永恒不变的统一性为基础的。值得注意的是,尽管尼采明确否定各种"绝对"认识,但他却把绝对范畴与变化概念相联系:他在著作中也使用过"运动的绝对性"。类似的表述也出现在其他著作中:

> 我们不能断定任何一条"自然法则"都永恒有效,不能断定任何一种化学的质都恒定不变,我们的精确能力不足以看到事物的假想的绝对运动:固定的东西的存在仅仅是由于我们有粗糙的感官……(第 11 卷,第 31 页)

换言之,"在绝对的变易中,力不会静止。"(11 卷 34 页)但是尼采却"推测""绝对变易"就是现实的终极根据,其合理因素后面要讲到。

3. 尼采关于人类认识和视界主义认识基础的定义可概括如下:与所有有机体一样,人也能虚构出不变的东西,虚构生存所必需的"存在"。只要这一过程属于有机体维持生活的条件,虚构便是"生存需要";"客观"认识原则上是不可能的——尼采的这一观点往往得不到足够重视——相反,认识总是相对的和可透视的,都是权力意志的某种变态。只要认识受合理的经验意识的约束,完全受知性的约束,它就与知性一样只是工具和元件,本身是根本不可能存在的。

这一点尼采曾用多种形式和手法再三表述,而且早在 1873 年就这样做了(《论非道德方面的真理和谬误》)。如果视界主义和相对性都属于有机体的本质部分,那么我们的意识就反映了一种梦幻世界,一种相对恒定的"想象的对立世界观"(见上文);这样凭借知性的"认识"就成了虚构的存在,虚构的持久性和有限的统一性的方面上的歪曲。

我们看到,尼采把变易的复合体和绝对东西的范畴联系起来了。因此,按照尼采前传统哲学名词的意思,就可说,尼采与唯理论哲学相反,他把"自在"不规定为"存在",即某种静止的东西,而规定为永恒运动,规定为某种最终不可认识和不可把握的事物的永恒运动。

在下面的这段话里,尼采对知性和宇宙变易的关系作了极清楚的表述:

　　　知性不是用来理解变易,而是力图证明普遍静止是源于图像。哲学家们都曾有过证明永恒静止的目的,因为知性能从中感觉到自己的形式和作用。(第 11 卷,第 27 页)

　　因此,知性本质上永远不可能"理解"变易,它在不断的变化和发展的事物面前无能为力。

　　在作为"终极真理"(见上文)的宇宙变易同人的知性之间存在着一条不可逾越的鸿沟(下面我们将会看到,尼采把这说成是他要为之斗争的愿望)。人的知性的产生要归功于自己的抽象化过程:从相对稳定的视觉印象中产生,也即从能体现出一种尽管是虚假"存在"的那些恒定不变而有图像的现实因素中产生。可见,尼采基本赞成叔本华的知性即"表象力量"的观点,因为"表象力量"不可能深入到事物的内部。

　　据此,永恒不变的统一就是通过知性产生的虚构,而这种虚构不过是权力意志的变态。因此,尼采认为没有什么"自由",至少没有纯粹现实主义或康德哲学(自由是假设)所指的那种自由。知性的本质似乎就是应用于宇宙变易的现实来否定这个现实,并歪曲了"存在"。尼采对此作了极端的表述:"知性致力于证明普遍的静止!"下面我们还将进一步谈到这个问题。

　　4. 知性作为有序化思维,作为思想感情的协调者(叔本华语)给人类指出了方向,有其重要性。然而,知性按其结构来看是不自由的,这是尼采从叔本华那里继承来的一种观点,从某方面说它预示了现代心理学上的一些因素。

　　如果知性最终只具有工具的性质,只是那种在"幕后"起作用的某种变态的权力意志的工具,仿佛只是冰山的峰尖一样,那么这样思想的进一步发挥是连贯一致的,即知性按照它的"形式和作用"在应用到宇宙变易总体中时起破坏作用,证明自己可能是虚无。这种情况只有到了知性超出自己表现在整理感觉印象的"原始材料"中那些自然界限和功能时才清楚。这样,只有这样,知性才会变为"虚无意志",即"虚无主义的权力意志"(下面我们将对这些概念进行解释)的工具;因为其作用就"永远僵化"或力图证明这一点的工具,即最初考虑用于"死的东西"和无机物的僵死的工具,在面对有机物变易过程中,最终只能是乌有。值得注意的是,尼采认为根本没有一般意义上的"无机"界,无机界倒是人的认识能力的一种假象。人们要是根据这种观点考虑一下现代物理学的发展,尤其是普朗克和爱因斯坦以后的这段发展,考虑一下现代物理学抽象化的特殊形式及其众所周知的结果,那么尼采的关于"当代自然科学虚无主义结论"(第9卷,第8页)或者"自然科学因果论和机械论中虚无主义特征"(第56页)的说法就好理解了。这并不是原则上反科学的态度,虽然尼采在某些方面暴露了他的某种反科学性。此外,他的一些说法也有明显的矛盾。

为了易于理解下列问题,有必要提一下尼采思想中两个主要组成部分,这对于理解尼采哲学也具有不可低估的意义。

"我们在斗争中见过两种'权力意志'",尼采这样写道(第9卷,第275页)。一种是"虚无主义的权力意志"的虚无意志(尼采完全理解为权力意志),一种是作为创造性原则的"用之不竭的生命意志"(扎拉图斯特拉,古波斯预言家),尼采与叔本华一样称后者为"生命意志"。在关于两种相互对立和斗争的"权力意志"的引文中,尼采又写道:"没落的本能支配了上升的本能……'虚无意志'支配了生命意志!"(第9卷,第274页)[①]尼采认为,"生命意志"只是许多创造性权力意志表现形式中的一种。"虚无意志"的概念早见于叔本华著作中。

因此,人们要考虑的是,尼采曾被多次曲解过的权力意志用语具有辩证法结构,最终包含了宇宙间的一切存在的基本矛盾。

这种创造性权力意志属于上升原则:"创造"就是一种自我超越。如果歌德把极性和上升提到自然的基本原则的高度,那

---

① 从《尼采全集》校勘本第3卷,第114—115页得知,这两处思想上有联系的引文在时间上(1888年春)也是连续的。

么尼采把歌德看成与赫拉克利特、恩培多克勒和斯宾诺莎并列的"思想先驱"就可以理解了。(《尼采全集》校勘本第 7 卷,第130 页)

限于篇幅,我不可能对权力意志概念的辩证法给予详细阐述和论证[①]。

尼采思想的第二部分是知性在结构上的不自由的学说。前面我试图说明,知性在尼采看来不过是"冰山的峰尖",是高耸在意识之中的模糊的而无意识的意志流,即本能冲动的最后最狭窄的表现形式。这种不自由与知性自由的主观情感完全矛盾。如果知性是自由的,或是权力意志的工具,那么所有的知性活动和思维过程都只能是本能冲动和意志冲动的有意识作用。每一个哲学体系,每一种客观的、完全根据事实的科学认识活动,一切宗教上的努力等等,都在此前提下表明是权力意志的变体和表现形式。

尼采认为,"纯粹地"或完全"客观地"致力于求实的科学思想终究不过是幻觉,是一种知性的自欺。例如,一个致力于物质基本粒子研究及数学描述的理论物理学家的认识活动,照此前提也可认为是一种无意识权力意志的变体。当然,个别的研究者主观上完全可以认为自己在为"真理"而工作或为"客观认识"而努力。

如果把尼采的观点当作一种工作假说,以它为出发点,那么,在估价当代主要思潮时就会产生异乎寻常甚至令人吃惊的结论。

5. 尼采的作为现实根据的"绝对变易"的自然哲学概念不仅与 19 世纪物理学机械论思想完全矛盾,而且也与现代物理学的一些重要观点矛盾,尽管人们预见到了原子物理学的研究结

---

① 参阅拉奥特,《尼采及其矛盾哲学和哲学的矛盾性》,1971 年德文和英文版。

果,情况仍然如此。

众所周知,理论物理学研究的是一系列所谓"常数",即最终不变的"存在的"量。如果没有这些常数的假定,自然过程的数学描述就不可能设想:绝对变易就不能用数学加以描述! 相对论产生以来,光或光速被看成"绝对常数"(爱因斯坦语)。这种情况由于能够证明现代物理学家也能运用"绝对"范畴(尽管这与尼采的观点相对立而与一种假设的常数有联系),似乎就值得注意了。

尼采认为,物理学上诸如重力之类的基本常数与"绝对变易"的现实是矛盾的,因此,这些基本常数不过是假象和错觉,都是知性和受知性制约的研究方法的虚构。因此,常数的概念似乎仅仅是人们在自然科学研究范围内从思想上了解"绝对运动"(第11卷,第31页)的世界的一种辅助手段。只要稍加注意,人们就会发现尼采自然哲学中的"相对性原则",这种相对性原则超出了爱因斯坦的相对论概念,大致可作以下概述:

唯一绝对的东西就是宇宙的变易,事物的永恒运动,其本质是不可认识和把握的;以这种"绝对的东西"为出发点,一切"现象"的现象似乎全都具有"全面相对性"。换言之,一切物理现象的"无限相对性",包括光或重力都产生于宇宙意志的"绝对变易"!

尼采"全面相对性"理论只能另文进行应有的评价和进行自然科学与思想史上的归类。这里要讲的仅仅是,据我所知,只有一位现代自然哲学家把这种思想扩展成宇宙学,但并没有把尼采的观点作为自己的出发点,他就是克劳斯,他在《世界的建筑材料》一书中把爱因斯坦的相对论概念同"全面相对性"思想作了对比,尽管表达得不够有力。①

――――――――――

① 克劳斯,《关于虹和创造的法则》,载《世界的建筑材料》1卷,1970年德文版。

6. 这里首先要联系到我的关于尼采认识论范围内认识和变易关系的一些论述。

尼采在遗著中写道："假如一切都在变化,那么认识只有根据对存在的信仰才是可能的。"(第9卷,第335页)或者:"为了能思考和推论,须假定事物的存在:逻辑只研究一些固定不变的形式。因此,这种假设对现实似乎无证明力:'存在的事物'只不过是表象……变化中的世界本质不可能表述出来,它是'虚假'的,'自相矛盾'的。认识和变易是相互排斥的。因此,'认识'必是另外一种东西:它是一种可以认识的意志,必然是前导,而变易是产生存在物假象的根源。"(第9卷,第354—355页)

从思想上进行研究,必须考虑到尼采是根据传统唯理论哲学来使用"认识"这一概念的。"认识"在这里指"理性认识",因而与知性连在一起。而尼采试图克服的唯理论哲学,是追随着苏格拉底和柏拉图,以把事物不变的"本质"这一"概念"作为整个现象世界的基础这种"理念"为出发点的,换言之,尼采的出发点是:这个五光十色的表象世界作为错觉和假象(因为都要服从"变易")是来自植根于"存在"之中的较高一级领域。如果说康德把哲学规定为"从概念出发的理性认识",那么这就清楚表明:概念——不是那种永远不充分的具体经验——好像都适于介绍"知识"。尼采对于过去所有哲学抽象性的批判,正是从这里开始的。

那么,什么是尼采所理解的"科学"呢? 科学与宇宙变易的"真理"有何关系呢?

　　"真理"难道是由科学逐步发现的吗? 反倒不是能自我确定的人——人自身会产生或彼此派生出大量的视觉错误和局限性,直到自己与所有的力量确立了关系为止……(《尼采全集》校勘本第5卷,第533页)

　　这些话道出了尼采认识论的怀疑论核心,这种怀疑论与现代物理学的怀疑论出奇地相近。

　　因此,科学本来就不是确定"真理";科学原则上不能认识或"确定""自然本身"或者自然的"本来"实质。科学只是把人与"物"的界限尽可能严确和精确地划分开;严格地说,人类确定的不是"自然",而是"自身",科学从来也没有掌握过自然的"客观实在"。

　　不应该忘记的是,这些思想是在古典物理学被不合理地概括为机械自然哲学并且到处要求利用数学成为描述的力学原则,真的按照"客观"的意义对"世界"作出普遍"解释"那样一个时代形成的。那时,绝大多数人都相信,因果机械论的世界观最终可接近"客观实在",至少是无机物理、自然方面的"客观实在"。"科学"似乎远离人神同形论和主观主义。

　　尼采提出与此相反的论点,认为这种表面上"客观"的自然科学只是反映人与自然的关系,仅能描述人与"其他力量之间的关系"。

　　这里尼采触及到了现代物理学的认识论基本观点。物理学家海森堡在《当代物理学的自然观》一书中极其明确地表达了这一观点,他说:"在自然科学中,研究的对象已不再是自然本身,而是受人的问题支配的自然,在此意义上也可说人类研究的对象是他自己。"[①] "如果在我们的时代能谈得上精确自然科学的自然观,那已不再是自然的图景,而是我们与自然的关系的图景了。过去把世界划分为时空的客观进程和反映这一进程的心灵。笛卡尔对'实体思维'和'实体广延'的区分,已不适于理解现代自然科学的出发点了。"(引文同上,第21页)

　　海森堡还认为,现代自然科学正处在"自然过程不再能客观

────────────

[①] 海森堡,《当代物理学的自然观》,1955年德文版,第18页。

化"的"认识阶段"。"分析、解释和整理的科学方法已经认识到由于采取这种方法会改变和改造自身的内容而造成的局限性，因为这种方法已不再能与对象划清界限了。因此，这种自然科学的世界观就不是真正的自然科学的世界观了。"（同上书）海森堡这些说法完全代表了现代物理学的认识状况，同70多年前尼采的相应说法具有惊人的相似点。

考虑到束缚着海森堡论述的种种联系，也就是说，在否认1900年占主导地位的观点——自然科学研究传播的是自然的客观实在图景，尼采对最现代的见解的这种罕见的预测也就清楚了：尼采不厌其烦地指出，他那个时代的自然科学要求借助于因果机械论的世界观去反映和解释"客观自然"，完全是幻想。

同因果机械论的世界观的代言人，即用机械论"解释世界"的代言人，以及同当代物理学家相反，尼采认为，人类通过自身特殊的科学活动归根结底只能描述自己跟其他自然力的关系。按照这种看法，如同海森堡所认为的那样，人类最终只能同"自己"发生联系；自然科学的研究活动表面上是客观的，确切地说是利用大量主观虚构，而这些虚构反过来又歪曲研究的本来对象，即自然，使之"人格化"，使之接近于知性的理解力和想象力。

例如，当海森堡谈论"合理的（古典的和力学的）自然科学概括为唯理论世界观是有缺陷的"[①]的时候，那么这种说法几乎可能每个字都是尼采的。的确，尼采也承认机械论思想方法有其合理方面，但却强烈反对把这种方法概括为用力学去解释世界。

这里也应谈一下尼采与现代物理学在认识上的几个共同点。但是，不容忽视的是，尼采的自然哲学思想除了他令人惊讶地预见了现代的观点，最终却又远远超过了这些观点，而且，很

---

① 格布塞尔，《原始和时代》，1975年德文版，第509页。

清楚,这可能已经成了现代的观点的出发点。例如他指出一切自然科学的常数都无例外地具有虚构的性质。

7. 尼采的自然哲学的主要论断是:唯物主义原子论所讲的"物质本身"根本不存在;不变的微小单质(原子或基本粒子)的想象,例如认为"物质"具有"物性"和好像是"伸手可触"的看法,都是幻想和虚构。尼采认为,"物质"是"一种未知变化的运动征兆"(第11卷,第94页),最终是绝对宇宙变易的征兆。

尼采认为,这种"未知变化"是一种"可能的绝对变易",它最终在人的知性的想象范围之外进行,即在感性直观的范围外进行,因此借助于人的"正常的"想象是永远不能理解的,因此也是脱离科学方法,即知性的。

这里尼采对现代物理学知识的预见是令人吃惊的:现代物理学已经表明,自然即物质的"客观实在"是脱离任何一种合理的想象和各种直观的。迄今为止的认识形式在"现实"面前不灵了:现代物理学已认识到"物质"的"客观存在"根本不是什么物质性的东西,也不是什么"坚固的感性的东西",而只能说是"结构"(海森堡语);过去一切(例如借助于直观的原子模型)称呼和理解物质"本来"的最终的现实性的尝试,都只是思想上的设计,按照尼采的说法都是人神同形论的虚构。

物质的最终基石,本身并不是"物质",简而言之,"幼稚的"实在论和机械论所说的"物质"是根本不存在的,它是一种脱离人的任何想象能力的"非物质"结构。唯独剩下的是作为最终联结环节的数学,因为借助于数学尽管这种非直观性的一部分得不到"理解",但却能进行描述,有时还可以加以预见。

这样,物质在现代物理学中便成了一种普遍能量场的表现形式,而能量场作为"客观实在"是人无法把握的。世界的建筑材料(尼采和现代物理学这么称呼)就不是可想象的"坚实"的最小单元所组成,而是一种"空间场",即"宇宙能量"(或类似的东西)组成的。

尼采认为这种"空间场"实质上是"宇宙意志"。在现代自然哲学中,应指出上面提到过的克劳斯,他在《世界建筑材料》一书中称"宇宙能量场"为"宇宙意志","绝对的宇宙变易"应归之于他和尼采。克劳斯也认为包括光速在内的物理常数都毫不例外地是假设,错觉和知性虚构。

尼采与现代物理学之间的另一个共同点,就是对于古典因果律的批判。古典因果律认为,一种可以肯定预见的结果总是有原因的(康德语),而且诸现象之间的因果联系是无缺陷的。现在人们还认识到,物质的基本运动最终是不合因果和不确定地进行的;古典的因果原理在物质的微观范围,只有通过统计才能理解的非连续性似乎被扬弃了,因此,预言只能归结为纯粹的或然率(海森堡在谈到普朗克时说的话)。

8. 我们说过,尼采认为"真理"或者自然"客观实在"最终是不可认识的;宇宙变易作为"绝对运动"依靠科学的知性认识是不能把握的。在《悲剧的诞生》一书中他甚至说,科学"在某种意义上"说几乎是"真理的敌人"(第10卷,第390页),因为科学是乐观主义的,它相信逻辑。而尼采认为"逻辑"同样具有纯粹虚构的性质。

这种把科学看成"真理的敌人"的说法,使人想起他在《悲剧的诞生》(1886年)前言中说过的话:科学把自己的出现归功于逃避悲观主义的运动,科学是"对真理的正当防卫"(第1卷,第35页)。

这种说法代表了尼采对总体"科学"的基本态度。他认为,人们可以很容易地把其他论断同科学相对立,在这些论断中,科学在与"确实可靠"这一范畴相联系的情况下,可以得到极肯定的评价,即自觉地把科学同基督教和整个宗教相对立。因此,人们必须把反对尼采的人和拥护尼采的人以及崇拜者做得常常是不充分的那些事情加以区别。尼采对待总体"科学"的态度——也许可以把《悲剧的诞生》这一时代除外——是很矛盾的,例如,当他利用科学来反对各种唯心主义的时候,他绝没有放弃对科学进行同时性的根本批判。

"科学(例如今天所从事的科学)",尼采在遗著中写道(1884年秋):"就是努力给所有现象创造一种共同的语言符号,其目的是为了更加方便地预测自然和支配自然"(《尼采全集》校勘本第7卷,第207页)。

因此,尼采明确地把科学看成权力工具,它似乎很适合于用概念和数字("可计算性")去征服自然和支配自然。

这种观点直接联系着我已在某种程度上讲过的尼采对于因果—机械论世界观基础的批判:科学由于受知性认识方法的制约,虽然不能理解或解释"现实"或"真理",但在另一方面作为一种权力意志的变态的流溢现象,却有"征服"自然的可能性,因而含有可能成为虚无主义因子。这样,"概念"和"数字"就可能成为"虚无主义的权力意志"的工具,变成"虚无意志"的工具。

尼采的这种看法使人想起柏格森在《创造进化论》一书中的著名论断:知性和科学在无机界和"没有生命"的领域内,在"绝对僵固"(尼采语)的领域中,共同庆祝着自己的伟大胜利,但在活生生的变易面前却完全失灵了。

"公式和定理造成的是整个自然观的僵化。数字扼杀了自然观。"①

本文讲的是尼采在与传统认识论划清界限时所阐明的哲学认识可能性。

尼采在1873年的《希腊悲剧哲学》这一残篇中论及赫拉克

---

① 施本格勒,《西方的没落》,1919年德文版1卷,第101页。

利特时写道：

> 他不需要别人，为了自己的认识也不需要别人；他不把
> 别人想要知道的一切知识和其他贤人用心向他询问的一切
> 放在心上。他用轻蔑的口气谈及这聚集在一起提出问题的
> 人，简言之，"历史的"人们。他在讲到自己时是用表明神谕
> 研究这句话来说自己的："我是自己探讨自己和研究自己
> 的"，好像他就是"认识你自己"这一含义不明的律令的实行
> 者和完成者，而不是别的什么人。（克勒纳袖珍版第1卷，
> 第296页）

需要特别强调赫拉克利特的特点，就是这位"伤感哲学家"
自负地表示，他能自己研究自己。这就隐晦地道出了赫拉克利
特的道路就是他所走的从哲学上认识世界之道路。我们似乎可
以把这归结为这样的公式：真正认识自己就能导致认识世界。

前苏格拉底哲学的最优秀专家之一迪尔斯，曾就这一著名
的赫拉克利特残篇写道："当他深入到他自己的本性中去时，世
界的本性也就显露在他眼前。"[1]

大家知道，尼采是很惊羡和崇拜赫拉克利特的。他认为赫
拉克利特是一切思想家中与自己观点最相近的人；据我所知，尼
采与赫拉克利特在以认识世界和认识自己具有同一性作为出发
点的认识论的倾向上有着直接联系，却是很少有人知道的。在
《人性的，太人性的》卷1第292条格言中可以见到以下几句话：

> 就这样满怀信心地迈着坚定的步伐沿着这条智慧之路

---

[1] 引自卡佩尔，《前苏格拉底时代》，斯图加特，1963年版（克勒纳袖珍版第119卷
版本，下同），第148页。

前进！不管你的情况怎样，都要用经验之源泉为你自己服务！抛开对你自己本质的不满，原谅你的自我：因为在每种情况下你身边都有一条上有百根横木的梯子可以让你登上认识之路。（第 3 卷上半部，第 233 页）

　　你必须亲手做到使得你所有的经历，诸如试验、歧途、过错、蒙骗、激情、爱情和希望之类，都能在你的目标中全部展开。这个目标必定就是文化之轮中的必然环节，从这种必然性出发就能推断出普遍文化进程中的必然性。如果你的目光足够尖锐，看得见自己本质和认识中的黑暗的井底，你或许也会在这深底的镜子里看得到未来文化的遥远之星座。（第 243 页）

正是由于这些荒诞的话具有认识论的深度，就起到了一种启迪性的作用。这位哲学家的主要认识源泉，就是这个“我自己”：他自身就有“一条上有百来根横木‘可以’让‘他’登上认识之路的梯子”。于是谁能恰好见到我自己之“深底”，同时又能把这种我自己的认识推向极点，谁就——尼采这样认为——或许可以看到其他文化历史之进程，也即“未来文化的遥远之星座”。能够做到这一点只是由于他能把自己变为“文化之轮中的必然一环”。这是全然可能并且单单通过以下推测就可以说明的，即这个哲人如果非常彻底地认识到了他的内心思想发展过程，他的内心思想发展过程就表明为普遍文化进程的一种摹本；一个高尚灵魂的历史就表明为人类思想史的一种范例和认识源泉，这个特有灵魂的深底就表明为从中也能反映出最遥远之将来的“镜子”。很显然，尼采完全看到了一种认识自然和认识世界的可能性，有了这种可能性似乎就易于打通合理的经验意识——这是一种通过自己最内在的本身来认识的可能性，这是与他自己关于人类认识的极限之根源在于视界主义的观点完全相反的。我们不能由于这一引用的格言首先只是涉及历史范围而被迷惑住。

尼采经常强调在他个人思想发展过程和历史的普遍过程之间有着一种联系,好像克服一切个人的东西都是为了一种类似"史前"的发展似的。他在《权力意志》前言的第三条格言里曾把自己叫为"勇敢的尝试者之精灵,曾经一度误入每种前程之迷宫",自称是"占卜之鸟的幽灵,在预言将要发生什么事时都会回头看望;自称是欧洲第一个完全的虚无主义者,但却已经亲身经历完了虚无主义——把他甩在后面,置于自己之下,置于自身之外"(第9卷,第3—4页)。

尼采受叔本华批判康德的影响看来不是无足轻重的;在《作为意志和表象的世界》第二卷中的下列一些话就跟尼采的认识论有着直接的联系。叔本华在这里直言不讳地同康德划清了界限;在"论自在之物的可认识性"这一章中就写道:

> 依据这一切,人们通过客观认识的途径因而要从表象出发时,是永远也不会超越表象即现象的,这样就会一直停留在事物的外部表面,绝不可能深入到事物的内部,也就不可能探索到自在之物即事物本身之为何物的。我就同意康德到这个程度。现在我却强调另一真理作为这一事实的对应,那就是我们不光是能认识的主体,而且从另一方面讲自身也是属于要被认识的实体,自身也就都是自在之物;因而我们从内部就有一条通向事物自身固有的内部实体之道路在敞开着,虽然我们从外部是无法深入到里面的,这是一条地下通道。一条秘密之路,它能把我们犹如里应外合似的一下子就引进了那座从外面是不可能通过袭击去夺取的堡垒。——自在之物正是作为自在之物才能完全直接地进入到意识之中去,也就是说自在之物是通过自己认识自己才直接被意识到的:想客观地认识自在之

物,就是需要某种对立的东西。①

　　大家知道,尼采是否认事物之"自在"的纯然可能性的(《权力意志》遗著汇编,第9卷,第380页和397页),因而也就否认现象世界和"真正"现实之间的根本差别。不过,这却无损于上述尼采的认识论跟叔本华的认识论之紧密联系,特别是在尼采把他的权力意志强调成现实本源并且从而完全当作一种形而上学的原理时,尼采之对于"现象"和"现象的自在物"间的差别否认就往往被他自己所突破。至少是有足够的说法就没有能全部排除掉形而上学的解释。② 下面所引的两个来自遗著中的格言就接触到了尼采思维的认识论实质。"人类认识世界的程度与人类认识自己的程度相关:这就是说,人类揭示世界的深度与人类对于自己和自身复杂性的惊讶程度有关"(大8开本版第10卷,第144页及下一页)。"我们具有世界的特性,这是毫无疑问的! 我们除了通过自己以外再也没有别的通往世界之路了:我们身上一切高尚和低贱的东西均须理解成必然属于世界的存在体"(第11卷,第108页)。

　　把这些格言同《人性的,太人性的》中的引语和尼采与迪尔斯对于赫拉克利特残篇的理解联系起来,就不难看出:尼采是从人是世界的一个部分、自然的一个部分这一前提出发的;这一点听起来是理所当然的,看来会为每一个人所熟悉的,不过尼采却是属于能够从哲学上彻底研究和评价这一基本实情的少数几个思想家。

　　人是自然的一部分,部分之中必定能反映出"整体"(这么看

---

① 叔本华,《作为意志和表象的世界》第二卷,莱比锡,1892年,第226—227页。
② 有关他在讨论海德格尔所阐述的另外一种米勒—劳特尔的观点,这里就不能继续讲了。这方面情况请看柯斯特的《科学理解尼采的困难性》(《尼采研究》第二卷,1973年,第31页及以下几页),这是一种在倾向性上合乎我个人理解的研究。

的尚有赫拉克利特和叔本华），认识人的本质最后就能导致认识世界的本质。就是说，人身上的一切东西，"一切高尚的和低下的东西"，一般地都是必定属于自然的本质。尼采也跟叔本华一样相信世界从外部去看只是一种"表象"，尼采说，从这"外部"以及与此相联的相对性即对事物进行感性内心观察或"掌握"的视界主义，是没有道路"通往"真正的现实"即世界的本质"的。只有通过个人自己才有可能到达"真实的世界"，假定自己内心的这种"探究"真的被推向极端的话。只有能够达到自己"深底"的人，才会在此"深底"得到映现"世界底子"的镜子。表面上好似外在的主观性，即对个人自我的探究，就这样子流注入揭示世界的本质之中。

　　然而，叔本华和尼采在下面一点上的重要区别也是不能忽视的：叔本华认为揭示个人自我的根底仿佛就能自我意识到世界的"自在"，而尼采却是正好断然反对这种思想的。确切地说，尼采是从观察个人自我出发，使用了创造性类比即类比思维的"艺术手法"，因为在这自我的固有特性和规律性中能够简要地反映出整体，而整体又是这样可以作为一种"记忆"的形式闪电般地得到认识。

　　这里首先就要介绍一下哲学家克劳斯的一种认识论陈述，这种陈述跟所引的尼采格言甚至跟叔本华的看法也有密切联系是无需特别强调的：

　　　　人是宇宙的一部分，正因为如此，宇宙的一切法则也必定会在人身上起作用，宇宙的一切奥秘也必定能在人身上发现。这对宇宙的一切部分都是适用的，但在人身上，在作为有意识而同其他一切生物有区别的人身上，宇宙的奥秘和世界的法则必定就会为人所感知。光是这一点我们就可称之为真理。①

---

① 见克劳斯的前引书，第30页。

这样,"真理"被克劳斯规定为有认识能力的主体意识到宇宙的法则,因为主体是整体的一部分,整体的一切奥秘和法则必定能在主体之中得到反映。就是说,克劳斯也是认为人类只有通过自己,通过自我意识,才能接近世界的本质,掌握世界的规律和奥秘秩序。与此相反,科学而系统地研究物质世界,虽然很重要但却似乎只是第二性意义的,因为通过这种方法"作为现象"之世界(叔本华也这么认为)是超越不了的。

现在,我简短地讲一下"主观性"的概念。人们时常责难尼采的正是这种主观性以及某种与此有关的随意性。此时,人们总是忽视那种自我认识就是认识世界的手段的决定性认识论这一前提;如此看来,作为致力于"客观"而系统地整理物质世界知识的"科学",就比致力于似乎要钻通巷道深入到自己本身的哲学更少一些超出体验世界之主观性。

这是需要作出较为详尽的阐述的,因为这是尼采认识论中最为微妙、最为困难的部分。

尼采关于自然认识问题的上述陈述,现在必须添加一种新的范畴来作补充和加以深化:这就是"回忆"(Anamnesis)范畴。在柏拉图的哲学中,这种回忆起着主要的作用:回忆在这里是指重新意识到,想起了理念世界中先已产生的内心视象。克朗茨在他的一本关于希腊哲学的书中就此写道:"一切'学习'按照柏拉图的看法不过是'回忆',重新意识到我们思想中所已存在的东西。"回忆——克朗茨这样认为——就是"想起了自己灵魂的原始深底"。①

不仅是学习,就是事物的每种认识柏拉图也认为是回忆:灵魂想起了一度为自己所见过的原始图像,即存在的理念。理念世界中的这种"知识"是潜藏在每一个人的灵魂深处的,尽管只有极少数人鼓足力量去克服物质世界中的错觉,以便通过这种

① 克朗茨,《希腊哲学》,莱比锡,1941年版,第170—171页。

方式去认识永久性的自然秩序和自然法则。

尼采极力反对柏拉图的这一观点,这是可从他的宇宙的,即"绝对的"变易哲学中看得出来的,在尼采的这种哲学中每种"存在"都被说成是单纯的虚构。而柏拉图所谓的理念世界恰好就是事物永恒不变"存在"的"真正现实",相比之下物质世界中的生成和消逝则被贬为单纯的假象。

然而,在柏拉图和尼采之间是可以指出其有惊人的相似之处的。为了明确这一点,这里首先就要重述一下另外两位正是处在柏拉图和尼采之间的思想家对于"回忆"这一复杂问题的看法,他们就是谢林和歌德(就其作为自然哲学家而言)。

对于谢林的提示,我要感谢洛维特(Karl Löwith)写的关于尼采之书,这里就要有选择地引录他这本书的有关片断:

> 谢林是与尼采的永远循环说有着肯定关系的唯一一个德国唯心主义思想家(尽管其有神谱方面的结构),而尼采却从未研究过谢林,谢林只是通过叔本华的意志之形而上学和埃·冯、哈特曼的无意识哲学这些派生形态影响到他。谢林在《时代》一书的引论中写道,"至高科学的有生命东西",只能是"原始的有生命东西",只能是没有其他生物共在,除了自身以外再也没有其他生物因而必定就是纯粹本于自身出于独有之意向自发地发展起来的洪荒时代之生物。这种最古老的原始有生命之物就是"过去之极点",总是一直保留到现在并且经历过一切曾已生成了的东西,由于人类是来自同一个来源并同宇宙具有一种原始的尽管是很模糊甚至已被遗忘了的共知性,就能够被认识并像一种史前史那样被叙述的。这种保留下来的最古老的东西,就是"字面意义最为完整的自然",犹如人类在无损于自由的情况下也是自然一样。在人类无意识会意的"感觉"和要求

智慧的思想之间的秘密交流,在要求知识的思想和无意识
会意感觉之间的无声对话,由于要求智慧的思想得到对于
过去事物和本质东西那种见证人之问题的回答,而这些东
西中本来就隐藏地、未有阐明地含有那种知识,按照谢林的
看法就是寻求一切事物原始本质之最高深知识的哲学家的
特有秘密。在这种对话中——用尼采的话说:就是"生命"
和"智慧"的对话——人身上的本性就可得到显示,区分和
理解……因为一切事情的本质在一切有生命东西中总是一
个样的,谁能有根有叶地讲述自己生活的历史,他也就全部
地总结了宇宙的历史。可是绝大多数人却都丢弃了自己内
心之隐私,就如避开了伟大生命之深渊一样……①

尽管在洛维特这段解说谢林思想的文字中没有出现"记忆"
一词,那种特殊形式的思想估计方法却已导致要用这一概念来
作补充了;况且他还说到了人是有一种"遗忘了的宇宙共知性"
的,这就间接地表明了这种"遗忘之事"是可以借助于记忆重又
得到认识的。

谢林认为人是无意识的获知者,在人的自己内心就有,也即
隐秘地保持着宇宙最终的秘密和根源。哲学家的任务就是要把
这种积存在内心的有关宇宙秘密的知识转达给"要求知识的精
神"。这最终无非就是回忆、回想,自己想起个灵魂的根底。谢
林认为人跟其他整个自然一样都是本于同一的"原始意愿",人
自己的内心就有这种一切存在之起源,自己内心的东西就可以
被称之为一种"见证人":"过去事物和本质东西的见证人",事物
生成和创造过程的见证人。

---

① 洛维特,《尼采哲学:相同者的永恒轮回》,斯图加特 1950 年版(第二版),第
151—152 页。

真正的哲学知识——在这方面谢林尽管有着极为不同的思维，却与柏拉图是一致的——最终就是回忆，即灵魂对自身最初起源的回忆，因为灵魂之最初起源本身"是可以被意识并像一种史前史那样被讲述的"。

歌德在维兰德的安葬日同法尔克的那次著名谈话中也说出了十分相似的话：

人的天才发现宇宙生成的一系列法则，并不是通过干巴巴的努力（即不是通过科学的、经验的研究），更确切地说，而是通过划破黑暗之闪电似的回忆，因为天才是在抓住回忆那时出现的。

尼采在《善恶的彼岸》第 20 条格言中这样写道：

> 各种哲学概念都不是任意的自身形成的东西，而是在一种相互亲缘关系中产生出来的，它们在思想史上的出现好像是那么地突然和随意，但却都是作为一个大陆动物区系的全部环节同属一个系统：这点最终还表现在各个极为不同的哲学家一而再、再而三地满怀信心去填写某种可能哲学的基本模式之上。他们总是在一种无形的限制下，在同一个轨道上进行活动：他们可能还觉得自己是各自独立的，是有自己的批判意志或者系统意志的：他们身上有某种东西在引导着他们，有某种东西在以一定的秩序相继地驱赶着他们，这就是那种天生固有的概念的系统性和亲缘性。实际上，他们的思维与其说是一种发现，倒不如说是重新认识，重新回忆，返回到那些概念最初得以产生的灵魂之遥远而古老的整个共同生活中去：——哲学思维在这个意义上讲就是一种最高级的返祖现象。（第 7 卷，第 27—28 页）

这一格言的核心是说，真正的哲学思维最终就是想起和回忆，即使并不是柏拉图那种所谓的。哲学家所谓发现也即新发现的东西，按照尼采的看法从本质上讲只是一种"重新认识，重新回忆"，是一种无意识地"返回到灵魂之遥远而古老的整个共同生活中去"。因此，那种似乎是独特的思维也就不能逃脱这种一切思维之起源，必定也是以这种起源作为基础并且受到这种起源制约的。

这种陈述给人的印象首先像是一种缺乏有力论证的单纯论断。这里还须再次强调的是，尽管人们对尼采思维的精确性和自明性往往强调得不够，但是，尼采却是一个系统的思想家；我们知道尼采就是断然反对任何"系统"的。阐述者时而感到相当困难的任务，仍然还是那种对尼采的表面上如此矛盾的格言式哲学思维之隐秘遁点的揭示；同时，他的某些格言在某种程度上的多义性和模棱两可——按照他的思考方式和问题提法的不同——正好就是研究尼采不乏吸引力的原因之所在。

《快乐的科学》中的第54条格言是以下列句子开始的：

> 我觉得自己能认识整个实存是多么奇妙和新鲜而同时又是多么地可怕和捉弄人啊！我发现，古代的人类和动物甚至一切有知觉的存在的全部远古和过去都在我的脑海不断展开，继续地爱，继续地恨，又是不断地结束，——我猛然从这酣梦中惊醒，但是只能意识到自己刚才是在做梦，为了不至于毁灭就得继续做梦：宛如梦游者为了不至于摔倒就得继续做梦一样。（第5卷，第77页）

尼采这里所谓自己已经发现的东西（他还特别强调这个动词），按照他本人在《善恶的彼岸》一书中的陈述来看，基本上只是"一种重新认识，重新回忆"，也即想起过去，而《快乐的科学》中的格言则大大地扩展了《善恶的彼岸》中关于哲学思维回忆性质的思想；如果说在《善恶的彼岸》中只是讲到关于全人类共同起源的无意识回忆,那么尼采在这第二个格言中就提到了"一切有知觉的存在的全部远古和过去",就这点而言就同歌德和谢林的观点已经十分接近了。

　　这位哲学家意识到了基本上能适用于每一个人的东西,即每一个人都是宇宙变易这一大链条中的必然一环,每一个人的身上都有那种以一切存在和变易作为基础的史前时代之原始意愿(谢林语)在继续起作用,每一个人的内心都有这种原始的意愿,每一个人都像尼采所曾写到的那样无意识而无所希冀地参与了"整个宇宙的事业"。这里宜应引录第三个格言,它能补充上述两个格言:

　　　　在把无数经验简化为和归并成一些普遍原理与简要地体现着整个过去的种子细胞之变易中间,是完全可以类比的;同样,在从产生基本思想中人为形成的那种"系统"与有机体的变易作为一种对于全部过去生活的回忆,作为想起过去和自身之回忆,也即作为一种想象和连续思考的有机体的变易之间,情况也是如此。(《尼采全集》校勘本第8卷第1部分,第137页。)①

————————————

①　在另外一个遗著格言里也有十分类似的说法:"以肉体为主导思想——假如'灵魂'就是哲学家只是勉强地有理由与之分离的一种富有魅力而又十分神秘的观念——也许他们嗣后学会用以调换灵魂的东西就会更有魅力,更加神秘。在人的肉体上,一切有机物的变易整个最近和最近的过去又变得活灵活现、有血有肉,通过人的肉体之内,超出人的肉体之外,似乎就有一条非凡惊人的听不见水流在流动:身体是比古老'灵魂'更为令人惊异的一种观念。"(第9卷,第440页)如果说尼采在这里讲到"肉体"并把肉体恰好跟"自身"——以别于有意的"自我"——等同起来(在《扎拉图斯特拉如是说》中就是这样的,见第6卷,第35页),那么这一语句还不能按照现代的狭义意思理解或者诸如朴素现实主义范围和无论怎样形成的一种唯物主义范围内的单纯之身体。

　　尼采为了把"肉体"当作"固有的""自身"而不同意传统的灵魂概念这一颇难捉摸的疑难问题不是本文的直接对象,虽然这种认识难点在这里还是颇为复杂的。对于尼采这个"肉体疑难问题"的细微解释必须留给一部专门性的著作去做。

在这段引文里,已经由我提及的创造性类比之思维原理就以简明的形式作了表述和论证。尼采认为,每一种有机物的变易就是一种"想象和连续思考",就是一种"对于全部过去生活的回忆",想起"一切有知觉存在的史前时代和全部过去",犹如《快乐的科学》中的那句格言所说的一样。有机物的形体生成时时处处都是一种仿佛无意识做梦般的回忆性不断思维,都是一种对于"原始"的不断回忆。最后,尼采还认为宇宙中的一切生成性造型力量从其本质上讲都有回忆的性质;——"永远回流说"中就有这种思想。

如果一切都一度存在过,那么实际上宇宙之中或者"普天之下就没有什么新东西了",每一种新出现的形式在某种方面都是一种对于宇宙循环轨道起始点的回忆。如果这种情况多半是以无意识做梦般进行的,那么,生活中就会有些时刻,而认识的主体就能在这些时刻中"醒过来"似的意识到这种"存在之轮"(《扎拉图斯特拉如是说》),及由此产生的一切后果。尼采认为这种情况是以闪电般的回忆形式出现的,而进行这种形式回忆的人就能在"一种一时的超尘世"的瞬间突破合理的经验意识及认识框框。尼采在《瞧,这个人!》一书关于"第一次突然想起的扎拉图斯特拉思想"也即永远回流思想的著名描述,就可以作为这一方面的代表(第8卷,第377页)。关于扎拉图斯特拉之灵感的提示也是属于这一方面的思想(同前引书,第375页)。

尼采认为,人类的一切创造性活动作为宇宙变易中的一个必然部分,宜应看作是对于大自然创造性的创作的模拟:两者都是以回忆的原理作为基础,因而都是一种"不断结束"、"不断创作"。

创造性造型的思维过程都是这样强烈地受到宇宙变易之迄今为止的过去所预先予以确定的轨道的制约。人们也可以说,也有一种劳动假设可以通过类比推论给出其起始点;尼采强调的这种有机物变易和来自"产生基本思想"的艺术创造之间的"相似性"就是一种前提。这可以这样加以解释,变易和创造这两种形式(自然和人类)就是整个宇宙以之作为基础的权力意志的表现形式和外表形态。

在这里特别给人深刻印象的是尼采已经接触到了谢林关于史前时代原始意愿的思想,——当尼采根本不知道谢林的《远古年代》一书的时候,人们对此的印象就更加深刻了。

尼采思想中这种类比原理的一个重要方面已经清楚了,即思维创造和艺术创造作为宇宙中创造性权力意志和造型力量的表现形式在本质上是统一的。这种思想在遗著中的下列格言里也许是表述得最清楚的:

> 这种常胜的"力"概念,我们的物理学家就曾用以创造了上帝和世界,但还需要作个补充:就是我们必须承认它有一种内在的意志,我称之为"权力意志",即对表示权力的不知足要求;或者叫使用权力,运用权力和创造性的本能等等。物理学家摆脱不开从他们的原理中产生的"作用于远方"的力;推动力(或者吸引力)也是如此。没办法;人们必须把一切运动、一切"现象"和一切"法则"仅仅理解为一种人的内心活动的征兆,并且只能利用人的类比到底。(《权力意志》第9卷,第421页)①

为了能够编排这段格言,就要考虑到尼采那种以自我和世界的关系作为对象的思想。尼采的基本出发点是,人由于自身属于"世界的性质"(见第2.3节)也就能够占有世界;世界的结

---

① "……必须承认其有一种内心世界",按照《尼采全集》校勘本第7卷第3部分,第287页,却是"一种内心意志"。(是印刷错误或是辨认错误?)

构最后只能在人身上反映出来。从这里出发,如果人利用自己作为认识的源泉(见第 2.1 节),如果人力图把蕴含在自己内心深处的"知识"转变为有意识的认识(谢林语),情况也就前后一致了。

我已经试图讲明白,这一切同"主观主义"是不一样的。恰恰相反,从表面上观察,这不过是重新获得人的创造性,把人从教条主义僵化中解放出来和抛弃人的自我异化的巨大哲学之尝试。

这里,我们可以看到尼采同诺瓦里斯在自然哲学和人类学研究方面的迄今很少受人重视的一些共同点。

在《瞧,这个人!》一书中可以看到一句跟上面所引类比原理格言有着直接联系的句子:"——我搞哲学是根据自己的保健意志和求存意志……"(第 8 卷,第 302 页)

这一陈述首先也可能会被完全看成极端个人主义的范例。人们也许会问,这样一种哲学——一种显然就是主观的保健意志和求存意志之产物的哲学,究竟会有什么"客观"的认识价值呢?

虽然这样经常提出的主观主义责难为什么没有击中尼采思想的要害(而不管其有部分的正确性),可能已从上述所讲的搞清了,可是在这方面有些东西还是应当继续探究的。我正想"重新构思"尼采那种作为他的类比思维出发点的那种认识过程。当我意识到下列情况就是一种——也许不可允许的——简化的结果时,在这里也宜有某种保留了。

尼采其人首先是纯粹主观地体验到他个人的发展过程具有不断自我克服的特征:为了向前迈进一步,总是需要克服一点个人,摆脱掉仿佛是僵化的、停滞的、倾向于"存在之物"的那部分自我。尼采把克服自我称之为他的"最强的个性"。"但是,我也最需要这种个性,——我就总是处在深渊的边缘"(第 10 卷,第

354 页）。

因此，尼采是从自己身上观察到，历来重新而又往往痛苦地克服和摆脱自己身上那些总是想要"顽固坚持下来"的成分，就是属于他那创造性的发展过程的基本条件。

他观察到，他对那种灌了重铅似的疾病，颓废和虚无主义作了永不停息的斗争。他观察到，一切有创造性的和有生命力的事物与其说是"和谐而有机地"发展，倒不如说是必须经过自我克服才能取胜。

他观察到，"向上"的原理作为变易的动力，是与"两极"原理紧密相联的（歌德语）。"向上意志"推动他的前进，自我生成成了有节奏的推动过程。

他观察到，自己身上存在着两种相互对立的意志流在斗争，即"无为意志"和"求存意志"之间的斗争。从自己身上强烈体验到了创造性生成就成了两种完全相反的意志冲动之斗争。

他观察到，问题最终就是"权力"。权力就是创造性的向上。

他在自己身上观察到一种不可遏制的权力意志，一种向上的意志，一种克服一切自身所有的呆滞、僵化形式的意志。创造性生成在哲学的自我观察中就成了战斗性的权力意志。由于这种意志是朝向未来的，所以权力意志也就成了"未来意志"（见洛维特的前引书，第 125 页），成了创造性地塑造未来之意志。

现在，从自我分析的观点看，就有停滞不前的原理也即虚无主义的权力意志同创造性的、有生命力的生成的斗争，而后者的实质就是战斗性的自我克制和向上。

于是哲学家尼采就得出结论说：我是整体的一部分，世界的一部分；我在自己身上观察到的那种强烈而有生命力的东西，必定也会近似地普遍适用于变易；自然和宇宙中的变易也一定会服从向上和两极原理，服从斗争和克制的原理。赫拉克利特就提出过斗争作为宇宙的原理。

　　自然——尼采进一步下结论说——显然是通过连续不断的克服,通过创造性地超越旧有形式来塑造自己的形式和形象的。自然界中的有生命之物历来也是创造一些东西超越自己的,是的,这种"超越意志",也即向上的意志,正好就是创造性的权力意志。

　　对尼采类比思想的这种理解,看起来可能有点像是虚构,可我觉得尽管人们有所保留,还是可以从这全部的哲学陈述中合乎逻辑地推论出来的。一个思想家能如此大胆而坚决地善于从单个的人和整个自然的本质统一这个前提出发运用这根"类比之魔杖"(诺瓦里斯语)就是少有的。

　　人从本质上讲是个变易者,是个"冒险的前进者,有危险的上路人"(《扎拉图斯特拉如是说》,第6卷,第11页),因此就不是什么固定的、僵化的、不可改变的东西,也不是一种随着他就结束了的进化之最后结果,这些思想就是尼采的人的图像之要点。现在形式的人由于附有某种基本上是不合适的东西(尼采这样认为),也就需要超越。人的创造性自我超越就是目的;过去的人只是"未来的人之一种胚胎"(第9卷,第464页)。

　　最后讲一下类比原理。

　　在《善恶的彼岸》中的第36条格言里有下列几句话:

　　　　假定除了我们这个充满欲望和激情的世界以外再也没有其他现实的"给定"的东西,假定我们不能下到或者上到别的"现实"而是偏偏只能下到或者上到自己本能的现实——因为思维只是本能方面的相互联系——难道就不允许进行试验并且提出问题,弄清楚这种"给定"是否不足以从其同类物中去了解这个所谓力学的(或者"物质的")世界吗? ……够了,人们必须敢于假设,是否凡是承认有"作用"的地方并不是都有意志影响意志的——是否在有力的

作用下并不是一切的机械活动都正好是意志的力,意志的
作用。(第 7 卷,第 47—48 页)

　　尼采的这种论证方式可以直接追溯到叔本华,叔本华就曾
试图利用十分类似的方法阐明他的自然意志这一构想的合法
性。但是尼采的"权力意志"要比叔本华的"求存意志"明显广泛
得多,这点已经提到过。尼采认为自然界中的一切作用力一般
地说就是权力意志:万有引力和有机物的形成过程都是如此。
　　人们似乎可以把尼采的这一构想称之为自然和宇宙的可疑
拟人论,但是这里必须看到尼采所讲的问题是克服自然和精神
之间的鸿沟(歌德和诺瓦里斯在这方面看法相似),克服自从苏
格拉底以来已"成了世界历史的"(见洛维特,同前引书,第 120
页)人与自然宇宙的异化,使自然充满精神生活并且同时使人
"自然化"的一种形式宏大的尝试。因此,宇宙学和人类学在尼
采那里最终是融合为一的。

结　束　语

　　尼采的努力过去注定要失败是必然的,人与自然和宇宙以
及与自身创造性的本质的异化似乎处处都比过去任何时候更
大了。
　　我们今天的人都还处在真正虚无主义的阶段,跟尼采一样
仍然还是抱着希望,幻想大地就是一个"养息之所"(《扎拉图斯
特拉如是说》),盼着"伟大的中午"一定到来。
　　在这个历史时刻,为了克服虚无主义,还是要进行斗争的。

第 二 编

后现代思想中的尼采

尼采·谱系学·历史学[*]

福　柯　著

苏　力　译

李　猛　校

1. 谱系学是灰暗的、细致的和耐心的文献工作。它处理的是一堆凌乱混杂、残缺不全，并几经誊写的羊皮纸文件。

就此而言，和英国人一样，保罗·李用一种单线发展来描述道德的历史，将整个道德的历史及其创始都简约为完全是对功利的关注。他假定语词都保持了它们的含义，假定欲求始终如一地指向某一个的方向，还假定了思想坚守自己的逻辑；并且，他假定，人们所说和所要的事物世界中并不存在为人们知晓的入侵、斗争、掠夺、伪装和圈套。然而，对于谱系学而言，就必须考虑下述这些方面：它必须在不考虑任何单一的终极因（finality）的情况下，标出事件的独特性；它必须在出乎意料的地方，在我们通常往往认为没有历史的地方——在情感、爱、良知、本能中——守候这些事件；它必须对事件的重现保持敏感，但不是为了追踪事件演进的渐进曲线，而是重新找出事件扮演不同角色

---

[*]　参见 F. W. Nietzsche, Preface to On the Genealogy of Morals (1887), in Basic Writings of Nietzsche, ed. and trans. Walter Kaufmann (New York: Modern Library, 1968)，第 4,7 节。——英译注

的不同场景；谱系学甚至还必须界定没有出现这些事件的地方，没有发生这些事件的时刻（例如，在叙拉古，柏拉图就没有成为穆罕默德）。

因此，谱系学要求耐心和了解细节，并且，它依赖于原始材料的大量积累。它的"庞大建筑"①不可能是"有益的大错误"的直接产物，而是从"不显眼的、无足轻重的真理中，根据一种非常严格的方法"建造起来的。② 简言之，谱系学孜孜以求渊博的学识。谱系学并不自视为历史学的对立面，在学者鼹鼠③式的眼光中，像哲学家一样故作高深。相反，它反对各种理想意义和无尽的目的论作元历史式的展布（deployment）。它反对寻求"起源"。

2. 在尼采那里，我们发现对 Ursprung（起源）一词有两种用法。第一种不加强调，而且它可以与其他术语例如 Entstehung（出现）、Herkunft（出身）、Abkunft（来源）、Geburt（诞生）替换使用。例如，在《道德的谱系》一书中，Entstehung 或 Ursprung 都同样可以用来指义务或负罪感的起源；④并且在《快乐的科学》中讨论逻辑和知识时，尼采对这两者的起源都不加区别地使用了 Ursprung、Entstehung 或者是 Herkunpt。⑤

尼采强调的是这个词的另一种用法。他有时还把一个术语同另一个术语对立起来，例如，在《人性的，太人性的》的第一段中，形而上学所寻求的神奇起源（Wunder-Ursprung）被用来与历史哲学的分析相对立，历史哲学提出的是关于 Herkunft 和

---

①　F. W. Nietzsche, The Gay Science(1882), trans. Walter Kaufmann(New York: Random House,1974)，第 7 节。

②　F. W. Nietzsche, Human, All Too Human (1878; New York: Gordon Press, 1974)，第 3 节。

③　福柯使用这一意象，兼有"勤恳工作"与"目光短视"之义。—— 中译注

④　Nietzsche, Genealogy, 第Ⅱ部分，第 6,8 节。

⑤　Nietzsche, Gay Science, 第 110,111,300 节。

Anfang 的问题。尼采还以一种反讽和容易产生误解的方式使用 Ursprung 一词。例如，人们自柏拉图以来一直寻找的道德的起源（Ursprung）在哪里？"在那些令人厌恶的小心眼结论中。Pudenda Origo"。[1] 或者我们应当到哪里去寻找宗教的起源（Ursprung）？（叔本华认为，宗教起源于一种特殊的对于来世的形而上学情感。）非常简单，它都属于一种发明（Erfindung）、一种戏法、一种把戏（Kunststück）、一种秘方，它就存在于一种黑巫术，一种黑巫师（Schwarzkünstler）的绝招中。[2]

就所有这些术语的用法以及 Ursprung 一词的用法变化而言，《道德的谱系》的序言是一个最重要的文本。在这篇文章的一开始，尼采就界定了其目的在于考察道德偏见的起源，而他所使用的术语是 Herkunft。随后，尼采重新追溯了他自己是如何涉入这个问题的：他回顾了自己当年"临摹"哲学的一段时期，那时他问，上帝是否必须对恶的起源承担责任。如今，他认为这个问题很可笑，并将之恰当地概括为一种对 Ursprung 的寻求（此后很快他就用了这个术语概括了李的活动）。[3] 他还进一步使用了一种从《人性的，太人性的》开始的、典型的尼采式分析。在这里，他谈到了"出身假设"（Herkunfthypothesen），这里使用 Herkunft 一词不可能是随意的，因为它是用来指《人性的，太人性的》一书以来一些讨论道德、禁欲、正义以及惩罚之起源的文本。然而，在所有这些文本中使用的都是 Ursprung 一词。[4] 这

---

[1]　F. W. Nietzsche, The Dawn of Day(1881; New York; Gordon Press, 1974)，第102 节(Pudenda origo 的意思是"无耻之极的起源"——英译注)。

[2]　Nietzsche, Gay Science，第 151、353 节；又见 Dawn，第 62 节；Genealogy，第 I 部分，第 14 节；F. W. Nietzsche, "The Four Great Errors,"in Twilight of the Idols (1888)in The Portable Nietzsche, ed. and trans. Walter Kaufmann(New York: Viking Press,1954)，第 7 节。(Schwarzkunstler 意思是巫术——英译注)

[3]　李的文章名是 Ursprung der Moralischen Empfindungen。

[4]　见于 Human, AllToo Human，警句第 92 题名为 Ursprung der Gerechtigkeit。

样看来,在《道德的谱系》的这一点上,尼采希望表明 Herkunft 和 Ursprung 两个词之间的这种对立是有价值的,而 10 年前还不存在这种对立。但是,尼采在这种特定意义上使用了这两个术语后,在该序言的最后几段,重又不加区分地使用这两个词了。①

为什么至少在某些场合,谱系学家尼采拒绝寻求起源呢? 首先,因为寻求起源就是努力收集事物的确切本质、事物最纯粹的可能性以及精心加诸事物之上的同一性,以及先于所有外在的、偶然的和继替的东西的不变形式。寻求这样一种起源,就是要找到"已经是的东西",而这个东西的形象足以反映它自身:这就是把所有本来能够发生的转折,所有诡计和伪装当作偶发的东西;这就要求摘掉面具,最终揭露出一种源初的同一性。然而,如果谱系学家去倾听历史,而不是信奉形而上学,他就会发现事物背后"有一个完全不同的东西":那并非一种无时间的、本质的秘密,而是这样的一个秘密,即这些事物都没有本质,或者说,它们的本质都是一点点地从异己的形式中建构出来的。那么理性呢? 但是,理性是以一种完全"合理的"方式——即从偶然(Zufall)中——产生的;②对真理和科学方法的严格性的执著呢? 它们都产生于学者们的激情、他们相互间的仇视、他们狂热且无休止的讨论以及争强斗胜,这些都是在个人间的争斗中慢慢锻造出来的武器。③ 至于自由,就人们的根源而言,难道不是它把人与存在,人与真理联系在一起的吗? 实际上,自由这一概

---

① 在《道德的谱系》一书的主体中,Ursprung 和 Herkunft 在很多地方都是互换使用的(第 I 部分,第 2 段;第 II 部分,第 8,11,12,16,17 段)。

② Nietzsche,Dawn,第 123 段(尼采原文为:"理性——理性是怎样来到这个世界的? 合理地[wiebillig]以一种非理性的方式[auf eine unvemünftige weise],即从偶然中产生的)。

③ Nietzsche,Human,All Too Human,第 34 段。

念只不过是"统治阶级的一种发明"。① 在事物的历史开端所发现的，并不是其坚定不移的起源留下的同一性；而是各种异他事物的不一致，是一种悬殊(disparity)。②

历史学还教导我们如何嘲笑起源的庄严性。高贵的起源不过是"以形而上学的方式发展了这样一种观念，即事物在其诞生之际最为珍贵，最为本质"。③ 人们往往相信：事物在起点上最完美：它们光彩夺目地出于造物主之手，现身于第一个清晨毫无阴影的光芒中。起源总是先于堕落，先于身体，先于世界和时间；它与诸神相联系，起源的故事总是如同神的谱系那样被广为传诵。但是，历史的开端是低贱的：这里所说的低贱不是像鸽子的脚步一样，温良恭谨，而是蔑视与反讽，它恰恰是要毁灭一切自负。"人们试图通过指出人的神圣诞生，以图来唤醒他的至高无上感；而如今这条路已被禁行了，因为一只猿猴就站在那入口处。"④ 当人启程时，他将要变成的样子就会给做一个鬼脸；扎拉图斯特拉自己，也会有只猴子，一直跟着他、拖着他衣服的下摆。

起源的最后一个前提假定与前两点相联系，起源被当作是真理所在的地方。退回的一个先于所有实证知识的绝对点，正是起源的这个点使一种重新发现起源的知识成为可能，但这种知识又在喋喋不休之中不断虚构对这种起源的认识。这一起源，是一个连接点。在这里，事物的真理与话语的真理联系在一

---

① F. W. Nietzsche, The Wanderer and His Shadow(1880), in Complete Works (New York:Gordon Press,1974),第 9 段。

② 福柯的《知识考古学》(Archaeology of Knowledge)一书中许多关键词都与这个"悬殊"的主题相关：连串、不连续性、分割和差异的概念。如果在辩证法的领域和运动中可以找到"同样"一词，那么在这个机遇世界中"悬殊"自身则代表了一个"事件"。——英译注

③ Nietzsche,Wanderer,第 3 段。

④ Nietzsche,Dawn,第 49 段。

起。但这一连接不可避免地要丧失，话语真理立即会使起源模糊不清，销声匿迹。正是这样一种全新的对历史的残忍态度，迫使我们将这种关系倒置过来，而且迫使人们放弃"青春期"的幼稚追求，在面貌常新、精简规整的真理的背后，实际上是错误千百年来的不断繁衍。如今我们已不再相信"当掀起面纱，真理仍然是真理；我们的生活经历已经足以使我们被说服了"。① 无疑，真理就是这样一种错误，它无法被反驳，因为在历史的长期焙烤过程中，它已经无法改变了。② 此外，真理问题本身，真理所拥有的反驳错误的权利和它与表象相对立的权利，真理发展的方式（起初是制作出来供贤人使用的；随后，仅仅保留给那些虔信者；然后，退入一个无法企及的世界，在那里真理被赋予了安慰他人和命令他人的双重角色；最后它被当作一个毫无用处的、多余和充满矛盾的概念而被拒绝了），难道这不就构成了一部历史，一部表面上写的是我们称之为真理，实际上却是错误的历史？真理及其起源的统治，在历史中都有其自身的历史，只是当光芒不再发自中天，不再出于凌晨，也就是"影子最短的一瞬"刚刚一过，我们就走出了这一历史。③

　　一种研究价值、道德、禁欲以及知识的谱系学，将永远不会去追寻"起源"，将永远不会把历史的种种插曲当成不可理解的东西忽略掉。相反，它紧盯着伴随着每个开端的细枝末节和偶发事件；它将一丝不苟地注意它们的小奸小恶；它将等待着它们的出现——有朝一日露出真正面目——以他者的面目出现。无论它们在哪儿，都是无所顾忌地通过"挖掘下面"，还是让它们有时间从迷宫逃脱出来，在迷宫中，其实从没有什么真理扣押它

---

①　F. W. Nietzsche, Nietzsche contra Wagner(1888), in Portable Nietzsche。

②　Nietzsche, Gay Science, 第 110, 265 段。

③　Nietzsche, "How the True World Finally Became a Fable," Twilinght of Idols.

们。谱系学家需要历史来消除关于起源的幻象,其方式很类似一个需要医生来驱赶自己灵魂中阴影的优秀哲学家。他必须能够认出历史的诸多事件,它的跌宕、它的意外、它并不牢靠的胜利和难以承受的失败,说明开端、返祖和遗传。同样,为了评判哲学话语,他也还必须能够诊断身体的疾病、强弱的状况、衰竭和抵抗力。历史是一种不断生成的机体,时而强壮,时而虚弱,时而隐隐躁动,时而眩晕般地狂热骚乱;而只有形而上学家才会从起源那飘渺的理念性中去寻求自己的灵魂。

3. Entstehung(出现)和 Herkunft(出身)都能比 Ursprung(起源)这个词更精确地标识出谱系学的真正对象;而且,由于它们通常都被译作"起源",我们就必须努力重新确定它们的恰当用法。

Herkunft(出身)一词相当于先祖(stock)或血统(descent);它自古以来就隶属于某个群体,血缘、传统或尊卑等级的群体而维系着它。对 Herkunft(出身)的分析常常涉及到对种族或社会类型的考虑。[①] 但是它试图辨识的那些特征并不完全是某个个体、某种情感或某个观念的类属特征(由于这些特征,我们才可以称它们为"希腊人的"或"英国人的");毋宁说,它寻求的是一些微妙的、独特的和准个体(sub-individual)的标记,这些标记可能会自我交叉,从而构成一个难以解开的网。这个起源远非一个类似(resemblance)的范畴,使人们对不同的特征加以拣选,以便分类:德国人说他们拥有双重灵魂,认为这样就已经深入解释了他们的复杂性;他们上了某种吉利数字的当,或者更恰当地说,他们试图掌握种族上的混杂,而实际上正是他们从这种

---

① 例如,有关种族,请看尼采的 Gay Science,第 135 段;Beyond Good and Evil(1886), in Basic Writings,第 200,242,244 段;Genealogy,第I部分,第 5 段;关于社会类型,请看,Gay Science,第 348—349 段;Beyond Good and Evil,第 260 段。

混杂中产生出来的。(Nietzsche, Beyond Good and Evil, 第244段)正是从"灵魂"假装是统一的, 或"我"编造了一种认同或一致的地方出发, 谱系学家开始研究那开端, 无数的开端, 稍用历史的眼光, 就可以很容易看到它模糊的足迹和淡淡的色彩。对血统的分析, 促使拆解"我", 在这个空洞的综合之处, 代之以大量稍纵即逝的事件的繁衍滋生。

对血统的分析还准许根据某个特征或概念的独特面貌发现事件的繁衍, 通过这些事件, 也多亏这些事件, 并且以这些事件为背景, 特征或概念才得以形成。谱系学并不妄称要回溯, 重建一个超越了被遗忘的事物的散布状态的宏大的连续性; 它的义务不是要证明, 过去在现在之中积极地发挥作用, 继续秘密地赋予现在以活力, 也不是在昔日的所有兴衰成败之上强加一种从一开始就已勾划好的形式。谱系与某个物种的演化、一个民族的命运都毫不相干。相反, 追随血统的复杂进程就是要将一切已经过去的事件都保持它们特有的散布状态上; 它将标识出那些偶然事件, 那些微不足道的背离, 或者, 完全颠倒过来, 标识那些错误, 拙劣的评价, 以及糟糕的计算, 而这一切曾导致那些继续存在并对我们有价值的事物的诞生; 它要发现, 真理或存在并不位于我们所知和我们所是的根源, 而是位于诸多偶然事件的外部(exteriority)。(Nietzsche, Genealogy, 第Ⅲ部分, 第17段。沮丧感情的 abkunft)无疑, 正是因为这一点, 当道德的所有起源都不再令人肃然起敬时——Herkunft(出身)就从未受人敬奉——它就会遭到批判。(Nietzsche, "'Reason' in Philosophy", Twilight of Idols.)

这样的血统传给我们的是一种危险的遗产。在很多的场合, 尼采都将 Herkunft(出身)和 Erschaft(遗物)这两个术语联系起来。尽管如此, 我们不应当上当受骗, 认为这一遗产是一种获得, 一种占有, 将不断积累和固化; 毋宁说, 它是一个由断层、裂缝以及异质层构成的并不稳定的集合,从内部或者从下面威胁着那个脆弱的继承者:"某些人心术不正、心神不宁、不守秩序、不讲礼貌,这是无数逻辑不准确、浅薄粗疏和草率结论的最终后果,而他们的祖先是这些问题的罪魁祸首"(Nietzsche, Dawn,第 247 段)。对血统的搜寻并不是奠定基础:相反,它动摇了那些先前认为是固定不变的东西;它打碎了先前认为是统一的东西;它显示了先前想象为保持自我一致的东西实际上是异质的。那还有什么信念能经得起这种搜寻,以及更具决定意义的,还有什么知识能经得起这种搜寻? 如果对一个收集并精心记录了诸多事实,或者进行证明和反驳的学者作一种谱系学的分析,他们表面上看起来是超然的,并"纯粹"献身客观,但他们的出身立即就会泄露出书记员手中的废旧文件或是律师的辩辞,这些人才是他们的父辈(Nietzsche, Gay Science,第 348—349 段)。

最后,血统与身体紧密相关(Nietzsche, Gay Science,第 348—349 段)。它深深地体现在神经系统中,体现在气质中,体现在消化机制中;因祖先犯下的过错,造成他们呼吸不畅、进食困难、身体疲惫虚弱。只要父辈们倒果为因,相信有"来世",或者相信永恒有价值,他们孩子的身体就会遭殃。他们的懦弱和虚伪就是错误的结果:但不是苏格拉底意义上的,也不是说因为犯了错误就导致了邪恶,更不是因为悖离某个源初真理,而是身体,无论生死,不管强弱,都能保持所有真理和所有错误的约束作用,就像他同样也能延续这种起源,即血统一样,只不过以一种反转的方式。为什么人们发明了这种沉思冥想的生活? 为什么赋予了这种存在方式一种最高价值? 为什么要赋予在沉思中形成的那些虚构以绝对真理?"在野蛮时代……如果某个个体力量衰落了,如果他感到自己疲惫了或病了,抑郁或腻烦,并因此,在短期内没有欲望或没有食欲,他就变得相对说来一个更好的人,也就是,不那么危险的人。他的悲观主义观念只会形诸文字或反思。在这种精神状态下,他将会变成思想家和先知,或通过想象进一步发展他的迷信"(Nietzsche,Dawn,第42段)。这个身体,以及影响这一身体的每样东西(食物、气候以及土壤),都属于出身。在身体上,人们找到了过去事件的烙印,并且也产生着欲望、失败和错误。这些欲望、失败和错误也会在身体中结合在一起,在此突然表现出来,但是,在身体中它们也会彼此分离,发生战争,它们的影响会相互抵销,并进行着它们难以克服的冲突。

这个身体就是铭记事件(语言标记了事件,思想又消解了事件)的层面,是自我拆解的处所(自我在此表现为一个统一实体的幻象),是一个一直处于风化中的器物。因此,谱系学作为一种血统分析,连接了身体与历史。它应该揭示一个完全为历史打满烙印的身体,和摧毁了身体的历史。

4. Entstehung则特指出现(emergence),兴起的时刻。它是现身的原则和独特规律。由于人们往往在不间断的连续性中寻找出身,所以也常把出现错当成最终时刻;眼睛并不生来就是用来凝视沉思的,而惩罚也不仅仅有儆戒的目的。这些结局,表面上是终结,但实际上仅仅是一系列征服当中的插曲:眼睛最初是用来狩猎和战争;而惩罚,一直服从于诸如复仇、驱逐入侵者、赔偿受害者和恐吓他人这些形形色色的需要。形而上学家把现在放在起源处,使人们相信这样一个寻求目的地的含糊工作,在这一工作中,形而上学家试图呈现出源初的时刻。然而,谱系学寻求重新确立各种不同的征服体制:不是意义的预见力量,而是支配的偶然游戏。

出现总是在诸多力量构成的某种状态中产生的。对出现的分析必须描述各种游戏及其方式,包括这些力量相互发动的斗争,或针对不利环境发动的斗争,或那些企图通过这些力量的分裂、使之互相争斗而避免退化,并重新获得力量的努力。例如,"在针对那些本质上总是不利条件的持久战中",确保了一个物种(动物的或人类的)的出现及其定型。事实上,"这一物种要作为一个物种,实现其自身,它的形式必须具有持久性、统一性和简单性,从而能够在这场与相邻物种的斗争,或者与反叛中的被压制者的斗争中存活下去。"而另一方面,当这个物种取得胜利,而且也不再受到外来威胁时,"分裂成各种品种的个体之间彼此争夺光和热的唯我主义"的斗争就展开了,个体的一些变异就会在诸多力量构成的另一个状态中出现了(Nietzsche, Beyond Good and Evil,第 262 段)。还有些时候,力量与自身争斗,而且不仅是在沉醉于力量过度之际(力量在过度时发生分裂),而且还发生在力量衰弱之际。力量抗拒自身日益增长的疲乏,并从中获得力量;力量对疲乏施加界限,折磨它,羞辱它,给它披上更高的道德价值的滑稽外衣,并且,作为交换,重新获得自身力量。正是在这一过程中,禁欲的理想诞生了,它"产生于一个退化的生命的本能之中,这个生命……为自己的生存而斗争"(Nietzsche, Genealogy,第Ⅲ部分,第 13 段)。也是在这一过程中,宗教改革出现了,它恰恰发生在教会最不腐败的地方(Nietzsche, Gay Science,第 148 段。人们还必须将佛教和基督教的 Entstehung 归因于意志的贫乏);德国的天主教在 16 世纪保留了足够力量反击自身,责罚自身的身体和历史,并使自身精神化,从而成为一种良知的纯粹宗教。

因此,出现是诸多力量登场的入口;出现就是这些力量的爆发,从幕后跃到台前,每种力量都充满青春活力。尼采称之为善之概念的"群现"(Entstehungsherd)(Nietzsche, Genealogy,第Ⅰ部分,第 2 段),它并不体现在强者的能量或弱者的反作用上,确切地说,是它们的正面对抗或相互叠加的一个分布状态。这是一个空间,使这些力量分庭抗礼;这是一个虚空,这些力量借助它用手势和言辞相互威胁。由于血统指的是本能的品质或强弱，以及本能留在身体上的标记，那么出现就特指一个对抗的场所，但不能把它想象为一个发生斗争的封闭的场，或敌对各方相互对峙的平面；相反，如同尼采在分析善恶时所展现的那样，这是一个"非场所"（non-lieu, non-place），纯属各方面对的距离，它意味着对手们并不属于一个共同空间。因此，出现不能归因于任何一方，也不能带给任何一方以荣耀，因为它总是发生在力量之间。

在某种意义上，在这个没有场所的舞台上演的总是只有一出戏，即支配者和被支配者无休止反复表演的戏剧。某些人对其他人的支配导致了价值的分化（Nietzsche, Beyond Good and Evil, 第 260 段；又请看 Genealogy, 第 II 部分，第 12 段）；阶级支配产生了自由的观念（Nietzsche, Wanderer, 第 9 段）；人们夺取生存必需品，并强加给这些东西以一种原本没有的持续不变的特性，以及强行使之同化，这些说明了逻辑的诞生（Nietzsche, Gay Science, 第 111 段）。这种支配关系并不是一个"关系"，就像支配发生的场所不能说是一个场所一样；并且，恰恰由于这个原因，在历史的每时每刻，支配总是固定在仪式中；它颁布义务和权利；制定细致的程序。支配在事物甚至在身体内建立了标志，刻下了记忆，它记下了债务的账目。支配导致了这个由众多规则构成的世界，但这些规则并不是要缓和暴力，而毋宁是让暴力发挥作用。如果接受那些传统的信念，人们会错误地以为，一切人反对一切人的战争会在自身的矛盾中自我消耗殆尽，并以宣告放弃暴力和服从使公民和平的法律而告终。相反，规则是一种残酷计算的愉悦，一种预计的流血；而这种快乐和鲜血又不断激发新支配以及细致重复的暴力场景登台上演。这种对于和平的渴望、妥协带来的安宁以及对于法律的默默接受，根本不是某种重大的道德皈依或者是某种导致法律产生的功利性算计，

而是支配的结果，并且，事实上，是支配的倒错："过失、良知以及
责任，它们出现之源都在这个债权法的领域中；而它们的萌发，
都如同大地上发生的任何重大之物的萌发一样，都是鲜血浇灌
的。"(Nietzsche, Genealogy，第Ⅱ部分，第6段)人性(humanity)
并不是经历了无数战斗，直至到达普世的互惠，即规则最终取代
了战争；人性在一个规则系统中慢慢从中获得进步，设置了它的
所有暴力，从而从支配迈向支配。

　　正是这一规则的性质使暴力可以对抗暴力，使现在的支配
者屈从于另一种支配。规则本身是空洞的，是暴力的，是没有终
结目的的；它们可以服务于任何目的，应用于任何意愿。历史的
大游戏属于能够攫取这些规则的人，属于那些有地位使用这些
规则的人，还属于这样一些人，他们乔装打扮以歪曲规则，反转
规则的含义来使用规则，使规则反过来针对那些当初强加规则
的人；这些人进入了这一复杂机制，使这种机制运作起来，使支
配者被他自己的规则所支配。人们反复提及的"出现"，并非
同一意涵相继出现的形象；毋宁说，这些出现是替代、置换、被伪
装起来的征服以及全盘翻转的结果。如果说解释是将隐藏在起
源中的意涵慢慢暴露出来的话，那么就只有形而上学才能人性
地形成。但是，如果说解释是借助暴力或骗取一个自身并无本
质意涵的规则体系，并且是给这个体系强加上一个方向，使之服
从一个新的意志，强迫它参与另一个游戏，使之服从于第二个规
则，那么，人性的形成就是一系列的解释。谱系学应该把道德
的、观念的和形而上学概念的历史，自由概念的历史或禁欲生活
的历史，看作是不同解释的"出现"，这就需要使这些历史作为发
生在各种进程的舞台上的事件呈现出来。

　　5. 我们将谱系学定义为对"出身"(Herkunft)和"出现"
(Entstehung)进行的研究，这与人们通常所说的历史学有什么
关系呢？当然，人们都知道尼采对历史学的那些著名指责，但是

我们暂时将这一点放在一旁。不过,尼采有时把谱系学看作是效果史(wirkliche Historie),在很多情况下他也将谱系学概括为历史"精神"或"历史感"(Nietzsche,Genealogy,序言第7段和第Ⅰ部分第2段;Beyond Good and Evil,第224段)。事实上,从《不合时宜的沉思》的第二部分开始,尼采就从来没有停止批评这样一种历史学,这种历史学重新引入了(并且总是假定了)一个超历史的视点:这种历史的作用是把多样性最终化约为时间,从而组合成一个完全自我封闭的总体;这种历史总是使我们以一种和解的形式来看待过去的一些动荡;这种历史带着世界的终极的眼光来看待过去的一些事物。这种历史学家的历史在时间之外寻找一个支点,并妄称其判断的基础是一种预示世界终极(apocalyptic)的客观性。然而,这种历史却假定存在了永恒真理、灵魂不朽以及始终自我同一的意识。一旦历史感为一种超历史的视角所支配,就会被形而上学所利用,并且,形而上学通过把历史感纳入客观科学的一类,也就可以把自己的"埃及"强加给历史感。而另一方面,如果历史感不承认这些绝对项是确定无疑的,它就规避了这种形而上学,从而就成了谱系学的特有工具。如果是这样的话,与历史感相应的就是那种分辨、分离和分散事物的敏锐眼光;这种目光能够让我们看到分歧之处和处于边缘的东西,这种分解性的眼光能够自我解剖,能够抹去人的存在统一性(人们以往假定可以通过这种存在的统一性,将人的至高无上延伸到他的过去)。

在历史感这里,效果史发挥了作用,历史感将人那里所用被认为不朽的东西都放在变的过程中。我们相信情感永久不变,不是吗?但是每一种情感,特别是那种最高贵和最超然的情感,都有它的历史。我们相信本能是单调不变的,并想象它们不管在哪儿都一如既往地发挥作用。但是掌握历史的知识,就知道这些本能并不是一体的,它们千变万化,时强时弱,影响忽大忽小。历史知识很容易就把握了本能的缓慢转化,把握了那些一旦加诸自身就会无情地毁灭自身的运动(Nietzsche, Gay Science,第 7 段)。我们都相信,无论如何,身体只服从生理规律,我们相信,身体不受历史的影响,但这也是错误的。这个身体是为一系列体制塑造出来的;它习惯于工作、休息和节假日的节奏;食物或价值,饮食习惯和道德律法以及其他一切类似的东西,毒化了身体;但它也形成了一些抵抗力(Nietzsche Gay-Science 第 7 段)。"效果"史与传统历史的不同之处就在于它没有常项。在人——即使他的身体也不例外——当中没有什么东西是足够固定的,可以作为自我认识或理解他人的基础。传统历史在面向过去时,是在历史的总体性中去把握过去,它让我们追溯过去时把它看作一个被动的连续运动,这些东西都必须予以系统地铲除。因此,我们就必须摒弃上述所有这些旨在认定一致性,以安慰作用的游戏。知识,即使是打着历史的旗号,也不是指"重新发现",尤其不是指"对我们自身的重新发现"。当历史在我们自身的存在中引入非连续性时,历史就成为"效果"史了——因为历史使我们的情感分化,使我们的本能戏剧化,使我们的身体多样化,并让它们自相对抗。"效果"史从未囿于那种保证生命和自然的稳定性的自我,并且效果史不允许自身被冥冥之中一种顽固不变的力量带向千年王国的终点。它掏空了人们喜欢给它设立的基础,并猛烈地攻击人们妄称的连续性。这是因为知识并非是用来理解,而是用来分解(trancher)。

就此而言,我们可以抓住尼采所理解的历史感的特征,那种与传统历史相对立的效果史的历史感。效果史颠倒了通常在一个事件的爆发与连续性的必然性两者之间确立的关系。整个历史学(神学的或理性主义的)的传统都倾向于把独特事件化入一个理念的连续性之中,化入一个目的论运动或一个自然的链条中。然而,"效果"史是从事件最独特、最鲜明的地方使事件显现出来。因此，事件就不是一次决定，一项条约，一段统治，或一场战斗，而是相互对立的力量构成的一种关系，是被篡夺的权力，是以子之矛、攻子之盾，是一种使自身脆弱、松懈，并毒化自身的支配，是一个带着面具的"他者"的出现。在历史中起作用的力量既不是由命运，也不是由机制所控制的，而是战斗导致的机遇的结果（Nietzsche，Genealogy，第Ⅱ部分，第 12 段）。它们没有呈现为一种原初意图的一连串形式，也没有采取一种结局的形态，因为这些力量总是体现在事件的随机独特性上。与那个完全由一个神圣蜘蛛织就的基督教世界相反，而且也不同于分裂为意志王国和宇宙的巨大无价值领域的古希腊世界，效果史的世界只知道一个王国，没有神意或终极因，只有"必然性的铁臂摇动着机遇的骰子盒"（Nietzsche，Dawn，第 130 段）。机遇并不简单地是抽签，而是在每一次试图通过权力意志来掌握机遇的尝试中，却导致了更大风险的机遇，从而增加了机遇的赌注（Nietzsche，Genealogy，第Ⅱ部分，第 12 段）我们所知的世界并不是这个样子：一个归根结底是简单的世界，只剩下本质特征、最终意义或它们初始的和最终的价值，事件都消失不见了。相反，这个世界是由大量错综复杂的事件构成的。如果它看上去似乎"色彩斑斓，饱含深意"，那也是因为它是由一"大堆错误和幻觉"（Nietzsche，Human，All Too Human，第 16 段）产生的，而这"大堆错误和幻觉"却藏而不露。我们经常希望历史学家能证实我们的信仰：现在是基于深刻的意图和不变的必然性之上的。但真正的历史感认定的却是，我们存在于无数遗失的事件堆中，没有里程碑，也没有一个原初的坐标。

　　效果史还可以颠倒传统历史学因为依赖形而上学而确立的那种亲疏远近的关系。传统史学喜欢把目光投向远处和高处：这是最高贵的时代，最高雅的形式，最抽象的观念，最纯粹的个体性。传统史学通过尽可能接近它们来完成这一点，将自己置于历史的高峰脚下，不惜冒接受那十足的青蛙的视角这样的危险。而相反，效果史则将目光放在近处：身体、神经系统、营养、消化和精力；它开掘那些衰败的时代，并且如果它偶尔注意到那些兴盛的时代，也带着怀疑的目光，去发现一种野蛮和无耻的混乱，但不是出于仇恨，而是充满欢乐。它并不惧怕向下看，只是这种向下看的眼光，以及它的下降是为了获得不同的视角，为了要展现散布和差异，为了使事物保持它素有的尺寸和密度。效果史扭转了历史学家掩人耳目的做法，佯称要探究久远的事物，以卑微的方式接近这种给他们希望的久远（这就像一些形而上学家，他们之所以看到来世，是因为来世许诺给他们以报偿）。效果史研究最贴近的东西，但却是为了猛然摆脱它，以便从远处摆脱它（这种眼光类似医生，贴近观察是为了作出诊断，指明差异）。历史感更接近医学，而不是哲学。尼采曾说过"历史的方式或生理学的方式"（Nietzsche, Twilight of Idols, 第 44 段）这样的话，这也不足为怪，因为哲学家的怪癖就是系统地否认身体，其他怪癖还包括"完全没有历史感，仇视变的观念，埃及风格"，固执地"要把终结处的东西置于开端"，"把最终之物放在首位"（Nietzsche, "'Reason'in Philosophy," Twilight of Idols, 第 1,4 段）。对于历史学来说，有比充当哲学的婢女——也就是详细叙述真理和价值的必然诞生——更为重要的事；历史学应当成为一种关于活力和衰败、高峰和退化、毒药和解毒的鉴别性（differential）知识。它的任务是成为一种治疗科学（Nietzsche, Wanderer, 第 188 段）。①

　　最后，效果史的最后一个特点是它不惮于成为视角性的知识。历史学家千方百计想在他们的作品中抹去某些因素，因为

――――――――――
① 这一概念支撑了福柯在《疯狂与文明》以及《门诊的发生》中的工作，尽管直到《知识考古学》才被认为是一种清醒的表述。――英译注

这些因素暴露了他们在观察时的地点、时间和立场，以及他们不可抗拒的激情。尼采理解的历史感，有它的视角，而且承认历史感并非不偏不倚的体系。它从特定的角度出发视察，带着特有的偏好加以褒贬，去追寻毒药的痕迹，找寻最佳的解药。在观察的东西面前，历史感并不刻意隐藏自己的视角，它也不寻找规律，把所有运动归结为这种规律；这种眼光既知道它从哪里来，也知道它观察的是什么。这种历史感使知识得以在认知活动中从事谱系学研究。效果史从它所处的位置出发，垂直地建构了历史学的谱系学。

6. 在这种历史学的谱系学中，尼采将历史感同历史学家的历史联系在一起。它们共有一个开端，不纯而且混杂；它们有同一个迹象，在这一迹象中，人们既可以辨认出病症，也可以识别某种了不起的品种的萌芽（Nietzsche, Gay Science，第 337 段）。它们同时出现，后来才走上了不同的道路，既然如此，我们的任务就是一并追寻它们共同的谱系。

历史学家的出身（Herkunft）很清楚：它的出身卑微。历史学的特点之一就是不作选择：不分主次地认识一切；不分高下地理解一切；不加区分地接受一切。什么也逃脱不了它，它什么也不排斥。历史学家会说，这证明了他们既老练，又谨慎：当历史学家面对别人时，他们有什么权利强加自己的品味？当他面对过去的事实时，他们有什么权利强加自己的偏好？他作为历史学家的错误就在于他们完全没有品味，粗疏，但实际上正是这种没有品味和这种粗疏，才企图自命不凡地以通俗方式搜求卑下的东西。他们对所有乏味的东西照单全收；或者毋宁说，对这些本该令人厌倦的东西却自得其乐。他看上去客观公正，实际上却偏偏不承认任何伟大，并将一切归结为最平庸的共性。任何东西都不会超过他；如果他想有所了解，并且了解一切，也是为了侥幸发现日渐琐细的秘密："卑下的好奇心。"历史来自何处？

来自平民。历史向谁说话？向着平民。而且，历史对平民的话语非常像一位民众煽动家的腔调："没有谁比你们更伟大，你们这些好人，任何自称比你们更高的人都是恶"。历史学和民众煽动家如出一辙，随声附和："没有什么往昔比你们的现在更伟大，而我的细致知识将向你们表明，历史上所有那些显赫人物，实际上都渺小、邪恶、不幸。"这种历史学家的先辈可以上溯到苏格拉底。

但这种民众煽动家必定是虚伪的。他必定是将自己独特的怨恨掩藏在普遍项的面具下。正如民众煽动家一定会诉诸真理、本质规律以及永恒的必要性一样，这个历史学家也一定会诉诸客观性、事实的精神性以及过去的既定性。这个民众煽动家会否认身体，以便确立一个没有时间性的观念的主宰地位，而这个历史学家会抹去自己的个体性，以便其他人可以登台发言。因此，他就专门反对自己：对自己的偏好缄默不语，克制自己的不快，模糊自己的视角，代之以一种普适的几何学虚构。他模拟死亡以便进入死者的王国，去获得一个没有面孔，没有名字的准存在（quasi-existence）。在这个历史学家抑制自己个人意志的世界上，他能够向他人表明一个最高意志的必然规律。通过抹煞自己知识中意志的所有痕迹，他将从认识对象的角度找到永恒意志的形式。历史学家的这种客观性颠倒了意志和知识之间的关系，同样，这种客观性就是一种对神恩、终极因和目的论的必然性的信仰。历史学家属于禁欲者的家族。"我受不了那些研究历史的充满欲望的阉人，禁欲理想的娼妓；我受不了那些编造生活的苍白的坟墓；我再也受不了那些萎靡不振的疲惫东西，他们卖弄聪明，带着一种客观的眼光"（Nietzsche, Genealogy，第Ⅲ部分，第26段）。

至于历史学的出现（Entstehung），它的出生地是在19世纪的欧洲：在这块混血和杂种的国度，在这个"人种混合"的时代。

与那些文明鼎盛的时刻相比，我们就成了野蛮人：在我们眼前，满目可见已成废墟的城市和难以索解的纪念碑；我们伫立在残垣断壁前；我们问，这些空空如也的神殿是哪些神曾经居住的。伟大的时代既少有这种好奇心，也少见我们这种过分的虔敬；伟大的时代无视它们的前辈：古典时期就曾无视过莎士比亚。欧洲的衰落给我们提供了一个巨大的场景，展现了一个已经消亡、已经逝去的强大时刻，而这一场景的性质就是要再现一出戏剧；由于没有铭刻我们自己的功业，没有属于我们的纪念碑，我们就生活在一堆道具中。但是，问题还不只这些。欧洲人不再知道他们自己是谁；他们无视自己种族的混杂，而寻找一个该他扮演的角色。他们缺乏个体性。我们因此可以开始理解 19 世纪自发产生的对于历史的爱好：力量的贫乏和那些抹煞了一切个体特征的混杂所产生的结果和禁欲主义的苦行所产生的结果是同样的；19 世纪的欧洲人没有能力创造，没有自己的作品，它需要依赖往昔和别处的成就，所有这些都迫使历史学陷入平民的卑下好奇心。

　　如果这就是历史学的谱系，那么，它如何使自身成为一种谱系学的分析呢？为什么它没有成为一种煽动民众的或宗教性的知识呢？它何以可能在这同一舞台上改换角色呢？只有当人们攫取了它，掌握了它，并转而用以反对它的出身，才有可能。实际上，这就是 Entstehung 这个词的本义：它并不是经过一段长期准备后不可避免的结果，而是一个场景，在此，各种力量冒险、敌对，在其中竞胜；但在此，它们也可能被征用。形而上学出现的地方就是雅典的平民煽动，苏格拉底发自平民立场的忌恨以及他对不朽的信仰。而柏拉图本可以攫取这种苏格拉底哲学，转而反对这种哲学。很可能，他总想这样做，但他失败了，失败却使他成了形而上学的奠基人。19 世纪的问题与此很相近：要避免像柏拉图对待苏格拉底那样来对待历史学家的平民禁欲主义。不要把平民禁欲主义放在历史哲学内，而是要从禁欲主义的产物出发,将其全盘粉碎;必须掌握历史以使之为谱系学所用,也就是,完全用来反柏拉图。只是这时,这种历史感才会完全摆脱超历史的历史学。

7. 这种历史感有三种用法,与柏拉图式的三种历史学模式针锋相对。首先是戏仿(parody)的用法,用来破坏现实性,与作为回忆或认可的历史学主题针锋相对;其次是分解的用法,用来破坏身份(identity),与作为连续性或传统的历史针锋相对;第三是献祭的用法,用来破坏真理,与作为知识的历史针锋相对。无论如何,这就是使历史摆脱与记忆模式(无论该模式是形而上学的,还是人类学的)的联系,使历史成为一种反记忆,并在历史中展现一种完全不同的时间。

首先是这种戏仿和滑稽的用法。这样一位历史学家向这个血统混杂的无名欧洲人(他不再知道自己是谁,也不知道他该用什么名字)提供其他多种可替换的身份,这些身份比他自己的身份更为个性化,也更具现实性。但一个有历史感的人不会为这种替换所欺骗,它只是一种伪装。历史学家们曾为法国大革命提供了罗马的典范,为浪漫主义提供了骑士的盔甲,并且向瓦格纳时代提供了一位日尔曼英雄的战剑,这些都是艳俗的古装,古装下的非现实性一直延伸到我们自己的非现实性。让某些人去信奉这些宗教吧! 让他们去拜洛伊特去纪念一种新的彼岸吧! 让他们去成为兜售空洞身份的旧货商吧! 好的历史学家,这种谱系学家,将知道如何设想这种化妆舞会。他将不会过分严肃而置身其外;相反,他将竭尽所能将这个舞会推到极致,举办时代的盛大狂欢节,在这个狂欢节上,诸多面具将不断重现。不是把我们苍白的个体性等同于往昔确定无疑的身份,而是通过对身份的重现,使我们"非现实化"。重新佩戴这些面具——霍亨斯陶芬王室的弗利德里克大帝、凯撒、耶稣、狄奥尼索斯,或许还有扎拉图斯特拉——重新开始历史的滑稽戏,我们将会在我们的非现实性中重现上帝更不现实的身份,而正是上帝开始了"非现实化"的过程。也许,我们可发现这样一个领域,在那里,原创性作为对历史的戏仿和对上帝的搞笑再次有了可能"(Nietzsche,Beyond Good and Evil,第 223 段)。在这里,我们认出了《不合时宜的思考》的第二部分称之为"纪念碑式的历史"的戏仿:这种"纪念碑式的历史"用来重建历史变迁的高峰,并将其保持在永远的在场状态,根据它们内在本质的标记来重新发现功绩、行动和创造的历史。但是,在 1874 年,尼采指责了这一历史,指责这是一个完全专注于崇拜的、禁止进入生活的实际激情和创造性的历史。他生前最后撰写的一些著述中出现的模仿就用来强调:"纪念碑式的历史"本身就是一种戏仿。谱系学是一种狂欢地参与的历史。

历史的第二种用法是对身份的系统性分解。因为这种身份非常脆弱,所以我们试图在一个面具下保护它,拼凑它,因此这种身份本身就是戏仿:面具下居者无数,无数的灵魂也在那儿争一席之地;各种系统彼此交错、互争高下。当人们研究历史时,他"不像一个形而上学家,而是乐于看到隐藏在自我中的,不是一个不朽的灵魂,而是许多会死的灵魂"(Nietzsche,Wanderer"看法和混合了的陈述",第 17 段)。而就在这样的每一个灵魂中,历史学发现的不是一个被遗忘的、急切渴望复活的身份,而是一个由不同且多样的因素构成的、无法为综合力支配的复杂体系:"高等文化的一个标志就是以一种完全清醒的方式认识到进化的某些阶段,而低等的人们不假思索地就度过了这些阶段……第一个结果就是我们可以把那些与我们相似的人理解为完全被决定的系统,是不同文化的代表,也就是说,他们是必然的,而且是可变的。而反过来,我们能够对我们自己的进化阶段进行划分。"(Nietzsche,Human,All Too Human,第 274 段)在谱系学的指导下,历史学的目的并非要发现我们的身份的根源,而是要投身对身份的分解。它并不寻求界定我们出现的独特开端，那个形而上学家们许诺我们将返回的家园；它寻求的是彰显穿过我们的一切非连续性。在《不合时宜的思考》看来，"好古历史学"追求的是相反的目标。它寻求我们的现在所扎根的土地、语言和邦国的连续性，并且，"精心地培育那些永存的东西，为后代留下人们出生时的那些条件"。① 《不合时宜的思考》指出了这种历史学的危险，它泥古不化，妨碍创造性。稍后（其实在《人性的、太人性的》一书中就早已出现），尼采又再次谈到了好古者的任务，但却是从完全对立的方向出发。如果谱系学想要提出与我们诞生的国度、我们讲的语言或者统治我们的法律有关的问题，那么谱系学的意旨却是要揭示这些异质系统，它们在我们自我的面具下，禁止了我们出现任何的同一性（身份）。

　　历史学的第三种用法是将知识主体献祭。从表面看来，或者不如说从历史学佩戴的面具来看，历史意识是中立的，全无激情，只关注真理。但是如果历史学探究一下自身的话，并且如果更一般地深入追问一下在自身历史中不同形式的科学意识，历史学就会发现求知意志的各种形式及其转换：本能、激情、讯问者的专注、残酷的去芜取精以及恶意。它发现了采取某种特定的立场所具有的暴力，他的立场就是站在那些因无知而幸福的人的对立面，在保护人性的生机勃勃的幻觉的对立面，这种立场乐于接受研究中的风险和发现中的不安。② 对这一渗透人性的伟大求知意志③进行历史的分析就揭示出，没有什么知识不基于非正义（这里并没有，即使在认知中也没有，真理的权利或真

---

① F. W. Nietzsche, Untimely Meditations(1873—1874), in Complete Works, 第 Ⅱ 部分，第 3 节。

② 参见尼采的 Dawn，第 429,432 段；Gay Science，第 333 段；Beyond Good and E-vil，第 229—230 段。

③ 法文 vouloir-savoir 的意思既指求知意志，也指作为复仇的知识。——英译注

的基础）；这一分析还揭示出，这种求知本能是有害的（有时甚至是致命的危害，它不可能也不愿意为人类造福）。即使今天这种求知意志所波及的领域已大大扩展，它也仍没有取得一个普世真理；也没有给人提供精确客观地支配自然的方式。相反，求知意志不停地增加风险，到处制造危险；它粉碎了幻觉的防卫线；它消除了这个知识主体的统一性；它释放出自身的一些因素，而这些因素就是要分解和毁灭它自己。知识并没有渐渐地同它的经验之根，即产生它的那种原初需要，拉开距离，成为只服从理性要求的纯粹玄想；在其发展中，知识与一个自由主体的构成和肯定无关；毋宁说，知识使人们逐渐屈从于本能的暴力。在当初宗教要求身体献祭的地方，如今知识号召对我们自身进行实验（Nietzsche，Dawn，第 501 段）召唤我们献祭知识的主体。"知识在我们当中已经转换成一种不畏任何牺牲、不畏任何事物而只担心自身绝灭的激情。也许人类将最终由于这种求知的激情而灭亡。但即使不是毁于这种激情，那么也是毁于孱弱。我们必须准备说出我们的选择，我们希望人性结束于火和光之中，还是结束于在砂石之中？"（Nietzsche，Dawn，第 501 段）如今，我们应当废弃由 19 世纪哲学家费希特和黑格尔传下来的两个重大问题（真理和自由的互为基础以及绝对知识的可能性），代之以这样一个主题，即"通过绝对知识而灭亡，这很可能构成了存在的部分基础"（Nietzsche，Beyond Good and Evil，第 39 段）。在批判的意义上说，这并不意味着求真意志会受到认知的限度的限制，而是意味着，在献祭知识主体时，求真意志已丧失了一切限界以及一切真理的意图。"也许这里留下了一个惊人的思想，这个思想也许会变得战胜任何其他的勃勃雄心，也许会克服那个最胜利辉煌的求真意志：人性观念牺牲着其自身。看来无可争议的是，如果这一新的星辰出现在地平线上，那么只有这种求真的欲求，带着它巨大的特权，才有可能指导和承受这样一个牺牲。因为，对于知识来说，没有什么牺牲巨大过分了。当然，这一问题还从来没有提出过……"(Nietzsche, Dawn, 第 45 段)。

《不合时宜的思考》讨论了历史的批判性用法；历史学公正地裁断过去，斩断它的根源，消除传统的虔敬态度，通过向人提供关于人的其他起源（不同于他情愿看到那种）来解放人。然而，尼采责备批判史学，因为它使我们在感情上与每一种真正的源泉拉开了距离，因为它牺牲了生命运动本身而仅仅关注真理。但我们看到，此后不久，尼采又重新考虑了他起先拒斥的这一思路，但是他将这一思路指向一些完全不同的目标。这个问题不再是以只有我们现在才能拥有的真理的名义来裁断过去，而是在冒险摧毁那个求知意志的无尽的部署中寻求知识的主体。

在某种意义上，谱系学回到了尼采在 1874 年认识到的历史学的三种样式。它不顾尼采以生命的肯定性力量和创造性力量的名义提出的反驳，回到这三种样式，但却改变了它们的形态：对纪念碑的崇拜已变成了戏仿；对古代连续性的尊重已变成了系统的分解；以一种今人持有的真理来批判过去的非正义，这种做法已变成了借助一种求知意志特有的非正义来摧毁认知主体。

能 动 与 反 动

德勒兹 著

姜宇辉 译

身 体

斯宾诺莎为哲学和科学开创了一条新路。他说我们甚至都不知道一具身体能做些什么，我们喋喋不休地谈论意识和精神，但我们既不知道一具身体能做什么，哪些力是它自己的，也不知道这些力为我们保留了什么。[①] 尼采知道这一刻已经到来："我们正处于意识的谨慎的阶段。"[②]唤醒意识自身必要的谨慎就是把它当作它所是的东西：一个更深层次的变化的征兆（仅仅是一

---

① 斯宾诺莎，《伦理学》，第三部分，命题 2："我已经指出，反对者无法限定身体的权力的界限，或者说出可以从对其单独的本质的考察中推论出什么，虽然他们已经体验过为自然的法则所单独成就的许多事物，这些事物若非通过心灵的指导，他们是无论如何不会信以为真的。"见《斯宾诺莎的主要著作》（纽约：多佛出版社，1951），第二卷，第 33 页。

② 《权力意志》，第 676 页。

个征兆），一个完全不同于精神性的力的活动的征兆。"可能它是在所有的精神发展中的一个独一无二的问题。"什么是意识？像弗洛伊德一样，尼采认为意识就是自我为外在世界所作用的区域。[1] 然而，和从现实的角度、与外在性相关而得到定义相比，意识更多是从价值的角度、与超越性相关而得到定义。这一区别对于意识和无意识的普泛的概念来说是本质性的。在尼采的哲学中，意识始终是对一种与高级者相关并从属于它或与它"结合"在一起的低级者的意识。意识从来就不是自我意识，而是对一个与没有意识的自我（self）相关联的自我（ego）的意识。他不是主人的意识，而是与一个自身不必是有意识的主人相关联的奴仆的意识。"意识一般仅仅在一个整体想要把他自己归属于一个更高的整体的时候才显现……意识诞生于与一种我们能够成为其功能的存在的关联之中"。[2] 这就是意识的奴性；它不过是确证了一个"更高级的身体的形成"。

什么是身体？我们不把它定义成一个力的场域或一个多种力冲突的营养性的媒介。因为事实上既没有媒介，也没有力场或冲突。而且不存在现实的量度，因为所有的现实都已经是力的一种量度。存在的只有彼此之间以张力相联的大量的力。[3] 每一个力都与其他的力相关联，它或服从或命令。正是这种支配和被支配的力之间的关系界定了一具身体。无论是化学的，生物的，社会的，还是政治的，每一种力的关联都构成了一具身体。任何两个不平衡的力一旦相互关联就构成了一具身体，这就是为什么在尼采的意义上身体总是偶然性的产物，并且身体显得是最"奇妙"的东西（比意识和精神要奇妙得多）的原因。[4]

---

[1] 《权力意志》，第524页；《快乐的科学》，第357页。

[2] 《权力意志》XⅡ；第一部分，第306页。

[3] 《权力意志》，第635页。

[4] "人类的身体是一个比不久前的灵魂更为奇妙的观念。"（《权力意志》，第659页）；"那更为奇妙的，毋宁说是身体；一个人永远不会对人类身体已经生成的可能的观念停止好奇。"（克勒纳版，XⅡ；第一部分，第306页）

但是偶然性，力和力的关联，同样也是力的本质。因此，我们不能问一具活生生的身体是怎样诞生的，因为每一具身体都是构成它的力的偶然的产物。由多种无法化减的力构成的身体是一个复合的现象；它的整体就是一个复合现象的整体，支配的整体。在一具身体中，高等的或支配的力称为"能动的"，低级的和被支配的力称为"反应的"。能动的和反应的正是表现了力与力的关联的基本的性质。进入关联的力自身没有性质，除非（同时）它们具有一种与量的差异相应的性质。这种与它们的量一致的，限制性的力（无论是能动的还是反应的）间的差异，将被称为它们的等级。

力 的 区 分

尽管它们服从，低级的力（区别于那些统治的力）也仍然是力。服从是这种力的性质，它和统治的力一样与权力连结在一起：

> 个体的权力无论如何都不会被放弃。同样，统治的一方要认可对方的绝对的权力未被消除，合并，瓦解。"顺从"和"命令"是斗争的形式。（《权力意志》，第 642 页）

低等的力被界定为反应的；它们没有失去什么力，或力的性质；它们在确保手段和目的，在适应生存的条件和奉行保存，适应与效用的职责和任务的活动中运用它。这就是尼采的反应这一重要概念的出发点。机制上的和效用上的调节，表现出了低级的和支配性的力的所有权力的规则。我们同样应注意到现代思想对力的反应的这一面的无节制的嗜好。我们总是以为当我们在其反应的力的基础上理解了有机体时，我们已经做得足够了。作为这种反应力的摇摆不定的特性的自然迷惑了我们。这就是为什么在任何的生命理论中机械论和目的论总是处于对立；但这仅仅是对反应力作出的两种解释。的确，我们确实是从其力的角度来理解有机体的。但我们能按照它们的所是把握到反应力，能把他们当成力而非最终目的或机械性的手段么？只有当我们把它们与那些统治它们而自身不是反应的力联系起来时（才可能）：

> 人们总是忽视那些给出新的解释和方向的，自发的，攻击性的，扩张的，给予形式的力的本质上的优先性，尽管"适应"只是在这之后才发生；在能动的和给予形式的生命意志得以呈现的有机体中，其最高功能的统治地位常常被否认。（《道德的谱系》Ⅱ，第 12 页）

毫无疑问要描绘这些能动的力的特性是更为困难的，因为它们本质上逃避意识："最为基本的行动就是无意识。"意识仅仅表现了某些反应力与统治它们的能动的力的关联。意识本质上是反应的，这就是为什么我们不知道一具身体能做什么，或它能作出怎样的行动。而且我们对意识所说的话也同样适用于记忆和习性。更进一步，它也适合于谈论营养，繁殖，保存和适应。这些都是反应力，是反应的特殊的形式，是一个或另一个反应力的表现（《快乐的科学》，第 354 页；《权力意志》第 167、473、657、660 页）。意识不可避免地从自己的视角来看待有机体并用其自己的方式来理解它——即，以一种反应的方式。事实是科学紧随意识并完全依赖于其他的反应力，结果是有机体总是被科学从次要的和低贱的方面去看待，即从它的反应的方面。根据尼采，有机体的问题并非机械论和生机论之间的争论。为什么局限于在反应力中发现生命的特性的生机论就比只是以不同的方式解释同样的力的机械论更有说服力？真正的问题在于发现能动的力,缺少它们反应自身不会成为力。① 使身体高于所有的反应,尤其是高于自我的意识性的反应的正是必然是无意识的力的活动：

> 从知性的角度来看,全部的身体现象都要高于我们的意识,精神,意识性的思索,感觉,意志,正如代数学要高于乘法表一样。(克勒纳版,ⅩⅢ;第 599 页)

身体的能动的力使得它成为一个自我并把这个自我界定为优越的和奇妙的:"一个强大的统治者,一个无名的圣徒——他的名字就是自我。他居于你的身体之中,他就是你的身体。"(《扎拉图斯特拉如是说》;Ⅰ,"关于身体的蔑视者")真正的科学就是行动的科学,但行动的科学也必然是无意识的。认为科学应与意识同步同向的观念是荒谬的。人们感觉到了其中的道德的意味。事实上,科学只有在没有也不能有意识的地方才能发生。

"什么是'能动的'？伸展我们的权力",占有,支配,征服和统治就是能动的力的特性。占有意味着利用环境来强加和创造形式(《权力意志》,第 647 页,第 657 页;《善恶的彼岸》,第 259页)。尼采批评达尔文因为他完全以反应的方式来解释进化,甚至进化中的偶然性。他崇拜拉马克因其预言了一种真正能动的可塑性的力,它要优先于适应性:这种力就是变异的力。尼采正如唯能论者一样,视变化的能量为"高贵的"。变化的权力,狄

---

① 这里我们看到尼采的多元论的独特性。在他的有机体的概念中令他感兴趣的不是构成的力的多元性,而是能动的和反应的力的多样性,还有对能动的力自身的考察。

奥尼索斯的权力就是行动的首要的含义。但每次我们如此注意行动的高贵和与反应相比的优越性的时候都不应该忘记,反应正如行动一样也表现了力的一种样式。如果我们不把它们与恰好是另一种类型的高级的力相关联的话反应就不能被把握和科学地理解为力。反应性是力的一个基本的性质,但它只能从积极能动性出发并与之相关才能得到解释。

量　与　质

力有一个量度,但它们也同样有与量的差异相应的性质:力的性质就是能动的和反应的。我们有一种预感,力的测量这个问题将会是微妙的,因为它要运用性质解释的艺术。问题如下:

(1) 尼采一直相信力是能量化的,也一定要从量的方面来界定。

> 我们的知识已经如此地科学化以至于它已经能运用数和量度。应该思索是否一个科学的价值秩序能仅仅在力的数和量的尺度的基础上建立起来。所有其他的价值都是偏见,天真和误解。它们在任何地方都可以被还原为数和量的尺度。(《权力意志》,第 710 页)

(2) 但,尼采同样相信一个对力的纯粹的量化的规定仍然是抽象的,不完全的和模棱两可的。测量力的艺术带来了解释和评价性质的全部问题:"机械的解释只是想要量;但力却在质中被发现。机械的理论因此只能描述过程而不能解释它们。"然而,"所有的量难道不会是质的符号么? ……把所有的量都还原为质是无意义的"(《权力意志》,第 564、660 页)。

在这两种文本之间是否存在着矛盾? 如果一个力不能和它

的量分开,它也同样不能和其他的它与之发生关联的力分开。因此量自身不能和量的差异分开。量的差异是力的本质,是力和力的关联。梦想两个相等的力,即使人们给予它们意义上的对立,也仍是一个近似的和粗糙的梦想,一个统计学的,而又为化学所驱除的梦想,在其中活生生的东西被掩盖了。每次尼采批评量的概念我们都要把这当作是意味着:量,作为一个抽象的概念,总和本质上是倾向于一种对构成它的整体的同一化和平均化,一种对这个整体内部的差异的消弥。尼采指责每一个对力的纯粹的量的界定的地方正是它消弥、平均化和补偿了量的所有的差异。另一方面,每次他批评质的概念我们都应把这当作意味着:质和两个被宣称相互关联的力之间的量的差异相应。简而言之,使尼采感兴趣的绝非量到质的不可还原性;或,毋宁说,这仅仅作为一个征兆而引起他次要的兴趣。从量自身的立场来说,尼采最根本的兴趣在于量和质之间的不可还原的差异。质可以从量中区分出来,但仅仅因为它是一个剩余物;它是不能在量上被平均化的东西,是不能在量之间的差异中被消弥的东西。因此,在某种意义上,量(的差异)是质的不可还原的要素;在另一种意义上,这个要素不能被还原为量自身。质无非是量上的差异;二者在每一个力的关联中相对应。"我们不能不感到,仅仅在量上的差异是某种从根本上区别于量的东西,即,它们是不再能相互还原的质。"(《权力意志》,第565页)并且在这篇文字中仍然带有的神人同形论的成分应被尼采的如下原则所纠正:有一种对于万有的主体性——准确地说,它不再是神人同形的而是宇宙的。"把所有的质还原为量是无意义的"。

　　与偶然性一道我们确认了所有力的关联。并且,毫无疑问的,我们在永恒轮回的思想中一举确认了偶然性的总体。但不是所有的力都同时进入关联。他们各自的权力事实上只与一小部分的力相关。偶然性是连续性的对立面。力的各种不同的量的相遇是偶然性的具体的部分,肯定的部分,并且作为狄奥尼索斯的跟随者,对于任何法律来说它们都是外来者。现在,在这次相遇中,每个力都接受了与它的量相应的质;那就是说,充分表达了它的权力的那个状态。在一段模糊的文字中,尼采可以说宇宙包含了"不定的质的一种绝对的创生",但这种质自身的创生却包含了一种量的(相对的)创生。这两种创生是不可分的,这就意味着我们不能抽象地计算力;在每一情形中我们必须具体地评定它们各自的质及这种质的细微差异。

永恒轮回的第一方面:作为宇宙学的和物理学的学说

尼采对永恒轮回的论述包含了对终极状态或平衡态的批评。如果宇宙有一个平衡态,如果生成有一个目的或终极状态,它将已经达到它了。但现在的时刻,流逝的瞬间,都证明这一状态并未达到,因此力的一种均衡是不可能的。然而为什么如果均衡和终极状态是可能的它就一定要被达到呢?——通过尼采称为过去时间的无限性。过去时间的无限性仅仅意味着生成不能刚刚开始,它也不是已经生成的东西。它既不是已经生成的东西,也非某物的生成。如果它要生成什么,那么在尚未生成时它将会已经是它要生成的东西。所有这些是说,如果过去的时间是无限的,生成将已经达到其终极的状态——如果它有一个的话。确实,说生成如果有一个终极状态它将已经达到它了,和说生成如果有一个起始状态它将不会离开它是同样的。如果它是已经生成的某物,为什么它不在很早以前就停止生成?如果它是已经生成的某物,它又怎样开始生成的呢?

如果宇宙可以永恒和停滞,如果它在其整个的过程中有一个单独的存在的时刻,在严格的意义上,它将不再和生存有什么关系,这样人们就既无法设想也无法观察到任何的生成。(K,Ⅻ;第一部分,第 104 页。见类似的文本:《权力意志》,第 1062、1064、1066 页。)

　　这就是尼采声称从早期的思想家那里发现的思想。如果生成作为一个整体(如柏拉图在《巴门尼德》中所说)不能逃离现在,那么它一旦存在就将停止生成。"但每次我遇到这个来自古代的思想",尼采评论说,"它总是已经为其他的,通常是神学的隐秘动机所界定。"坚持要求追问生成怎样才能已经开始和为什么它还未结束,古代的思想家是欺骗的悲剧家,引发了过度的自信,罪恶和惩罚。① 除了赫拉克里特,他们都既未面对过纯粹生成的思想也未面对过发现这种思想的时机。现在的时刻不是一个存在的瞬间,也不是在严格意义上的现在,它毋宁说是一个流逝的时刻,这些都驱使我们去思考生成,但却是把它当作不曾开始生成,也不会终结生成来思索。

　　纯粹生成的思想是如何奠定永恒轮回的呢? 它仅仅足以制止对与生成区别又对立的存在的确信。但确信生成自身的存在同样是充分的。什么是生成着的事物的存在呢——那些既没有开始也从未终结生成的事物? 重现是生成着的事物的存在。"与存在的世界相比,重现的事物要更接近生成的世界:思索的重点。"(《权力意志》,第 617 页)

　　这个供思索的问题必须用另一种方式来表述:过去怎样在时间中被构成? 现在如何流逝? 流逝的时刻永远不会逝去,如

_____

① 《希腊悲剧时代的哲学》,第 4 页:"但是阿那克西曼德随后看到了另一个问题:为什么自从一个时间的整体的永恒已经流逝之后,所有已经发生的事物都久已不再消逝了呢? 将要发生的事物的更新之流由何而来呢? 只是通过一种神秘的可能性他才把他自己从这个问题中解救出来。"

果它不是已经过去和尚未到来——正如它同时也是现在。如果现在不是在自身中又通过自身而流逝的话,如果它要成为过去就不得不等待一个新的现在的话,现在从整体上讲就将无法在时间中被构成,而这个现在也不会流逝。但我们可以等,为了它的流逝(为了其他的时刻而流逝),这个时刻必然同时是过去和现在,正如同时是现在和将来,现在将不得不作为过去和将来和它自身共存;它是现在、过去和将来的综合的自我关联,这种关联又反过来为这个时刻和其他的时刻之间的关联奠基。

　　永恒轮回因此是过程问题的答案①,并且在这个意义上它必须被解释成自我同一的事物的返归。当我们把它当作同样的事物的返归,我们误解了"永恒轮回"这个表述。它不是重现的存在,而毋宁说在它确证生成和流逝的范围内重现构成了存在。它不是重现的事物,而是那个其自身被多样性和差异性的过程所确证的重现。换言之,永恒轮回的同一并不表示重现的事物的本质,而是相反,表示重现的差异的真相。这就是为什么永恒轮回必须被把握成一种综合:一种时间和它的维度的综合,一种差异性及其再生的综合,一种存在和确证生成的综合——一种双重确认的综合。因此永恒轮回它自身并不依靠同一性的原则,但要依靠一种原则,它必须在所有的方面都满足了真正充分的理性的要求。

　　为什么机械论是对永恒轮回的一个如此错误的解释?因为它既不必然也不直接意味着永恒轮回,因为它确实使由一个终极状态所导致的错误的结果成为必要。这个终极状态被认为与起始状态同一,并且,在那种程度上,人们可以推断出机械过程将再次经过同样的差异的集合。这就是经常为尼采所批判的循环论假说的基础。因为我们无法理解这个过程怎样能够从其起

---

① 从流逝的瞬间的角度对永恒轮回的描述可以在《扎拉图斯特拉如是说》中找到;Ⅲ,"论幻象和谜"。

始状态中出现，或从其终极状态中重现，或再次经过同样的差异但却甚至都没有经过只发生一次的无论什么差异的能力。循环论的假说无法解释并存的循环的差异（最重要的）或循环中差异的存在。① 这就是为什么我们只能把永恒轮回理解成一种原则的表达，这种原则是为了解释差异和差异的再生，或差异和它的重复。尼采把这个原则作为他最重要的哲学发现。他称它为权力意志。"我叫它'权力意志'，因为它表达了这样的特性，它不能从机械的秩序中思索得来而又不偏离这个秩序自身。"（《权力意志》，第 634 页）

什么是权力意志？

尼采解释权力意志的最重要的一段文字如下：

> "力"这个获得胜利的概念，通过它我们的物理学家已经创造了上帝和世界，仍有待完成：一个内在的意志必须被归属于它，我称其为"权力意志"。（《权力意志》，第 610 页）

权力意志因此被归属于力，但却以一种非常特殊的方式，因为它同时是力和某种内在的事物的补充物。它不是以谓词的方式归属。确实，如果我们提问"什么"的问题。我们不能说力是意愿着的"什么"。权力意志自身就是意愿着的什么；它既不能被抛弃也不能被转移到另外的主体上，就是用"力"也不行。但它又如何被"归属"的呢？我们想到力的本质是它与其他力相关

---

① "一个循环中的差异从何而来？……承认了在宇宙中每一个力的中心都存在着一个同等的能的聚集，我们将不得不追问哪怕是最微小的差异怎样能够产生。"（克勒纳版，XII；第一部分，第 106 页）

的量的差异,这个差异被称为力的质。这样理解的量的差异必然指相关联的力的一种差异的要素,它同样也是这些力的质的发生的基础。因此权力意志是力的谱系学的要素,它同时是差异的和发生的。权力意志就是这样的要素,由其中既产生出相关联的力的量的差异,又产生出由于这种关联而传向每一个力的质。这里权力意志揭示了它的本质;它是使力产生综合的原则。在这种综合中——与时间相关——力或者再次经过同样的差异,或者差异得到再生。这种力的差异和再生的综合是力的一种。永恒轮回就成为以权力意志为原则的综合。我们不应对"意志"这个词感到惊奇,因为除了意志还有什么能确定力和力之间的一种关联,实现力的综合呢? 但我们如何理解"原则"这个概念? 尼采总是批评"原则",认为与其应用相比它们总是太过普泛,用一张异常松散的网却佯装捕获了或控制住了它们漏在后面的东西。他喜欢把权力意志和叔本华的生命意志相对立,但愿仅仅是因为后者极端的普泛性。如果权力意志是一个充分的原则,如果它协调了经验主义和严格的原则,如果它构成了一种更高的经验主义,这是因为它是一个本质上弹性的原则,它不比它得以应用的领域更宽广;它在此领域内改变自身,在每一种情形中,它随着它所确定的东西确定它自身。权力意志事实上与任何这样确定的力的集合,它们的量、质和方向都是不可分的。它不比由它确立的力和力之间的关联更高级;它总是弹性的,可变的。①

　　不可分并不意味着同一。权力意志一旦和力分开,就会落入形而上学的抽象之中。但是把力和意志混淆起来是更为危险

---

① "我的观点是:心理学所说的意志至今仍是一种不合理的概括,这种意志根本就不存在,人们通过减去意志的内容,它的'趋向',来消除意志的特性,而不是试图把握一个确定的意志发展成许多的形式这种观念,——这在叔本华那里得到最高程度的体现,他所说的'意志'仅仅是一个空洞的单词。"(《权力意志》,第692页)

的：人们不再能把力作为力来理解，从而落入了机械论，忘记了构成它们的存在的力之间的差异，忽视了它们交互的创生从中起源的要素。力是运用权力的东西；而权力意志是想要自己被运用的东西。

这个区分意味着什么？前面的引文诱使我们想要对每个词都加以解释。力的概念本质上是获胜的，因为力与力的关联，当它在概念中得以思索时，是一种统治；在两个相关的力中，其一是统治的而另一个是被统治的（甚至上帝和宇宙也处于统治的关联之中，无论对在这种情形中的这样的关联的解释是怎样的可加以辩驳）。然而，这个力的获胜的概念需要一个补充，这个补充是内在的事物，一个内在的意志。没有这样一个附加物它不会获胜。力的关联将保持不确定，如果人们不给力自身附加上某种要素以使得它能确定这些关联。并且这种确定将是两个方面的。关联着的力会指向一个双重的然而同时的创生：在量中它们的差异的相互创生，它们各自的质的绝对的创生。权力意志是这样附加给力的，但是是作为差异和创生的要素，作为内在于其产物的要素。其本质没有一丝的人神同形论。更准确地说，它是附加给力作为其在一个关联（x＋dx）中的质的界定的内在原则，并且，作为这个关联（dy/dx）自身的量的界定的内在原则。权力意志必须被认为既是力又是力之是的谱系学的要素。因此，总是通过权力意志一个力才能对其他力取得优势并统治或命令它们。此外，仍然是权力意志使得一个力在一个关联中处于服从的地位，并且它是通过权力意志而服从的。①

---

① "这是怎样发生的？我问我自己。是什么劝诱生命服从和命令，并且甚至是在命令时践行服从的呢？那么，听着我的话，你们最智者。以彻底的真诚来检验，看我是否已爬行至生命的真正的心脏并进入它的心脏的真正的根。在我发现生命的地方我找到了权力意志；甚至在那些服从的人身上我找到了想要成为主人的意志。"（《扎拉图斯特拉如是说》II，"论自我征服"）

　　我们以某种方式发现了永恒轮回和权力意志的关联,但我们既未澄清也未分析它。权力意志既是力的创生的要素,又是力之间的综合的原则。然而,我们还不能理解这个综合怎样形成了永恒轮回,在这种综合中的力怎样必然地根据它本己的原则再生它们自身。另一方面,这个问题的存在揭示了尼采哲学中的在历史上的重要方面:它与康德主义相关的复杂的情态。综合的概念是康德主义的中心,它是后者的真正的发现。我们知道后康德的哲学从两个方面批评康德对这个发现所做的妥协:他们从支配综合的原则和在综合自身中再现的对象这两个角度批评他。他们要求一个既作为对象的条件又是真正的创生的和丰富的原则(一个有着内在差异和确定性的原则)。他们还指出相互完全外在的条件的不可思议的和谐这种残存物。就其作为一个具有内在差异和确定性的原则,他们要求解释:不仅仅是对于综合,而且还对于在综合中的杂多的再现。① 现在,若把尼采插入到康德主义的历史之中,那可以说他以原创的方式采纳了这些后康德哲学的要求。他把综合变成力的综合——由于没有以这种方式来看待它,人们就无法发现综合的意义、本质和内容。尼采把力的综合理解成永恒轮回,并且如此就在综合的核心发现了杂多的再现——即,差异的再现。他把权力意志作为综合的原则,并把这界定为彼此在场的力的差异和创生的原则。把这个假设留待以后再加以更好地确证,或许我们不仅可以相信在尼采哲学中有一种康德的遗产,还存在着一种半公开半隐藏的敌对。尼采并没有采取一种与叔本华对于康德的相同的立场,因为他不想像叔本华那样尝试一种解释从而把康德主义从其辩证的历险中根除并为其开辟新的渠道。对于尼采,这些辩证的历险绝非来自外部;它们以所有康德式批判的缺陷作

————————

① 对于这些在康德之后提出的问题,参见 M。

为其首要的原因。尼采看来已经找到(并已经在"永恒轮回"和"权力意志"中发现)一种对于康德主义的根本性的变革,一种对于康德背叛了其真正的内涵的"批判"的重新创造,并用新的概念,把这个批判的计划重新奠定了一个新的基础之上。

尼 采 的 术 语

尽管预期的分析还有待进行,但现在是整理尼采术语中的某些要点的时候了。这不仅仅是因为这种哲学的所有的严格性都依靠它,而且质疑它的系统的准确性是错误的。这在任何情况下都是错的,无论这是喜悦还是遗憾的原因。确实,尼采对于恰好每一个新的概念都使用了非常准确的新术语。

(1) 尼采把权力意志称为力的谱系学的要素。谱系学的意味着差异的和创生的。权力意志是力的差异的要素——即,在被视为相关联的力之间的量中产生差异的要素。权力意志是力的创生的要素——即,产生这种关联中的每一个力的质的要素。作为一个原则,权力意志并不压制偶然性;相反,它暗含着偶然性,因为没有偶然性它将既不能是弹性的也不能是可变的。偶然性把力带入关联,权力意志是这个关联的决定性的原则。权力意志必然被附加给力,但它只能附加给那些被偶然性带入关联之中的那些力。权力意志在它的心中拥抱偶然性,因为它自己就能够确认所有的偶然性。

(2) 量的差异和关联的力的各自的质都来自被理解为一个谱系学的要素的权力意志。力根据它们在量上的差异被说成是统治的或被统治的。它们根据它们的质被说成是能动的或反应的。权力意志属于反应的或被统治的力正如它属于能动的或统治的力。由于在任何的情形中量的差异都是不可还原的,因此想要测量它而又不解释彼此在场的力的各自的质将是一种徒劳的努力。力在本质上是差异的和质化的。它们通过传递给每一个力的质表达了它们量上的差异。给定了一个事件或现象,要评价给予它意义的力的质,并且,由此要测量彼此在场的力之间的关联——这是解释的问题。我们不能忘记,在每一个情形中,解释是相对于各种微妙的问题和困难而提出的。为了这,我们需要一种极为精细的知觉,即人们在一个化学家那里发现的那种。

(3) 力的质在权力意志中有它们的原则。如果我们问:"谁解释?"我们会回答:权力意志,因为正是权力意志在解释(《权力意志》,第556、643页)。但是作为力的质的来源,权力意志它自身就需要质,特别是流动的,比那些力的质还要精细的质。"权力意志的完全瞬间的质是支配性的。"这些如此直接地与创生的或谱系学的要素相关的权力意志,这些流动的、原初的和潜在的量的要素,不能与力的质相混淆。坚持尼采使用的术语是同样重要的:能动的和反应的表示力的基本的性质,但是肯定的和否定的表示权力意志的根本的性质。肯定和否定,评价和贬低,这些表现了权力意志,正如能动和反应表现了力。就像反应的力仍然是力,否定的意志,虚无主义,也仍然是权力意志:"一种朝向虚无的意志,一种对生命的厌恶,一种对生命的最基本的前提的反抗;但它是,并仍然是意志。"(《道德的谱系》Ⅲ,第28页)

如果我们现在认定两种质之间的区别是最为重要的,那是因为我们总是在尼采哲学的核心发现它。在能动和肯定,或反应和否定之间存在着一种深刻的关系,一种共谋,但绝非混淆。此外,对这些质的确定使整个哲学运转。一方面,很明显,在每一个行动中都有肯定,在每一个反应中都有否定。但另一方面,能动和反应毋宁说是肯定着和否定着的权力意志的手段或工具,就像反应的力是虚无主义的工具。另外,能动和反应需要肯定和否定作为某种超越它们但又对实现它们自己的目的是必需的东西。最后,更为深刻的是,肯定和否定的范围超越了能动和反应,因为前者是生成自身的直接的质。肯定并不简单地就是能动,而是变为能动的权力,在个体中变为能动;否定并不简单的就是反应,而是变为反应的。这就好像对于能动和反应来说,肯定和否定既是内在的又是超越的;肯定使我们进入狄奥尼索斯的荣耀的世界,生成的存在和否定把我们抛向动荡的大地,从中反应力得以出现。

(4) 基于所有这些原因,尼采可以说权力意志不仅仅解释,它也评价。解释就是确定给予一个事物意义的力,评价就是确定给予一个事物价值的权力意志。因此从起源的角度来看,从它们得到它们的价值的来源来看,价值并不比意义更抽象——即,由从中它得到它作为谱系学的要素的意义的角度来看,从权力意志中意义获得意义,价值获得价值。意义的意义由在一个事物中表现出来的力的质构成。人们会问这种力是能动的还是反应的,又是通过怎样细微的差异。价值的价值由在相应的事物中表现出来的权力意志的质构成。人们在这里会问权力意志是肯定的还是否定的,通过怎样细微的差异。哲学的艺术在这种程度上更为复杂,即这些解释和评价的问题相互指向和拓展。尼采称作"高贵的","高的"和"主人"有时是能动的力,有时是肯定的意志。他称为"卑贱的","低微的"和"奴隶"有时是反应的力,有时是否定的意志。我们以后会懂得为何使用这些术语。但是一种价值总是有一种谱系,它让我们相信,感觉和思索的东西的高贵和卑微都依赖于它。

谱系学家自己是适合于发现某种卑微是如何在一种价值中得以体现的,以及某种高贵是如何在另一种价值中体现的,因为他知道怎样对付差异的要素:他是价值批判的大师。① 我们会

---

① "我们需要一种对道德价值的批判,这些价值自身的价值必须首先被质疑。"
(《道德的谱系》前言,第6页)

从价值的观念中除去所有的意义，如果我们不是在其中找到如此多的有待穿透的容器，如此多的有待打碎的雕像，并试图以此来寻找它们含有什么样的最高贵的和最卑微的东西。只有从像狄奥尼索斯的破碎的肢体这样的东西中才能再次形成高贵的雕像。谈论价值的高贵一般证实了一种思想，它拥有太多的濒于危险的东西以至于无法掩盖自身的卑微。似乎整个价值的领域都无法找到它的意义，精确地说它的价值，当它作为所有的卑贱的、低微的和奴性的事物的显示和避难所。尼采——价值哲学的创造者——如果活得再长一些就将会看到他的最具批判力的观念服务于和变成了最卑微的和最乏味的意识形态的盲从；他的价值哲学的锤击变为阵阵的吹捧，论争和攻击性被苦恼意识所取代——确定秩序的诡辩的卫护者和现有的价值的监视者——谱系学被奴隶们握于手中。所有这些都证明了对质的遗忘，对起源的遗忘。①

起源和颠倒的意象

从根本上说，在能动的和反应的力之间存在着差异；并且从一开始，能动和反应就不是相继的，而是共存的。我们还发现在能动的力和肯定之间的共谋关系，正如反应力和否定之间的关系，是在这样的原则中得以揭示的，即否定是完全在反应的一边的。相反，只有能动的力肯定它自身；它肯定它的差异，并把它的差异作为愉悦和肯定的对象。反应力限制着能动力，甚至当它服从的时候；前者把界限和部分的限定加于后者，并已经被精

---

① 就它失去了对评价即创造这个原则的洞见而言，价值理论已经如此远离了它的根源。从尼采的观点来看，在任何情形中，与创造价值的关联无论如何都不能等同于对它们的沉思；毋宁说，它必须是对所有"公认的价值"的彻底的批判。

神或否定所占据。(《道德的谱系》Ⅱ,第11页)这就是为什么起源自身在某种意义上包含有颠倒的自我意象;从反应的力的一面来看,谱系学的和差异的要素似乎转向了后面,差异成为了否定而肯定成为了对立。起源的一个颠倒的形象伴随着起源——从能动的力的视角来看是"是"的,从反应的力的视角来看就成为"不",自我所肯定的东西成为了他人的否定。这就是尼采称为"价值定位的眼睛的反转"。[1] 能动的力是高贵的,但是它们在一个庸俗的形象前找到了自身,它们被反应的力所反映。

谱系学是差异和区分的艺术,高贵的艺术,但它向后在反应力的镜子中发现了自己。它的形象因此显现为一种"演化"的形象。这种演化经常以德国的方式被理解成一种辩证的和黑格尔式的演化,作为对立的发展;经常以英国的方式作为一种功利主义的派生物,作为利润和利益的发展。但是真正的谱系学总是被一种本质上是反应的进化论给出的形象所描绘;无论是德国式的还是英国式的,进化论是谱系学的反应的形象。[2] 因此,在起始处,反应力的特性就表现为:否弃从起源上构成它们的差异,颠倒它们所由来的差异的要素,并给它一个变形的形象。"差异养育了仇恨。"正是由于这个原因它们才不能把它们自身理解成力,它们才宁愿与自身对立也不愿这样理解自己并接受差异。尼采所抛弃的那种平庸的思想总是导致对在某种反应力的基础上解释和评价现象的狂热——每一种民族的思想都选择

---

[1] 《道德的谱系》Ⅰ,第10页。反应力一开始就否定了与它自身相差异的东西,而不是肯定自身,把否定仅仅当作一个简单的结果;从一开始,它们就与不是自身的一部分的任何东西相对立。

[2] 关于谱系学作为演化的概念,见《道德的谱系》;前言,第7页,和《道德的谱系》;Ⅰ是,第1—4页。关于这种英国思想的平庸性,见《善恶的彼岸》,第253页。对于谱系学作为演化的德国的观念和它的平庸性,见《快乐的科学》,第357页,和《善恶的彼岸》,第244页。

了自己的形式。但这种狂热自身却源自颠倒的形象,颠倒的起源。良知和意识不过是这种反应的形象的膨胀而已。

再进一步,假设依靠有利的外在的和内在的情况反应力扫除并中和了能动的力。这里,我们已经远离了起源;这不再是一个颠倒的形象的问题,而是发展这个形象,颠倒价值自身以使得低下的被置于高贵的位置,反应力获得胜利。如果它们胜利了,这是由于否定的意志,朝向虚无的意志发展了形象。然而它们的胜利并非虚构。问题是,反应力怎样获胜? 这就是说,当它们扫除了能动力,反应力是否就必然也成为了统治的、攻击性的和征服的? 它们是否在一起形成了一个更大的必然也是能动的力? 尼采答道,就算结合在一起,反应力也无法形成一个更大的、能动的力。它们完全以相反的方式发展:它们消解,它们把能动的力与它能做的事情相分离,他们拿走了它的权力的一个部分——或几乎所有部分。这样一来,反应力并未自身成为能动的;相反,它们把能动的力并入自身之中从而让它在一个新的意义上变为反应的。基于它的起源和发展,我们怀疑反应的概念的意义发生了变化;能动的力变为反应的(在新的意义上)。当反应力(在开始的意义上)把它和它能做的相分离。尼采将详细分析这样一种分离是怎样可能的。但必须指出尼采注意绝不把反应力的胜利作为一个复合的、高于能动力的力,而是作为减少和分解的力。尼采用一整本书(《道德的谱系》)来分析代表在人类世界中的反应的胜利的形象——苦恼意识,坏的良知,和禁欲的理想——在每种情形中他揭示出反应力不是靠构成一个更高的力,而是靠"分离"或分解能动的力来获得胜利的。并且在每种情形中这种分离都基于一种虚构,一种神话,一种谬误。正是朝向虚无的意志发展了否定和颠倒的形象并完成了缩减。

在缩减的过程中总是有某种虚构的事物为数的否定性的运用所证实。因此如果我们想要对反应力的胜利给出一个数上的转述，我们宁愿诉诸减法也一定不能诉诸加法，通过加法反应力将会结合在一起变得比能动的力更强大；这将会把能动的力与它自己的权力分开，并将否定任何差异，从而把它变为一个反应力。因此反应战胜行动以使自己不再是反应，这还不够。相反，虽然能动的力与它的权力的运用之间被一个虚构所分离，它因为这个原因仍然是反应的；确实，正是通过这一点它才真正变为反应的。因此当尼采用"低微的"、"卑劣的"和"奴隶"这些词时，它们表现了反应力的状态，即把它们自身置于高位并引诱能动的力进入陷阱，用奴隶取代主人——但他们仍然是奴隶。正如《权力意志》中一句伟大的评论："一个人总是不得不保卫强者而抵抗弱者。"

权力意志和权力的体验

我们知道权力意志是差异的和谱系学的要素，它们决定了力与力之间的关联并产生出力的质。我们同样知道权力意志必须把它自己呈现为力。由于力的动力完全依赖于权力意志，对它的呈现的研究就必须以极大的仔细进行。但是权力意志呈现自身意味着什么？在每种情形中，力的关联被确定为一个力被其他的低级的或高级的力所影响。因此权力意志被呈现为一种被影响的能力。这种能力并非一种抽象的可能性，而是必然在每一刻被其他的它与之相关的力所展开和实现。我们不应被权力意志的双面性所惊奇：它从创生和再现的角度决定了力和力之间的关联，但它又被关联的力从它自身的呈现的角度所决定。这就是为什么权力意志总是并且同时既是被决定的又是决定的，受限制的又是限制的。

首先，权力意志把自身呈现为被影响的能力，并且是作为自身被影响的力的确定的能力。这里很难否认在尼采身上没有一种斯宾诺莎主义者的灵感。斯宾诺莎,在一个极为深刻的理论中,把力的第一个量的规定都与一个被影响的能力相对应。一具身体将会拥有更多的力——如果它可以被以更多的方式被影响。正是这种能力或测量了一具身体的力,或表达了它的权力。另外,一方面,这种能力并非仅仅是一种逻辑的可能性,因为在每一刻它都被这一具身体和其他身体之间的关联所实现。另一方面,这种能力不是一种物理的被动性;唯一被动的要素就是没有充分被所谈到的身体产生的感觉。①

　　这对尼采也是一样的;受影响的能力并不必然意味着被动,而是易感性、敏感性和感觉力。在这个意义上尼采——甚至先于详尽地说明权力意志的概念和给予它充分的重要性——已经谈到了一种对权力的体验。在他把权力视为一个意志的问题之前他把它视为一种体验和感性的东西。但是当他详细阐发了权力意志的完整概念时,这个起初的特性并未彻底消失;它变成权力意志的呈现。这就是尼采为什么不停地告诉我们权力意志是"感受的原始的形式";其他所有的体验都是出自其中的。或者更好地,"权力意志既非一个存在也非一个生成,它是动人情感的力。"这就意味着权力意志把自身呈现为力的敏感性,力的差异的要素呈现自身为它们的差异的敏感性:

　　　　事实是权力意志甚至在无机界也处于支配地位,或,毋宁说,不存在无机界。人们不能在一定距离之外消除行动,因为议而不决一个事物吸引另一个事物并且一个事物感受到了吸引。这是基本的事实……因此权力意志需要感受到

①　如果我们的解释是正确的,斯宾诺莎看到了——在尼采之前——力不能与它的受影响的能力分开,这种能力表现了它的权力。然而,尼采批评斯宾诺莎,尽管是在另一点上:斯宾诺莎从未能得出权力意志的概念。他把权力和简单的力相混淆,并且他以一种反应的方式来把握力。

它看见的事物并体验到同化于它的事物的接近从而使它能
呈现自身。（K，ⅩⅢ；第204页）

　　从力占用抵抗它的东西或迫使低等的力服从的意义上说力
的感受是能动的。相反，它们是从属的——或，毋宁说是被作用
的——，当力被它所服从的高级的力所影响时。这里同样的，服
从是权力意志的一种呈现。但一个低等的力会导致解体，高等
的力的分裂；它会引爆它们所积聚的能量。在这个意义上尼采
喜欢原子裂变，原形质的分裂和有机生命的繁殖的现象放在一
起（《权力意志》，第348—349页，第654、660页）。不仅仅是解
体、分裂和分离总是表现了权力意志，被接替、被分裂和被分离
也同样如此："双重性显现为权力意志的结果。"给定两个力，一
个是高级的，另一个是低级的，人们可以看到受影响的能力怎样
必然在每一个中实现。但这种受影响的权力不会实现，除非相
应的力自身进入了一种历史，一个可感觉的生成的过程。因此，
（1）能动的力是行动和命令的权力；（2）反应力是服从和被作用
的权力；（3）逐渐扩大的反应力是分裂、分解和分离的权力；（4）
变为反应的能动的力是被分离和被与自身相敌对的权力。①
　　所有的感性不过是力的生成；存在着一个力的循环，在力生
成的过程中（即，能动的力变为反应的），甚至存在着几种相互对
抗的力的生成。因此，把能动的和反应的力的各自的特性平行
或对立起来是不够的。能动和反应是来自权力意志的力的质。
但权力意志自身具有质，作为力的生成，权力意志首先以力的敏
感性呈现自身，其次以力的变为可感知呈现自身。生成因此是
动人情感的力的最基本的事实的结果（《权力意志》，第638

---

① "这种当不再有什么来组织时就与自身相对立的最高的力，把它的力向瓦解和
　混乱扩展。"（《权力意志》，第712页）

页）。力的生成，一般说来，一定不能与力的质相混淆，因为权力
意志的质正是这些质自己的生成。确实，人们不能从力的生成
中抽离出力的质，正如不能从权力意志中抽离出力；对力的具体
研究必然暗含着一种动力学。

力的生成—反应

力的动力学把我们导向了一个困窘的结论。当反应力把能
动力与其自身的权力相分离的时候，这后一个力必然成为反应
的。能动的力成为反应的。这里，生成这个词必须在最强的意
义上来理解；力的生成显现为一种生成—反应。是否有其他的
生成呢？我们仍然没有感觉到，体验到，或知道除了生成—反应
之外的其他的生成的形式。我们不仅仅注意到了反应力的存
在；我们确证了它们在所有地方的胜利。但它们是如何胜利的？
通过朝向虚无的意志——由于反应和否定之间的紧密的关系。
什么是否定？它是权力意志的一种质，它把后者限定为虚无主
义，或朝向虚无的意志。这就是构成力的生成—反应的东西。
我们一定不能说能动的力成为反应的因为反应的力获得了胜
利；相反，它们之所以胜利是因为，通过把能动的力与其权力相
分离，它们以一种比它们自身还要根深蒂固的生成—反应的形
式把它交给朝向虚无的意志。这就是为什么代表反应力的胜利
的形象（苦恼意识，坏的良知，和禁欲的理想）首先是虚无主义的
形式。力生成—反应的，生成 —虚无的，看起来本质上包含于
力和力之间的关联。是否有另一种生成？所有的事物都令我们
想到可能会有。但，正如尼采经常说的，这需要另一种感性，另
一种感觉的方式。仅仅能拟想这个问题，我们还不能回答它。
但我们可以问为什么我们仅能感到和知道力的一种生成—反应
的。苦恼意识，坏的良知，和虚无主义心理上的特性，而是人性

的基础。它们是这样的人类的原则。人是大地的"病变的表皮",是大地的反应。正是在这个意义上扎拉图斯特拉说到他的对人的"极端的蔑视"和"极端的厌恶"。另一种感性和生成仍然会是人的么?

　　人的这种状态对永恒轮回来说是极为重要的。前者看起来如此严重地危及了和污染了后者以至于永恒轮回自身成为了痛苦、拒斥和厌恶的对象。即使能动的力再生,它们也将重新变成反应的,永远是反应的。此外,反应力的永恒轮回是力的生成——反应的返归。扎拉图斯特拉不仅仅把永恒轮回的思想作为神秘和隐密的,而且还作为令人恶心的,难以承受的。永恒轮回的第一次得以展示就伴随着一个年轻的牧羊人的古怪形象,"转动着,胡言乱语着,痉挛着,他的脸扭曲了",一条黑色的巨蟒悬于他的口中。后来,扎拉图斯特拉自己解释了这个景象:"对人的极端厌恶——这令我窒息并爬进了我的喉中……不停地再生,你所厌倦了的人,小人……唉,人不停地再生! ……并且甚至是小人的永恒的再生——那是我对所有存在的厌恶! 唉! 恶心!恶心! 恶心!"(《扎拉图斯特拉如是说》Ⅲ,"论幻象和谜",第2页,"康复的人",第2页)小的、卑微的、反应的人的永恒轮回不仅仅使永恒轮回的思想无法忍受,它同样使得永恒轮回自身成为无法忍受的东西,它使永恒轮回自身成为不可能的东西;它把对立置于永恒轮回之中。蛇是一种永恒轮回的动物,但蛇展开了;它成为一条"黑色的巨蟒"并盘于正待说话的口中——即,就永恒轮回作为反应力的一种而说。因为作为生成的永恒轮回怎能肯定一虚无主义的生成? 要肯定永恒轮回人们必须咬下并吐出蛇的头。然后牧羊人就不再是人或牧羊人:他"变得满脸喜悦,笑着! 在大地上还未有一个人如他这般笑"。另一种生成,另一种感性:末人。

意义和价值的二重性

力的一种生成—能动的，反应力的一种生成—能动的，将会是除我们现在所知道的之外的另一种生成。评价这样一种生成提出了几个问题，并应最后一次为我们考验尼采的力的理论中的概念的系统一致性服务。第一个假设出现了。尼采把径直达到其结果的终结的力称为能动的。被反应力与其权力相分离，能动的力因此必然成为反应的。但是反应力不也以其自身的方式径直达到其权力的终结？如果被分离的能动的力生成为反应的，是否进行分离的反应力相反地就成为能动的？这不就是成为能动的方式么？具体地说，是否不存在一种卑微，丑恶，愚蠢，等等，它通过彻底实行其权力直至终极的方式来成为能动的？"严格的和宏伟的愚蠢"，尼采写道。

这个假设令人想到了苏格拉底的反驳，但事实上与之又有差别。人们不再像苏格拉底那样解释说低等的力只有当形成了一个更大的力时才能胜利，而是毋宁说反应力只有当追寻它们的结果直至终极，因而形成了一个能动的力时才会胜利。

确实，一个反应力可以从不同的角度来考虑。比如，疾病阻止我运用我的权力；作为一种反应力它使我成为反应的，它缩小了我的可能性并使我处于一种我只能适应于它的缩减了的环境之中。但它以另一种方式向我揭示了一种新的权力并赋予了我一种新的我可以据为己有的意志，通过发挥这种奇异的能力到它的极致。（这种非常的能力建立起了多种多样的事物——比如，"从疾病的角度思考更加健康的概念和价值"的可能性。）这里我们看到了尼采所珍视的一种双重性：所有由于它们的反应的特性而被否弃的力，在几行或几页之后被承认吸引了他——它们由于给我们开启的视界而被当作崇高的，并且因为它们确证了一种令人不安的权力意志。它们把我们与我们自身的权力相分离,但同时它们给予了我们另一种如此"危险"和"有趣"的权力,它们带给我们新的体验并教会了我们新的受影响的方式。在力的生成—反应中有某种令人惊奇的东西,某种令人惊奇的和危险的东西。不仅仅是病人,而且有宗教信仰的人都表现出了这种双重性:一方面是反应的,另一方面却拥有一种新的权力。[①] "如果缺少了虚弱的人们所引入的精神,人类的历史将会是太过愚蠢的一件事物。"(《道德的谱系》,第7页)每次尼采谈到苏格拉底,基督和基督教,或其他形式的腐败和退化的时候,他发现了这同样的事物,存在和力的双重性。

然而,把我和我的权力的运用相分离的力和给予我新的权力的力是同样的力么?为他的疾病所奴役的病人和把它当作一个探索,统治和保持强大的工具的病人是同一个病人么?如咩咩叫的羊群般的忠实的信徒所需要的宗教和某些如新生的祈祷的鸟儿般的僧侣所需要的宗教是同样的宗教么?确实,反应力并非同一的,当它们与朝向虚无的意志之间或多或少地发展亲密性的程度时,它们也相应地改变自身的细微的差别。一个反应力既服从又反抗;另一个反应力把能动的力与它的权力相分离;另一个污染了能动的力并在一种朝向虚无的意志中把它带向生成—反应的;还有另一个起初是生成的但却成为反应的,与它的权力相分离,被拖入深渊,并与自身相敌对;这些就是谱系学家必须解释的并且其他任何人都不知道如何解释的所有不同

___

① "正是从这种本质上是危险的人类的存在形式(即牧师的形式)的土壤中,人才首先成为一个有趣的动物,只是在这里人类的灵魂从一种更高的意义上说获得了深度并成为恶的。"(《道德的谱系》Ⅰ,第6页)关于牧师的二重性:"他必须自身是有病的,他必须与病人深刻相关——他们还能用别的什么方式来相互理解呢?——但他必须同样是强壮的,他是自己的主人更胜过是其他人的主人,他的权力意志未受影响,以便既被病人信任又令他们害怕。"(《快乐的科学》Ⅲ,第15页)

的细微的差别、感受和类型。

　　在这所有的之后是否我要说我是精通于有关衰败的问
题的呢？我已经对它们前前后后地详加解释。甚至那些整
体上进行理解和把握的细致的技巧，那些发现细微差别的
手指，那种进行预测的心理学，和其他的什么东西是我的特
征。(《瞧，这个人!》Ⅰ，第1页)

　解释的问题就是在每种情形中解释反应力的状态——即，
它们所取得的与否定和朝向虚无的意志之间的关联的发展程
度。同样的解释的问题从能动的力的角度也能提出：在每种情
形中，解释它们的细微差别或状态——即，在行动和肯定之间的
关联的发展程度。存在着依靠跟随朝向虚无的意志而变为崇高
的和有吸引力的反应力，并且存在着由于无法彻底发挥其肯定
的权力而崩溃的能动的力(这是尼采称为"文化"或"高级的人"
的问题)。最后，评价给出了比解释的双重性还要深刻的双重
性。从否定的角度来评判肯定自身，从肯定的角度来评判否定
自身；从虚无意志的角度来评判肯定的意志，从肯定意志的角度
来评判虚无意志——这就是谱系学家的艺术，谱系学家就是
医生。

　　从病人的角度来考虑更为健康的概念和价值，并且相
反地，再次从一个充沛的生命的丰满和自我确认的角度向
下来观察衰败的本能的隐密的机制……(《瞧，这个人!》
Ⅰ，第1页)

　然而无论意义和价值有怎样的双重性，我们都不能推断说
一个反应力通过把它的权力发挥到极致而成为能动的。因为

"径直向极致的目的"，径直向"最终的结果"，有两个意思，这要看一个力是肯定还是否定，是肯定自身的差异还是否定差异的东西。当一个反应力产生其最终的结果时，这是与否定相关的；朝向虚无的意志作为它的动机。相反的，生成—能动预设了行动和反应之间的亲密性；为了成为能动的，一个力把它的自身的权力发挥到极致还是不够的；它必须把它自己的权力作为肯定的一个对象。生成—能动是肯定和肯定性的，正如生成—反应是否定和虚无的。

永恒轮回的第二个方面：作为伦理的和选择的思想

既无法被体验又无法被认识，生成—能动只能被当作选择的产物来思索：一个双重的和同时性的由力和意志的肯定的行动所作出的选择。但什么导致选择呢？什么作为选择的原则呢？尼采的答案是：永恒轮回。以前是作为厌恶的对象，永恒轮回克服了厌恶并且把扎拉图斯特拉变为恢复健康中的病人——它"抚慰"了它。但在什么意义上永恒轮回是选择性的呢？首先，作为一种思想，它给予了意志一个实践的规则（《权力意志》，第1053页，第1056页，"伟大的选择的思想"）。永恒轮回给予意志一个和康德的绝对命令一样严格的规则。我们已经指出永恒轮回作为物理的原则是思辨综合的一个新的形式。作为一个伦理的思想，永恒轮回是实践综合的一个新的形式：不管你意愿着什么，以这样的方式意愿它，即你同样意愿着它的永恒轮回。

　　如果在所有你想要做的事情中，你一开始问你自己：我确实想要无数次地做它么？——这将是你最坚实的重心。（K, XII；第一部分，第117页）

在世上只有一件事令尼采灰心：一点补偿，一点幸福，一点快乐，和人们同意的每件事，一次——只有一次。任何事情，如果人们第二天可以再做一次，那只有在这种情况下：即它在前一个晚上已经为人们谈到——明天我将不会再做它，这就是困扰着心灵的念头的整个的仪式。我们就像那些只允许给她们自己一次过度的机会的老妇人——我们像她们那样行动和思想。

哦，你将抛弃所有没有决心的意志并在怠惰和行为上显得坚定。唉，你将理解我的话：做你想做的，但首先要做到有能力去意愿。①

一种意愿着它自身的永恒轮回的懒惰、愚蠢、卑微、怯懦或怨恨将不再是同样的懒惰，同样的愚蠢，等等。让我们看得更清楚一点，即，永恒轮回怎样导致选择。正是永恒轮回的"思想"作出的选择。它使得意志成为整体性的事物。所有落在永恒轮回之外的东西都被永恒轮回的思想从意志中清除；它使意志变为创造，并导致了"意志＝创造"的等式。

很清楚，这样一种选择对扎拉图斯特拉的抱负来说仍然是低等的。它愿意在发展程度低的事物中清楚某些反应的状态，某些反应力的状态。但是反应力以它们自身的方式追寻着它们权力的终极，并且在虚无的意志中找到了一个强大的动机——这些抵制了第一种选择。它们远没有落在永恒轮回之外，而是进入其中并看起来和它一起再现。因此我们必须期望着与第一种相差异的第二种选择。但是这第二种选择使得尼采哲学中最

---

① 《扎拉图斯特拉如是说》Ⅲ，"论造就渺小的德性"，第 3 页。同样，《扎拉图斯特拉如是说》Ⅱ，"论怜悯"："然而最糟糕的是卑微的思想。确实，就是恶行也要强于卑微的思想。的确，你说：'大量微小的卑鄙行为中的快乐把我们从许多的大的恶行中拯救出来。'但这里一个人不应希望获得解脱。"

模糊的部分成为了问题,并形成了在其永恒轮回的学说中的一个几乎神秘的要素。我们应该仅仅列举这些尼采的主题而抱着以后给予它一个更详细的解释的希望。

1. 为什么永恒轮回被称为"虚无主义的最极端的形式"?(《权力意志》,第55页)如果永恒轮回是虚无主义的最极端的形式,而从永恒轮回中分离和抽离出来虚无主义自身总是一个"不完全的虚无主义"——无论它的范围有多远,有多强大(《权力意志》,第28页)。永恒轮回自己使得虚无的意志成为一个丰满的和完整的意志。

2. 朝向虚无的意志,正如我们到现在为止所解释的,总是和反应力结合在一起出现。它的本质就是否定能动的力并把能动的力导向否定并与自身相敌对。但同时它因此为反应力的保存,胜利和传染奠定了基础。朝向虚无的意志意味着普遍的生成—反应,力的生成—反应。这就是说虚无主义自身总是不完全的意义所在。甚至禁欲的理想也和人们所预期的相反,它是"一种保存生命的技术的权宜之计"。虚无主义是虚弱的、萎缩的和反应的生命保存自身的原则;贬低和否定生命形成了一种原则,在其荫庇之下反应的生命保存自身,持存、胜利并成为传染的。

3. 当朝向虚无的意志与永恒轮回相关联时发生了什么?这是它打破与反应力的联盟的唯一场所。只有永恒轮回才能使虚无主义变为一种完全的虚无主义,因为它把否定变为反应力自身的一种否定。在永恒轮回中,虚无主义不再把它自身表现为虚弱者的胜利和保存,而是作为它们的毁灭,它们的自我毁灭。

　　　这种毁灭采取了自我毁灭的形式——对那必须毁灭的东西的本能的选择……毁灭的意志作为一种更深的本能的

意志，自我毁灭的意志，朝向虚无的意志。（《权力意志》，第55页）

这就是为什么扎拉图斯特拉早在《序言》中就为那人歌唱，他"想要进入深处"，"因为他想要毁灭"，"他不想保存自身"，"因为他快活地经过桥上"。《扎拉图斯特拉如是说》的序言包含着永恒轮回就好像它是一个未成熟的秘密。

4. 与自我敌对不应与这种自我毁灭相混淆。在自我敌对的反应的过程中，能动的力成为反应的。在自我毁灭中，反应力自身被否定并被导向虚无。这就是为什么自我毁灭被说成是一种能动的运作，一种"能动的毁灭"（《权力意志》，第55页；同样，《瞧，这个人！》Ⅲ，第1页）。它并且单独就表现出了力的生成—能动；力在这种程度上成为能动的：即反应力以一种原则的名义否定和压制它们自己，而这种原则在不久前还确保了它们的保存和胜利。能动的否定或能动的毁灭是心智强健者的状态，他们摧毁了在他们中的反应的要素，把它交给永恒轮回的检验并把他们自己也交给这种检验，即使这需要他们意愿自身的衰落；"这就是强大的精神和意志的状态，它们发现不可能由于'判断'的否定而停止；它们的本质要求能动的否定。"（《权力意志》，第24页）这就是反应力成为能动的唯一方式。另外，这就是为什么否定——作为反应力自身的否定——不仅仅是能动的，而且也确实是变化的。它表现了肯定，它表现了作为肯定的权力的生成—能动。尼采这样说道：

> 生成的永恒的快乐——这快乐甚至包含着毁灭的快乐……对毁灭和破坏的肯定，这是狄奥尼索斯哲学的决定性的特征。（《瞧，这个人！》Ⅲ，《悲剧的诞生》，第3页）

5. 永恒轮回中的第二种选择因此就在于:永恒轮回产生了力的生成—能动。把朝向虚无的意志和永恒轮回相关联以便能意识到反应力并不返归是足够的。无论力的作用范围有多远,它们的生成—反应有多深,反应力不会再生。渺小的,卑微的,反应的人不会再生。在永恒轮回中并通过永恒轮回,否定作为权力意志的一种质把自己变成肯定;它变成一种否定自身的肯定,并生成一种肯定着的权力,一种肯定的权力。这就是尼采作为扎拉图斯特拉的治疗和狄奥尼索斯的秘密而提出的:"虚无主义自己使自身消失",多亏了永恒轮回。

现在,这个第二种选择与第一种选择是极为不同的。这不仅仅是一个运用简单的永恒轮回的思想来消除意志中的所有落在这种思想外面的东西的问题;毋宁说,通过求助于永恒轮回,它现在是一个使那些不能进入存在的事物——以不改变其本质的方式——进入其中。因此,它不再是一个选择性的思想而是一个选择性的存在;因为永恒轮回是存在,存在是选择(选择=等级)。

永恒轮回的问题

所有这些都应被当作对需从以下的要点来澄清的文本的简单的列举:权力意志的两种质的关联,否定和肯定;权力意志自身和永恒轮回之间的关联;变化作为一种新的体验,思考的方式,和最重要的,作为一种新的存在方式(末人)的可能性。在尼采的术语中,价值的颠倒表示能动的取代了反应的(确切地说,这是对一种颠倒的颠倒,因为反应就是从取代行动开始的)。但是价值的变化,或价值的重估,表示肯定取代了否定。更精确地说,或许它意味着否定变成了一种肯定的权力——高超的狄奥尼索斯的变形。所有这些仍然有待分析的要点形成了永恒轮回学说的顶点。

从远处我们几乎看不出顶点在哪里。永恒轮回是生成的存在。但生成是双重的：生成—能动和生成—反应，同样地，反应力的生成—能动和能动力的生成—反应。只有生成—能动才谈得上存在；说生成的存在被一种生成—反应肯定是自相矛盾的——即，通过一种自身就是虚无的生成。永恒轮回自身将成为矛盾的，如果它是反应力的返归。永恒轮回教导我们生成—反应是没有存在的。事实上，它同样教导我们力的生成—能动的存在。在它再生生成的过程中它必然产生力的生成—能动。这就是为什么肯定是成对出现的；因为人们不能充分肯定生成的存在而不同样肯定生成—能动的存在。永恒轮回因此就有着一个双重性，因为它是生成的普遍的存在。但生成的普遍的存在要求一个单独的生成。只有生成—能动才有任何存在，这种存在是生成作为一个整体的存在。每个事物都要返归，但每个事物都在一个单独的瞬间被肯定。无论人们怎样强调永恒轮回作为生成的普遍的存在——另外，无论人们怎样肯定生成—能动作为普遍的永恒轮回的征候和产物——肯定改变着它的细微的差异并变得越来越深入。作为一个物理的学说，永恒轮回肯定了生成的存在。但作为一种选择的本体论，它肯定了生成的这种存在作为生成—能动的"自我—肯定"。人们看到在扎拉图斯特拉与其动物的共谋的核心发现了一个误解，它以动物既不理解也不认识的问题的方式出现，但这却是扎拉图斯特拉自己的厌恶和康复的问题："'哦，你们这些丑角和四足的动物！'扎拉图斯特拉答道并再次微笑……'你们已经为这做了一首四弦琴的歌谣了么？'"（《扎拉图斯特拉如是说》Ⅲ，"康复的人"）这古老的歌谣，古老的禁忌，是循环和万有，普遍的存在。但肯定的完整的公式是万有，是的，普遍存在，是的；但普遍的存在需要一个单独的生成，万有需要一个单独的瞬间。

尼采的永恒轮回体验

克劳维谢　著

邵强进　译

　　八月艳阳映照当头，流年飞逝，山峦、丛林更趋沉寂与平和。些许思绪浮上我的脑海，我从未见过它们——我不会暗示它们是什么，但将保持我不可动摇的冷静。现在我设想，我不得不多活几年。啊，我的朋友，我有时想，我过着一种高度危险的生活，由于我是那些可能四分五裂的机器之一，我紧张的感情令我震颤和狂笑。好几次我不能离开我的房间，其荒谬的理由是我的双眼在灼烧。为什么？因为我为过去流浪的日子哭泣太多。喜悦的泪水，提醒你，不是感伤的泪水；伴随着我毫无意义的歌唱与言说，充满了一个远胜于他人的全新视界。

　　若我不能从自我继承力量，若我不得不依赖外间世界以求鼓励、安慰与友善的欢呼，我将在哪里？我将是什么？确实有些时候，甚至在我的生命中的某一整段时期（如1878年），一句鼓励的话语、一次友好的紧紧握手，本可以是灵丹妙药，——而确切地说，我被离弃，蹒跚而行。那些我原以为我可以依赖的人，本可以对我施善的人，现在我不再期望这些，仅感到一种哀婉而凄凉的惊异,例如当我想到我收到的信件;那些都毫无意义。没有任何人因我而发生任何事,没有人曾给我任何思想。他们写给我的,全都非常体面而善意,只是太遥远、太遥远、太遥远,甚至亲爱的布克哈特(Jacob Burckhardt)也写来如此温顺而畏怯的短信。

相同的对永恒轮回体验中的遗忘与回忆

尼采对永恒轮回观念的发现是一种顿悟,多亏一种感觉,灵魂的某种状态或调性。该观念最初被这种感觉迷惑,作为一种特定原则而自我浮现。然而,它保留了天启的特性——一种突然的揭示。这里,这种体验的狂喜特性必须和宇宙之环区分开来,这是充塞尼采在青年时代,在其希腊化时期的一种观念。

但遗忘在这种天启中如何发挥功能? 更具体地,是否遗忘是一种不可或缺的条件,不仅对于永恒轮回的出现,也对于它所浮现之人的本性转变的源泉? 这样,遗忘引发了在生命层次所有同一的永恒生成与吸收。

在尼采自己的体验中,是否在天启内容与该内容的命令信息之间,隐含着一种张力——至少(作为一种道德原则)当它以如下方式建构时:表现出似乎你不得不无数次复活你的生命,并希望复活无数次,——因为你必须以某种或另一种方式托付并复活它。

命令式的命题用于补充(必需的)遗忘,通过激发(权力)意志;第二个命题预见了在遗忘行为中未被察觉的必然性。

回忆与轮回的天启意志同时发生。但轮回怎么没有能够带回遗忘? 不仅我确实知道我(尼采)被带回到那一关键时刻,永恒轮回的顶点——恰恰在必要轮回的真理展现于我的那一刻——但,在相同的意义上,我知道我不同于现在的我,因为已经忘却这一真理,因此我已经通过学习他而成为另一人。是否我将改变并再一次遗忘我将在整个永恒中必然改变,直到我重新知道新的揭示?

重点必须放在一给定实体的失落上。"上帝之死"(那个保证可说明的自我的实体的上帝)向所有它可能的实体开启了灵魂,已经通过尼采式的灵魂的不同情感而理解。永恒轮回的揭示必然连续地带来所有可能实体的实现:"所有历史的名字,最终,是我"——最后,"狄奥尼索斯对抗被钉死在十字架上的人"。"上帝之死"因而符合尼采的一种感情,与永恒轮回的欣喜若狂的时刻相同。

插　　曲

永恒轮回是一种必须被意志的必然:仅现在为我的那个人能意志我回还的必然性,并且所有时间将终结于我之所是——也即,由于这里的意志设定了一个主体。现在这个主体再也不能一如既往地意志自我,但必须意志所有以前的可能性;因为,在接受轮回的必然性作为宇宙的初始法则过程中,我非现实化我当前的自我,以求在所有其他的自我中意志我自己,必须经历这整个系列,以便我能随着循环运动,再一次成为我发现永恒轮回法则那一刹那的我。

在永恒轮回天启于我的那一刹那,我不再是这里的和现在的我。我能够成为无数个他人,并且我知道,一旦我处于我自己的记忆之外,我将遗忘这一天启。这一遗忘构成了我自己的界限的对象。类似地,我现在的意识仅能建构于我对其他的可能实体的遗忘之中。

什么是记忆? 必然的循环运动令我屈服于自己,使我从自我传递到自我。现在,如果我宣称这意志——并且,意志它必然地我将再次意志它——我将迫使我的意识扩展到这一循环运动。与此同时，即便我要使自己与该循环同一，我将永远不会从作为自我的形象中重现。实际上，当我震惊于永恒轮回的突然天启的一刹那，我不再存在。为使这一天启拥有任何意义，我必然要丧失自我意识，并且轮回的循环运动混合着我的无意识，直到它引导我回到那一点的那个时候，即经历我各种可能性的整个系列的必然性天启于我的那一点。那么，所有遗留给我的就是再次意志我自己，不再作为这些以前的可能性的结果，不再作为数千种可能性中的一个实现，而是作为偶然的一刹那，恰恰该偶然导致了整个序列必然的、整体的轮回。

　　但要再次意志自我作为偶然的一刹那，就是要永远地放弃自我存在；这不是另一种方式——即，这不是我已经永远地放弃自我存在。同时，在任何情况下，必须意志到该放弃。此外，即使这一刹那永远地偶然，我仍不存在，如果我确实必须再次意志恰恰这一时刻；再一次！一无所求？为我自己。并且，这里没有任何东西永远作为该循环。它是世界上所有已经发生的、所有正在发生的、所有将要发生的事情的有效信号。

没有遗忘，意志如何参与到必须再次意志中去？

　　确实，恰在必然的循环运动天启于我的刹那，这一过去从未发生过的体验出现在我的生活中！为使我知道并感觉万物轮回的必然性，要求有高尚的情感，灵魂的提升状态。如果我沉思于那循环突然天启于我的提升状态，我做出结论，它不可能未在我面前已经出现过无数次，也许是以其他形式。但这一结论是可能的，仅当我承认这被提升的状态不出于我自己的强迫，相反地，它是对存在、现实自身唯一的有效阐释。但我已经遗忘了所有这一切，因为它被铭刻于循环运动的本质中，该运动本身被遗忘，从一种状态到下一种状态（为使一种状态运动到另一种状态，从而转向某个外在的自我；每一事物都将终止的替代性存在）。即使我未遗忘我此生曾经如此，我仍然将转向自我之外进入另一个与当前没有任何差异的生活！

冒每一事物都终止的风险？是否这就是说，在这突然天启的时刻，该运动被阻滞了？事情远非如此。因为我自己，尼采，不能逃脱于它。该天启出现于我不是作为回忆，也不是作为一次记忆错觉的体验。一切将为我停止，如果我记起以前一次相同的天启——即使我要继续宣称这一必然的轮回——将使我在自我中保持我，从而处于我所教授的真理之外。因此我必然遗忘这一天启，为使它为真！为了我突然瞥过的序列，我必须经历那序列，为了被带回到同一点，这种同样的永恒轮回的天启，蕴涵着相同的天启也能在循环运动的任何其他刹那已经出现。它必须是这样：为了接到这一天启，我一无所是，除却我在循环运动的所有其他时刻有接到这一天启的能力：没有任何地方特定地为我而设，但总存在于作为一个整体的运动。

尼采把相同的永恒轮回称作终极思想，也称作最高情感，最高尚的情感。这样，在和《快乐的科学》同时撰写的未出版的一份资料中，他说：

> 我的原则教导：你必须以渴望重生的方式生活，这是你的义务——无论如何你都将重生。致力于它的人获得最高尚的情感，信赖它的人带来最高尚的情感，让它休息吧；参与到追随并遵从最高尚的情感的行动中的人，让它遵从吧。设若它知道如何获得最高尚的情感，在它一无所是之前拖拽回来。永恒依赖于此。

他在早些时候指出，和秉承永恒灵魂的本性不同，它适应于永恒的生成与未来的改良,当前的人性不再知道如何等待。这里重点不在于意志,更在于渴望与必然性,这渴望与必然性是试图永恒的它们自己:因而要引证最高尚的情感,或用尼采的术语说,高级的情感——灵魂的提升状态。

正是在这样的灵魂的高级状态、这样的情感中,尼采生活于永恒轮回出现的时刻。但一种灵魂的状态、一种情感如何能够成为一种思想,最高尚的情感——最高级的情感,永恒轮回如何能够——成为终极思想?

1. 灵魂的那种状态是一种紧张的波动。

2. 为使它可交流,该紧张必须把自身作为目标,从而依赖自身轮回。

3. 在依赖自身轮回中,紧张自我阐释。但它如何能自我阐释? 通过成为它自身的对应力量。为此,紧张必需划分、拆分,并重新组合;现在,在能被称作上升与下降的时刻里,这就是它所发生的事情。然而,这总是一种相同的波动,是具体的意义上的波浪(让我们简单地指出,在传递过程中,尼采的反应可通过重要的地方,即海浪的美景,得到解释)。

4. 但阐释是否预设了对意义的寻求? 上升与下降,这些是信号,除此无它,在这确定的一升一降之外是否有任何意义? 紧张从来没有不同于作为紧张的任何含义。似乎紧张自身没有意思。什么是意思,它如何被建构? 还有,谁是意思的代理?

5. 似乎意思的代理,从而,意义的代理,再次是紧张,这与它波动的多样性相对应。如何紧张本身没有意思(不同于作为一种紧张),它如何能作为意义的代理,或被指示为灵魂的这种或那种状态? 稍早些时候我们问,它如何能自我解释,我们回答,它必须在其上升与下降中扮演其自身的对应力量,但这并不超越于一简单的断定。那么,它如何能获得一种意思,意思如何能在紧张中建构? 确切地说,在依赖自身轮回中,——通过一种重复自身并模仿自身的新的波动,它确实将成为一种信号。

6. 但首先,信号追踪于紧张的波动。如果信号保有其意思,那是因为紧张的程度伴随着它。这么说,仅当紧张重回它最初的轨道而形成新的流动,它才有意义。

7. 但一个信号不仅是一次波动的轨迹。它也可以表示紧张的空缺。这里,同样特殊的是一次新的流动是必要的,若要指示这种空缺。

8. 我们是否要替这一流动的注意、意志、记忆命名,或者,我们是否称这一回流为冷漠、闲适或遗忘,它总是相同的紧张的问题,同波浪运动没有任何差异,有着相同的咆哮:"你和我,"尼采说过,"我们有同样的来源! 同样的种族!"

这一流动和回流相互融合,波动套着波动,就像波峰飘浮着一往直前的形状,是紧张遗留的指示信号。这是我们所能思考的。但虽如此,还有某些东西充分地向我们敞开——我们其他的,显然受限制和被封闭的本性——使尼采激发了波浪的运动。这是因为意义通过流动而存在;尽管紧张波动的信号达到了顶点,意义从不绝对地从它所掩盖的运动峡谷中脱离。那么,每一个意义保留着一种混沌功能,意思从其中产生。

紧张作为无始无终地运动的混沌的主体

紧张对每一个人都起作用,其流动与回流构成了思想有意义或无意义的波动。当每一个人都显得拥有它时,它实际上不属于任何人,既无始也无终。

但是,和这种波动起伏相反,若我们每一个人都形成一个封闭、显然有限的整体,确切地说,这是由于这些意义波动的轨迹;即,通过一个信号体系,这里我将给信号的日常代码命名。就我们自己的波动的开始与终结而言——在其基础上,这些信号允

许我们指示,言论我们自己和他人——我们一无所知,除了由于
这一代码,信号总是相应与紧张的程度,有时是最高级的,有时
是最低级的:即使这一信号是 me,或 I,我们所有代词的主体。
然而,多亏这一信号,除了曾是一个可变的波动轨迹外,它一无
所是,我们把我们自己建构为思考,一种向我们如此展示的思
想,即使我们从来不十分确信,并非是他人在我们中思考并继续
思考。他人构成了与我们保持自我的内我相关的外我,但它是
什么? 一切都回归到一个简单的讨论,回归到紧张的波动,它既
相应于每一个人的思想又不相应于任何人。

　　信号"我"在日常交流中的代码,目前为止,它确证出现与空
缺的各种内在与外在的程度,从而确保一种我们自身与环境一
致的可变状态。这样,关于没有人的思想,它自身中的紧张,没
有确定的开始与终结,在适合于它的人中找到一种必然性,并知
道在记忆与遗忘的变迁中的命运;这是为了主体或自由的世界。
为了出现一个指派,为了建构一种意义,我的意志必须参与——
但再一次(声明),它不过是这种合适的紧张。

　　现在,在一种情感,一种状态中,我将要以最高尚的术语称
呼它,我将立志于坚持其为最高级的思想——什么已经发生?
是否我已经超越了我的限制,通过相同的记号贬低信号的日常
代码,或因为思想抛弃了我,或因为我不再区分来自虚无和来自
内在的波动之间的差异?

　　迄今为止,在日常意义上,思考总能依赖于"自我"一词的应
用。但是什么成为我自己的一致性,在这种紧张程度上,思考不
再把我包括在"自我"中,并发明了一个信号,通过它一致地指
示它自己? 若它不再是我自己的思想,它是否指示我被排斥于
所有可能的一致性之外? 如果它仍然是自己,如何可想象它能
指示在最高紧张程度上紧张的空缺?

　　让我们假设,循环的形象在灵魂到达最高状态时形成:我的

思想产生了某些东西,以便通过这一信号,它死亡了——从而我的思想不再真正是我自己的。或者,也许我的思想是如此紧密地与曾经发明这一信号的信号(该循环)相同一,它指示着所有思想的力量。这是否意味着,思想主体将丧失它自己的特性,因为一致的思想本身将排除那种特性?这里,没有任何东西去区分正在指示的紧张和已经指示的紧张——即,没有任何东西服务于建构自我和世界之间日常用法的一致性。相同的循环把我带回到信号的日常代码,再次使我乞求于信号,一旦我尝试解释他们所代表的事件。

在这无法言喻的时刻,如果我听到有人说:"你将回到这一刻——你已经回到过它了——你将无数次回到它,"同样一致的是这一命题似乎符合于该循环的信号,它从其中产生,同时保持这完全同一的命题。到目前为止,这确实是日常信号语境中的我,我陷入不一致。不一致这里假定了两种形式:恰与这一思想自身的一致相关联,也与信号的日常代码相关联。根据后者,我只能永远意志我自己:这基于所有我的指示以及它们的意义可以交流。但再次意志我自己,再一次,隐含着没有任何东西曾经永远在单一意义上建构。循环向我开放空虚,并将我包围在以下替代中:或者一切轮回,因为无论如何没有任何东西曾有任何意义,或者,事物从来没有任何意义,除了通过一切事物的轮回,既无始亦无终。

这里有一个的信号,我自己在其中一无所是,我总是回归它——不为任何,我在这一循环运动中起什么作用,该运动与那个不一致的我相关联,或与这一思想如此一致,以致恰在我思考它时它排除了我?什么是该循环的象征,为了该象征它清空了其内容的所有指示?灵魂的提升状态成为最高级的思想,仅通过屈服于其自身的紧张。在屈服于这一状态时,混沌被恢复为该循环的象征——也即,紧张的来源被加入到紧张的产物中。

　　该循环自身没有言说任何东西,除了那种存在仅在作为存在时有意义,或者,那种意义不是任何东西,仅是一种紧张。这就是为什么它在一种灵魂的提升状态中被揭示。但紧张如何能到达自我的现实性,尽管它被这种高级状态所提升? 通过释放将它指示为我的流动,以便那再一次被意志的重新回响其现在。使尼采沉迷于这一时刻的不是存在于那里的事实,而是回到所生成的事实;这被经验与重生的必然性,向为了意义的意志和创造发出了挑战。

　　在循环中,意志通过在生成中沉思这一轮回而竭尽其自身。并且它仅在循环之外的不协调中被复活——因而该紧张通过最高级的情感而被实践。

　　尼采高尚的陈述以格言形式发现了它们的直接表达:甚至那里,求助于信号的日常代码,它被展示为一种持续保持自身与日常连续性不连续的实践。当这些情感陈述蓬勃发展为难以置信的构造,似乎紧张沉思的流动和回流在寻求创造它自己的不一致的参照点。这么多的提升状态,这么多的神灵,直到宇宙表现为众神之舞:宇宙仅是一个从它自身通过大量神灵而永恒飞转并重新发现自身存在……

　　这种自我推动的众神之舞,在扎拉图斯特拉的神秘视野中,仍然仅是一次澄清,关于这种流动与回流,关于尼采陈述的紧张,在神圣的恶性循环的信号下,他所出现的最高尚的陈述。

　　神圣的恶性循环不仅仅是一个这里展现出神圣面目的信号的名字,在狄奥尼索斯的面目下:尼采的思想,与一种神圣的难以置信的面目相关,较之它像在它自己思想的陷阱中与自身抗争,更自由的呼吸。是否他在说,实际上,事物的真实本质是一种幻象——一种寓言——通过它代表事物,一种幻象,没有它存在根本不能被代表?

　　心灵的提升状态,尼采在其中体验永恒轮回的眩晕,引发了恶性循环的象征,那里,思想最高级的紧张(自我封闭、一致的思想)和一种在日常表达中紧张平行的缺乏一起同时被实现。在相同的意义上,甚至"我"这个词语也被清空了所有内容——迄今为止,所有其他一切已经回还到该词语。

结果,就恶性循环用做界定相同的永恒轮回而言,一个信号作为一种事件出现于尼采的思想中,该事件代表所有能发生的一切,所有将要发生的一切,所有在世界中能发生的一切,或者思想自身。

永恒轮回的体验作为可交流的思想

尼采给出的第一种关于他 Sils-Maria 体验的解释(《快乐的科学》,第 34 节),以及其后在《扎拉图斯特拉如是说》中,基本上作为一种幻觉来表达:似乎该时刻自身在一面镜子中被立刻反射。这里它是我,相同的"我"觉醒于他自身以及它自己生活的无穷复制中,同时一种魔鬼(就像《一千零一夜》中的精灵)说:你将不得不再一次和无数次经历这一生活。随之而来的反应宣称:如果这种思想控制了你,它将使你成为另一人。

无疑,尼采这里谈论的是一种同一自我的轮回。这是模糊的观点,是其当前和将来的绊脚石。因此,从一开始,这种永恒轮回的思想一般被认为是一种荒谬的幻想。

扎拉图斯特拉认为意志受到时间不可扭转性的限制:这是对萦绕于心的证据第一反射的反映。尼采通过对意志的一种"分析性"治疗,寻求在有意识的层次上再次抓住该幻觉。它与三维时间(过去—现在—未来)的关联是什么?意志将其无能力性投射到时间上,这样赋予了时间不可扭转的特性。意志不能阻止时间之流——不能意志时间建立的、已经完成的事实顺序。其结果是意志中的复仇精神,该意志相应于不可移动或不可动摇的,以及他对存在的惩罚性的信念。

扎拉图斯特拉的救赎就是再次意志不被意志的东西,在其欲望范围内,就关于他自己已经实现的事实排序,从而使它未完成——就是说,通过再次意志它无数次。这一计策解除了一切事件"永远"的特性。这样是一种遁词,Sils-Maria 体验(它自身不可理解)首先提供给反映,给那种紧密联系于意志的反映。

然而,这样一种计策仅是一种引导方式,内在于关于永恒轮回反映的尝试:不行动,扎拉图斯特拉拒斥它为一种错误的救赎,没有顺从于相同的时间反转。如果一切事物根据恶性循环法则轮回,那么所有自愿的行动都等于一种实际的不行动。在有意识决策的层面上,不采取行动相应于个人意志的空虚。它将表达灵魂的强烈的提升状态,正如它将决策采取某种行动那么多。因此再次意志那些已被再次意志的如何能有创造性?坚持轮回也就是承认遗忘独自能使我们用旧的创造取代新的创造以至无穷。在有意识的同一自我层次上,建构再次意志的使命将依旧是一种重复:似乎这一使命(尽管它要求一种为了永恒的决策)将仅考虑为了以个人生活的间断意志的行为——然而,我们每天过的生活确切地是可怕的偶然性的再次意志、非意志和不可思议。这一重复既在于该循环的象征中,也在于尼采自己的思想中,它代表着一切事物和它自身的轮回。

这两种相反的路线的抛物线,再次叠加于一路途的拱门之下,其山墙上刻有"时刻"(在《扎拉图斯特拉如是说》中),仅服务于召回在《快乐的科学》中隐喻的形象:相同的月光,相同的蜘蛛,将回来。那么,这两个相反的路线就是一个。一种永恒分裂了它们:个体、事物、事件,从一个继承,从另一个再继承,像时刻的路途一样的轮回,正使得我们的旅途永恒。任何在这"路途"的人独自能抓住永恒事件的循环结构。但在那里,和在隐喻中一样,仍然是个体自我离开并回到和他同一的自身。在这一抛物线和意志的治疗之间,通过再次意志已经被意志了的,其联系是确定的。除了它未带有说服力。

然而该隐喻宣称再次意志自我变化,变成另一个。这里确切地是谜团剩余的解答所在。

扎拉图斯特拉寻求的不是个人的变化,而是他的意志的变化:再次意志那已经被再次意志了的非被意志了的,这就是"权力意志"所包含的。

但尼采他自己梦想一种全然不同的变化,通过个人行为的变化。再次意志已经被意志了的,如果它仅仅是意志关于非被意志了的假定,作为富有创造力的恢复(在谜团式的,碎片式的意义上,伴随一种可怕的偶然性,都被再次构建为一个有意义的整体),仍然停留于"唯意志论者"的宿命论层次上。

个体的道德行为的变化并不由有意识的意志决定,而是由于永恒轮回自身的经济性。在恶性循环的象征下,存在的本质(人类意志的独立性),并且,个体行动的本质,内在地被修正。尼采在一笔记中简单地揭示了它:"没有对宿命论的克服:1.通过永恒轮回和通过预先存在。2.通过'意志'概念的流动性。"

Sils-Maria1881 年 8 月的一个片断中说道:"不断的隐喻:在很短的时间间隔,你必须通过好几个个体状态。其方式是不断的斗争。"

这简短的间隔是什么? 不仅仅是我们存在的任何时刻,而是分裂一存在和另一存在的永恒性。

这暗示再次意志的对象是铭记于个体中的多重改变。如果这是一种不断的隐喻,我们能理解尼采宣称"预先存在"是一个体成为他自己的"必要"条件。不断的斗争将暗示,从此以后恶性循环的追随者必须实践这种多重改变。但这一论题后来在他设想一种幸运案例的理论时还会提及。

这些片断含有许多发展恶性循环思想的新因素:它不再仅

仅是面对时间不可扭转性的意志———一种意志，当被在惩罚性存在中的信念治疗过后，将打破由再次意志非被意志的所困住的锁链，从而认识它自身（在一可逆的时间内）作为权力意志，作为富有创造力的意志。

另一方面，这些片断对变形的存在作出了解释———因为它总是该循环———意志它自己的可循环性，到达一种永远释放个体关于他自己行动力量的程度。第一眼最使人迷恋的断言是什么———也即，相同行动、相同痛苦永无休止的重新开始———因而表现为自我改善，只要灵魂知道它已经历其他的自我和体验，这样被注定要经历更多。那些其他的自我与体验因而将加深与丰富它在这里与现在知道的仅有的生命。是什么准备了当前的生命，是什么现在准备它，以此仍然为他人保留自身完全不被意识察觉。

那么，再次意志纯粹附着于恶性循环；又一次再次意志整个序列———再次意志每一次体验，所有人的行动，但这一次，不作为我的：确切地说，这种拥有不再有任何意义，它也不代表一个目标。意义与目标被该循环肃清———因而有扎拉图斯特拉的沉默，其信息的中断。当然，除非有一阵狂笑能承受它自己的痛苦。

在这一点上，尼采在他自己对永恒轮回的解释变得分裂。"超人"成为权力意志主体的名字，也是永恒轮回的意义与目标。权力意志仅仅是恶性循环灵魂的人性化术语，而该循环本身是纯粹无意识的紧张。另一方面，正如恶性循环的永恒轮回被展示为以存在链条，形成该原则坚持者的个体性———那些人知道他们已经不同于他们现在的存在而存在过了，并且它们仍然不同地存在着，从一个"永恒到另一个永恒"。

尼采以这种方式引入了转生解释的新版本。

纯化的必然性，从而有过失的必然性，将被补偿，通过连续的存在，最初的灵魂恢复了纯洁的纯粹状态———所有这些已经承认了一种不变的永恒（确切地说，那种古老的模式已经被印度与亚洲神秘的宗教转型为诺斯替基督教）。

　　但在尼采那里这种东西什么也没有——既没有"补偿"也没有"纯化"也没有"不变的纯粹"。根据恶性循环的经济性，预先存在与其后存在总是相同的当前存在的多余。它假设个体能力从来不能竭尽单个存在的完全不同的丰富性，较其有感染力的潜能少得多。转生代表着一个永恒灵魂的化身。尼采他自己说："要是我们能忍受我们的不朽——那将是最高级的事情。"现在，对于尼采，正确地说这种不朽不是个人的，永恒轮回超越永恒的实体。尼采主张（恶性循环的）追随者接受他灵魂幸运的解散，为了接受另一个同等幸运的灵魂。在经历全部系列之后，这被解散的灵魂必需轮回而归来——即，到循环法则出现的精神兴奋的程度。

　　如果恶性循环法则指挥着个体的转生，它如何能被意志？突然间，我们知道该循环的天启：为了保持这种知道，它有能力适应于在必然的循环中生活；再次意志这相同的体验（当个人成为那个被初始化为恶性循环的秘密之人时），假设已经历所有可经历的体验。因此，所有在此时刻前的存在——优先于数千种存在的一种存在——不少于所有继之而来的存在，是必然的。再次意志所有体验、所有可能的行动、所有可能的幸福与痛苦，意味着如果现在这样一种行动被实现，如果这样一种体验现在被经历，必然地，它将既为了一个已经历的序列，也为了其他人去追随；不是在相同的个体中，而是在所有那些属于该个体的潜能中，因而某一天他能再次发现他自己。

永恒轮回与传统宿命论的差异

　　尼采在循环的形象中完成了他关于宿命论的思想。宿命论本身（the fatum）宿命假设了事件的链条，它根据一种确定的假定而预先建立，其发展以不可扭转的方式实现。不论我做什么，不论我决定做什么，我的决定，与我所想的相反，遵循着逃离我的计划，我在其中一无所知。

恶性循环重新整合了宿命的体验（以无始无终运动的形式），伴随着偶然的作用，或与其上千层次的联结，因为有如此多的序列构成一链条。作为目的的一种形象，该循环仅能被再次意志，因为在任何情况下，它必须重新开始。

偶然对于组成它的每一时刻来说只是一件事（即，对于每一个个体，单个的，因而是偶然的存在）。正是"偶然"使得循环的形状出现在个体面前。因此，它将知道如何再次意志整个序列，为了再次意志他自己；或者，换言之，由于他的存在，他不能没有再次意志整个序列，既导致他自己的存在，又超越他自己的存在。

永恒的感觉和欲望的永恒化出现于一个时刻；前生和来生的代表不再关心一个超越的，或将会获得这一超越的单个自我，但它反而关注于经历相同的生活，体验超越他的个体差异。永恒轮回是其展示的唯一方式。眩晕的感觉来自当主体对无数次的螺旋感到惊诧时的永恒。永恒消失了；紧张自身的问题来自存在的颤动——无止境的颤动序列计划将个体自身外在于它自己，由于有那么多的不和谐。所有都回响到和谐恢复的时刻——在这些不和谐中，时刻自身被再次吸收。

在意识层次上，意义和目标丢失了。它们在恶性循环中无处不在又无处存在，由于循环中没有一点能同时既是起点又是终点。

最后，永恒轮回从一开始就不是一种代表，确切地说也不是一种假设。相反它是被经历的事实——作为一种思想，它是一种突然的思想。幻想的或非幻想的 Sils-Maria 体验实践其强制性，是一种不可避免的必然。尼采的解释辗转于恐惧与欣喜之间，也将鼓舞于这一时刻、这种被感觉的必然性。

尼采的生命作为隐喻

布隆代尔　著

孙宜学　译

　　人们一般认为尼采的语言完全是"哥尼斯堡语"。就如他自己所说，"在路德和歌德之后，还要采取第三个步骤"。但尼采采取的这种步骤、对在哲学家中如此罕见的语言的这种特殊运用所导致的一切方法论方面的后果，迄今为止有人注意到过吗？直到现在，大多数批评家都还坚持把尼采"诗话的"和隐喻的写作风格或者看作是对一个性情温和的诗人创作的哲理散文所作的简洁并且常常是枯燥乏味的修饰；或者看做是"文人"所爱、但哲学家竭力要忘掉的那种修饰。因为尼采有意运用多义的隐喻而不是中性的概念，所以如果我们要研究尼采的这种"风格"，我们可问得更明智，或许也富有哲理的问题应该是：这种风格是否并不必然体现一种哲学选择——它是否与在苏格拉底前的古希腊哲学家的著作中发现的那种风格不同，既然，就尼采而言，"对于真正的诗人来说，隐喻不是修辞手段，而是取代某一观念真实浮现在他面前的形象"(《悲剧的诞生》，第8节)。

　　"早在我们知道如何创造概念之前我们就已能够创造形式

了":我们为什么不"从一开始"就这样评论尼采及其哲学,就像我们极不规范、根本地(用通常的传记方式和哲学方式)评论别的哲学家那样呢? 因为迄今为止,人们要么过于关注,要么太不关注隐喻、比喻,以及尼采的基本话语形式。过于关注的原因,一是尼采古怪的风格或者常常被看作是诗的做作,或者被看作是纯粹的文学,是故意引诱哲学家或唤起青少年的激情(粗心的读者就是因此而把过多的注意力误放到《扎拉图斯特拉如是说》上);一是在特定的环境里,读者倾向于根据其著作的思想内容来概括他的表达风格;哲学家发现自己已被诗人的"比喻淹没"了。人们对它们的关注太少了:人们往往以哲学的或科学的严谨为借口,对尼采的隐喻本身置之不理,除非被当作修辞的外衣剥去——而这只是为了得到明显是含糊不清的隐喻概念。

　　与此相反,我倒愿意认为尼采运用隐喻是出于一种特殊的哲学需要,他的话语具有内在的隐喻性,而这恰恰是因为他的思想是隐喻的。在这里,我们应该明白隐喻的原义是转变或互换。通过恢复这些比喻或隐喻的内在一致意义,通过考察尼采著作中的几个这样的例子,我们希望能够表明尼采是如何运用隐喻来指明肉体和思想的分离这种从一开始就制约着文化发展的移置现象。对现在的分析家来说,这将是关于"隐喻"——即"女性的生命"——的"隐喻思想"的中心比喻——这种比喻将指导着我们的研究顺序。

　　从根本上来说,尼采关注文化问题,①关心其诞生,关心其发展,关心其弊病,关心其衰落——即虚无主义,或许是与文化的再生同时出现的虚无主义。对尼采来说,文化最初是由于本

---

① 我们这里用的是这个词的广义(Kultur,文化,文明),采用的是弗洛伊德在《文明及其反对者》第三部分采用的定义方式:"Kultur"一词描述了使我们与自己的动物祖先区别开来的一切成就和规则,它有两个目的——即保护人不受自然的侵害,并调整两者的相互关系。

能(肉体)和思想或表达的分离才确立起来的,并且自己也成了某种分离(隐喻)。就人是文化动物来说,人是虚弱的(在正常情况下):"相对来说,人是最不成功的动物,最虚弱的动物,最危险地偏离了自己的本能的动物。"实际上,人自己的肉体并不直接呈现为人,而是必须在文化经济的环境下,借助象征性语言——意识或"精神"——来表达自己(即自言自语)。

　　　"精神"对我们而言,恰就是有机体相对不完善的症状,尝试,摸索、盲进,辛苦地劳作,大量不必要的精力就在这样的过程中消耗掉了——我们否定这种说法即认为任何事物如果是有意识地做成的,它就可以变得完美。("反基督徒",第8节)

　　人的(文化)"本性"就是这样不自然地确立下来的,因为它是建立在距离和分离的基础之上的;语言和思想因而就好像成了像人的皮肤一样的表皮,既隐藏又展露了我们肉体经受的盛衰。如果说文化是人的原病,那么作为文化存在的人就像肉体上的皮肤或地球的表面:"地球……有皮肤,这个皮肤生了病。其中一种病,例如,就叫'人'。"而且,"如果病态是人类成员的固定状态",我们就可以和尼采一起问:"我们是否真能消除疾病这个大问题。"或者更坚定地问——我们真能摆脱恶良心的结构和体质上的病吗?"毫无疑问,恶良心就是一种病,但在某种程度上这是像妊娠那样的病……这是各种思想和富有想象力的现象的子宫"。(《道德的谱系》,第2章第18、19节)就是因为恶良心也养于恶良心——它自己引入了这个隐喻的、半歇斯底里的、移置的语言:这就是肉体转变成语言的症状。

　　作为必须是文化存在的人就是最初破裂和分离的痛苦中诞生了,在这些情况下,这种破裂和分离可以非常恰当地称为母性

的，因为它包含了所有那些追随和重复这种破裂的人所必需的
"理性"或结构条件。尼采实际上说的是"突然断裂"或人"与自
己的动物的过去剧烈断裂"中的"一跃"。并且"突然一跃一落"
进入一种新的生存条件。

　　如果我们能跟得上尼采的想象，我们就能够觉察到尼采把
恶良心的"工作"描述成肉体和其本能"自由"的"原始的压抑"
（内在化）。人恢复自己的兽性也暗含着这样的分裂：它打破了
肉体本能的统一，打碎了"无意识冲动的直接指导"。因而，意识
常犯的错误就被压抑的矛盾运动带到了这个世界："它们被迫思
想、推断、计算、连接因果——这些不幸者，被迫使用自己最低
劣、最易犯错误的器官，他们的意识。"意识的诞生实际上是压抑
本能并把它们驱逐到无意识中去的结果："所有不允许发泄的本
能转而内向——我称其为人的内向化；由于有了这种内向化，在
人的身上才长出了后来被称之为人的'灵魂'的那种东西"。
（《道德的谱系》，第2章第16节）由于这种内向化造成的阻隔，
人的思想就膨胀起来，他就被压抑，扭曲了：意识（或"心"）——
这个象征的宇宙——因而成了这种转变打开的一个新领域。我
们可以像尼采一样，称之为原始隐喻，它独自建立了文化：

　　　　这并不是说那些过去的本能突然终止了它们的要求，
　　　只不过是现在要满足它们的要求已经变得困难罕见了。关
　　　键是它们必须为自己寻找新的、几乎是隐秘的满足……人
　　　的内在世界本来又瘦又薄，而现在，当人的感情的外向发泄
　　　受到抑制的时候，那个内在世界就相应地向所有的方向发
　　　展。（《道德的谱系》，第2章第16节）

　　但恶良心第一次出现所造成的这种与本能的断裂，这个疏
通了意识和无意识之间的通道的断裂或分裂，在尼采看来显然

是原始的、结构上的;这就是说,这种断裂构成了人的人性(或文化),构成了"人自身的病"。实际上,这种断裂,这种移植,就是后来一切断裂、移植的条件:它是它们的源泉、前途、基本原理,"就好像人预示了什么,好像他不是一种目的,在某种程度上,他好像只是一种方式,一段插曲,一座桥梁,一个伟大的诺言……"实际上,如果恶良心引发的这种分裂把"文化"作为人的非自然的本质,作为将来的诺言,作为"最严重、最危险的疾病,人类至今还未摆脱的这种病",那么,与此相反,《道德的谱系》则宣布了"超人"的典范——即,一个超越了自己的人,一个摆脱了"人的疾病"的人,因而,严格地说,一个不再是人的人。

但人们或许会问:尼采这段话是否表明他实际上先于弗洛伊德提出了"原始压抑"之说,一种为了解释个体发育过程中出现的一连串的压抑而提出的理论假设。而且,弗洛伊德的精神局部解剖学的概念与尼采提出的原始隐喻——即源于意识和无意识的分离的转移——是非常对应的;它与精神生活的分裂也是相对应的——这种情况的发生,就像尼采所说的,最常被人与现实的压力联系起来:"只一个转变……就使他彻底地成为一个和善的、爱好和平的生物。"实际上,"只有当人的快乐冲动的满足威胁说要创造不和谐及其他的要求时才会'出现'压抑"。[1]这和转化一样都是一种防御机制。恰当地说,这个最终的或原初的压抑是随后发生的一切压抑的理论基础。

现在,这个既原始又母性的"像妊娠一样的病"使生活"充满了对将来的诺言",使生活成为文化之"母"。作为其必然的结果,它同时把人弄得既有病又能生产。实际上它创造了尼采称作"母亲"的人:"一个不倦的创造者,一个广义的'母亲'类型的

---

[1]　拉普朗什和普达利斯,《精神分析学语汇》,巴黎,法兰西大学出版社,1971年,第392页。

人,一个这样的人,他除了精神上受孕和抚育之外便一无所知,一无所闻。"(《快乐的科学》,第 369 节)这样,通过转变(通过升华、回归等等),这些充满希望和多产的被移植的本能与弗洛伊德所谓的第二期的压抑或衍生的压抑保持着奇怪的一致性。尼采在其《权力意志》中给出了几个这样的例子:

> 人变得内向化,内向化变成强有力的冲动,这种冲动因为和平和社会的建立而被拒绝向外释放,于是就通过与想象一起内向化而寻求补偿。仇恨欲、残暴欲、报复欲、暴力欲被阻挡,被压抑;在求知欲中有了贪婪和征服欲;在艺术家身上,重又出现了被压抑的掩饰和说谎的力量。(《权力意志》,第 376 节)

这就证明了恶良心是升华的母亲或原始条件,同样,对弗洛伊德来说,原始的压抑(也就是回归或固恋)首先使升华成为可能。现在,如果我们想到弗洛伊德最常把艺术家的活动和精神研究看作一种升华行为,那么我们就能在尼采的另一部著作里找到前面那个比较的证明:

> 当某种本能理智化时,它就有了一个新名字,一种新魅力,一种新价值。我们常常将其与最重要的本能(如残酷)相对照,好像它们彼此相反。许多本能——如性本能——都很容易被理智(对人类的爱,对圣母玛利亚和圣人的崇拜,艺术热情;柏拉图认为对知识和哲学的爱是性本能的升华)高度升华,但其以前的直接行动还继续存在,与升华"并列存在"。(《克瑞内》,第 7 章第 298 节)

依靠自身隐含的隐喻的分裂打开文化空间,恶良心因而保证出现了一个寓言——即一个中介过程，一个思想游历于本能之外的过程——就像保证出现本身衍生于被压抑的本能的第二期压抑一样。若用象征的说法，恶良心是作为人的"母亲"出现的，它是人所特有的病。或许更深刻的说法应是：恶良心就是一种病——人的病——但它也是一般生命的病：就是生命孕育了这个方面。若我们运用"女性的生命"这个特有的隐喻，那么我们就可以说，生命将赋予权力意志以富饶、丰产、创造和自我征服的含义。

现在，当尼采把生命当作一种妊娠，一种生产作为文化存在的"母亲"类型的人、因而也生产（人造的）人时，他显然并不想透露出谁是父亲。我们应该把这看作是隐喻结果的不一致吗？或者相反，看作一种无意识中造成的蓄意的一致吗？这足以使我们承认有一个尼采式的幽灵，一个俄狄浦斯吗？另一方面，我们也知道——这种解释与前面的解释是一致的——恶良心"把精神变成母性的、唯一母性的"，它诞生了"那种有着古铜色的面孔并且知道自己在自己的'作品'中永恒不朽，就像母亲在自己孩子心中一样不朽的可怕的艺术家的自我主义。"（《道德的谱系》，第 2 章第 17 节）但难道就是这个"父亲问题"构成了尼采专门称为"谱系分析"的独创性吗？那么，谁是这种精神的父亲，意识的父亲？抱有形而上学理想主义的哲学家"认为纯粹的理智性自身就有认识问题和形而上学问题……我的哲学家的哲学与此相反：他们最不着边际的分析和'理智性'仍然只是对某一生理事实的苍白无力的最后印象；是绝对缺乏自由意志的，一切都是本能"。（《权力意志》，第 458 节）形而上学的理想主义，也即"隐藏的哲学"，实际上急于为自己的思想找到一个合法的父亲（例如，意识或理性），这个意识的和理性的主体允许保留一个道德外表。但尼采在自己的谱系研究中却表示怀疑这个合法父亲的"自然性"，并对此提出质问。尼采的谱系研究因而实际上是探求父亲的研究,是对思想父系的研究。当尼采最终揭示出隐藏着的自然的父亲,那个把生命变成哲学家的问题的父亲(实际上,哲学家把生命看做一个可疑的母亲)时,这个父亲却只证明是肉体——就是被恶良心的"天生的形成体"强迫处于隐蔽状态的东西。

　　这就是合法的父亲,这个肉体:被压抑、被挫败、活着等死的父亲。然而,这种压抑,这种隐藏或父亲之死并不直接意味着堕落,例如,在艺术中,肉体就被允许表达,虽然是用间接的、移置的、隐喻的方式。然而,它有结构上的可能性:肉体使堕落成为可能,却并不必然包含堕落,同样,压抑也并不总是导致精神病。但就父亲这种隐喻的隐藏来说,他至少预示了堕落的可能性,所以当尼采为自己在《瞧,这个人!》中特别敏锐地理解了这个现象而感到骄傲时,对他说出下面这段话我们不应该感到惊奇:

　　　　我生存的幸福和它举世无双的特性也许是命中注定的:因为,如果用句微妙的话来说:假如我是我的父亲,那早已死掉了;假如我是我的母亲,那我仍然活着,并且一年老于一年。这双重根源,好像来自生命阶梯最高的一级和最低的一级,既是"没落"也是"新生"——这些,如果有某种意义的话,说明了来自于与整个生命问题有关的一切不公平的中立性和自由性,这使我卓尔不群。我对兴衰征象有一般人所不及的敏感;我是这方面的卓越的导师——我通晓这两个方面,因为我就是这两个方面。(《瞧,这个人!》,"我为什么这么智慧?"第1节)

　　在把人变成隐喻意义上的文化存在时,恶良心诞生出一个有点"恋母情结"的人。不管是健康还是病态,为了独占自己的思想孩子,文化实际上隐藏和压制着自己的肉体父亲。因此,人反过来——这里是指尼采本人,以及堕落的心理学家——把自己等同于他的"母亲"。他不再关心肉体,而是成为"母亲类型"的人。他是没有父亲的人,他"忘记了"自己的肉体,但饱经了文化的盛衰,在这个由肉体的原始压抑和生命分化为"本能"(无意识)和"思想自我"(意识)的分裂创造的最原始的俄狄浦斯身上发生了什么呢? 思想的父亲,肉体,因为意识的第二期或衍生的压抑而被压抑。最初是一个整体的生命发现自己分裂成了本能和自我,或者说分成了肉体和思想。最后,这种分裂保证了把堕落的发展过程勾勒为肉体的压抑过程,理性催生的思想的单性生殖过程以及意识("腹部就是人不能轻易把自己当作上帝的原因")的神化过程。另一方面,这个断裂还预示了以后的思想发展将是自我征服的、自我超越的、道德自我压制的。

如果生命因而被看成是断裂,是被恶良心痛斥的断裂,那么,就是在这个"俄狄浦斯"的基础上,诞生出了女性的生命:就像斯芬克斯一样,它隐藏了父亲的身份,隐藏了人及其思想的根源。她出现了——肉体和灵魂,从里到外,从深不可测的现实和隐藏——穿过以这种原始断裂为结构基础的一系列阻碍向我们显现。

现在,我们必须联系原始的隐喻,即从肉体到思想,到意识表面的转变或移置(恶良心造成的)来研究"女性的生命"这个隐喻的一致性。"是的,生命是一个女子!"(《快乐的科学》,第39节)对"女性的生命"的这种隐喻表述可以指引我们更清楚地理解尼采隐喻的"本体论"概念,即作为断裂,作为存在的模棱两可的游戏,她构成了尼采隐喻文化理论的基础。实际上,也就是在这里人们才遇到尼采的"本体论"话语——以女性的比喻或隐喻来表达的非本体论话语。人们实际上可以把尼采的"本体论"定性为女性的,或者甚至可以定性为妇科学的,因为这种本体论把存在说成是个没有存在的女人,是个现象和伪装,是个没有本质、纯粹是个景观的女人的幻觉和神秘的事物——一个女人"当她献出自己时,就是把自己作为一个景观献出。"另外,如果说下面的话是对的,"女人,永恒的女性,她是一个想象的概念,只有男人相信",那么,相信一致性、相信永恒、相信存在永恒的也只有把女性的生命凝结为一个想象的本体的形而上学理想主义者。

作为生命的特有隐喻,女人就这样成了一个谜和现象。她分娩出的文化就是以最初的谎言为开端的,那就是压抑肉体,掩饰父亲。她住在一个模糊地带,借助于大量的欺骗性现象和第二期的或衍生出的压抑(思想,理性,宗教,艺术等等),遮掩着自己本质的两重性。但问题接着也就来了:这是天真、羞怯还是虚伪? 躲避在她呈现出的现象里,并只把自己作为一个现象呈现出来,作为那样一个纯粹的现象,女性的生命的面纱就是她想隐藏或是必须隐藏的实在吗? 古典的现象问题总是包含着隐藏或超越于现象之下或之上的实在(因为若缺少了这个实在,这个概念是不可想象的),而对尼采来说这个障碍消失了。对他来说,现象和实在既不彼此相斥,也不互为必需,而是相反,它们是一致的。现象和显现只是女性的生命被当作隐喻的隐喻时的实在。如果有人想找一个对立物,他会非常容易地在显现的局部真理和"真实"存在——一个本质上虚假的实体——的虚构之间找到。这样,就超越了现象,隐藏在面纱下面或后面的真理概念就显得无用和虚空。同样肯定真实的是:生命以其模糊的幻象欺骗了我们;但她之所以欺骗我们并不是因为她隐藏在现象后面的本质或实在,而是因为她根本就没有本质,她只是想让我们认为她有本质。她的"本质"就是显现。

我们称这为羞怯:不同时揭示一切,显示一切。相应地,我们必须发现哲学家在面对生命时是不是个有超人视力的人(他能够看透只有出现于外表之下的东西才能直接看到的东西),或是个窥视者(他不看,只凭想象,他靠假定没有实体的东西的实体来"认识"自己看不到的东西）。但一切羞怯都是潜在的性欲，因为隐藏常常就是表明：

> 女人意识到男人对于女人的感觉，就迎合这种理想化的努力，于是浓妆淡抹，翩行婉舞，巧思纤想；与此同时，她练得羞怯、蕴藉和矜持——出于一种要增加男人的理想化余地的本能。尽管女性的本能内异常精细，羞怯仍然绝不意味着有意的虚伪：她猜到，正是天真的真实的羞怯对男人诱惑最甚，促使他过高评价女人。女人因此而天真——出于本能内的精细，这本能内把天真无邪的用处晓喻给她。故意闭着眼睛不去自省……无论什么场合，只要无意识使得矫饰更有作为，矫饰就变成无意识的。（《权力意志》，第806节）

羞怯实际上意味着能够显示出来一点什么，但显示只是为了隐藏，是为了忘记，是为了使别人忘记它隐藏的东西，这会使一种几乎不可能的天真去相信没有什么隐藏的动机，大地或世界。它只相信自己看到的真实，只相信完全能看到的东西。但这种羞怯的天真遇到了理想主义哲学家的想象，他们发明了或者说恢复了一种隐藏的真实，他们把天真变成一种虚伪的性冲动——即，他们隐藏只是为了去表明和展示。因而一切都取决于哲学家的态度。当这成了一种"有组织的"哲学家问题时，尼采怀疑他们从来就没有理解过女人。爱生命就像爱"让我们怀疑的女人一样"。为了克服这种怀疑，玄学家为女性的生命创造出一种人造的神秘的本质。对他来说，这是欺骗还是幻想并不重要，因为"无论她们的毁损者怎样谈论她们，一个漂亮的女人同样具有某种真理：当你只对她们充满欲望时，比你占有她们时会获得更大的幸福"。然而，生命是无辜的，它忘掉了所有的"真

实",只关心这些纯粹形成的现象——这就是"形成的无辜"的形
而上学的幻像,充满了虚伪:

> 有一些事实,人是从来不可向自己承认的;就此而言,
> 人是女人,就此而言,人具有女性的全部羞耻心……在那里
> 跳舞的这些年轻人,显然已超然物外,头脑不过是在同仅可
> 触知的理想跳舞……当她们能够有点儿疯狂的时候,这些
> 尤物呵,看起来真是无比地动人,而她们自己也清清楚楚
> 呢! 正因为她们清楚这一点,她们甚至变得更讨人喜欢了!
> 最后,她们的装束也激励着她们;她们的装束是她们的第三
> 项小小的陶醉:她们信奉她们的裁缝就像是信奉她们的上
> 帝,——而谁又会去反对她们的这个信仰! 这个信仰造福
> 于人! 而自我欣赏是健康的! 自我欣赏可以预防伤风。可
> 曾有一个知道自己衣着华丽的漂亮女人伤过风吗? 从来不
> 曾有过! 我甚至设想,她即使几乎一丝不挂也不会伤风。
> (《权力意志》,第807节)

面对女性的生命,一个完全天真因而不可思议的展示,我们
发现哲学家困惑了。他(我们曾称他有"恋母情结")就是站在女
斯芬克斯面前的俄狄浦斯,却反过来又提出所有这些谜。我们
已经看到,哲学家的"真理"是"恋母情结的",因为它是由谋杀父
亲(肉体)获得的。哲学家在探索真理时,似乎觉得它是(从这个
术语的两种意义来说)淫秽的;即,既是神秘的又是粗鄙的。但
就如尼采所说:"为什么不是宁求非真理? 非确定性? 甚至无
知? 真理的价值的疑问曾出现在我们面前——或者,我们曾出
现在这个疑问面前? 我们中的谁是俄狄浦斯? 谁是斯芬克斯?"
(《善恶的彼岸》,第1节)面对着这个女性展示,哲学家必须学会
保护现象和思考粗鄙的真理:

　　然而,也许这便是生命最强的魔力:她罩着一层美之可能性的金缕面纱,允诺着也抗拒着,羞怯又嘲讽,同情又引诱。是的,生命是一个女子!(《快乐的科学》,第339节)

紧接着是:

　　……人们不能把女人想得太好——我们没有理由被她们欺骗……女人不可能启蒙男人使他们理解“永恒的女性”,他们缺乏必要的距离——总之,启蒙始终是男人才有的自然特权。至于女人为自己的性别所写的一切,则很值得怀疑;当她写作时,难道她不使用一直就属于“永恒的女性”的东西:如化妆品?可曾有人承认女人有什么思想深度?或承认女人的心是公正的?既然她既没有深度也不公正,那女人写女人有什么用呢?(《遗稿》,第389节)

　　这样,当假想(theoretical)的人——即观淫癖者(theoria意为幻觉或视觉)——他只对视觉的——如果不是观淫癖的——沉思、明确、“神的顿悟”和直觉理论感兴趣,女性的生命学会了对自己闭眼,学会了在衣服和外表的表层下隐身。她从羞怯转为天真(无意识变成了不自觉)——但这并不能阻止形而上学家们把她看做是善于引诱的——即并不能阻止形而上学家们猜想她们的外表“下面”还有什么。另一方面,尼采祈求的形而上学医生仍自觉地保持着对外表的兴趣,认为她有同等的天真,没有隐藏任何动机,或者说对被隐藏的东西不抱有任何动机,从而使她的天真回归生命。就哲学家医生来说,女性的生命并没有隐藏什么秘密的魅力,她只是按原样展示自己,透过一层层逐渐打开的外表,成为纯粹的生成的展示。严格地说,哲学家医生也将使生成的天真回归生命,而却不必给她的外表附加任何无法辨认的标记和结局——结局总带有色情色彩，就是说生命包含着一个隐藏的目的。

"男人创造了女人——但是用什么造的？用他的上帝、理想和一根肋骨造的。"因而，根据思考这个问题的哲学家的态度，女性的生命的贞洁就具有几种不同的意义：羞怯、天真、性欲、单纯——生命的发展是可以解释的——因为关于女性的生命，人们只能解释——以几种不同的方式解释，这取决于哲学家预先的倾向：羞怯还是羞耻，压抑还是掩饰，性欲冲动还是女性对自己外表的关心。但是：

> ……假定真理是个女人——那又怎样呢？这种怀疑并不是建立在这样的情况上：一切哲学家，就他们是独断论者而言，并不理解妇女？他们常常借以接近真理的那种可怕的严肃和笨拙的纠缠是不明智的和不适当的手段，可能赢得女人的芳心吗？的确，真理并没有允许自己被赢去芳心。（《善恶的彼岸》，前言）

哲学家至今还没理解这个问题："对女人来说真理有什么价值？对女人来说，没有什么东西比真理更让她反感、讨厌、充满敌意的了，从一开始就是这样——她的伟大的艺术就是谎言，她的最高的事业只是外表和美。"（《善恶的彼岸》，第232节）尼采的反女性主义因而就不是什么厌女癖；相反，与男女平等主义者相勾结的是相信"永恒的女性"、相信"永远讨厌女人"、相信"欧洲普遍丑恶"的形而上学主义者。"女人应该对女人沉默"的说法对哲学家提出了一个类似的警告。在这方面，人们可能会指出：尼采提出的哲学家对婚姻的反感与我们正在讨论的隐喻一样，只是一种情绪：

　　　　哲学家厌恶婚姻以及一切会促使他结婚的东西,因为他把婚姻看作是实现的障碍。哪个大哲学家结过婚? 赫拉克利特,笛卡尔,柏拉图,斯宾诺莎,莱布尼兹,康德,叔本华——他们中没有谁结婚;而且也不可能想象他们中有谁会结婚。我坚持认为结婚的哲学家属于喜剧,至于那个伟大的特例苏格拉底,那个恶毒的苏格拉底,他几乎就是以一种讽刺精神结的婚,就是为了证明结婚对哲学家有害。(《道德的谱系》,第 3 章第 7 节)

　　这段话无疑是讽刺性的;然而,如果人们熟悉尼采对苏格拉底的进一步评价,这段话就不太显得有讽刺性了。无论如何,我们可以就与我们有关的问题得出结论说:尼采想在文化、隐喻、多产的生物学概念和它们的哲学概念之间作出选择。若换在别处,他会说:"孩子或自由。"

　　哲学家的厌女癖(怀疑男女平等主义的结果)可从对女性生命的厌恶议论得到解答。女人既不喜欢哲学也不喜欢真理:"在女人中间——'真理? 噢,你不知道真理,你确实不知道! 这不是对我们的所有羞怯的凌辱吗?'"实际上,幻觉或观淫癖具体体现了"永恒女性"的本质,知识假装被隐藏在生命的外表之下;它也具有恶魔般的性冲动的意义:

　　　　如果人不必克服这么多将要遇到的羞耻,那么知识的吸引力就会变小……科学冒犯了所有现实女人的羞怯。它使她们觉得好像有人想偷看她们的内心——更坏的是,是在她们的衣服和华丽的服饰下面偷看。(《偶像的黄昏》,"格言与箭",第 16 节;《善恶的彼岸》,第 65 节)

　　那么,哲学家医生对生命的态度是什么? 他必须承认女性的生命表现出一种单纯的欺骗性；她天真地制造出幻觉，让人相信她每时每刻都"是"（而且只是）这个特殊的外表——甚至当她实际上具有多种外表，而且变得越来越让人难以捉摸时也是这样。因而，这个有厌女癖的哲学家就必须有坚强的权力意志，一种能够对付生命的模糊性和矛盾的意志——这和形而上学主义者软弱的观淫癖正相反，后者如果不以牺牲形而上学主义者的"幻觉"为代价就无力抵抗生命，它把生命凝结成类似于死灰色的、不可能的本质；尼采说"理想，思想"：

> ……一直靠哲学家的"血液"为生，将哲学家的感官甚至"心脏"消耗殆尽（如果诸君相信我们的话）。这些古代的哲学家遂沦为无心肝之人了；研究哲学就是吮人膏血。看看这些人物吧，甚至斯宾诺莎，难道诸君感觉不到这儿上演的戏剧愈益苍白了吗？理念的诠释愈益唯心了吗？难道诸君没有想到背后有一个长期隐蔽的吸血鬼，它初始吞噬感官，终则留下一堆叮当作响的白骨吗？——我指的是哲学范畴、公式和措辞，因为，请原谅我这么说——斯宾诺莎所剩的哲理爱神就只不过是嘎嘎作响的噪音罢了，当被吮吸得一滴血不剩时还谈什么爱、什么神呢？（《快乐的科学》，第372节）

理想化的过程——最初是为了压制生命激发的怀疑——唤醒了哲学家身上的恋尸癖态度："形而上学家先生们，概念的白化病人"通过把她变成理想而扼杀了她。

明智地采用酒神狄奥尼索斯的方式也只是接近女性的生命的表面，去"崇拜"她的"表皮"。扎拉图斯特拉在这方面没有提高警惕，所以在与生命交流之后他就变得悲哀起来，这时他说：

　　"所有的鱼类都会这么说",你说道,"一切它们所不解的东西都是深不可测的。不过我是狂野多变的,其实根本就是一个女人,而且是一个放荡的女人。虽然你们男人称我是个深沉者,或忠实者、永恒者,以及神秘者。但是你们男人总把自己的道德规范强加在我们女人身上——啊,你们这些德行高尚的男人啊!"(《扎拉图斯特拉如是说》,第2章:"舞曲")

　　我们为了界定以艺术家的身份出现的哲学家医生所需采取的态度,在这之前我们曾分析了女性隐喻,《快乐的科学》的序言中的有段话(这段话在《尼采反对瓦格纳》中重又出现)可以说是对我们这些分析的总结:

　　不,这种恶劣的趣味,这种求真理、"不惜一切代价求真理"的意志,这种年轻人爱真理的痴狂——使我们扫兴:于此我们是太世故了,太严肃,太兴致勃勃,太灼热,太深沉了……我们不再相信,当真理被揭去了面纱,它依然是真理;要相信这,我们是活得够久了。如今适宜于我们的事情是,不赤裸裸地看一切,不试图理解和"明白"一切。理解一切就是鄙视一切。

　　"亲爱的上帝真的无所不在吗?"一个小女孩问她的母亲,"可是我觉得这是不规矩的。"——对哲学家的一个暗示!人应当尊重那羞怯,自然以这羞怯自匿于谜和光怪陆离的未知数之后。也许真理是一位女子,有理由不让我们看到她的理性? 也许她的名字——用希腊语来说——就叫 *Baubo*? ……

　　噢,这些希腊人呵!他们懂得怎样生活:为此必须勇敢地停留在表面、皱折、皮肤上,崇拜外观,相信形式、音调、文辞和整个奥林匹斯外观领域！这些希腊人是肤浅的——出于深刻！（《快乐的科学》，序言，第4节；《尼采反对瓦格纳》，"跋"，第2节）

　　因而，女性的生命像孩子一样嬉戏；她只把自己作为景观来展示，她只给出错误和幻觉的自己。在谈到这一点时，尼采实际上恢复了希腊人深刻的肤浅，尤其是以弗所人赫拉克利特（"晦涩"）的那种肤浅，后者谈到"孩子嬉戏着……"，并且已经宣称"存在喜欢隐藏自己"。存在依靠女性生命的隐喻把自己表现为正在发展的多数：它展示自己在外表和幻觉方面是被移置的，歧义的，因为"一切生命都建立在外观、艺术、欺骗、观点和必要的视角和错误"。就像生成的一次大爆发，狄奥尼索斯采用了阿波罗的面纱和神秘的外观：这是从一种神性到另一种神性的转移，严格地说，这可以叫做隐喻，特别是因为尼采表达这个转移时用的首先是阿波罗式的语言——一种隐喻的、诗话的、意象主义的话语。"狄奥尼索斯说的是阿波罗的语言；阿波罗最后说的是狄奥尼索斯的语言；这样才能达到悲剧和一切艺术的最高目标"。

　　我们知道，狄奥尼索斯式的狂喜不得不借助于阿波罗的面纱，而且没有阿波罗，狄奥尼索斯也就一事无成，只会走向真理的死亡的深渊，会再一次成为俄狄浦斯——即，就像尼采在希腊悲剧中所看到的他一样：

　　　　俄狄浦斯，这个弑父的凶手，母亲的丈夫，斯芬克斯之谜的破解者！……这个神话好像要悄声告诉我们：智慧，特别是酒神的智慧，乃是反自然的恶德；谁用知识把自然推向毁灭的深渊，他必身受自然的解体。（《悲剧的诞生》，第9节）

　　俄狄浦斯对斯芬克斯之谜,即生命意象的破解促使人们发现,除非人们忘掉曾经谋杀过父亲(肉体,本能),否则生命就不可能存在。换句话说,生命就像文化一样,是以谋杀父亲为基础的;因此,就像我们努力想表明的那样,只有作为隐喻,生命和文化才有可能存在——即,作为掩饰、谎言、本能或冲动的移置。我们是否彻底地意识到,生命不就是疯狂、绝对的悲剧和死亡吗? 作为转移或偏离,作为变换和职责,隐喻实际上把精神病和神经病区分开了——如果我们像弗洛伊德那样把精神病解释为冲动的直接和完全的实现,并且并没有使它们的表达形式偏离初始过程的特有领域。"一般无意识的物质可以转变成前意识物质,然后变成意识的——这种事主要发生在精神病状态之下。"①相应地,梦暂时地部分地消除了隐喻,也即意识和无意识之间的分离或断裂:"梦是精神病",精神病因而就是"无意识的缺席"——本能冲动的绝对"意识"——生命只有依赖无意识的隐喻才能成为可能。因此,人自身的状态必须被"精神化",他必须"对肉体抱某种轻蔑态度",有一种"理想化的艺术"——尼采得出的结论是:"那些人就是遗忘者。"尼采对此最全面的阐述或许是《瞧,这个人!》中的这段话:"哈姆雷特被理解吗? 无疑,就是'肯定'把他弄疯的。"现在,哈姆雷特,这另一个著名的"恋母情结"患者,就如我们从弗洛伊德那儿所知道的——他理解了"我们无法忍受真理",理解了天地间有很多东西是你的哲学做梦都想不到的。如果说俄狄浦斯挖出自己的眼睛是为了不再看自己的欲望注定使他要看到的可怕的真理,那么哈姆雷特就是在同外观嬉戏,而且还在舞台上把它们重新上演了一遍;他用舞台上的假疯回避了会使他彻底疯的真理。"我们把自己隐藏在

----

① 弗洛伊德,《精神分析学大纲》,见《西斯蒙德·弗洛伊德精神分析著作全集》。标准本,伦敦,郝格斯出版社,1964 年,第 23 卷,第 161 页。

生命里，隐藏在其外观里、假象里、表面里、在其令人眼花瞭乱的欺骗里"——以此来逃避我们的本能和欲望传达的悲剧性的真理，去解决真理和生命之间的悲剧性的对峙。

　　若这样描述，真理则是致命的，幻觉则是生命的条件。但也可以颠倒过来说：死亡是真实的，生命是"虚假的"（就如说女人是"虚假的"一样）。生命是幻觉，在死亡问题上，它欺骗了我们——或者更准确地说，它是死亡的欺骗形式。"让我们提防这句格言：生死相对。活只是死的一种类型，而且是很罕见的类型。"支配这种欺骗的是权力意志，它以狄奥尼索斯式的创造力和阿波罗式的幻觉，或者以生——死，幻觉——真理的二元性表现出来。这样就在生与死、真理和幻觉之间出现了一种悲剧冲突，一种不可克服的冲突——这也就几乎等于说生是死的幻觉，或者说，生是死的最终幻觉，是其最后的恶作剧：

> 悲剧冲突。一切善和美都取决于幻觉：真理杀死了幻觉——当她认识到自己以错误为基础时，她甚至自杀了。[①]

　　另一方面，"生命需要幻觉，这就是说，虚假被当作了真理。"在澄清了"肉体的误会"的哲学家医生身后，走来了"悲剧知识的哲学家"，也称作哲学家艺术家："'悲剧知识的哲学家'。他控制着无拘无束的知识本能，但不是依靠一种新的形而上学……因为悲剧哲学家暂代了存在的意象，根据这种意象，知识产生的一切都具有人的特点。悲剧的东西必须是'渴望'着哪怕是'幻觉'的东西。"现在，这个最后的哲学家"提示了幻觉的必然性，艺术的必然性和艺术支配生活的必然性。对我们来说，我们不可能再诞生希腊悲剧时代的那种哲学家了。以后只有艺术能完成自

---

① 引自《道德意义之外的真理和谎言》，日期注的是 1873 年。

己的使命"。(《最后的哲学家》,第47、77—78,37,38节)因而,
"我们只是为了不死于真理才需要艺术的。"

这需要一个强人去面对生活,形而上学主义者软弱的观淫
癖是不够的。这个"强人"一定是艺术家,他的衍生的"压抑"(它
超越了隐喻的断裂)将美化肉体,并对人的躯体保持忠诚:

> 什么能取悦于所有虔信的妇女,无分老少? 答案是:一
> 个圣人,有着美丽的大腿,仍然年轻,仍然童贞……艺术家
> 倘若有些作为,都一定禀性强健(肉体上也如此),精力过
> 剩,像野兽一般,充满情欲。假如没有某种过于炽烈的性
> 欲,就无法设想会有拉斐尔……创作音乐也还是制造孩子
> 的一种方式:贞洁不过是艺术家的经济学,无论如何,艺术
> 家的创作力总是随着生殖力的终止而终止。(《权力意志》,
> 第800节)

尼采还指出了狄奥尼索斯式的神秘,在这种神秘中:

> ……希腊人本能的"根本事实"——他们的"生命意
> 志"——才获得了表达。希腊人用这种秘仪担保什么? 永
> 恒的生命,生命的永恒回归;被允诺和贡献在过去之中的未
> 来;超越于死亡和变化之上的胜利的生命之肯定;真正的生
> 命即通过生殖、通过性的神秘而延续的总体生命。所以对
> 希腊人来说,性的象征本身是可敬的象征,是全部古代虔敬
> 所包含的真正深刻意义。生殖、怀孕和生育行为中的每个
> 细节都唤起最崇高、最庄严的情感。在秘教里,痛苦被神圣
> 地宣说:"产妇的阵痛"圣化了一般痛苦——一切生成和生
> 长,一切未来的担保,都"以痛苦为条件"……以此而有永恒
> 的创造喜悦,生命意志以此而永远肯定自己,也必须永远有

"产妇的阵痛"……这一切都蕴含在狄奥尼索斯这个词里：我不知道有比这希腊的象征、酒神的象征更高的象征意义……唯有基督教，怀着根本反对生命的怨恨，把性视为某种不洁之物：它把污秽泼在源头上，泼在我们生命的前提上。(《偶像的黄昏》，"我感谢古人什么？"，第4节)

上面两段话都能使我们理解尼采在隐喻的层面上，通过性的神秘而在艺术和对生命的肯定之间建立的关系。性的象征，也即生命的"象征"，在我们看来也是一种特有的隐喻：即作为艺术层面上的生命意象，这种象征在自我扩张，因为其本身就是艺术繁殖力的意象。实际上，就是通过性的隐喻，生命才表现为有繁殖力和有艺术的繁殖力："生命隐喻的创造性是在生殖力的隐喻层面上得到表达的"。在这方面，托马斯·曼的《魔山》中的狄奥尼索斯式的人物匹普克隆是艺术体现尼采式的生命疑问的最令人信服的形式。

然而，哲学家艺术家也并非没有意识到(在某种程度上他也是哲学家医生)这个作为多产女人的美丽的生命幻象也表明了死亡的繁盛的多义性：生命根本上是一种病，是思想和本能之间的断裂，因而，它也表明了一种模棱两可的必然性。实际上，生命的创造性暗含着这样的意思："世上没有永久存在的物质。"生命已经告诉扎拉图斯特拉："在树叶坠落和枯竭的地方，看哪，生命牺牲了自己——为权力。"作为肉体的文化隐喻，建立在我们所谓的最初的裂缝或断裂的基础之上，生命预示着肉体的死亡：因此，两者都应被切断、打破。我们知道思想是"中断生命的生命"，肉体的压抑也是如此——这种压抑目前正面临着滑向完全贫血的颓废的威胁。作为被压抑的肉体和被支解的狄奥尼索斯，文化也只是道德的正面——即，如果我们把一般意义上的这个词看作是存在的条件，看作"有机体为了适应生存条件而采取的步骤"的集合体——那么,从这种意义上来说,形而上学的道德只是道德的一个特例。于是,人在挑选生命或女人时,也是在挑选死亡,挑选死亡的一种特殊形式。既然文化表明了一种隐喻性的从本能——即道德——的游移,文化选择也只能在一个必然模糊的领域进行。这种选择总是不确定的,因为在"选择"这种或那种命运,这种或那种文化或道德时,人也就是在隐喻打开的领域内相应地选择这种或那种疾病,这种或那种肉体的死亡。选择自己的生命因而也就是选择这种或那种死亡的形式。我们可以通过与弗洛伊德的比较来弄明白这一点。尼采把肉体的死亡解释为一种文化隐喻,而弗洛伊德的性爱则取决于本能,并始终服务于死亡本能。相反,解释文化——对尼采来说就是做一个道德谱系——就是去"问它有什么力量,有什么行动准则,在其外观之下人性(或者说欧洲)怎么了,它是否使人更健康、更虚弱、更敏感、更渴望艺术了等等"(《克瑞内》,第8章第261节)。这就好像把文化当作一种病症来检查——即一种由隐喻促生的(或用弗洛伊德式的术语说是由一种原始压抑促生的)、覆盖了肉体和文化的断裂的生与死的妥协。

　　在这里我们还可以补充一点,尼采提出的由恶良心确立的歧义性与弗洛伊德所谓的"利比多的可塑性"是相对应的,它可以允许不同的本能目的都有可能得到满足,这是原始压抑的后果。基于这种格式塔,我们很容易理解;就死亡(本能的死亡或狄奥尼索斯式的深渊)是一种分裂、一种断裂来说,它总让我们觉得它是一种病,一种精神病,一种文化或道德。这就是女性的生命的最终的歧义性,是死亡的最终隐喻。尼采的分析与弗洛伊德的分析显然是非常一致的,所以他不会不提及弗洛伊德对这个特殊的隐喻歧义性问题表述得最清楚的文本:即"论三个盒子的主题"。实际上,弗洛伊德说的是:在《威尼斯商人》和《李尔王》中,第三个被选中的女人将不得不去死。但是,通过一种"替换"行为（或像尼采所说的通过隐喻）——这常常通过梦来完成——她也是被选中的最美的女人。对梦的阐释允许我们得出这样的结论："无论我们的主题什么时候出现，在女人之间进行选择都是自由的，而死亡也一样。因为毕竟没有人去选择死亡，所以只有在命运的驱使下人才成为死亡的牺牲品。"由于这种替换，"第三位姐妹就不再是死亡；她是最漂亮、最优秀、最有魅力、最可爱的女人，是爱之女神。"就《李尔王》来说：

> 　　我们或许会说这部剧表现的是一个男人与一个女人之间存在着的三种必然的关系——生养了他的女人，成为他妻子的女人和毁灭了他的女人；或者说她们代表了母亲形象在一个男人的一生中呈现的三种形式——母亲本人，以她为模型选择的爱人，最后是再次接纳他的大地母亲。但若一个老男人渴望从一个女人那里得到自己从母亲那里获得的第一次的爱，这种努力将是徒劳的；第三位命运女神，安静的死亡女神就会拥他入怀。（弗洛伊德：《论三个盒子的主题》，见《全集》第 7 卷，第 298—301 页）

　　为了展示女性的生命的隐喻造成的后果，我们曾用一种似乎独断的方式提到了隐喻这个概念（写成"Meta-phor"），现在我们要做的就是在尼采整个话语范围内确立并澄清这个概念。我们现在就可以声明，对尼采来说，它把本能理论和文化问题连接在一起，并建立在所谓的恶良心的原始分裂或断裂的基础之上。实际上，"若不借助于这个伪造的装置即意识，生命就是不可能的"。让我们把这句话理解为："人必须在意识中有一种（某一种）本能，这种本能排除了、搁置了、选择了某些事实，并只允许它们展示自己。"因而，由于原始的断裂，"真正密切相关的现象的后果发生在潜意识层面；外在的体系和延续只是这种真实后果表现出来的症状。"或者更精确地说,"思想本身并不是内在的现象,而是另一种代码语言,表达了不同感情力量之间的妥协",因为"思想,感情和意志就存在于转化的伪造之中;同化的力量到处忙碌着,它假定我们有一种意志可使外在的事物彼此相似"。(《克瑞内》,第8章第163、172节;第9第69、85节。)

在早期著作中,尼采就用这些术语解释了隐喻理论。这些著作使我们理解了"伪造"这一源于最初的隐喻性的断裂的术语的含义,并再次证明了隐喻问题不能脱离一般的文化问题——尼采是从悲剧性的希腊文化的角度来谈这个问题的。

只有文化被变换和改变时,我们才可以这样质疑和揭示它。"隐喻"意味着变换或移置,转变或变换,它指明了这样一个事实,即文化——作为一种"病",源于最初的断裂或分裂的病——只有已被改变了时才会真正地展露给我们。对文化来说:

> 什么是真理?真理是一大群流动的隐喻、换喻和拟人——总之,是人类关系的总和,这些关系已经被提升过、被改变过、被诗化过、被修辞化过,经过长久的使用,对一个人来说,它们似乎是稳定的、规范性的、强制性的;真理是幻觉,人们已经忘了它原本如此;隐喻已经被用旧,不再有激发美感的力量。(《道德意义之外的真理和谎言》,第1部分。)

在隐喻文化中,人们只能猜测或解释。一旦我的空间被文化形式占据,我就无法直接理解自己。曾否定了直接透视(哪怕它是"直觉的"或"色情的")我们的冲动、欲望、"内心"的虚妄概念的尼采为什么竟说出"内心无物"这种极端的话,原因就在此。这种令人难以接受的表述决不意味着用于表达文化的这些症状、隐喻、移置或变换只是没有任何基础的纯粹而简单的副现象;相反,这种表述暗示了欲望(或者说女性的生命的权力意志)并不能被人格化、具体化,并不能实现即时可见的或清楚明确的本质,因为欲望本身并不是公开展示的,而只是某种被解释的东西,属于典型的和被转移的隐喻的文化表现形式范围。那么,我们应该说文化总是可以被解释的:理解一种文化就是去解释一种解释。因此,若说尼采关于文化是隐喻的论述本身就只能是隐喻的,也是可以理解的。

> 因为在两种完全不同的领域之间,也就是在主体和客体之间,没有什么因果关系,没有什么精确,也没有什么表达,至多只是一种审美关系。我是指一种暗示性的变换,是断断续续地向非常独特的外语过渡,然而,为了达到这个目的,就无论如何需要一个中间领域,一种中间力量,来自由地组合,自由地创造。(《道德意义之外的真理和谎言》,第 1 部分)

为什么会这样? 因为作为一种文化存在,人与世界和事物的关系最初就是——或者说甚至"结构上"都是——隐喻的:"一种神经刺激首先转化成一个意象——这是第一个隐喻。意象反过来受到声音的刺激——这是第二个隐喻。当产生飞跃时,这种飞跃都完全是从一个领域直接进入另一个完全不同的领域。"诚实"意味着运用通常的隐喻……意味着根据固定的习俗说谎的责任"(《道德意义之外的真理和谎言》,第 1 部分)。

如果文化(作为我们与"事物"的最原始的联系)从一开始就是移置、变换和转变,那么,我们就可以直接称之为隐喻。但尼采只是用隐喻的术语来描述这种隐喻——这次是从这个术语的修辞意义上描述的:对与女性的生命有关的东西来说,他的描述采用的是女性化的术语;而就本能理论来讲,他的描述是以胃消化原理为基础的。这种相互牵连的关系可从这样一个事实得到解释:隐喻最初就是一种艺术的转换:"我们组织世界——将之组织成形式和形状——早在有概念之前我们就这样做了。"就像年轻的尼采所说的,这是因为"概念……只是隐喻的残渣——神经刺激艺术地转变为意象的幻觉,即使不能说成是概念的母亲,那也可以说成是祖母。"甚至当文化语言试图确立自己的根源时,它也是隐喻的——因为隐喻是一种审美现象。尼采对苏格拉底前古希腊哲学的全部思考都是以这种方式定位的。这种思想方式,就像在《希腊悲剧时代的哲学》和《哲学家手册》中所表现出的那样,都可以看作是对赫拉克里特那句名言的补充:"它既不隐藏也不说话,而只表示。"所有幻象或对世界或存在的理解在尼采这里都被表示为隐喻性的——一种充满意象的理性前语言。不管人们在文化史上追溯多远,人们都会发现文化是在用隐喻性的语言说着自己和世界的关系——也即自己与自己的关系:"泰利斯看到了一切皆为一体,但当他去与之交流时,他发现自己谈的是水。"于是,我们就可以更好地理解为什么对尼采来说艺术占据着那样特殊的地位;我们也可以更好地理解他为什么感到有一种根本的、原始的需要去通过狄奥尼索斯、阿波罗和阿里阿德涅的隐喻形象和神话传说来宣告一种新的文化类型的诞生,并借助于女人的意象、俄狄浦斯的意象、"内克斯"(nei-kos)和"菲利亚"(phlia)的意象和"癖好"的意象——实际上是借助于生理学的意象——来分析其诞生:

> 存在的概念!似乎它并没有表现出自己的经验主义的词源学的根源!因为 esse 意味着"呼吸"。如果人把它运用到一切事物之上而唯独没有用到自己之上,那么,他是想表明自己相信自己可以靠隐喻——即一种基于其他一切事物之上的非逻辑的过程——呼吸和生存。(《希腊悲剧时代的哲学》,第 11 节)

　　但尼采对作为一种艺术现象的原始隐喻的思考后来导致了一种成为他早期分析的前提条件的本能理论和含义理论。尼采把隐喻看作一种艺术现象,把艺术看作是隐喻的一种文化范例,这证明了这样一个事实:尼采的这种本能理论是受"虚构"或"寓言"这种术语支配的。在《曙光》第119节,尼采以胃的消化为隐喻框架,解释了他在别处所谓的自己"对梦的真实的信仰"。他解释说,这些"虚构"既属于意识生活也属于梦,它们"都是对我们在梦中所受的神经刺激的解释,是对我们的血液和肠的运动的非常自由、武断的解释"。实际上:

　　　　……(本能的)营养法则还是完全不可知的。因此,这种营养完全靠机会运作:我们每天的生活经验把它们的猎物一会儿扔给这种本能一会儿扔给那种本能,而本能则贪婪地将它们攫住;但这些经验的盛衰消长与所有本能的营养需要并无任何合理的关系。(《曙光》,第119节)

　　尼采因而解释说:我们的意识生活和梦都是对本能的饮食过度状态和饥饿状态的必然解释。因而,即使:

　　　　……醒时的生活不像梦中的生活那样自由,也更少虚构性,更少过渡……我们的本能在我们醒着时同样也只解释我们的神经刺激,并根据它们的要求决定"起因"。醒和梦之间并无本质的区别……我们的道德判断和价值判断只是不为我们所知的生理过程的意象和幻想,是便于表述某种神经刺激的语言。我们一切所谓的意识都或多或少只是对一个无意识文本、一个或许不可知但可感的文本的想象的补充……那么,我们的经验是什么?是我们所给它们的而不是它们真正所有的。或者说,我们竟然真要说它们空

无一物吗？经验就是虚构。(《曙光》,第 119 节)

生存因而就是去吸收:是迫使彼此不同的成为相同的,是去转变本能的"食物"——但这也是去解释,是把相同的东西转变成一个复合体。在"与醒着的状态根本不同"的梦中,有一种凝聚(吸收),但这也是一种转移(解释)。实际上,根据弗洛伊德的观点,"由于凝聚,清醒的梦中的某个因素可能与潜在梦想中的许多因素相对应;但相反,梦想中的某个因素也可能由梦中的几个意象来表达"(弗洛伊德:《精神分析学新论》见《全集》,第 12卷,第 22 页)。

"凝聚"是对德语中 Verdichtung 一词的准确翻译。虚构和凝聚的同义,以及尼采对梦的表述都允许我们把"梦的工作"看作是隐喻活动的范例。在解读艺术家的文化之梦时,人必须把自己本能的转变、转移或歪曲颠倒过来。尼采常用听的隐喻来描述这个阐释使命(例如在《扎拉图斯特拉如是说》;《偶像的黄昏》的序言,第 9 节;《瞧,这个人!》的前言和"我为什么这么聪明"第 8 节,等等),而听的隐喻证明了从外在符号到潜在意义的转移是一种特殊类型的掩饰:这种转移与其说是从明显到潜藏的转移,还不如说是从复杂到简单的转移——以及从简单到复杂的转移。隐喻的幻觉一旦得到解释,就不再会去揭露任何真理或存在。实际上,对这个文化密码来说,一切的发生都好像其他的隐喻形式也同时发生:谱系并不攻击隐藏着"真实"文本的"错误"文本——相反,它攻击的是隐喻之谜,就这样,"当他们说'我公正'时,听起来总像是说'我受到了公正的报复'。"因而,从正义到报复,并不就是指从错到对,而是指从一种明确的隐喻到显露另一个主导主题,而只有在同一音域人们才能听到这个主导主题:其中并无从无伴奏齐唱乐到复调音乐的过渡。这和狄奥尼索斯式的"JA"这个著名例子是一样的,根据隐喻的听读者的理解,"JA"也同时被理解为驴的叫声(I—A)。人们需要弗洛伊德谈到的那种"好耳朵",以及扎拉图斯特拉那种敏锐的听觉;例如,当后者听到学者们的饶舌时,他宣称:"他们的智慧常常有一种臭气,似乎它来自沼泽地;毫无疑问,我也听到了青蛙在里面的叫声。"因而,解释文化隐喻就等于将不同本能的隐喻读成或重读成一种特殊的表现形式;就等于听自己面前的几种声音,但只听到了一种声音。但我们也必须有一只耳朵,这只耳朵能够领悟隐喻所具有的复调性和多义性,因为隐喻就是自己的隐喻。

　　而且,尼采还宣布人与存在的关系是虚构的或想象的,这几乎就是一种凝聚,一种关于诗的诗:

　　　　一切文化形式都起源于多数事物都是被掩饰的这个事实……优秀的生理学肯定能理解艺术在我们发展中的力量——不仅是在人的发展过程中,而且也是在动物的发展过程中的力量;优秀的生理学会说:艺术也起源于器官。无机自然的化学变化或许也是艺术过程。(《最后的哲学家》,第52节)

　　因而,知识从一开始就没占据什么特殊的地位:相反,"没有隐喻就没有什么内在的知识。"同样,"一切认识都在完全被支配但并非先验存在的形式中得到反映。"尼采并不据此认为一切都等同于幻想的幻觉形式:相反,真正支配现象的——那种虚假的现象——是科学、道德和宗教——而这些恰恰是以前冒称自己为"真理"的东西。只有艺术,因为它的隐喻特征得到了普遍承认,所以才是真实的:"艺术把现象当作现象,因而它不想欺骗;它是真实的。"

　　"真理"的标准因而就是自相矛盾的:艺术是真实的,因为它提升和增加了隐喻——因此幻觉,就是那种对科学、道德和宗教的幻觉,受到阻塞。假的——实际上是病态的——因而表现为隐喻的重复阻塞。在这一点上若与弗洛伊德作一比较同样富有启发性。尼采描述的隐喻运动(有时描述为"遗忘能力")与弗洛伊德的"利比多的可塑性"——即"利比多多多少少可以轻易改变对象及其满足方式的能力"(拉普朗什和普达利斯:《精神分析学语汇》,第315页)——是一致的。"可塑性"和"隐喻"都同样表明了转移和移置的意象。例如,孩子作为变化无常的堕落的存在,就是这种隐喻的流动性的极端意象;这与源于利比多在神经病患者或文化方面表现出的"粘性"或"惯性"——隐喻运动的阻塞(由宗教、道德等造成的)——的稳定性正相反。在这里,堕落是根据可塑性或粘性的大小程度——即根据隐喻在第二期过程中连接本能力量的能力——来衡量的。实际上,弗洛伊德在《文明及其反对者》中这样写道:

> 我们一直通过追溯到利比多的粘性——即不愿为一个新地位而放弃旧地位——而把文化发展的困难当作一般的困难对待。(弗洛伊德:《文明及其反对者》,第5章)

如果隐喻是遗忘的表现形式,那么已被证明为病态的和虚假的东西就源于发泄(也即净化)的缺乏以及隐喻虚构化的缺乏,并会使人"产生反应"。人是"天生会遗忘的动物",因为他是靠隐喻来解释的动物:相反,有反应的人、易怨恨的人却不会隐喻。

> 我们立即就能明白没有遗忘怎么就会没有幸福,没有骄傲,没有现在。我们可以把身上的这种压抑机制已被损坏,不再正常工作的人比作(不仅仅可比作)是消化不良——他

"吃不下"任何东西。(《道德的谱系》,第 2 章第 1 节)

而另一方面,在艺术方面,人会忘记自己忘记了,忘记自己说谎了,忘记自己发明了隐喻,而有反应的人忘了去忘记。因而,尼采在《道德意义之外的真理和谎言》中写道:

> 只有靠遗忘那个隐喻性的原始世界……只有靠忘记自己是主体,甚至忘记自己是有艺术创造性的主体,人才能比较安全地生活并终有所获。(《道德意义之外的真理和谎言》,第 1 部分)

实际上,如果人意识到自己生活在一个一开始就根本是隐喻的世界里,那他就会死于狄奥尼索斯式的疯狂。狄奥尼索斯式的真理是致命的。

因而,阿波罗——掩饰之神——夸张地遮掩了艺术中的隐喻因素,以及女性的生命的隐喻外观。靠隐喻及隐喻过渡,人忘了自己原先是一个隐喻的存在——隐喻的顶点就是忘记这一点。阿波罗因而就是狄奥尼索斯的隐喻。在阿波罗式的艺术隐喻中,狄奥尼索斯式的死——隐喻的疯狂繁荣,现象的无限繁盛,走向死亡之点的多种多样的堕落——被忘记了。[①] 艺术隐喻因而成为被"同一"和"其他"控制的游戏:原始的隐喻打开"其他"的领地作为狄奥尼索斯式的隐喻的王国,而其顶点就是致命的疯狂。但对阿波罗这个隐喻的隐喻,"其他"的"其他"来说,隐喻因为孩子气的无知和艺术的幻觉而被遗忘了:"人的成熟——

---

① "我们知道,就精神器官来说,快乐原则是适用于原始的工作方法的,但是,从有机体要在外部世界的困境中自我保护的观点来看,这种原则一开始就是无效的,甚至是极其危险的。"(弗洛伊德,《超快乐原则》,第 2 章)

在于重新发现了童年游戏的严肃"。从这个角度讲,"'真理意志'——可能是隐藏的死亡意志。"而且,"从这种意义上来说,科学会成为一个延长了的谨慎过程",它在拒绝被欺骗时甚至欺骗了自己,在意欲得到真理时也是在意欲得到死亡。在阿波罗的艺术遗忘后面,如果观淫癖者——"同一"的"其他"——被悄悄描述成把女性的生命的生命隐喻浓缩成一个致命本质的人,那么,躲在狄奥尼索斯这个现象的破坏者后面的将是学者——"其他"的"同一"。但这两类人在从相似走向"同一"的过程中,都被"不想被欺骗""欺骗"了。这个从相似走向"同一"的过程与实际的原始过程是一致的,在这个过程中,生命的隐喻运动受到了阻塞,通过这个过程,作为"其他"中的"其他",阿波罗成了狄奥尼索斯的支持者——因为"狄奥尼索斯说的是阿波罗的语言;而阿波罗最终说的是狄奥尼索斯的语言"。

在这里,这两个神允许超人成为隐喻的隐喻,人的隐喻。

风 格 问 题

德里达 著

衡道庆 译

本次讨论的题目是风格问题。但主题是女人。

风格问题——是指定的对象的问题。有时只是一支钢笔，或一根管心针，甚或一把匕首。诚然，在它们的帮助下，我们可以坚决地打击哲学以物质或基体的名义召来的东西，以便在它上面凿一印记，留下一种印象或形式；但这些用具也将有借于我们抵制威胁性的势力，不使它靠近，抑制它，防范它——同时仰身或弯腰，逃避，将我们隐藏和遮蔽。至于遮蔽物——尼采一样会使用将有的种类。

风格将突出出来，如同指示，如同古老航船上的船首：喙形的船首，突出在前面，搏风击浪，劈开水面。或者（通常在航海学的意义上）像被称作虎爪式柱座的岩石尖端，在港口迎击着波浪。

风格以它的柱座还可以抵制自己呈现出来或不可避免要遇到的无论什么可怕的、令人目眩的、致命的威胁：即事物自身以及意义和真理的呈现因而也是内容——除非这因着差异的被揭去面纱而"已经"是被摧残的深渊。那已被淡忘,先前不为我们所记得,然而却已经在它退出的事物上面留下了一个印记,一个终止的记号——此时此地——它的名字我们应该也必将考虑在内,虽然这一过程并不简单,也不可能一蹴而就。

法语中的 e'peron 这个词在高地德语中是 sporo,在盖尔语中是 spor,在英语中是"spur"。在《英语词句》(*Les Mots Anglais*)中,马拉梅(Mallarmé)将它和 spurn 联系起来——厌恶,抵制,轻蔑地拒绝。这不只是一种神奇的同义词,相反,它是从一种语言扩展到另一种语言的具有历史的和语义学的必然性的过程。英语的 spur,法语的 e'peron 和德语的 spur 是"同一个词":回溯,唤醒,提示,指明。

激励的风格是长的,长方形的物体,用来回避和穿透;顶端是长方形——加叶饰的;在其周围伸展和铺开着具有驱邪力量的布,织物,遮蔽物,和帆。

要坚持是什么在女人问题上留下了设计的提示的印记(我不像通常那样谈论女人的外貌,因为这里将是一个除去其外貌的问题,因为外貌问题将由什么被界定为女人来决定);要宣布从这里起,是什么决定了风帆(如在一条船上)对于驱邪的痛楚的活动;最后,要让风格和女人在尼采那里出现某种互换——为此,我们必须转向《快乐的科学》(第 60 节),"女人,和她们在远处的行动。我还有耳吗?除了耳我就一无所是吗?"尼采的所有问题,特别是那些关于女人的,都围绕着耳的迷宫;在《快乐的科学》中还有更进一步的论述("主宰主人的女人",第 70 节):当深沉有力的女低音响起时,帷幕或垂幔被拉开了("现出我们通常不相信的那种可能")。这种声音是男人中最好的声音在女人中的表现,它似乎要克服两性之间的差别,并体现这一理想。

但如同太监的声音一样,那些"被认为代表着理想的,男性的情人,如罗密欧",尼采表达了他的矜持:"这种情人是不能令人信服的;这声音总带有母道的和家庭主妇的色彩——尤其当它传达爱时。"

　　　　除了耳我就一无所是吗？我站在澎湃的波涛中[Hier stehe ich in mitten des Brandes der Brandung. Brandung 是和 Brand 的拥抱相联系的,意指火苗的红色标记,当波浪遇到岩脉或礁石、悬崖、山嘴等时向自身的折回],白色的浪尖拍击着我的脚[因此,我也是山嘴];咆哮声,恫吓声,尖叫声,怒吼声从四面八方向我袭来,而古老的撼地之神却在最深处唱着它的咏叹调,声音深沉,如怒吼的公牛,他踏着如此惊天动地的节拍,以至那些饱经风霜的岩怪的内心也颤动不已。然后,蓦地,如同横空出世,在这地狱般的门的几寻之外,出现了一艘巨大的航船,如幽灵般静静地滑过来。啊,这幽灵似的美！它是多么神奇地打动了我！世间一切的安宁和沉默都已载于其上了吗？我的幸福也载于这静谧之地了吗——我的更为幸福的自我,第二个不死的自我？一个不死不活的、幽灵似的中介者:静静地观察着、滑行着、漂浮着？如同挂着白帆的船像巨大的蝴蝶一样滑过黑色的海面。是的！滑过存在！正是这样！多有意义！——似乎是这儿的喧嚣把我引进了幻想之中。巨大的喧嚣使我们把幸福置于某个宁静的远方。当一个男人置身于他自己的喧嚣之中,置身于他自己的设计和构想的激浪之中,他就会看到静谧的、迷人的女人从他身边掠过,就会渴望她们的幸福和隐退。他几乎认为,他的较优秀的自我就置身于女人之中。在这静谧之地,即使最喧嚣的激浪也会变得悄无声息,人生会变成关于人生的梦境。(《快乐的科学》,第 60 节)

《快乐的科学》中在此之前的一部分("我们艺术家",第 59

节），以"当我们爱一个女人时"开始，描绘了同时地标明对死亡的寻梦似的冒险，对死亡的梦想，以及对天性的升华和掩饰的冲动。从头至尾，掩饰的价值都没有脱离艺术和女人之间的联系：

> 突然，梦想的精神和力量征服了我们，我们睁着双眼，漠然地蔑视一切危险，沿着最艰险之路，攀上梦想的巅峰——竟毫无眩晕之感，似乎我们这些白日寻梦者天生就要去攀登似的！我们这些艺术家！我们这些掩饰天性者！我们这些耽于幻想的人啊！我们不知疲倦地、沉默地漫游在高处，而这些高处我们并不视为高处，却视为平原，视为我们的安全地。（《快乐的科学》，第59节）

> 可是！可是！高贵的狂热者，即使在最漂亮的航船上也有许多的喧嚣，不幸的是，它们只是些相当小而微不足道的喧嚣。女人的魅力和最强的效力，用哲人的话来说，乃是在远处的活力，actio in distans；但这首先和首要的是需要——距离。（《快乐的科学》，第60节）

什么行动开辟了这个距离呢？尼采的著作已经以拉丁语引述（actio in distans，模仿哲学家的语言）和断言以及搁置距离这个词的破折号所携带的风格的效果模仿了它：通过自身的快速旋转或轮廓的变幻，它请求我们和那使我们梦想到死亡的多重帷幕保持距离。

女人的魅力在远处发挥作用，距离是她力量的要素。但人们必须对这吟唱般的音调，对这魔力保持冷漠，必须和距离本身保持距离——不仅（犹如可以预见的）要防范这个魅力，而且同样要经历它。必须有（我们需要）距离；我们必须和我们缺乏的东西，和我们无法做到的东西保持距离——这体现了男人之间互相给予的忠告:去引诱,但却不使自己被诱惑。

如果我们必须远离女人的效力(即 *actio in distans*)——这并不等于只是不接近它,除非冒着死亡的危险——这可能是因为"女人"不只是任何一种事物,不只是由某个远处而来的,可辨别地确定的,可以接近或疏远的外貌。或许,作为非同一性,非外貌,作为幻影,她是距离的深渊,是对距离的疏远,是对分隔,对距离本身的冲击——这样的距离(如果仍要称为距离的话),已经不再可能了。

这里我们必须求助于疏远(Entfernung)一词的海德格尔式的用法:它意指分离,消除,对于消除的消除,对遥远的消除,再次移动,对此类远距离形成着的破坏(Ent-),对于靠近的隐蔽的谜。

由疏远而来的开辟,分离或伸展引起了真理——反过来女人又从中脱身而出。

没有关于女人的本质,因为女人已经脱离,从其自身脱离了出去。从无尽的、无底的深处,她淹没了所有的本性、所有的同一性、正当性和特征。哲学论述的创始者对此一无所知,就注定了要迅速走向毁灭。没有关于女人的真理,就因为这种和真理的隔若天渊,这种非真理,正是"真理"。女人是真理的非真理的别名。

因此,当距离掩盖了女人的真实本性并使漫不经心的哲学家落马时,它是有效的——除非哲学家能从女人得到两个刺激,风格的两个打击,或匕首的猛击,这是迅速地争夺性别特征的交换:

　　　　　假如一个人无力自卫也不想自卫,我们并不认为这是什么耻辱;但我们蔑视既无能力又无意志进行复仇的人,不管是男人还是女人。我们要是不相信一个女人会在某种情形下挥动匕首（任何一种匕首）对付我们，或操刀对准自己——这在某种情形下可能是更为残酷的复仇（中国式的复仇），她还能抓获我们（或，如他们所说的，"吸引我们"）吗？（《快乐的科学》，第69节）

我们从《善恶的彼岸》的前言中看到这样的开首句："假设真理是女人……"但这里尼采使关于女人的真理，或真理的真理，发生了转向：

　　　她肯定不允许自己被赢得——今天，任何种类的独断论都以垂头丧气、黯然神伤的姿态站立着。如果说它真还站立着的话！（《善恶的彼岸》，前言）

女人（真理）不允许自己被占有。

关于女人的真理不允许自己被占有。

那真正不允许自己被占有的东西正是女性的。

人们不必急于把这认为是女性化，认为是女人的女性化，女人的性征，或其他一些精炼的崇拜物：这正是当一个人处于教条主义哲学家，无能的艺术家，或缺乏经验的引诱者的思想贫乏的水平时所认为的。

这种对真理的背离，它的剥夺和适合于引号（阴谋诡计，哭喊，偷窃，水性杨花的女人的吸引力），所有这些，对于尼采的著作而言，都会产生关于"真理"以及所有其余的东西，所有那些刻画真理，对真理的总体描述的引号——我们不要认为，所有这些都是女性的：它是女性的"活动"。

她写作。风格依赖的正是她。更有甚者：如果风格是男人的话（例如对弗洛伊德而言，男性生殖器将会是"崇拜物的通常原型"），那么作品就是女人。

如果所有这些武器在人们之间相互传递，辗转流动，关于我正在做的事仍存在着疑虑。

难道这些明显的女权主义者的论述不能和尼采顽固的反女权主义的大量文集相调和吗？

这种女权主义者和反女权主义者的论述之间的一致（我用这个词来反对连贯）令人不解，而同时又完全是必然的——这至少将成为目前讨论的主题。

女人，真理，是怀疑主义或遮蔽着的矫饰；这一点我们必须仔细考虑。想一下女人在晚年时对"真理"的怀疑主义：

> 我担心上了年纪的女人，其内心深处比男人疑虑更甚：她们把存在的表面当成存在的实质，而一切美德和深层内涵对她们而言反倒仅仅成了这"真理"的遮蔽物，一块敷于羞处的受欢迎的遮羞布了——换言之，是既谦逊又不应该的东西，仅此而已！（《快乐的科学》，第64节）

"真理"只是表层；只有以帷幕覆于其上才能使它成为深刻的、自然状态的、称心合意的真理。它不会被引号取消，只会在一种谦逊的运动中发现表层。取消遮蔽物或使它以某种别的方式降下来以便再也没有真理，或只有"真理"（如此写法）：这就足够了。

那么，又为什么有恐怖、惧怕、"谦逊"呢？

女人的距离通过取消和阉割的联系而从自身抽取出真理——正如当人们举起或铺开一块布或一种联系时，同时也可在犹豫不决中被停止一样。

对于阉割的被取消的联系：不是对于阉割的真理（女人不相信这个），也不是对于作为阉割的真理，也不是对于真理——阉割。真理——阉割：那正是男人的事，是永不过时，永不怀疑或掩饰的男性的事情,在它的轻信、它的愚蠢(通常是有关性的,有时表现为熟练的掌握)中阉割自己以便产生真理——阉割的诱惑。正是在此关键之处(举例来说),遮蔽物、言说的真理、阉割和 phallocentrism 的部署,都可能在拉康的作品中受到质询和剖析。

"女人"——这个词目前标志着一个时代——不再相信阉割的忠诚的反转,反阉割。她太狡诈,并且她知道(至少是关于它,关于它的操作)我们所应该学习的东西:这样一个反转,将会从她带走所有关于幻觉的可能,实际上它将等于同样的事,而且在其同伙,那个倒转的影像的粗暴的学生,主人的拘谨的追随者的帮助下,将会更为肯定地在同一个古老的机器中,在 phallogo-centrism 中树立它自己。

现在,"女人"需要阉割的效果,因为离开它她就既不知如何去引诱也不知如何去激起欲望——但显然她并不相信它。"女人"就是这样;她不相信它,却又戏弄它。玩弄:导向笑声的新的概念或新的信念结构。她了解男人——这种了解任何独断的或轻信的哲学家都不可能达到——知道阉割从未发生过。

在改动这个公式的任何部分时我们都应当心。首先,它表明阉割的位置是不确定的,它是一个未定的符号或非符号,应该为不可预料的后果留下谨慎的回旋余地。其中一点,如我在别处表明的,就是对阉割的肯定和否定以及对反阉割的认同和否认之间的严格等同。对此,可能以后会在关于腰带的争论(借自弗洛伊德关于拜物主义的论述)的标题下加以论述。

如果阉割真的发生过,它将成为运用于(通过取消和平等化)在一个赞成和反对的所有谈话中不可确定的句法。它是向着虚无的飞驰——然而,无利之时从未尝试过。

那极端的"女人的怀疑主义"的发源之处。从她撕开谦逊或真理的遮蔽那一刻起——她曾被封闭于其中,"处于对 eroticis

的最无知之中"——她的怀疑主义就没有了界限。只需读一下
"论女人的贞洁"（《快乐的科学》，第71节）：在"爱欲和羞涩的
矛盾"中，在"上帝和野兽的临近"中，在"谜一样的答案"和"答案
之谜"之间，"女人最终的哲学和怀疑主义"如何"在这里抛锚"。
女人正是在此空处抛下了她的锚。

那么，"女人"对真理并不大感兴趣；她对它如此不信任以致
有关她自己主题的真理她也可以漠然置之。是"男人"自己相信
他的关于真理或女人的话题影响到了女人——她反过来又回避
它。这就是我关于阉割的未确定的循环所描绘的地理学的问
题，它如往常一样，显得令人难以捉摸。"男人"才相信关于女人
的真理，女人——真理。事实上，尼采对其极尽嘲讽的女权主义
者的女人是——男人。女权主义实际上是女人想要代表男人，
想要代表坚持真理，科学，客观性——以及整个男性的幻想及整
个阉割的效果的哲学的独断主义者的活动。它想要失去自己的
风格。尼采痛斥了女权主义中这种对风格的需要：

> 当女人开始那样成为科学的时候不是最倒胃口吗？迄
> 今为止，这种启蒙很幸运地只是男人的事务，男人的命运。
> 在此我们仍保持"在我们之中"。（《善恶的彼岸》，第232、
> 233节）

女权主义运动的整个过程就沿着这个明显的矛盾而展开。
有两次女人都是模型：这两次是相矛盾的，她既受到赞扬又受到
咒骂。女人把指责者的争论经营成壶的逻辑，如同写作通常而
非偶然所做的那样。作为真理的模型，她拥有统治独断论，使男
人疯狂，并使他们（那些轻信的人，哲学家）逃离的引诱的力量。
但只要她不相信真理，然而却发现被自己并不感兴趣的真理所
吸引，她就又是另一种模型——这次是好的模型；或者，就它是

好的模型这个意义而言倒不如说是坏的模型。她玩弄着矫饰，装饰，撒谎，艺术，艺术哲学；她是一种肯定的力量。如果她仍要受诅咒的话，这种指责将只达到她否认这种肯定的力量的程度——这是从男人的角度而言。所有这些等于在仍然相信真理的同时撒谎；因此，她是她所激起的愚蠢的独断论的镜式的反映。

艺术、风格、真理等问题不能离开妇女问题。但这个常见的疑难的简单结构暂时终止了这一问题："什么是女人？"已经不可能再去寻找女人，或者女人的女性化，或女性性征。至少，不能够以熟悉的思想方式或知识来发现它们——即使人们不能停止寻找它们。

走进女人。在《偶像的黄昏》中题为"一个错误的历史"的这一部分里，尼采对六种后果、六个时代作了一个简要的描述。在第二个时代，尼采在"它［观念］变成了女人"下面加了着重号：

> 真实的世界——现在不可达到，但却许诺给了圣人，虔诚的人，有美德的男人（"悔改的罪人"）。
>
> （观念的进程：它变得更为脆弱，更为阴险，更不可理解——它变成了女性的……）

让我们试着来解读这对于女人的刻画：当然它既不是不含任何概念内容的比喻的或寓言式的说明，也不只是一个没有想象的含义的纯粹概念。文本说得很清楚：是观念变成了女人。变为女人是"观念的进程"。观念是真理的一种自我呈现的形式。因此，真理不总是女性的。女人并不总是真理。两者都有历史，它们形成了一个历史——或许就是历史本身，如果历史在严格的意义上通常以这种方式，以真理的活动来表现的话——对此单凭哲学自身无法解读，因为它也被包含于历史之中。

在关于"真实世界"的历史的这一进程出现之前，观念是柏拉图主义的。在那个肇始时刻，关于真理的柏拉图主义的语句中是这样一种翻译，或者说迂回的说法或意译："我，柏拉图，就是真理。"

第二个时期——观念的女性化，作为真理的呈现或发生——是当柏拉图不再能说"我就是真理"，当哲学家不再是真理，当他从它并且也从他自身脱离出来，而只追逐它的痕迹的时候——这时或者是他被放逐或者是他放逐观念。然后那个历史开始了，那样的历史开始了。现在，距离（女人）将真理（哲学家）搁置一旁，产生了观念。观念变成了遥远的，超越的，不可达到的，引诱人的；观念在远处接替并指明了道路。它的帆在远处张满了，关于死亡的梦想开始了：它就是女人。

尼采在女人身上看到的所有性格，所有品质，所有吸引力——诱人的距离，迷人而又不可及；无限掩饰的许诺；产生欲望的超越；疏远化——所有这些都同样恰当地属于真理的历史和错误的历史。

现在，好像是并列地，好像是要解释和分析"它变成了女人"，尼采补充道："……它变成了基督教徒"——以此结束了插入语。

正是在由这一插入语引起的时代中人们可以尝试去将这个多少令人难以置信的论述指向尼采自己的文本中关于阉割的主旨——即，朝向作为不在场的真理之谜。

我要说明以大的红字体出现的"它变成了女人，它变成了基督教徒"，就是"它阉割了（自己）"：观念阉割因为它被阉割，它为一个插入语的时代展示了阉割，它假装阉割——忍受和被强加——以便从远处控制主人，产生欲望，并且，通过同样的打击——这里就等于"同一件事"——消灭它。这在女人——真理的历史上，在女人作为真理，在多样化和女性化的历史上都是一个必要的阶段(也是一种必要的迂回的说法)。

让我们翻过这一页,继续去看《偶像的黄昏》中接着"一个错误的历史"后面的部分——即"作为反天性的道德"。在那里基督教被解释为阉割主义。尼采认为,拔掉牙齿,挖出眼睛,都是基督徒的行动。它们是基督徒观念的暴行,是女性化观念的暴行。

> 所有古老的道德的怪兽都一致同意:激情必须被消除。关于此点的最著名的公式可以在《新约》的"山中传道书"中找到,在那里顺便提到,事物决不能从一个高尚的立场来看待。例如,其中(尤其关于性欲)提到"若眼睛使尔等不悦,就将其挖出"。幸运的是,没有一个基督教徒遵从了这一教导。铲除激情和欲望,仅仅是作为对它们的愚蠢行为和令人不快的后果的防范措施——今天,这本身就作为另一种极端形式的愚蠢行为而使我们震惊。我们不再羡慕那些为了消除牙齿的疼痛而将其拔出来的医生了。

和基督教徒的、至少是"第一教会"(但还没有人离开这个教会)的根除或阉割相反,尼采提倡激情的精神化。他似乎认为,在这种精神化中,阉割就不起作用了——这一点并不明显。我将这一点留待以后解决。

因此,第一教会,女性观念的真理,通过剪除、消灭、铲除而前进:

> 在每一种意义上,教会都是以消除来和激情作战:它的一贯做法,它的"治疗",是阉割主义。它从来不问:"我们如何能够精神化,美化,崇高化一个欲望?"它总是把约束的重点放在根除(包括感官欲望,骄傲,统治欲,贪婪,报复性)之

上。但是对激情的根基的攻击就意味着对于生命的根基的攻击：教会的一贯做法都是敌视生命的。

因此，敌视作为生命的女人（femina vita）：阉割是女人反对女人的行为，同时也是两性各自反对自己并反对对方的行为。

> 在反对欲望的战斗中同样的手段——阉割，根除——是由那些意志太薄弱、太堕落而不能节制自己的人出于本能地选中的……人们应研究一下神甫们和哲学家们，包括艺术家们的整个历史：对于感官知觉的最有危害的事情不是由那些无能者，也不是由那些禁欲主义者，而是由那些不可能的禁欲主义者，由那些强烈需要成为禁欲主义者的人提出的。感官欲望的精神化称为爱情：它代表了对于基督教的一个重大胜利。另一个胜利是我们对敌意的精神化。它就在于对拥有敌人的价值的一种内在的赏识：简言之，它意味着以与规则相反的方式行动和思想。教会总想破坏它的敌人；我们，我们非道德主义者和反基督徒，在此发现了我们的优势，即教会存在……上帝喜欢的圣人是理想的阉人。（《偶像的黄昏》，"作为反天性的道德"第2—4节）

文本的多种多样很好地表明了：尼采并没有哄骗自己，宣称知道女人、真理和阉割的效果，或者呈现和不在场的形而上学的效果。相反，他分析了这种骗局。他小心地避开通过提出一个简单的论述来反对阉割和它内涵的体系这种轻率的否定。如果没有一种谨慎的模仿，没有写作的策略，没有钢笔的不同或者多种多样，没有风格——"宏大的风格"——相反面也仅仅等于对于反题的一种喧嚣的宣称。

由此而来文本的多样性。

　　我要略过过分多的关于女人的论述,去形成它们的规则并且将它们减化成确定数目的典型的和基本的命题。然后为其后的阅读描绘出这种整理的范围和它所包含的问题。

　　这样,就有三种论述,三种基本的命题——每一种都有不同的价值立场,都来自不同的地方。也许根据一种我这里只能顺便提出的工作,这三种价值立场,可以具有精神分析(例如)给予"立场"一词的意义。

　　1.　女人被谴责、贬低和指斥为撒谎的形象或力量。现在在真理、在独断论的形而上学、在以真理和男性生殖器作为他自己的特征的轻信的男人的名义下提出了指责的范畴。在这种消极的和否定的兴趣之下所写成的 phallogocentric 文本实际上是很多的。

　　2.　女人被谴责、贬低和指斥为作为真理的形象或力量,为哲学的和基督教的存在,不管她是否将自己认作为真理,或分开来看,不管她是否还将它作为崇拜物来对待——为着她自己的利益,并且丝毫也不相信它。然而通过诡计和天真(诡计通常被天真所玷污),她仍然保留在真理的组织和系统内,保持在 phallogocentrism 的空间内。这样,整个事件都是依照隐蔽的艺术家的观点进行的。然而这位要人仍然相信女人的阉割,那么他就只是消极否定的情况的翻转。

　　3.　在这种双重否定之外,女人被认可和确立为肯定的,掩饰的,有艺术想象力的,狄奥尼索斯的力量。她不是被男人确认的;相反,她在自己和男人身上确立了自身(在不久前我所提到的阉割从未发生这种意义上)。反女权主义者就这样被反过来了,因为它除了将女人确认为等同于或对应于两个处于消极地位的男人外,并没有谴责女人。

　　要从这三种论述中形成一个详尽的模式,要将它们重新构建成一个系统的统一体,就必须掌握模仿和一种不同的风格,或

多种不同风格,并将它们归纳为某种主题的内容。另一方面,这
三种纲要中所蕴涵的每一种价值也必须(这两个条件是不可分
割的)在一系列成对的对立之中才可以决定,似乎每一个词都有
一个对立者,如女人,事实,或阉割这些词。

　　这种关于婚姻或 pharmakon 的制图法①(它记录了阉割的
效果而又没有沦为阉割,它处处有效,尤其是在尼采的文本中)
限制了这些诠释学的或系统性的问题的恰当性,不承认它们的
感染力。这种制图法常常从意义、准则之中撤回一个控制的
空白。

　　并非我们要消极地站立在异质性或模仿的一旁(那仍然将
会降低它们)。也不应从所有这些得出结论说那独特的和不可

---

①　Hymen 和 pharmakon。德里达在解释马拉梅和柏拉图的某些文本时,分别提
　　出了这两个"概念"——这些词作为关键概念,结合在一起,它们从这种理解中
　　获得了战略性的意义和力量。参见德里达《传播》(La Dissémination);《柏拉图
　　的药剂学》(La Pharmacie de Platon)第 71—197 页,关于作为毒药和解药的
　　"pharmakon"的概念——一种超越了亚里士多德的逻辑(如同弗洛伊德的无意
　　识)。也可参见马拉梅的文本中第 201—318 页(尤其是 237—245 页)关于"婚
　　姻"的部分。在许多段落之中,我们引用来自《传播》的如下一段:"结婚首先意
　　指婚姻的融合或圆满,两人之间的识别或混淆。两人之间再也没有了任何区
　　别;相反,只有一致。在那种融合中,在欲望之间再也没有了距离……再也没有
　　了距离和非距离之间的在场的完成;在欲望及其满足之间再也没有了区别。不
　　仅废除了区别——而且同样也废除了区别和非区别之间的区别……呈现和非
　　呈现之间的婚姻,混淆……'发生于'两者之间;它是在愿望和它的实现,作恶和
　　记忆之间的间隔……婚姻——不同者的完婚,性交的持续和混淆,结婚——变
　　得同似乎是它的起源之地相混淆了;处女膜作为保护性的屏障,贞洁的匣子,阴
　　道的间隔物,薄的和不可见的遮蔽物,对于那些歇斯底里的人,在女人的内部和
　　外部之间——因此也在愿望和它的实现之间保持了自身,它既不是欲望也不是
　　快乐,而是在两者之间。欲望梦想着要以爱和谋杀(两者都有或者两者之间)的
　　暴力进行刺穿,冲破的正是处女膜。如果其中之一曾经发生过,就不会有处女
　　膜了——但即使它们没有发生过,也仍然没有处女膜。婚姻,连同它的完全未
　　定的意义,除了它未发生时,除了实际上什么也没发生,除了不伴有暴力的完婚
　　或不伴有刺穿的暴力,或刺穿却无标记,没有标记表明,等等,除了不经撕扯而
　　已破败,就不曾发生过;例如,当某人因笑或幸福而致死时。"(第 237—241 页)

嫁接的主要意义的不可理解是缘于尼采的无限精通,缘于他的坚不可摧的力量,他对某些圈套的无懈可击的操纵,或者是某种无限的演算,犹如莱布尼茨的上帝——但这次,是缘于某种不可决定的无限演算,以便挫败诠释学的掌握。然而,要确实逃避后者,就会同样肯定地又落回圈套。它将把模仿或假象变成服务于真实或阉割的统治工具——在这样做时,它会恢复宗教(例如,对尼采的崇拜),并作为对于解释者和模仿者来说的教士,在其中发现自己的利益。

不,模仿总预设被失控的无意识或眩晕,被失去意识所阻碍的某种天真状态。那种绝对地经过计算的模仿将是一组规则或者一种坦白。

必须说明(很愚蠢地),如果关于女人的格言不能相类似——首先是相互之间不相类似,然后是和其余的部分不相类似——这也是因为尼采对这些问题考虑得不很清楚,有时只是一带而过;这种经常的、有节奏的盲目(从没有被处理过)就发生在文本之中。尼采有点茫然若失了。可以肯定,一出现婚姻,迷茫就发生了。

尼采在文本的网络中有些迷茫,像一只蜘蛛,不能和他生产的东西保持一致——像一只蜘蛛,或像许多蜘蛛,诸如尼采,Lautre'amont,马拉梅,弗洛伊德和亚伯拉罕。

他就是,他畏惧,这样一个被阉割了的女人。

他就是,他畏惧,这样一个正在阉割的女人。

他就是,他深爱,这样一个肯定的女人。

这都是即刻地;同时地或先后地,依据于他身体的位置和他的历史地位。他在他自身中和身外和这么多的女人有着如此多的联系。

没有一个女人,没有一个关于这样的女人的如此这般的真理。至少,他告诉了我们这一点,并且还有一个十分丰富的关于

女人的形态学——母亲、姐妹,老女人,配偶,女统治者,妓女,处
女,祖母等的群体——他作品的大大小小的女儿。

　　因为这同一个理由,没有对于尼采或尼采的文本的真理。
当人们在《善恶的彼岸》中读到"这是我的真理"——正是在关于
女人的一段中尼采强调了我的。我的真理,这无疑意味着它们
不是真理,因为它们是多样的,多彩的,互相抵触的。因此不存
在这样的真理,而且,即使对于我,关于我,真理也是复数的。

　　因此没有关于如此的性别差异,关于如此的男人或女人的
此类的真理;相反,整个形而上学自身就源于对同一性的某种考
察和检验,接近,辨别和分化——即使它预设或蕴涵了这种不确
定性。

　　在符号的神话学之外,在作者的神学之外,人们的传记的欲
望在文本中得到了题献,而且它留下了一个不可消除的印记,这
个印记也不可克服地是复数的。每个人自己的"精神宿命的花
岗岩"都给出和收到这些符号,以此形成自己的物质。竖立降下
来了。传记文本确定了,被固定成不确定的长度,并且长时期以
来它形成了一个不可消除的墓碑,伴随着"墓碑的历史"的所有
危险——这已经被《不合时宜的思考》所预见到了。这种花岗岩
是一系列的:

　　　　……先天注定的决断和对特定问题的答案。在每一个
　　主要问题方面,都有一个不变的"这就是我"在讲话;例如,
　　关于男人和女人,一位思想家不可能改变观点,只能一学到
　　底——只能最终发现这如何"在他那里确定不变"……本着
　　这种我对自身刚刚证明的彬彬有礼(在将精神宿命界定为
　　我们的愚蠢之后),我也许更可被允许对于"这样的女人"道
　　出几条真理——假定人们一开始就知道这些毕竟只是——
　　我的真理。(《善恶的彼岸》,第231节)

在《瞧,这个人!》("我为什么写了这么好的书")中,有紧接着的两段(4 和 5),在其中尼采连续地提出存在着"大量可能的风格",或者没有"原本的风格",因为——如他所说——他"很了解女人"(或者不如说,女性:Weiblein):

> 这就是我狄奥尼索斯天赋的一部分。谁知道呢?也许我是关于永恒的女性的第一个心理学家。她们都爱我(一个古老的故事),除了发育不全的女人,那些缺乏(生育)子女的素质的"解放了的女人"。幸运的是,我不情愿被撕碎:当一个完美的女人恋爱时她要撕碎。

从关于女人的问题取消了真实和非真实之间的可以决定的对立,从它建立了引号对属于哲学的可确定性系统所有概念的划时代的统治,从它取消了解释文本真实意义的诠释学工作的资格,将阅读从意义或存在的真理的视域中,从产品和被生产、在场和当下的价值中解放出来——从那一刻起,它作为一个写作的问题,一种激励的活动,就成了风格的问题,比任何内容,任何主题,任何意义都更强有力。这种所谓的 SPUR 横穿了遮蔽物:它不仅撕开它以便看到或产生出物自身,而且它还取消了它自己的对立物,纠缠在它之上的对立物,关于遮蔽的/未遮蔽的,关于作为产品的真理,关于去蔽/矫饰——关于在场的所有一切。这个问题既没举起遮蔽物也没使它降下:它将它界定在未决状态——一个时代。去界定,去取消,或被除去:当这是一个遮蔽物的问题时,难道它不又一次等于除去遮蔽?实际上,不就等于破坏偶像崇拜?这个问题,作为一个问题来考虑(介于 logos 和 theoria,即言说和领会之间),仍是漫无止境的。

第　三　编

尼采与西方大思想家

苏格拉底式的尼采

西格德　著

周勤勤　译

孟庆时　校

　　我对尼采的探讨集中在他思想的两个主要特征上。第一，跟苏格拉底一样，尼采不是一个怀疑论者，尽管他对真理的知识持怀疑的态度。确实，和苏格拉底一样，尼采像智者似的进行谈论，似乎知道真理究竟是什么东西。他甚至宣称，他的怀疑主义，把他从虚无主义的泥潭中拉了出来。第二，尼采思想首要的是批判的，这使他对理性的极端否定态度和对真理的追求始终不变。尼采的思想是以批判的沉思为基础的，而批判的沉思致使他认为理性就是对现实的歪曲。然而，他的最基本观点是：应该把握现实的本来面目，因此，我们必须尽量做到不歪曲现实。这里，尼采哲学和其他哲学并没有什么不同之处。可是，既然尼采把理性（reason）看作是一种虚假的理解方法，这就意味着，还存在另一种更优越的方法；完全可以把握现实的本来面目，而丝毫不歪曲。尼采便设法以自己的论著阐明这种可能性。这仅仅是因为，不为此消除理性就是愚蠢的——任何生活方式和思想方式或许都具有同等的重要性和同等的意义。废弃理性可能仅仅是出于个人的偏爱,正如做出任何其他不同选择一样。

事实上,尼采本人似乎采用了相对主义的观点。他告诉我们,选择理性作为人生道路是可能的,也是合理合法的,因为,这在某种形式上表达了权力意志。但是,假如我们从表面意义上理解这点,那么,尼采偏爱受本能和欲望所控制的人生,不过是构成了另一种形式,他的选择会反映他个人的情趣。然而,尼采以一种毫不掩饰的偏爱,谈论由本能和欲望所控制的人生,这并非歪曲。根据人生的本质人生中存在着对本能的偏爱,而不存在对理性的偏爱,因为,只有本能才不歪曲现实。这样看来,尼采的选择并不单纯是他个人的偏爱,因为同时这种选择是合理合法的一种取舍,它也是批判的,是对现实的真实描述。

在这篇文章中,我将辨明这一点。与尼采明确主张的观点相反,他通过自己的偏爱,揭示了不可改变的、独一无二的关于现实的真理。我认为,尼采不仅给我们展现了与他的怀疑主义的沉思不同的学说,而且表明了这一学说是唯一的、必然真实的学说。这是他思想的批判性本质所在,这个思想改正了他大肆炫耀的武断的方面。因此,有鉴于此,一方面,按照理性选择人生是合理的,另一方面,这样的生活又被排除在外。尼采的出发点不单纯是生活,与苏格拉底一样,他的起始点是美好生活的决定,正是从这一根本原则出发,他率先否定理性生活。

尼采认为,生活是我们给以价值的材料,给生活附加本能的价值就决定了这种生活是美好的。但是,为什么必须这样呢?我认为,唯一的答案(这是在尼采著作中找到的)是:只有这样,才能使得生活健康和高贵,因为,这样的生活具有一种内在的批判本性。这种生活方式不歪曲现实,因为它接受生活的丰富多样性。因此,生活是真实的。我们将会看到,对于尼采来说,美好的生活、美德和个人利益构成了按照真理生活的人生。在这一点上,尼采基本上是和苏格拉底一样的。

假如我们不从通常的隐喻意义上,而从字面意义上把哲学理解为"爱智慧",那么,我们就揭开了哲学的奥秘,那就是:哲学把它对现实的正确理解看作是自己的必然产物。我认为,这一字面意义是苏格拉底所给的哲学的本来含义。这个哲学观点的主要性质是:要求我们完全承诺或保证进行批判性反思和批判,这种批判只承认矛盾律和一致性对它具有强制作用,而且对其他种种价值不承担任何义务。但这种方法论并没有形成一个实证的知识体系。那么,假如这种批判的过程产生真理,真理便不能是知识。根据这一观点,真理便被视为与生活方式同一了,是不断自我克服的活动,克服一切非全然批判的东西。换句说,爱智慧本身,当它被上升为一种生活方式时,便构成了真理。这一点就使得爱智慧者感到自己和上帝一样,是万能的。我坚决主张,这一见解是尼采和苏格拉底共有的。正是这一点,使尼采哲学和柏拉图早期的对话惊人地相似。假如尼采把苏格拉底早期对话体哲学(它是以苏格拉底的陈述:"我知道我无知"为特征的)和柏拉图的晚期对话体"理念论"加以区别,他也许会认识到:他是步苏格拉底后尘的。

与理性相对的真正的真理意志

尼采指责苏格拉底是西方文化领域中歪曲现实的两大原因之一(另一原因是犹太教)。苏格拉底被看作是理性的生活典范,这种生活方式的流行仅仅是因为生命力脆弱的缘故,这是逃避现实的生活斗争。人类理性不是客观的,相反,它是通过现实的知识来表达人们避苦、求安的兴趣。理性知识(它只是对现象界类似状况的概括,忽视了现象界任何有差异的和不一致的事物)是对现实的一种解释。尽管这种解释是合法合理的,理性却往往显示出它的解释是真理的必然的和唯一的表现形式。因此，理性便与现实相矛盾而歪曲了现实，因为任何解释都是与真理背道而驰的：它仅仅是对现实的部分解释，但它表示自己是对现实的总体解释。

当我们理解了客观真理的理想不过是一种进入文化整体的合理化和文饰化，当我们理解了通过理性而渴望追求真理仅仅是一种空想，摆出自我意识的架子，同时又掩盖自我意识。那么，我们就会理解：这种真理的理想不是批判性的。尼采深深地被理性之能揭示真理的假象所困扰，理性认为能知道尼采批判性的沉思所表明的那些不可知的东西。事实上，理性的哲学根本不需要真理，它的目标不是为了揭示现实的本来面目，而是对把理性的价值即某种生活方式的价值给予现实感兴趣。理性的哲学并不热爱智慧，也并不寻求真理，而仅仅是为了达到自己发展的目的。这是一种被自身困扰的哲学，假装要把握现实的总体。实际上，尼采断言，这只不过是一种隐喻的说法，其兴趣是为了确立某种生活方式，它不承担把握现实的本来面目的义务，而是喜欢对现实加以特定安排，使它与所偏爱的生活方式相一致。因此，理性是心理意图的代言者，这一情况使得理性既不是批判的，又不是自由的。

由此，我们发现：尼采因理性之不能自由而攻击理性，但并不攻击自由思想。相反，对于他来说，根据实验的、自由的和真实的思想，是最高的价值。正是在这种方式上，他认为他自己的思想是自由的，因为，他的思想是完全批判的。尼采提出的问题是：思想是向现实开放的，还是自身封闭的？从尼采这一术语的语境看，理性正代表这样一种自身封闭的模式。

但是，尼采不是宣称生活的每一活动必然都是自私自利的和武断的吗？那么，怎么理性仅仅为了满足它自己本性的需要就该被抛弃呢？我认为，这一点是很清楚的：尼采批判理性，不是因为理性自身是自私自利的，而是因为这一特殊生活方式不是批判的,与一切借口或矫饰相反,它也不去寻求真理。

理性的生活和渴求真理两者都是武断的,两者都是某些生活方式的表达。但是,只有渴求真理,为了揭示现实的本来面目,即不可知的权力意志,才是真正的哲学的特征。这是一种非常特殊类型的人的生活方式。尼采把这人称为"杰出的人"、"超人"。超人是卓绝的,因为他并不耽乐于某种特殊的生活方式,也不抗御生活,他不是软弱无力的,相反,他关心生活整体和现实的本来面目。他的本能冲动是:为了使自己面向现实而牺牲所有其他生活方式。他的愿望是与现实总体融而为一的。下面我们谈谈这个愿望如何实现。

有趣的是,我们发现,思想只有当它的本能冲动指向统一的绝对的真理时,它才是批判的,而真理是对现实的本来面目,即权力意志的揭示。合理化或文饰化的理性是对这种冲动的歪曲,而这恰恰是理性为什么不是批判的之所在。理性佯装它有获得现实的绝对知识的能力,因而更加遭到挑剔。真正的哲学是建立在这种知识的不可能性基础上的,是建立在按照这一理解而进行生活的欲望基础上的。这一欲望是,真正的哲学必然能顶得住极度的痛苦。尼采的真正哲学是自由的和批判的思想,是对真理的无限追求的欲望,因而不是创建一种知识体系的欲望,因为这种知识体系必须建立在自我欺骗和矛盾的基础上:把现实作为已知世界展示出来,而现实是不能被彻底了解的。

人和上帝迷狂的同一

真正的哲学,是一种生活方式,其目标在于效用。然而,对尼采的真正哲学有用的东西,恰恰与普通人有用的东西相反,那就是痛苦。尼采哲学是根据实验的,它在于发现痛苦是有用的。把痛苦作为一种生活方式是一种哲学观点,因为,痛苦揭示了现实的本来面目,即把现实揭示为理性以任何诡计均不能掩饰的各种力量的冲突和斗争。痛苦是有用的,因为痛苦开启了真理,痛苦给那些承担痛苦的哲学家揭示了:真正的效用是克服日常的效用,也就是说,真正的效用是克服想通过理性去寻求安全和消除痛苦的意志。真正的哲学家是不顾安全而向冒险和危难进发的。

真正的哲学是一种完全不同种类的自我意识,它是一种开放的、强烈的个人的思维形式。它描绘普通理性毁灭的过程。这一理性破灭就成为对自由和真理的第一次表述,因为,真理最重要的不是理性。在这一点上,独特的思想家揭示自己是无意义的、否定的,现实的总体也是无意义的、否定的。这需要承受最大的痛苦,因为真正的思想家使自己与众人毫无联系,选择完全与外界隔绝的境界。因此,真正的哲学给日常生活带来了巨大灾难。这样,就不再存在把握现实的问题,因为,所有行为的意义在真正的哲学家眼里都是同一的。这是一件绝对地令人为难的事,但这也是第一次现实在其总体上被真正的思想家所理解,再没有理性的那种片面理解。因此,自由思想家给他自己带来的关于存在的大灾难,同时也是对现实的批判态度,对现实本来面目的展示。

然而,消极忍受痛苦是不可能的,因为,人生意味着把价值归属于痛苦。真正的哲学家的选择恰恰与普通人的选择相反,他不逃避痛苦,而选择痛苦,因为他对理性、道德和日常生活表示否定,对按现实的本来面目而生活的愿望表示肯定。他在他的孤独的个性中选择他自己。尼采在《道德的谱系》中告诫我们,相信这一点,就是拯救人类。这一陈述的含义,就是要人们从歪曲中拯救出来,并向现实整体开放。这个整体是真正思想家的本能欲求。但完全按照这一欲求生活则成了不同类型的人。人们只有通过对日常生活的行为和动机的克服——这意味着自我克服,才能够把自己提高到这一高度。在下文中,可以看到这种特性是与现实本身同一的,也是和真理同一的。真正的思想家在无意义的现实中孤身自持,并不得不给现实附加一定的价值。因此,他继承上帝,因为他一定要给现实一种价值,同时,这种价值纯粹是个人的,完全是整体。附加这样一种价值的武断抉择,是为了追求真理,为了按照现实的本来面目,而不是按局部、片面的方法理解现实。确实,尼采自己承认(《快乐的科学》,第334节)就探索形而上学真理而言,他属于文化的传统。

但在个人中,现实的整体怎么能够呈现其本来面目呢? 个人只不过是构成整体的毫无意义的一员,而不是现实的整体。另外,在呈现其本来面目的现实中的生活方式又是什么呢? 可是,假定一切都是解释,每一个武断的选择都是合法合理的;假定我们应该怀疑一切,那么,我们甚至就是怀疑逻辑的一致性。然而,尼采从来没有这样做。他的怀疑主义总是一贯的,并且是从属于批判过程的。即使他反对把理性作为一个真的标准,但是,他并不全然反对合理性;因为尼采不反驳自己的观点,而是始终保持其思想的连贯性。因此,尼采必须使自己服从一致性即矛盾律为基础的合理性。上述这一点是千真万确的,尽管他为反对这一点而竭力辩解,这些表示反对的论点大都在《权力意志》一书中。因此,我们可以得出结论:尽管他在理性的语境中反对合理性,但他把合理性作为总批判加以接受。如果真是这样,并且所用片面的生活观点和所有片面的思想观点都必须加以克服,那么,虚无主义也必须加以克服,这样,总的"否定"被克服了,所以,尼采思想最终必须是肯定的,从不断地克服看,是纯粹否定的、批判的自身。现在,我们看看尼采是怎样得出这一结论的。

我们已经明白:尼采所选择的生活方式,因为对真理的渴求,必须承担尼采和残酷的感受。通过痛苦而自我毁灭,意味着：人们甚至批判最隐蔽、最密切的价值。一切都展现了意识面前，这样，虚无主义便成了真正哲学家的自我显露。所有给真正哲学家带来满足、欢乐、安全的东西都被消灭了，为了领悟现实，领悟不予任何价值和重要性的现实本身这一崇高目的，在选择痛苦作为生活方式的过程中，真正的哲学家克服自身的人性以及人的日常生活，由此，他得到了伴随着这种超越的胜利感，一种最强烈的权力感。这个权力感随着克服的难度而相应增加。因此，权力的至上感是通过克服人而取得的。自我克服造就了真正的哲学家，并使他与现实的整体融而为一，人和上帝同一了，因为自我克服只有以一个普遍原理为基础，即整体现实没有因被肢解而造成的内在矛盾，才能达到。

痛苦越深、越大，自由思想就越空虚、越无意义。基于这一点，自由的思想除了斗争和现实的不断生成外，没有任何其他的内容，这就成了痛苦的源泉，正是在这一点上，真正的思想家的权力上升到了最高点。虚无主义的极限既对斗争又对现实的变化两者表示"否定"。但这里说"否"不是逃避冲突和掩饰，相反，是通过选择冲突和痛苦而否定它们。尼采肯定永恒的变化和冲突。虚无主义的"否"不再是充分的了，因为现实不再是一种斗争，而是它的克服。只要人痛苦，就存在着作为个人的他自己与现实整体之间的一种张力。真正哲学家的自我克服就会消除那种张力或区别，使人和现实整体融而为一。人和上帝就同一了，在人的实际行为中成为这样。尼采的超人对现实的本来面目，对不能以理性把握的现实的节律说"是"。这样，真理不是发现的问题，因为根本不存在要被发现的事态。现实是不断变化的，因此，现实的真正本性既不是固定的，也不是界定的，而是处在永恒变动之中。因此，真理不是人们揭示的问题，而是人们创造的东西。真正的哲学理解现实的本来面目，意味着创造现实，而不是发现现实。真正的思想家实际上是现实的创造者。因此,他的创造必定扩及现实的总体,而不是现实的枝节,因为,我们已看到,真正哲学家的主题就是整体的现实。尼采论证说,这种自我克服在一种伟大风格的创造中表现出来了。只有这一风格才具体说明了现实的至上权力。既然破坏了一切价值,真正的哲学家就必须确定一种新的价值,纯粹是武断的、个人的价值。因此,他以创建新现实的现实立法者出现。真正的哲学家按照这些价值而生活,给现实添加了意义和价值。通过他的行动,他的伟大风格,真正的哲学家达到自我和整体的完美合一。这种融合是令人狂喜的境界。

创造意味着使一种个人的和武断的形式形成现实,但是,具有伟大风格的创造,是消灭通常的现实现象,是重建现实。独立的主体给现实的总体设立了一个纯粹个人的价值体系。然而,在他按照这些价值生活的过程中,他的痛苦,这是毁灭旧价值体系的结果,便变为无限的欢乐,变为狂喜。真正的哲学家在其自身内揭示整个世界,他发现他的权力是无限的。

通过强加给现实一个新的形式,哲学家并不是拒绝现实,而是把现实当作斗争和对现实的超越作出"肯定"。因此,只有真正的哲学家才能接受现实的本来面目。毫无疑问,所有别的生物以及普通类型的人,也把现实限制在他们活动的范围内,以便克服痛苦。但和真正的哲学家不同,他们从他们自身的有限需要的立场出发来观察现实,也从他自身的立场出发观察现实,因为,他个人的需要就是把握现实的本来面目。对真正的哲学家来说,揭示现实乃是具有最密切利益的事情。因此,当人似乎是现实的总体,以其武断的个性活动时,正是在这种活动中,他就成了上帝。在这里,活动是由要体验整体现实的欲求预先安排好的,这种欲求正是人的生活中唯一的动因。

奇怪得很,正是这样一个有其伟大风格的个人创造,似是而非地被表明是客观的,因为这种创造与现实本身的节律是一致的。因此，这一个人的创造是真实的。真正的哲学家、超人，在他赋予现实以伟大的风格方面是一个艺术家，即用了自己的生活方式说明永远变化着的现实的内在逻辑。这样的现实摧毁每一个作为旧形式根基的东西，以便建立一个新的形式。这一新形式，仅因它不是旧的，才是真实的，但它自身并不是真实的，这是注定如此。这一新形式是人们创造出来的。它的创造不是因为有要求新形式的任何特殊目的，而是因为有一种产生新形式的生命力。甚至可以说，一个伟大风格的出现，仅仅是为了消失。创造伟大风格和按狄奥尼索斯（Dionysius）的狂喜而生活，其所以是客观真理，乃在于它没有任何目的，也不变成为理性强加于现实的法则。伟大的风格是真正的哲学家对现实说"是"的一种方式。他用自己的行动断言：只要狄奥尼索斯狂欢持续下去，他便是现实的整体，当不再存在狂欢的时候，伟大风格本身则成为一种应该加以克服的形式。确实，伟大的风格用自己的价值仅仅表达了永恒的自我超越的真理，而没有表达自身的价值。因此，真正的哲学家通过创造现实，同时发现了现实的本来面目。

我们发现，哲学假如充满了主观性，它才可能是客观的。那就是说，哲学只有被理解现实的本来面目的目的驱使，并且不带有任何利己主义的目的的时候，才是客观的。当个人清除了所有利己主义的目的，并坚信除了否定和毁灭的权力外，再没有任何别的东西的时候，现实的绝对权力才得以显现。这个否定的权力等同于摧毁一切的现实的否定权力。真正的哲学家被这种权力感所陶醉，并开始逐渐体验绝对。所以，真理的绝对不是知识，而是感觉。在狄奥尼索斯狂欢中，我们认识到：真理植根于人们对现实的爱。也许为了把问题谈得更清楚，我们应该说，因为人只是现实的一部分，真理是现实对其自身的爱（斯宾诺莎曾这样说过）。

　　判定尼采用自己的伟大风格给予现实的肯定的种种价值的本质，是重要的，也是有趣的。而事实上，什么都没有给。尼采的评价活动不过是他对现有的价值的批驳。实际上，价值的变化都是否定的，所以，这些新价值只是与旧价值相对立而已，即价值的变化，正是由否定的活动推断出来的。因此，伟大的风格只不过是肯定现实的本来面目。唯一的新价值是权力意志的现实和自我克服的现实的发现。因为现实是不断的自我克服；因为真正的思想家把他本人等同于自己的生命和思想，我们发现，他的真理也是自我克服、自我否定、自我创造的。正是在这一意义上，尼采才宣称：超人热爱命运。因为命运不是别的，正是现实的本来面目，正是永在重复的自我克服的权力意志。只有具有想了解真正全体的意志的个人，才能在自身中发现，现实就是命运，现实就是它本来的状态。因此，绝对批判和否定所有的价值，这并不能使真正的思想家处于不可容忍的痛苦地位，相反，却给他从现实总体的立场出发对待痛苦的权力。因此，尼采的思想一定是肯定的或积极的，因为，绝对的批判就是全盘否定，而全盘否定一定是自我否定，即自我克服。

绝对真理的重新发现

　　当真正的哲学家认识到这一切的时候，他会发笑的。他认识到，他所投入的用以摧毁和重造世界的无限努力已经是徒然无用的了。在对现实的开放中，真正的思想家没有发现任何东西，而只是否定一切。然而，他没有堕入虚无主义的泥潭，因为他在自身中发现了对现实的确定权力。他的权力归结于他热爱现实，热爱现实不可避免的命运。鉴于新的创造本身也注定要被摧毁，所以，总的毁灭便是一个永恒的循环。这样一个循环是与现实的本来面目一致的。只有按照现实变化过程而生活，才可能理解现实。因此，理解不能揭示现实。我们发现：只有真正的哲学家，只有热爱真正现实的人，才能揭示现实。在真正的哲学家的自我克服的永恒循环中，不可避免的命运和权力意志都是同一的。这样的思想家在他每天的生活中，实践着真正现实的所有这三个要素。

在热爱智慧方面，尼采是完全苏格拉底式的，因为，正是在热爱智慧这方面，压倒一切的否定的权力才使自身得以显明。没有这种爱，尼采的哲学早已陷入了毫无意义的虚无主义泥潭中了。因为，单单批判这一摧毁的力量就会导致虚无主义和怀疑主义。这种批判被限定仅仅是理论上的，是由超乎理论的实际行动所限定的。但热爱智慧是不受理论限定的。热爱真理使得这些热爱者完全深入到哲学研究的结果中去，不管它们的结果如何。只有这样，当人否定世界上一切其他事物的时候，人才能成为上帝。真理把自身全部给予那些把自己全部献给真理的人。这便是为什么苏格拉底"无知"，却是一位智者的原因。他对智慧的热爱使他不成为一个怀疑论者，尽管他怀疑一切。苏格拉底，正像尼采这真正哲学家一样，完全忙于思想的过程之中，并克服所有可能危及它的东西。

宗教真理需要何种寓意

——柏拉图的洞穴抑或尼采的扎拉图斯特拉？

奎格利　著

石敏敏　译

　　自梵蒂冈第二次大公会议（Vatican Council Ⅱ）以来，基督教神学和宗教教育进入复兴时代，那些从事基督教教育的人们一直为大量的出版资料激奋不已——尽管这些资料并非神学方面的，而是社会科学方面的——他们谈论着宗教乃是人和社会内在的本质的观点。诸如伯格（P. Berger）、梅（R. May）、贝拉（R. Bellah）、马斯洛（A. Maslow）之类的作家，他们在心理学和社会学方面提供的资料，使基督教教育者可以更多地谈论本质宗教的价值，谈论创造、自觉、自由和超越的意义。这些作家认为，所有这些都是个人和社会生活的宗教层面的核心内容。[①]

---

① R. May, *The Courage to Create*（《创造的勇气》）, W. W. Norton, N. Y., (1975); *Love and will*（《爱和意志》）, W. W. Norton, N. Y., (1969); A. Maslow, *Religious Values and Peak Experiences*（《宗教价值和巅峰体验》）, Viking, N. T., (1970); P. Berger, *Rumour of Angles*（《天使的流言》）, London, Pelican, (1971); T. Luckmann, *The Invisible Religion*（《隐性的宗教》）, London, Macmillan, (1976).

在某种意义上，他们提供了一种新的关于自由和尊严的意识。许多宗教教育者都认为，这种新的意识表达了基督教信仰的某些基本特点，给基督教教育者的工作提出了新的、富有生机的任务，即要在高度物质主义、高度计算机化的社会里提高个体的创造力和个人的超越意识。

正是出于对践踏某种时尚的可能性的忧虑，在本篇短文中，我呼吁人们注意神学家和宗教教育者所面临的一种哲学困境，它源于对在提高基督教信仰的任务中使用社会科学的反思。我认为首先应当澄清我们作为基督教教育者所从事的工作的哲学根基。毫无疑问，大量当代著述都是从社会学和心理学的视角认识到人和社会必不可少的"宗教"特性。但是，在本篇文章中，我们试图论述的问题是：作家们使用的"宗教"一词与有神论传统是否并无特别的密切关系，更不用说与基督教传统了，但它支持基督教传统认可的权威宗教的某种恰当表达？反过来说，在基督教传统中是否可以找到某种东西，它表明这传统与当代"宗教"一词的用法并无一致性？

不幸的是，这样提出问题很可能引起误解，以为基督教——至少在作者的头脑里——决定了"宗教"的含义，其他一切都必须从属于这种含义。我们并没有这样的意思，更没有要回归到某种形式的严格的巴特主义（Barthianism）的意图，我们不否认世俗化的重要特点。基督教神学的主流乃是要求在这个世界寻找真理，而且，根据创世说和道成肉身理论，世界是神救赎的地方，正是在这里，基督徒才如人们所说的，为信而活。

受到威胁的似乎是这样的哲学问题：基督教是否对世界本身的某种东西作了一定程度的预定，所以如果这种哲学悟性本质是未确定的，某种创新的哲学就可以取而代之，那么基督教信仰就不可能以这样的语言表达出来而不成为与传统信仰完全不同的东西？简言之，是否可以说在某种哲学意义上"宗教"完全不同于基督教？这是一个非常困难的问题，很多人会觉得这与现代氛围毫不相干。我们非常感谢严肃的作家们发现了人的"宗教性"，他们为我们提供了富有意义的"宗教"概念，并从中拣选出问题。此外，神学家在表述自己的信仰时，不是一直遵循一种古老而神圣的方式来描述当代思想吗？如果说"新的开端"在哲学上是必不可少的，那也与基督教信仰无关，因为它从未让自己屈从于某种哲学形式。这样的论证在大公教和新教神学这样大的圈了里显然是可以接受的，这些如此广泛的"普世教会主义"的证据也是颇有说服力的。那么我们又为什么提出哲学问题呢？

　　对力图维护那必须予以维护的基督教传统的本质的人来说，澄清哲学问题非常重要。除了在课堂上，基督徒不再关心这个问题，也意识不到自己在这个问题上有什么责任。显然，要彻底澄清我们提出的哲学问题是一项非常艰巨的任务，不是一篇短文所能完成的。然而，我们可以通过比较两个比喻迈出第一步。一个是柏拉图《理想国》第七卷提出的洞穴比喻，另一个是由尼采在著名的《扎拉图斯特拉如是说》里提出的扎拉图斯特拉的比喻。① 我得说，选择这两个比喻绝不是任意武断的。一方面，柏拉图的比喻，连同《理想国》的上下文，乃至柏拉图的全部作品，都处于两千年来西方文明中所谓的哲学的核心。另一方面，尼采的扎拉图斯特拉比喻可以看作是完全现代的，因为在尼采这里，它代表着一种明确的拒斥，拒斥被称为柏拉图主义的东西，拒斥被称为哲学的东西，更有甚者，拒斥一切本质的，根据尼采的评估，就是西方文明中包括基督教在内的一切智性的东西。尼采准确地意识到，基督教主张信一个高级实在，而不是这个变化的世界，所以它发现柏拉图的思想框架就是信仰的一种表达；

---

① Plato, *The Republic*（《理想国》）；F. Nietzsche, *Thus Spoke Zarathustra*（《扎拉图斯特拉如是说》）。

自教父以来,基督教神学在自我表达上已经充分利用了这种哲学传统。①

另一个原因——关于神学本性的——应该能够确认我们提出的两个比喻的比较是有效的。今天,在某些哲学和神学圈子里,古典与现代的界限区域越来越明显。不仅在"神的死亡"神学中,而且在现代那些试图用一种全新的术语重新诠释基督教信仰的人的作品里,都可以看到。他们在研究中都有这样一种清晰的认识,现代的东西势必要彻底拒斥哲学史,"新的开端"是必不可少的。因此,比如库克(H. Cox)在十年前就提出,"世俗城市的不可遏制的出现,确立了一种新的境况,使得以前的思考和行为方式都变得完全过时了"。② 从欧洲看,一个大公教神学家会说,"研究神的问题的老式方法已经变得不可理喻。人们不再用老辈信徒——还有官方教会——经常使用的方法思考、谈论神"。③ 大量当代神学家都准备采取这种态度,并准备在历史思想的基础上说"新的开端"是必不可少的。通常认为是传统信仰的东西现在则被认为是多余的,应该被取代。过去的东西过去了,信仰的未来要求创造性地思考现在。

这里我们有了第三个,也是最重要的理由。传统信仰受到的抨击多半来自这些有历史基础的神学家。谈论神学领域,进而是宗教教育领域的"新开端",在极大程度上就是对古典思想和基督教传统作历史性的批评。因为现在这个世俗时代、科学时代的社会与以前曾有过的一切社会形式都大不相同。全新的

---

① F. Nietzsche, *The Use and Aruse of History*(《历史的使用和误用》), A. Collins 英译;自由艺术丛书,Bobbs-Merrill, N. Y.,(1949),第 49、50 页;Beyond Good and Evil,《善恶的彼岸》,现代丛书,"尼采的主要作品",W. Kaufmann, N. Y. (1968),第 193、251、258 页。

② H. Cox, *The Secular City*(《世俗之城》),Macmillan, N. Y.,(1965),第 117 页。

③ W. H. Van de Pol, *The End of Conventional Christianity*(《传统基督教的终结》),Naw man press, X. Y. (1967),第 147 页。

社会形式需要同样全新的信仰表达模式。至少,这意味着要拒斥西方文明的传统的哲学基础,同时也意味着探索一种新的基础,为理解价值观和信仰提供一种新的根基。

如果历史性批评就是今天挑战基督教的哲学和神学传统的手段,那么新的价值观的出现也同样归功于这种历史意识。因此历史意识就成为现代性的东西的本质特点,一旦理性作为社会德性的基础地位受到质疑,历史性思想就自我生成,填补空白。① 正是在这个意义上,我们可以感受到扎拉图斯特拉形象的重要性,他不但在历史基础上拒斥哲学和神学传统,而且创造了历史性"道德"的真正历史性存在。不管怎样对比古典和现代化,扎拉图斯特拉始终是一个最重要的人物,因为他在创造和自由的基础上向我们展示了一个"新的开端"。从许多方面看,他拒斥、抛弃传统的形象就是一种新的哲学——历史存在——的象征。②

同时,我们可以说,源自柏拉图和苏格拉底的哲学传统对基督教传统的形成和促进产生了巨大的影响。如果柏拉图是理性的哲学家,那么迄今为止的哲学可以看作是理性追求真理的过程。许多基督教教父,尤其是奥古斯丁和阿奎那都能够在哲学传统中找到基督教信仰表达的同盟者。至少基督教传统的大知识分子认为理性乃是与信仰和谐统一的,两者之间并没有必然的冲突。信仰可以补充理性,也可以替代理性,但这不能反省理性的研究成果。因此,基督教神学能够充分利用研究现实和人自身的哲学思考模式的本质性东西。奥古斯丁可以谈论"那可敬的哲学家柏拉图"(St. Augustine; De Trinitate[《论三位一

---

① 参见 L. Strauss, *Natural Right and History*(《自然权利和历史》), Univ of Chicago Press, Chicago, (1971),第 1 章,第 9—34 页。

② 尼采在《历史的使用和误用》里检查了理解历史存在的几种不同方法,然后提出自己的回答。

体》]15;24),还在另外地方提出:

> 我们认为在名誉和荣耀上完全胜过其他人的这些哲学家已经明白,任何质料形体都不是神,因此他们在寻求神的过程中已经超越了一切形体。他们已经明白,凡可变的皆不是最高的神……(St. Augustine, City of God[《上帝之城》]第6章)

柏拉图的洞穴比喻恰恰指出了人的存在本性这一点。人不是借瞬息万变的生活在习俗的影子里寻找真理,而是在他脱离洞穴走入高级领域的大光的能力中寻找真理。真理不仅超越一切质料之物,而且超越这个充满变化和意见的世界(感觉世界)。地上的生活(洞穴)预先设定了真理之光,人的完满在于不断探索追求真理的本性。这里似乎还隐含着对此世的安逸的某种不满,以及离弃一个已经习以为常的意见世界走向未知世界的某种痛苦和不安。柏拉图认为,人只有具有高级实在的知识,才能拥有德性的生活(这也应该是奥古斯丁的观点)。对真理的探求使公正、勇气、节制和智慧成为可能。同样,社会只有把德性作为它的目标,才能超越每个政府都易沾染的邪恶。因此,超验的真理使个体德性和社会德性都有可能实现。无论对柏拉图还是奥古斯丁来说,人既是理性的人,又是社会的人,他的知识和德性有赖于他的社会生活。人的德性既是私人的,又是公共的。也许正是这样一种德性理解,使奥古斯丁写出了《忏悔录》这样的著作。

但是,就我们目前的问题来说,最重要的是产生这种理解的那种宗教教育。柏拉图和奥古斯丁皆认为,生活和德性的追求乃是以知识为基础的,这知识完全超越充满变化和意见的世界(影子)。这种知识似乎也构成了人的完满和教育的基础。哲学上的德性(柏拉图)和神学上的德性(奥古斯丁)应该是其他一切学科教化作用的本质。如柏拉图在《理想国》里说的,社会和教育的目的必然是使社会主义得到存在的德性生活(Plato, *The Republic* [《理想国》]卷4)。显然,首先使德性成为可能的正是超验性的真理。柏拉图的德性教义以一种目的论(关于人的完满的目的论)为基础,体现出显明的"宗教"视域,这种视域到了奥古斯丁这里转化成明确的基督教视域。然而我们仍然可以说,当奥古斯丁谈到神成为人尊敬的对象,神在道中显明时,他并没有取消柏拉图所说的,德性的生活和超验的目的论。柏拉图把德性归于哲学家的努力,奥古斯丁则认为德性乃是出于神的权能和荣耀。所以奥古斯丁的神学德性对人性有更深的意识。然而,柏拉图和奥古斯丁的共同之处在于,他们都发现人的完满不在于可变世界的影子,而在于高级实在,在基督徒奥古斯丁看来,神就是创造德性并回应人对真理的探求的神。人的完满(包括人的所有追求和各种学科)被纳入了宗教背景之中。人的一切存在都从宗教的视域理解。人的生活目的或目标本质上是宗教的。但是在反思洞穴比喻时,有一种通俗的解读必须清除。洞穴生活并不导致人消极和静止的存在方式。相反,人必须孜孜寻求真理的高级领域,追求德性的进步。满足于洞穴就是选择无知和不义。所以古典思想没有给我们提供社会和个人责任的选择。古典神学的"来世"要求不断追求这个世界的公正。存在的宗教本性产生的是对社会公正的积极追求,而不是冷漠的生活,尽管柏拉图确实在比喻中补充说,这样做,哲学家会惹怒洞穴居民,并成为他们发怒的对象。①

---

①　我们还可以补充:很难说柏拉图所描述的从洞穴到光的运动是一种二元论。洞穴和光乃是人这一实在的两个层面。我们也不能说,这个比喻提供了一种过于理智化的存在观。尽管洞穴比喻以及整部《理想国》主张一种目的论生活观,但它们关注的是存在的社会性。

　　所以，显而易见，在德性和知识的古典视域基础上，宗教教育展开了广泛的真理探求，为真理而深入研究人的全部存在的生活方式，因为真理超越文化界限。用具体的基督教语言来说，基督教受召追求真理，尽人的一切努力，包括各种学科，以保证神不只呈现在基督教的机构里，而且呈现在整个受造世界。这种生活观使奥古斯丁能够从柏拉图和西塞罗那里吸收如此多的思想并纳入自己的基督教神学，使阿奎那得以在亚里士多德和伊斯兰教哲学家的哲学中探索发现真理。

　　这种宗教教育观导致了西方的影响广泛的基督教人本主义的产生。

　　至此，我们可以概括地说，这里所描述的是一种高度理想化的宗教教育视域，它在现代社会不可避免地遭到了惨败。不可否认，基督徒确实没有达到如此高的理想。这些理想本质上都不是能完全实现的，然而人背叛这些理想并不能证明理想本身是错的。显然，我们这里要描述的是传统宗教教育的智性基础。不言而喻，对宗教教育的这样一种理解在我们时代遭到了猛烈抨击，其中尼采的抨击是最根本的。但是尼采反驳基督教的力量不在于只是毫不费力地批评基督徒没有实践他们的理想，他的论证直接指向传统教育的智性基础（哲学和神学基础）。承认自己没能遵守基督教理想的要求并不可耻，人的理想越高，这些理想对人的生活的要求就越多，这是传统的基督教信念。尼采正是抓住这一点抨击基督教的谦卑。尼采抨击基督教，不是因为它没有将人的整个文化归在德性的庇护下，而是因为它成功地做到了这一点，从而使人像奴仆一样谦卑地服从超验神的权威之下（《善恶的彼岸》，箴言 46、48，第 250、254 页）。尼采认为，西方这种基于柏拉图哲学和基督教有神论的世界观导致了现代的一种完全僵死的、毫无成效的教育观。由此他指出，相信哲学和神学中的客观实在导致了现代科学的出现，同时使人们错误地以为人的完满在于客观实在的知识和人与这些高级实在的近似性。世界若被对客观超验真理的追求主宰，就不可能去做它自己真正的事情。它只能模仿预先的设定，自己却始终处于完全非创造的状态。显然，从这里可以推出，哲学和基督教再加上现代科学是产生僵死文化的罪魁祸首，这种文化只能模仿过去的文明，却基于对现实的理论理解，宣称它知道真理。尼采说，在我们时代，这种致死过程发展到了顶峰。现代的技术社会已经达到了这样的程度，绝大多数居民只是卑微地模仿他们预先设定的先在真理。其结果就是强化社会整体的共性，强化"群氓"的共性，而消灭真正的个性。现代人没有自我。技术社会里的文化是死的，同样，作为僵死文化的基础，对超验德性和超验神的信仰也在人的心里死去了。正如尼采在《善恶的彼岸》中指出的，这种不可避免的后果乃是由于"哲学家们的偏见"，他们错误地相信真理的存在，叫人去寻求。西方文明一直处在这样一种大幻觉之中，终于导致今天的人陷入了悲剧境地。

尼采不仅为我们提供了对现代社会的最辛辣的批判之一，而且提供了一种新的人本主义，新的思考和行为方式，使人从哲学、科学和基督教的幻想中清醒过来。如果文化要改头换面，那么真理也要更新，"柏拉图的伟大谎言"（《善恶的彼岸》，箴言 1，第 199 页）必须让道给一种新的"真理"观，这种真理观不依赖于柏拉图或奥古斯丁所设想的对超越王国的幻觉，而是对扎拉图斯特拉的"新真理"的领悟，即生活的意义取决于每个个体自我的历史透视。如果传统哲学为人提供的寻找真理的途径是使用理性，那么"新真理"即透视学说所凭借的是每个历史个体的权力意志（will to power）或权力冲动。如果在 18 世纪末，我们看到休谟和康德产生了对理性力量的怀疑，那么在尼采这里我们发现，他全身投入，摧毁了对人的存在的一切理性解释。可以毫不夸张地说，尼采的目标乃是要猛烈地抨击并破坏西方传统哲学的核心和传统的基督教有神论。因此他还抨击构成后苏格拉底和基督教时代的西方文明的普遍特点的那种教育。同样杰出的是,尼采能够为20世纪后基督教时代提供哲学基础。这里要强调一点,尼采所提出的不是对哲学和基督教范畴的调整重组,而是对人的存在的全新理解,一种全新的模式。这种新哲学凭借的是对一切形式的客观超验真理的彻底摒弃,代之以这样的理解:如果人的存在中没有任何东西是永恒的,那么整个存在就是变化中的一种透视(perspectionity)。如何对待彻底的相对主义这一事实成了新人本主义的基础。传统观点认为,现实是智性的,人的理性可以发现它的内在理智,这种理解现在要让位给另一种观点,即存在完全是偶然的,相对的,"新真理"的任何表述就是个体的一种创造活动,或是对生活的私人表达。人本身成了赋予世界意义的存在。他担当起创造主的角色,抛弃了仆人的角色。如果说柏拉图的洞穴比喻把人的存在集中在超验的真理之光上,那么扎拉图斯特拉的比喻则把注意力完全集中在这个世界(此世),集中在每个个体把自己从过去解放出来的创造能力,并通过这种自由去创造自己的未来。如果说古典哲学认为人的完满就是最终脱离洞穴到达真理之光的高级领域,那么历史存在的本性,如尼采所描述的,要求生活在当下,生活在自己洞穴的创造中,要求拒斥任何退向高级存在的可能性。无需说,人自己所造的洞穴也是历史性的,因此最终必是要死亡的。但这似乎就是一切存在之物的法则。扎拉图斯特拉代表了一种以个体自我的自信为基础的新型"哲学"。它建立在以往的哲学和基督教教育的基础的废墟上。尼采著名的《扎拉图斯特拉如是说》在许多方面代表了尼采的成熟思想,因此这个比喻即使不是全部,也是包含了他的革命性"哲学"的大部分要素。柏拉图可以说,真理必须基于人类共有的理性,通过深入研究社会的公共领域才能找到;而扎拉图斯特拉代表的是最高的个体走出来世真理之谬误的第一人。在扎拉图斯特拉所代表的个体主义哲学中,个体鄙视来世,因为它压抑个性,否定自我的全面视界。扎拉图斯特拉必然是自由地创造他自己的视域,他自己的"真理",他自己的意义(《善恶的彼岸》,箴言 10,第 206 页)。柏拉图的自由似乎意味着解脱健康、权力和荣耀之忧,全心追求德性生活,而扎拉图斯特拉的自由则声称要解脱对超验德性的追求,主张自我创造价值。拒斥高级世界的真理和公正,对扎拉图斯特拉来说意味着从每一种权威中解脱出来,从压在个体身上(使个体像沙漠里的骆驼)(《扎拉图斯特拉如是说》,"论三种变形",第 137、140 页)的各种道德原则中解脱出来。扎拉图斯特拉就是"新哲学家",是"自由的精神"能够在自身里面找到创造新事物的力量。如果说柏拉图的德性要求理性来指导情绪,那么扎拉图斯特拉的"德性"需要情感的自由表达,要求激情不受理性命令的限制。所以扎拉图斯特拉首先是一位诗人,能够表达深厚的情感(相反,柏拉图在《理想国》里对是否把诗人放在高位非常犹豫,原因就是诗歌更加重视情绪和情感,而不是理性)。

　　同时,扎拉图斯特拉的比喻还明确地说明,鉴于现代社会处于基督教、哲学和科学的统治之下,大众也希望保留下这些传统所提供的安逸处境,扎拉图斯特拉的比喻则指出,在这样的处境中,必然很少有创造性的个体。由于没能转变大众的信仰,将他们归到自己的麾下,扎拉图斯特拉意识到他不应该试图这样去做,因为他宣扬的"新真理"只有极少数人能领会(与福音书中的耶稣不同,耶稣能改变许多人,因为他宣讲的真理是大多数人能够理解的)。所以在某种意义上,尼采要求"新哲学家"具有苏格拉底般的卓越和高贵,其前提是必须记住,他们各自的德性在本质上是完全对立的。扎拉图斯特拉的"德性"不是超验的,而是他自己的创造;不是理性发现的,而是他自己的意志创造的。如果说苏格拉底的生活大德就是智慧、公正、勇气和节制,那么扎拉图斯特拉的"德性"就是意志和情绪的表达,即是爱、快乐、同情、怜悯、憎恶和鄙视。它没有任何可以据以区别于邪恶的理性原则或标准,它宣称已经超越了诸如公正与不公、良善与邪恶这样的区分。作为"新哲学家"的"自由精神"显然生产了一种"新型道德"。从骆驼变形为孩子,大魔必被消灭(《扎拉图斯特拉如是说》,第138、139页)。尼采鄙弃道德原则,偏爱自我表述,他明确地以摧毁道德、摧毁那苏格拉底以降的道德哲学传统为目标。同时,这样一种激进的历史存在观同样与《新约》道德毫无一致性,《新约》认为,一般而言,人的行为是由天父的意志引导的。基督徒被要求爱邻人,因为神先爱了人,并造出人,叫他们拥有共同的人的尊严。扎拉图斯特拉不仅鄙弃这样一种有神论伦理,而且鄙弃对邻人之爱,认为这只是奴隶道德的一部分而已。扎拉图斯特拉宣讲朋友之爱——朋友之间有一种情感和情绪上的互惠性、对等性。他会说,这就是主人的道德,具有创造力的人的道德。爱邻人就是爱共性。另外,尼采指出,这是"柏拉图主义群众观"的基督教表达。

除了展示了诗人和哲学家的某些特性之外,尼采所刻画的扎拉图斯特拉的伟大意义还在于,他表现出一个富有"宗教性"的形象。换言之,在比喻中,尼采有一种明显的意图,以新的基督教的某些较具吸引力的特点来装饰扎拉图斯特拉。

尼采思想的这种特点首先明确体现在《善恶的彼岸》对"什么是宗教"的讨论中。我们已经清楚地看到,一方面,尼采尖刻地抨击、强烈地拒斥基督教,另一方面又敬慕圣徒的训导、意志的力量和目标。根据尼采的评估,非常可惜,这种意志和苦行的动力一直受到误导,集中在某个超验的实在——神身上。由于对来世实在即神的幻想,意志的基本运动被大大削弱了。要复兴意志的原创力,它必须重新认识自己,必须明白意志乃是

人自己的表达。尼采表现出一定的乐观主义,他告诉我们说:
"在我看来,虽然宗教本能长势很猛——但是,它恰好会以深沉
的怀疑拒绝有神论的满足。"(《善恶的彼岸》,箴言53,第131
页)圣徒的虔敬和苦修应该保留,但是基督教徒敬仰的对象,
神,超验的实在,必须摒弃。扎拉图斯特拉的形象向我们指明
如何成为虔诚的,同时又拒斥基督教的基本原理。由此,人的
爱,虔敬和修行都指向人自己和他的朋友群(也许这里可以用
共同体这个词),人可以自由地表达自己。在关于人的存在的
这种描述中,人已经放弃了作为主的仆人的谦卑,以自主的主
人的姿态展示自己的未来。基督教圣徒的德性只是权力意志
的一种误用。扎拉图斯特拉热爱大地,并因自己的原因爱人,
因为在他看来,没有任何其他存在可以为人提供超验的目标和
指导。

扎拉图斯特拉在他与走软索的人的关系中表明,他非常关
心、同情他人(《扎拉图斯特拉如是说》,第131页)。他也能够表
现出虔诚、快乐和热情。但是他的"德性"是他自己的活动。他
爱人是出于自己的原因,而不是为了神的爱。他有德性只是因
为他能够使自己解脱人群或整个人类。换言之,解脱社会和它
的一切机构。个体必须在自身中寻找意义,而不是在社会中寻
找意义。如果说霍布斯认为,人是激情造物,需要理性的社会来
缓和冲突状态,那么扎拉图斯特拉与社会的关系则完全是分离
的。存在的意义在于激情的自由表达,没有任何理性束缚。显
而易见,扎拉图斯特拉最缺乏的就是苏格拉底的核心德性:公
正,或理性产生的个体和谐与社会和谐(《扎拉图斯特拉如是
说》,第131页)。相反,激情的自由表述——如扎拉图斯特拉所
描绘的——是对个体与社会冲突的一种庆贺,个体始终处在把
自己从社会中解脱出来的状态中。显然,尼采必因基督教宣扬
谦卑、传授安逸而鄙视它,对尼采来说,存在的意义在于积极地

生活,不断地使自己从传统中解放出来,以便获得自己的自由,但是他又在扎拉图斯特拉身上刻画了一些圣徒的爱和虔敬,使他显得富有"宗教性"。他有点像基督,同时又鄙视基督和基督教传统。扎拉图斯特拉之所以能呈现出"宗教"本性,只是因为他使自己从基督教有神论中解放出来,从相信造人的超验实在的存在中解脱出来。扎拉图斯特拉可以表现出宗教的态度,但任何时候他都不会接受神的语言。

　　显然,扎拉图斯特拉的历史性存在——生活在当下,创造未来,忘却过去(传统)——并不能导致对任何超验实在的信仰。相反,它必然使人依赖自己,靠自己的能力为存在提供他自己的意义,从而"超越"相对的东西和空洞的存在。历史存在中无论有什么"真理",都是主体创造出来的。无论人们会对尼采作出怎样的结论,有一点是不容置疑的,他对神学作出了一定贡献,表明了严肃地信奉全部存在是完全历史性的(变化的)这种信仰与基督教传统和它的核心理论是不一样的。

　　我们同样可以从扎拉图斯特拉的比喻中清楚地看到,如我们前面已经注意到的,尼采意在把历史性存在的"新人"的出现描绘为与过去的完全断裂。一种完全历史性的存在的逻辑就是断裂,而不是连续。如扎拉图斯特拉在第一篇讲演中说的,在"新人"出现之前,人的精神必须经历这些变形——从骆驼到狮子,再从狮子到孩子。① 孩子代表新生活,新开端,他是对过去的变革,他展望未来,这未来已完全向自我的创造能力开放,因为自我已经从对高级实在的权威的臣服中解脱出来。这孩子的形象又是富有吸引力的,也许是活跃健壮、热情洋溢的。尼采使

――――――――――

① 显然,尼采描述的三种变形,驼骆代表人所承受的对高级实在的顺服生活。狮子表示对权威的反抗和仇恨,但也只能反抗而已。因此必须要有最后的孩子的变形。孩子对以前的历史一无所知,他的存在乃是与过去断裂的。

用孩子形象必是与《新约》的孩子形象相对的,因为《新约》的显著特点是谦卑和对天父的意志的顺服。所以,《新约》的孩子形象与扎拉图斯特拉比喻里的孩子形象的意义形成了鲜明的对比。

教 育 的 困 境

对比这两种比喻,不仅为我们提供了两种对立的哲学观,而且提供了两种同样对立的教育观,尤其是宗教教育观。同时,尼采还为我们澄清了某些基本问题。两种比喻都把宗教尺度看做是人的存在的本质,但是一种比喻中的超验含义基于对另一比喻中对超验含义的拒斥。在洞穴比喻中,人因发现了知识之光而超越意见和习俗的世界(影子)。如果我们可以说扎拉图斯特拉创造了他自己的洞穴,那么他的超越性在于不断伸张被认为是完全偶然的东西。显然,对比中的教育的含义也同样是成问题的。基督教教育者如何处理这种冲突? 要解决这个重要的哲学问题似乎要先回答另一个古代问题,即你认为真理是什么?如果我们是基督教教育者,我们是否可能拒斥对超验神的传统理解和传统理论,然后说我们对那个实在无以言表,但仍然忠信于基督教传统? 我想不可能。如果基督教神学家和教育者拒斥了神的理论所基于的传统哲学和神学基础,那么基督教有神论还能基于什么样的人性基础——如果有这样的基础? 如果从历史存在论的角度回答"可能",那么在这个问题上,尼采似乎比许多当代神学家更具一贯性。[1] 如果我们认为人的存在就是历史性的存在,那么尼采表明,历史性存在不能导致对任何超验实在的信仰,只能导致对这个偶然世界的接受,在这个世界里,人注

---

[1]　关于这个问题,再参见 L. Strauss, cit. , 25f. 。

定要活出自己的意义来，这种意义同样服从于历史的短暂性。我们料想，人就是这样受召在这样的信念中：他的生活中没有任何持久的永恒的意义。生活注定是无意义的。

我们必须再次强调，作为神学家和基督教教育者，当我们说一切实在都是历史的时候，我们究竟是什么意思？我们能否说存在有一个历史的尺度，同时又有一个超历史的更高领域？或者我们对待历史是否如扎拉图斯特拉一样的严肃，从而我们必须说，存在的每一方面都是时间性的，都注定是要灭亡的？最后，先对宗教作一般性理解，然后试图把基督教纳入这个现代社会所认识的一般的宗教范畴里，这样做有什么危险？我们的观点是，并非所有呈现为"宗教性"的东西都与基督教的信念一致。我们的比较表明，基督教传统对宗教含义的建构谈论得很多——由此可以看到某种相似性——但是对宗教的解释不等于宗教信仰。

我们这里不可能罗列出所有这些问题的答案，但是我想，它们都是基本的问题，是神学和宗教教育的核心。我们所使用的自由、解放、创造、自觉这些流行一时的词语的哲学背景是至关重要的。如果我们可以说这两种比喻为我们提供了完全不同的两种哲学含义，那么在本作者看来，基督教神学一方面利用扎拉图斯特拉比喻的哲学含义，另一方面仍然信奉基督教传统的本质原则，这是非常不恰当的。

同样我们可以说，在基督徒看来，解放一词必然预先设定了对超验神的某种领悟，但是认为这样的实在绝不是客观形象，而只能存在并呈现在主观领域，这也同样是不恰当的。柏拉图的比喻表明，如果真理是由理性发现的，那么从洞穴走向光的活动就是一种个人的努力。如果要有人的完满，那么无论是对光的热爱，还是对光的某种知识都必然为主体拥有。但是如我们看到的，尼采借扎拉图斯特拉表达的观点与此完全不同，扎拉图斯特拉创造自己的真理,有意拒斥一切形式的客观性。作为对扎拉图斯特拉主题的改变,宗教教育可以看作是在不断拒斥和超越传统中的自我创造。[①] 如果真理完全在于主体里面,那么教育所起的作用就是为自我的目标提供服务。在这样的背景下是不可能使用任何神学语言的。更确切一点说,教育涉及的是创造性自我在与其他创造性自我的某种私人关系中的自我表达。

　　如果——如我所设想的——基督教神学要抗拒这种激进的历史存在,那么在某种意义上客观存在似乎必须谈论超验的客观的神。由此基督教传统似乎成为当代神学不可或缺的部分。这种传统以最漂亮的表达谈论着神圣与世俗之间的融合。把两者完全分离似乎就是与奥古斯丁和阿奎那背道而驰。但是无须说,传统的真实表达并不需要宣称对神的真理的完全拥有,因此独裁主义只能是对传统的一种歪曲。洞穴比喻本身并不导致任何形式的教条主义,即人的意见与神的真理之间的平衡关系,因为洞穴里的人只能看到幽暗,在地上存在的影子中看到大量不确定的东西。而预先设定真理就意味着人在终其一生孜孜不倦地寻求真理,这就是教育的任务。

　　同时,洞穴比喻不止一次地宣称必须把信仰和理性看作是一致的,宣称理性以一种在此世从未完全成就的方式使我们从事寻求、探索、发现真理,并把真理融入到人的超验之中。由此,核心的问题应该是:人是否通过理性追求真理,还是真理由各个自我或所有自我的共同体创造,并与人的历史视域合一? 就后者来说,真理完全相对于时间、文化和历史,而在前者看来,历史性的人只能具有真理的相对知识,而真理最终是超越人的理解

---

① 尼采勉强为传统基督教机构找到一个完全辅助性的位置,它们继续为那些不能在自身里面发现意志(权力),创造真正个体性的人们提供庇护和保护。在这种渺小的角色中,传统信仰不再是人的灵魂的最高表达,而与人的弱点同义。

的。在这种背景下真理是永恒的，人的理解是有限的。鉴于哲学的这种"冷漠"，我们料想，基督教传统必发现自己与社会科学几无一致之处。因为社会科学，尤其是它的先驱韦伯和涂尔干的社会科学，采取的是历史的社会观，并且对知识进行全面批评——这也许很大程度上与19世纪的自然科学是一脉相承的。

在检查哲学的前提和社会科学的基础时，我们不仅发现了对彻底的历史存在观的笃信，而且在我们时代看到了源于这种历史观的"新的开端"的意识。人们普遍把形而上学时代看作是过去时，一个已死社会的一部分。如果在现代意义上说他应该富有"宗教性"，那么他必须"正视各种传统"（P. Berger），他必须从里面找到一种"宗教"的意义（参见 Luckmann, Invisible Religion[《隐性的宗教》]）。同时，如我们在扎拉图斯特拉例子中看到的，这种"宗教"层面只有通过"仇恨"并最终超越传统基督教才能达到。确立了人在这个世界的主人地位，就达到并包含了这个层面。所以宗教态度可以保留，但神的语言和知识神的宣称必须彻底废除。

一旦处于基督教传统中的人们认识到这些重大的哲学难题，我们必须赶紧补充说，当前的这种冲突不允许我们再舒适安逸、沾沾自喜，以为我们基督徒自豪地拥有真理，以为现在理智可以休息了。以往的基督教教育也许正是朝着这种沾沾自喜努力的，并且这样做时又往往简化探索发现真理的教育过程。柏拉图的比喻的推动力在于，人必须终身孜孜追求德性生活。基督教传统向人保证（也许并没有科学"依据"），德性和真理都能找到，人的完满与这种追求密切相关。在这个意义上，人事实上对真理负责。他作为一个人的完满依赖于真理，依赖于他自己在寻求真理中付出的努力，当然神的恩典赐予他帮助，赐予他力量。然而，今天存在于基督教神学和教育中的危险似乎并不在于始终不渝的顺从，或某种形式的教条主义，而在于对整个传统的拒斥，对人完全主宰世界的偏爱。几年前，路易斯就站在神的一边描绘过这种境况，现在则广受谴责，不得不在人的（科学的?)意见法庭上证明他的方法的合理性。梵蒂冈第二次大公会议也对这种危险有所意识。《论教会在现代世界牧职宪章》(*Pastoras Constitution*)一方面意识到人类文化的伟大力量，另一方面也认为：

> 虽然他们从这些天所提出的关于无处不在的实在的解释中获得了安宁，但是许多人还希望，只要通过人的努力，就能获得真正的完全的人性解放。[①]

然后，《教牧宪章》重申，人是在理性的基础上开始真理的追求，而且"他的智性不只局限于可见的资料"。[②]

虽然社会问题可能产生困惑或怀疑，但基督教传统及其教育程序显然把自己维系于自信的语言和对人的成就的信心，这种信心不是出于人对世界的主动性和主宰权的主张，而是由于深信（神的）仆人在这个世界从事管理工作，履行各种职责。这种信心来源于超验真理的知识，而不是要完全占有必能在这个影子世界里找到的超验真理。

为要确立在基督教教育里，是何种东西引导着我们对宗教教育产生理解——从哲学上看，这种理解与基督教信仰是一致的——一个重要的检验标准似乎在于我们对下面这个问题的回答：哲学（通过理性追求真理的哲学）在我们这个科学社会里是否可能？如果回答是肯定的，那么我们的工作基础就是，真理既

---

① Pastoras Constitution，《论教会在现代世界牧职宪章》，《第二届梵蒂冈大公会议文件集》，W. M. Abbotl, Gruld press, N. Y., (1966)，第 208 页。

② 同上，第 213 页。

超越人的悟性,也超越社会。

如果是相反的观点,即我们认为,这种传统意义上的哲学不再是可能的,理性不再是人的悟性的指导之光,那么我们基督徒应把我们的有神论放在什么样的人性基础上?某些现代神学倾向似乎更喜欢从人的经验——只在内在人或内在主体的意义上理解——的角度进行回答。构成意义和价值基础的不是理性,而是意志和情感。正是在这里我们迎面遇到了扎拉图斯特拉。以牺牲理性为代价把历史意志和情感确立为价值基础并不能为我们信奉一个超验的实在提供充足的理由。[①] 我们只能相信我们自己行为的超验性。说在这种超验行为中可以经验到神仍然是毫无哲学根据的论断,扎拉图斯特拉已对此作了令人难以忘怀的阐明。由此有神论可简约为人自己的断言,但这样一来,耶稣和扎拉图斯特拉,基督和反基督之间就没有任何区别了。基督教教育者正是怀着尊敬和感激把某些社会科学的见解应用到宗教实在中,因为神学和社会科学都深深关心世界的人本主义化。遗憾的是,两大传统的巨大分野似乎集中在非人化的原因上。基督教传统普遍相信,当人和他所在的社会拒绝追求超验理想时,他就是非人的。而历史观一般认为,人正是因为一直在追求这样的理想并在社会发生了变化时仍然这样做,所以才是非人的。因此,我们将怀着巨大的忧虑看着传统哲学的消失,取代它的是基督教神学和基督教教育的一种新的基础。

---

① 我想这也是巴特(Karl Barth)最关心的问题。他深刻意识到,在施莱尔马赫之后的自由神学中,由于神学抛弃了越验的、客观的神而使费尔巴哈的结论成为可能。当然,巴特不可能走向自然神学,而是严格确立神与人之间"无限多的区别"。巴特的解决方法不是我们这里所能讨论的,但他的神学仍然是希望消灭超验神的语言或理解的基督教神学常常感到恼火的理论。参见 K. Barth, *From Rousseau to Ritschl*;*Protestant Thought in the 19th Century*, London, (1959);以及收集在 L. Feuerbach 的 *The Essence of Christianity*(《基督教的本质》)中的巴特的介绍性论文(G. Eliot 译,Harper, N. Y., 1957)。

克尔凯郭尔与尼采

洛维特　著

李　理　译

当代哲学中两个富有特征的基本概念，"生存"和"存在"，最初是由尼采和克尔凯郭尔创造的。尼采的哲学思考始终围绕着"生存"的现象，克尔凯郭尔的思考活动不断深入"存在"的问题。因此，他们二人的兴趣都首先而且几乎只是指向人，指向人的生存和人的存在的。所以，他们的哲学不是一个以封闭方式包括人类学的形而上学体系，相反，其哲学活动的内在系统的基础完全在于将一切问题都概括为这样一个基本问题："人是什么？"和人成为了什么。这样，二者的哲学都是在一种实验"心理学"的名义下的哲学人类学。因此，克尔凯郭尔不倦地攻击黑格尔的"世界历史的"和"纯粹的"思维，在进行这样的思维时，思想者脱离了自身和他自身散居在世界历史中的存在；而尼采也从在学校的作文开始到《瞧，这个人！》，不倦地行进在他通向"对自身认识"的道路上。"'认识你自己'就是全部的科学。只有在对一切事物的认识的终点上，人才会认识自己，因为事物只是人的界限。"克尔凯郭尔论述得更明确："现实"是"主观"的。这种将哲学的极端人性化是与将"真理"问题归结为"正直"问题相符合的。克尔凯郭尔对于"他所想要的"(1855 年)东西的最后解释是以这句话开头的:"很简单,我想要正直。"他既没有代表基督教的严格,也没有代表基督教的温和,而只是代表了与基督教相关的"人的正直"。如果有人公开地、正直地起来反对基督教,那他可能跟着走。他只是为这种正直,而不是为基督教才敢冒险,假设他确实会成为他攻击官方基督教的牺牲者,那他也不是为了基督教,而同样只是为了他所想要的正直。尼采把正直称为"我们的",而且是我们"唯一的"和"最后的道德",因为在所有其他方面,我们只是那些不是由我们所积累的道德的继承者和挥霍者。只有这一对正直的意愿是从对"真理"的信仰中留下来的。

这种哲学的人性化和它的真理性可以追溯到黑格尔的世界哲学的崩溃,对黑格尔的世界哲学来说,"人的真实性"还是一种"普遍的"和"绝对的"东西。古典哲学的最后一个体系的这一崩溃,才最终论证了已经由赫德尔所计划的"哲学向人类学的渗入":"如果哲学应当对人有用,它就应当把人作为自己的中心;哲学由于过于扩展而受到了削弱,如果它能集中于它的中心,它就会强大起来。"这一对于整个 19 世纪和当代已具有决定性的"渗入"在 1840 年前后实现了。黑格尔的主客观精神的绝对哲学随着费尔巴哈、马克思和克尔凯郭尔变成了一种对人和社会的分析。但是黑格尔哲学的这种分裂和还原的实际原因并不是纯粹"精神"史的,而是包含在欧洲人世界的一般的转变中。随着 19 世纪的开始,人类生活的实际世界已经完全变成了不同于以往的另一个世界。一个补充有"普通教育"的,完全改变了结构的、普通的和精神"劳动"的世界,取代了优秀"教育"和教育阶层的有限世界。这种生活的彻底经济化的结果,就是使在迄今为止的形态上的"精神"成为极端的。这样,"艺术形式上的"精

神对黑格尔来说就已经不再是"精神的最高需要";现在更需要
的是艺术的科学,而不再是艺术本身。但是,对黑格尔来说,"科
学"还意味着作为绝对的本体论的哲学。马克思从"人的劳动"
的立场出发,以一种决定性的方式对黑格尔本体论的这种"绝对
知识"提出了问题。因此,黑格尔和歌德事实上是最后一批还面
对一个独立的精神世界来培养自己的德意志人。从那时起,受
到精神培养的人就成了失去故乡的人。布克哈特,这最后一位
人道主义者,就已经生活在放弃退回到"古老欧洲"的意识当中。
从这时起,精神性的人的生活就失去了精神世界。

　　从这种主观精神的极端个人化中,一方面是马克思,另一方
面是施蒂纳和克尔凯郭尔首先得出了同样彻底但却相反的结
论。克尔凯郭尔由于在对黑格尔的不断攻击中完全抛弃了世界
的产生和世界历史,并将世界的进程交给了"天命",所以他把作
为"主体"的人置于其内在的和自身的"存在"之上,并因而将人
置于虚无之前。与克尔凯郭尔同时期的施蒂纳以差得远的、但
却相似的方式,将整个客观世界解释为应当占有的、纯粹的"个
人"的"财产",并因而同样将这个占有者和他的特征"置于虚无
之上"。在与施蒂纳的争论中,马克思证明了这种哲学上的利己
主义是市民社会的个人主义原则在意识形态上的结论。马克思
所发现的是,施蒂纳的"个人"最初并不是通过自身而成为个人
的,他是一定的"个别化个人"社会的个人。在马克思看来,这个
社会仅仅是通过经济,通过黑格尔在考虑到市民社会就已经讲
到的"需要的体系"这种东西而结合在一起。因此,马克思为积
极重建人所想做的,就是重建人的社会,并因而重建人的世界。
但是,拯救"人"和一般的人性,也是施蒂纳的"唯一的人"和克尔
凯郭尔的"个人"的意图。

　　这种纯粹的精神哲学向一种多样的人的哲学的转变(这种
哲学的首创人知道自己是"最后的",但同时又是"未来的"哲学

家)最初看起来像是完全抽掉了哲学的基础。当黑格尔的"被理解的历史"的集合王国瓦解为许多分散的省份,体系破碎为断片之后,一个两千多年的传统被打破了。马克思在他的 1841 年的博士论文中说:"普照的太阳落山了",现在人们在"个人的灯光"下进行哲学思考。马克思将黑格尔之后的这种哲学的"主观形式"称为"这一不幸中的幸事",这在于,这样"时间的灵魂"就无法承认"没有它而完成的"现实了。因此,在古典时期将要终结的时代,古典时期晚期的、个人的宗派哲学也是它的时代的个人幸事。但是,这些主观的发展形式却仍然只是一种自身已经完全的和完成的哲学的紧接着的结果。跟随这两者而来的是一个"罗马",一个"没落的"时代和一个"新的"女神——她还直接具有命运的昏暗形象,具有纯粹的光或纯粹的黑暗的形象,因为她还缺乏白天的色彩。青年马克思在与古典哲学的终结的关系中,知道自己面临这样一种昏暗的命运,因为知道自己是黑格尔的整体和它的主观部分崩溃的受害者。

　　但是,黑格尔本人对古典哲学的这种已完成的终结也已经有清醒的意识。黑格尔绝没有将他自己的成就非历史地绝对化,相反,正是由于他将自己理解为历史的,也就是说是终结历史的,所以他也把自己理解为绝对的。黑格尔的绝对的和历史的意识之间的矛盾只是表面的。至此,世界精神到来了。最后的哲学是以往一切哲学的结果;什么都没有丢失,所有的原则都被保持了。这一具体的理念是几乎 2500 年来(泰勒斯出生于公元前 640 年)精神努力的结果,是它将自身客体化,认识自身的最严肃的工作的结果:"*Tantae molis erat, se ipsam cognoscere mentem*"(作出了极大努力,使精神认识了自身——中译注)。这样,世界就变成了"理智的世界",而这种"老年"的、在本质上是"回忆"的哲学对未来就无话可说了。精神的一系列形象,"概念"的历史因此就被"终止"和"结束"了。这一对迄今为止的全部精神史的历史性回顾,就是对黑格尔的末世论的历史意识的表达。现实在"精神上"和"原则"上已被完成了。因此,黑格尔的问题就已经是同一个问题:谁将是这一在欧洲所发现并完成的原则的未来承担者。他本人面对已经变老的欧洲及其"历史武器库"就指出了美洲世界和斯拉夫世界。在黑格尔死后20年,黑格尔"左"派分子鲍威尔在一篇关于《俄国和日尔曼》(1853年)的文章中明确宣告了"哲学的终结"并逐一分析了其原因。在40年代所发生的这些情况,究竟意味着伟大哲学传统的彻底中断,还是意味着向一种由破裂而产生的哲学思想方式的转变,或是意味着一种"修复"的开始,这在今天仍是一个悬而未决的问题。

克尔凯郭尔处在这种转变的中心,处在这种转变的决定性转折点上,因此他得以同黑格尔和马克思一起重新成为具有现实意义的。这可以说明恰好是1843年这一年决定了以后100年哲学的命运,这一命运现在才又变得可见了。在这一同年里发表了费尔巴哈的《未来哲学原理》,马克思的《黑格尔法哲学批判》和克尔凯郭尔的《非此即彼》。这些19世纪的最后一批抑或是第一批哲学家们想理解从"现实"得出的共同原则,不再是一种纯粹"意识"或一种纯粹"理性"或一种绝对"精神",而是处在赤裸裸的存在当中的人本身。克尔凯郭尔称"高雅"的时代已经过去了。现在又涉及到人的存在这一整体。费尔巴哈通过每一个我对你的感性依赖进一步规定了这种被他提高为原则的人的存在。马克思又发现了费尔巴哈的"我和你"是市民的个人并将人规定为社会的类存在。但是,克尔凯郭尔把人的规定看成是:作为在普遍解体的公众生活的一切现存秩序中的个人,存在于坚定的内在性中。

克尔凯郭尔关于个体存在的"内在性"的决定意义的论点,马克思关于普遍的和"外在的"("物质的")存在关系的决定意义的相反论点，以及费尔巴哈关于通过我和你感性传达人性的论点，这三个论点都有一个共同的基本意图：从一种已经意识形态化了的精神哲学退回到人的实际生存的此在和当下以及人的赤裸裸的存在问题上来。这是一个统一的基本特征，这个基本特征也因此贯穿在他们对黑格尔的纯粹"思维"的三重批判中，这种批判是在给"激情"（克尔凯郭尔）、"感性直观"和"感觉"（费尔巴哈）、"感性活动"或者"实践"（马克思）恢复名誉的旗号下进行的。随着第一性存在关系名誉的恢复，已经独立的哲学应当从其悄然逝去的状态中被带回到它的人性根源和人的生存所直接关切的事情上来。这样，克尔凯郭尔就把黑格尔进行纯粹理解的思维转变为一种"存在的"思维的"内在行动"，费尔巴哈要求它在感性的"直观"面前证明自己，而马克思也在这里看到了一种向尘世的单纯"直观的"理论转变，他把感性活动或者"实践"，即对所有人而言共同生存的实践提升为思维的标准。他们都还只是有条件地进行哲学思考并想"实现"哲学。因此他们要求"实践化"，要求哲学的实践。克尔凯郭尔要求一种每一个人自己的实践，费尔巴哈要求一种共同的实践，马克思要求一种完全普遍的实践。但是，他们共同的历史命运是：他们在时代和向自己提出的批判地"克服"黑格尔的任务面前都同样失败了。黑格尔的精神优势证明恰恰在于，他迫使他的两个最极端的和相互对立的敌人，马克思和克尔凯郭尔，也成为并始终成为"黑格尔分子"。

　　这种首先是以费尔巴哈、马克思和克尔凯郭尔为标志的、通过他们的"实现"来"取消"哲学的倾向，继续向尼采的立法的"铁锤哲学"发展。这种实践哲学以活生生的存在为中心的倾向，通过狄尔泰、西默尔、舍勒、雅斯贝斯和海德格尔才在学术上合法化并同时被缓和了。从那以后，它就作为"生存哲学"和"存在哲学"而支配了具有决定意义的哲学问题，也包括它的敌人的问题。狄尔泰在许多地方对尼采的生存哲学表明了态度,与之相反,他对克尔凯郭尔显然并不熟悉。雅斯贝斯明确指出了尼采和克尔凯郭尔。海德格尔在《存在的分析》一文中对克尔凯郭尔的实验心理学的主要部分在存在的本体论方面作了加工。但是,还没有什么地方出现过同作为哲学家的尼采和克尔凯郭尔进行的主题上的争论。尼采著作中真正的哲学脉搏几乎完全可以回溯到各种最不同的无名的影响上去,而对克尔凯郭尔的把握到目前为止或多或少是偶然的和任意的,因为对他的历史的和体系的先决条件缺乏一种充分的意识。在尼采和克尔凯郭尔那里,人们根本不是在同真正的哲学家,而是在同所谓的诗人哲学家打交道,这种明显的偏见从一开始就促使人们放弃同他们二人进行客观的争论。但是,他们对人的直观和分析仍然毫不过时,所以,当人们在每一次向看起来新的实验继续前进之前,倒是更有必要首先赶上他们已经作过的实验。因为尼采和克尔凯郭尔不仅最初发现和创造了当代哲学的两个"积极的"基本概念"生存"与"存在",而且也极其尖锐和坚定地突出了否定的东西,"否定的力量"(黑格尔),这种力量作为人的问题包含在那种"生存"和这种"存在"中,这就是"克服虚无主义"的问题。作为人的生存和人的存在的哲学家,他们就像在一个交叉点上在虚无主义的问题上相遇了。他们在克服这个问题的道路上,在这个交叉点上相遇并又分道扬镳。

《善恶的彼岸》有这样一段格言:

> 从前,人们把人供奉给上帝……然后,在人类的道德时代,人们把自己所具有的最强烈的本能,把他的"本性"供奉给上帝……最后,还剩下什么可以供奉呢?难道人们不得不……供奉上帝本身,并出于对自己的残酷……而供奉沉重……命运、虚无吗?为虚无而供奉上帝——这种荒谬的

残酷的神秘应当留给现在正成长起来的这一代人：我们大家对此都有所知了。

尼采试图用他的永恒轮回的神秘理论（下一个格言是谈这一理论的）来消除这种荒谬，用这种理论在善恶的彼岸"深入地思考""悲观主义"，并把它从"半基督教和半德意志的狭隘"中解放出来，悲观主义最后在叔本华的哲学中体现了自己的这种狭隘。克尔凯郭尔对这种叔本华的哲学也曾有过特别的偏爱，因为它揭示出"存在的不幸"，存在本身的可疑性。但是，与尼采相反，克尔凯郭尔的荒谬在于，他正是想在"致死的疾病"向信仰的 "salto mortale"（致死一跃——中译注）中，把尼采以牺牲上帝去供奉的那种"虚无"再一次供奉给上帝。因为只有上帝，而不是有限的人，能够让存在从虚无中产生出来；人作为人虽然能够提出"究竟为什么是存在而不是虚无"这个海德格尔用以结束他关于"虚无"的报告的问题，但却不能正面回答这个问题。在尼采的"生存"哲学和克尔凯郭尔的"存在"哲学中，这个虚无主义的问题是原本令人激动的中心，是"尼采和克尔凯郭尔"的真正问题。

克尔凯郭尔和尼采一样，一再看到自己被置于自我毁灭的问题之前，因为他的整个生活曾是一种充满折磨的痛苦，他在《重复》中让那"沉静的知情人"（其笔名）说了下面的话：

人们把手指插进土地，为了闻一闻自己是在一块什么样的土地上。我把手指插进存在——它什么味道都没有。我在哪里？世界，这是什么意思？这个词意味着什么？是谁把我引诱进这一切而现在让我站在这里？我是谁？我是怎样来到这个世界上的？为什么没问过我？为什么没有人按照习俗告诉我，而是把我放进整体的一个环节，就好像我被一个人口贩子买下了？我在人们称之为现实的巨大行动中怎样成为了参与者？我为什么应当是参与者？这不是一件自由的事情吗？

克尔凯郭尔在绝望中经历了这种虚无的自由，把它作为"致死的疾病"而作了认真的思考，并在上帝"仍然"是爱的信念中克服了它。这些最先向他打开了虚无并因此也打开了 种真正的"存在"的可能性的具体生活状态就是：讽刺、无聊和忧郁。克尔凯郭尔对这些现象的分析始终有三重作用：第一，将人完全置于其自身和其纯粹的存在之上；第二，因而将人置于虚无之前和空虚之中；第三，用这种方式将人根本"置于"决定之前："或者"绝望（消极的是疯狂，积极的是自杀），"或者"敢于冒险飞跃进信仰。在信仰中，人不是站到虚无面前而是站到上帝面前——站到作为从虚无中创造出存在的创造者的上帝面前。因为只有在上帝面前人能够以一种积极的方式"成为虚无"。因此，对人的真正存在具有决定性的就是，可个人化和虚无主义以及由此所要求的决定。

对克尔凯郭尔来说，使一种真正的"存在"最先成为可能的这种个人化的世间起因是：他所生活的时代是一个"溶解的时代"，也就是说，只有一切还存在的人具有人的有效性。

克尔凯郭尔在《重复》中写道：

我用"个人"这个范畴来描写我用自己的名字开始的写作；如果这作为一种常在的形式被固定不变地重复，那么，这种"个人"的口号并不是我后来的发明，而是我用以开始的东西。我在伦理学上可能有的意义是无条件地同"个人"这个范畴联系在一起的。如果这个范畴具有正确性，如果我正确地认识到，引起人们对它的注意是我的（绝不舒服但却值得花费功夫的)任务……那么,我和我的著作就与我同在。

使用了这一范畴,而且是这样断然和这样个人地,这具有……决定性作用;没有这一范畴,没有我对它的使用,我的整个写作活动就很难继续。因为从我著作中所说的、所体现的、所阐发的、所讲出来的东西中,而且也许是带着幻想和辩证法、带着心理学的敏锐的洞察力等等在其中所讲的一切东西中,决不会立即得出结论说,作者理解了他的时代并懂得用一个唯一的词来绝对决定性地表达出,并且同时用行动表达出,他理解了他的时代和处于其中的自身:即这是一个溶解的时代。

面对一个虽然还存在,但已经失效的世界的这种溶解,克尔凯郭尔完全退回到他自身的存在,退回到最自身的存在的内在性当中。

这样,克尔凯郭尔就违背自己的意愿而承认了黑格尔关于"道德意识"的发生史的观点,也就是说,当一个"现存的自由世界"变得不真实了之后,就会在世界历史上出现向内心的转变,转向一种自我决定的主体的内在性。当个体缺乏可以积极参与的"实质性内容"的时候,当自身的自我存在在别的存在中不再积极地"在自身"或者"自由"的时候,当它只有在自身当中才与自己在一起或者"消极地自由"的时候,以"良心"和"讽刺"为顶点的决定自身的道德主体才是决定自身的。在19世纪,克尔凯郭尔从一开始就处在这种情形当中,而尼采是在对瓦格纳和拜鲁特文化计划失望之后才越来越多地处于这种情形当中。克尔凯郭尔在1840年前后和尼采在1870年前后都感到自己置身其中的世界是被"政治"所决定的,1840年是社会运动的彻底开始,1870年是帝国的建立和"帝国议会的成立"。因此,克尔凯郭尔是在对现实的批判中发展了他的"个人"概念,明确地将它作为与每一种社会的和政治的普遍性相反的概念,与"群体"、"人类"和"世界历史"相对立。就此而言,个人完全是一个反政治的概念。但是,克尔凯郭尔同时也非政治性地强调这个概念是一个特殊的基督教对人的基本规定,并因而将它设为绝对的或将它绝对化。"而我为什么要大谈个人的范畴呢? 是的,非常简单,基督教的事业是通过它并与它同在的","如果上帝和永恒应当成为他的(人的)主宰,那么,每一个人就都必须进入到个别的气泵之下",通过个人化的"窄道"。个人在基督教和社会政治方面的两层意思,对于克尔凯郭尔来说,就像是通过一种可庆幸的偶然情况而汇合在一起。

克尔凯郭尔并不是在《致死的疾病》中才描绘了被社会和基督教的个人化所决定的存在的人的内在结构,而是在讽刺的概念中,通过同苏格拉底和浪漫主义的主体性的原则争论,就已经描绘了。这场同苏格拉底和浪漫派的争论对克尔凯郭尔和尼采而言都是典型的。尽管他们批判的历史标准是相互对立的:在克尔凯郭尔那里是原创的基督教,在尼采那里是古典时代。克尔凯郭尔的基本命题是,被理解为苏格拉底和浪漫派的讽刺和原则立场的第一种和第二种潜在的讽刺,是一种"否定性自由"的立场,一种"本质的否定性"。讽刺者通过从一切现存的事物中退回和回复到自身而否定地超越了一切现存的事物。他对现存的世界只是还带着一种讽刺的保留态度。但正是作为这样一种本质上的否定性,讽刺是一种可能存在的立场,一种人的"*status absolutus*"(自由状态——中译注),同人类的"*status constructus*"(受约束状态——中译注)相区别。个人的这种否定性存在本质上是一种"私人的"存在,是同公众的另一种存在相反的私人的自我存在。在这种私人性和否定性中,讽刺性存在具有"绝对性"——在"虚无的形式中"。但是,按照克尔凯郭尔的观点，如果说在苏格拉底那里这种讽刺还是一种可以站得住脚的和靠得住的实质性的立场，可以从这个立场出发"动摇"一切现存的事物：现存的国家、现存的宗教和现存的知识的话，那么，基督教浪漫派的讽刺就是一种本身站不住脚的立场，人们无法立足于这样的立场上。但是，同黑格尔对这种浪漫主义主体性的批评相反，在同黑格尔的争论中，克尔凯郭尔并没有给这种主体性以作为标准的实质性"内容"；他并不是批评这种主体性缺少"世界"和"客观性"，而是批评它缺乏彻底的主体性。因此，克尔凯郭尔以他的方式把浪漫主义讽刺的不坚定的、"诗意的"虚无主义彻底化为一种坚定的、绝望的存在的虚无主义。对克尔凯郭尔来说，浪漫主义的讽刺意味着一种绝望的存在的"审美的"初级阶段，它是一种绝望并因此是一种还不自知的虚无主义。但是上升为绝望的讽刺的积极可能性是向信仰的飞跃。所以，讽刺虽然还不是主体性真理，但却是通向它的一条正确道路，因为对虚无的绝望信念直接处于对上帝的信仰之前。因此，讽刺概念的真正问题是用绝望的虚无主义构成坚定的"存在"。

克尔凯郭尔在《非此即彼》中，在对作为不坚定的、也就是"审美的"存在的变化的基本情绪——无聊的分析中继续追踪这个问题。但是，无聊也已经是浪漫主义讽刺者情绪上的"连续性"。这样，沉重、恐惧和绝望的虚无最初就表现为浪漫主义讽刺的无聊的虚无。这种根本上的无聊并不是对这样或那样东西感到无聊，而是一种根本无对象的自我无聊，对一切和每一样东西，因为根本就很无聊。它对于人的存在来说是一种自身的空虚，这种空虚虽然可以通过工作和消遣被充实和驱散，但却无法被消除。但正是这种无聊的空虚是可能的"存在的开始"。因此，它有一种真正"原则上的"意义，因为它在虚无面前最先把人带向了自身。"在开始是无聊"，克尔凯郭尔开始了他关于无聊的讽刺的、绝望的神话，在神话的结尾是巴比伦塔的历史。无聊是"构成生存色彩的虚无的主观相应物"。它揭示了存在自身的无根据性和无意义性,并且就像讽刺那样,将存在置于决定之前:信仰或绝望。因此,克尔凯郭尔对治愈这种无聊就像对讽刺那样,建议它不要从自身退出来,而是要"猛烈地上升"。它必须在自身当中被驱赶出来,以达到一种真正的存在。尽管如此,它并不是一种绝对的自我存在。它在本质上也是有社会色彩的,也就是说是反社会的。它为了保存自身而要求不加入一切同时代人的社会关系,如婚姻、友谊和职业。存在刚开始,就必须否定这些关系。克尔凯郭尔关于无聊的"轮作"的论文合乎逻辑地得出了一种"社会智慧学"。它用这种社会隔离所冒的危险就是绝望的行动。

于是,克尔凯郭尔在《非此即彼》Ⅱ中,在有时也作为感到广泛无聊的例子出现的国王尼罗身上说明了忧郁的现象。忧郁是克尔凯郭尔本人所特有的基本情绪,尤其像特别是他的日记所证明的那样。存在本身很沉重并且成为负担,这意味着无聊的一种强烈的变形,这种无聊本身已经是讽刺的隐蔽的基本情绪了。像讽刺和无聊那样,克尔凯郭尔也把忧郁解释为一种"静静的绝望",解释为一种本身还不明显的绝望,因为没有被渗透"致死的疾病"。它是克尔凯郭尔自身"存在"的真正的中心现象,同时,正如无聊一样,克尔凯郭尔也把忧郁视为"时代"的虽然隐蔽但却普遍的疾病。一切存在的范畴都从它产生出来:它把人个人化和内在化为一种可能的"存在",它把人封闭起来,这样就强迫人成为可打开自身的,在这种封闭的个人化中,它把人带到可怕、恐惧和绝望的虚无面前。但是"停滞"、"重复"和"决定"也是从它产生出来的。

对克尔凯郭尔来说,他的这种忧郁是向宗教的"精神存在"上升的跳板,是他称之为他的"宗教运动"的出发点。但是,忧郁被这样渗透和理解后,它就不再是一种生活的直接情绪,不是一种单纯的"生活情感",而是一种"精神的歇斯底里",因为恰恰只有基督教所理解的"精神"才真正使人变成"活生生"的。如果"理解"正确的话,它表达了人是一种精神的存在,并且在这一意义上是一种"存在"。这样,忧郁本身就还是一种不坚定的"精神突破"的尝试,但不是黑格尔意义上的精神,而是精神的存在。这种精神的存在想实现突破,但却由于一种因为没有打破生活的直接性而无法突破的状态而产生忧郁中的恐惧。"忧郁的秘密是恐惧",而恐惧的秘密是罪恶,是绝望的罪恶的恐惧。最后,克尔凯郭尔在《恐惧的概念》和《致死的疾病》中完成了坚定的基督教对讽刺、无聊和忧郁的解释,对他来说,它们的基督教的"意义"终于明了了。

　　但是,一种围绕着现象的原始不确定性却是在这种解释的坚定性之前。对克尔凯郭尔来说,他的忧郁究竟是否有像"意义"之类的东西以及它大概意味着什么,这在开始的时候是完全不确定的。克尔凯郭尔并没有把它明确为一种精神存在的现象来直接经历,而是把它作为一种从根本上来说含糊的现象,"在这里,心理的和肉体和东西辩证地相互接触",它本身除了"不幸的痛苦"不可能是别的,因而它是毫无意义的。

　　克尔凯郭尔在《日记》中写道:

　　　　我在最深刻的意义上是一个不幸的个体,从最早期开始就被牢牢地钉在种种直至与疯狂相临界的痛苦之上,这种痛苦更深刻原因必定在于我的灵魂和我的肉体不和谐;因为(而这是很奇怪的事情)我的肉体与我的精神毫无关系,而我的精神则相反,它也许通过这种灵魂与肉体的紧张关系得到了一种张力,不管这是多么少见。

　　　　尽管我绝对反感同别人讲我最内心的东西……我曾认为,不越过像同另外一个人商量这样一步,是人的义务;只

是这不要成为一种幼稚的信任，而要是一种严肃的和正式
的诉说。因此，我同我的医生谈了，问他是否认为，我身体
中的那种肉体和心理之间的不和谐状态可以消除，以使我
能够实现普遍的东西。他很怀疑这一点；我问他，他是否认
为精神有能力通过意志改变或改组这样一种根本的不和谐
关系；他很怀疑这一点；他甚至不想劝我启动我的整个意志
力，他对我的意志力有一种想象，认为我会炸毁这一切。

　　从这一刻起，我作了选择。我将那种可悲的不和谐状
态连同它的痛苦（它们无疑会使绝大多数重新有足够精神
来理解全部不幸的人成为自杀者）看成我的肉中刺、我的界
限、我的十字架……在脚上这根刺的帮助下，我比任何一个
有着一双健康的脚的人跳得都高。

正因为他的痛苦没有这样一种坚定的"选择"就会是无意义
的和含糊的（就像克尔凯郭尔的问题那样含糊：当一个人受苦的
时候，他是应当先"喝药"还是应当先"信仰"呢），所以克尔凯郭
尔从具有决定性的一刻起就决心，把他的忧郁的两个终点"固定
在一个终点上"，并以这种方式固定自己在生活中的"存在"。克
尔凯郭尔以这种方式才真正给自己的忧郁充实了意义，使它成
为富有意义的，并将它提高为意义：使它成为它所是的精神存在
的和宗教的。这样，忧郁就从一种继承的和现存的基本情绪成
为一种作为精神存在的人的基本规定。它被规定为某种并非它
本身固有的直截了当的东西，也就是说，它被规定为与它被理解
为"肉体的"和"灵魂的"东西有明确区别的和相反的东西，但是
也与它"被理解为纯粹人性的"东西相反。由于它对于克尔凯郭
尔来说是一种基本的情绪，所以这种忧郁的存在让规定同时包
含了一种一般人的基本规定，也就是同样成为并非人直截了当
按照人的本性所"是"的东西，但却成为人本身能够"成为"的或

所是的，也就是成为一种由自己决定的"存在"。这种含糊的有区别的忧郁决定要有一种明确的精神存在的意义，其普遍的先决条件是整个人按照"精神"和"生活"、按照肉体和灵魂的"生活"和精神的"存在"的先一步的和根本上的自我区别。这种区别的存在决定性的意义和意图是：坚决消除由区别所产生的问题。随着这种对问题的坚决消除，克尔凯郭尔通过单纯的"存在"而遏制了人的自我规定的可疑性。这样，就以一种坚定的方式回答和了结了一个开始还悬而未决的问题。

这一通过决定而导出的、对在精神存在"意义"上的人的生存的坚定解释，就像克尔凯郭尔最初对忧郁现象所作的解释那样，是尼采与他相遇的问题。尼采根据事实在这一点上批评了对人的生存与痛苦的"基督教道德的价值解释"。现在，在克尔凯郭尔最典型的问题的这一关键点上就要插入尼采的问题，以澄清"克尔凯郭尔与尼采"或者生存与存在这一在标题中所描述的问题。在这里，这只能以一种粗描的形式进行。这样一种通过尼采而展开的对克尔凯郭尔的批评，比克尔凯郭尔本人已经完全看到的他自己的"决定"有问题更容易理解，克尔凯郭尔在《法官的书》中写道："如果我的忧郁曾经把我引向歧途，那么这必定是由于我把也许只是不幸的痛苦、诱惑看成了过错和罪恶。这是最可怕的误解，是导致几乎疯狂折磨的信号；但是即使我在其中走得太远了，它对我还是有好处的。"

克尔凯郭尔用一种存在的实用主义把这个问题推到边缘，而正是这个问题处于尼采批评基督教对人生存的"解释"的中心。尼采描述了什么是人和什么是人对自身可能有的意义，什么是"罪恶"，什么是它真正所是的东西，什么是它对于作为基督徒的人可能具有的意义。它本身所是的这个具有决定性的存在，尼采理解为是它的自然存在，也就是说，他把人的存在从根本上理解为是一种在任何对它的道德解释之前就有的人的自然本性。尼采说:"自我"是没有什么罪恶的,因为只要把人的存在和行为,感觉、解释和理解为"罪恶",那么,人所是的、所为和所不为的,就都是罪恶的,这样,尼采从他那个方面就没有把纯粹的"事实"(同一种对事实的单纯解释相区别)设为先决条件,而是把一种关于人的、"人性的"自然概念设为先决条件,因为人性的东西是以人性的方式成为天性的。尼采把这种对人来说自然的人性多义地和不够确定地描写为"生存"。但是罪恶并不是一种自然人的生存现象,而只是并且只有作为罪恶意识才具有持久性,它的存在是基于意识的状态。但是,这样,一种对意识状态的明确宣布,是对人在自己所是的存在中如何"能够"而非必须对自己作意义上的理解的说明和解释、方式和方法。因此,根据尼采的观点,"解释"痛苦有完全不同的可能性,有不同的"痛苦的因果关系"。人按照各自实际训练的意识立场和解释倾向,把自己的痛苦以种种方式很有意义地解释为有一种原因(因果),在种种意义上,解释为一种有原因的意义。基督徒把自己的坏处境解释为"罪恶",对他来说,罪恶成为他痛苦的有意义的原因,女孩把她的坏处境解释为"爱情",商人把自己的坏处境解释为坏"生意"。这样,所有的人都在一定的原因中发现了一定的意义,他们的痛苦不再是没有原因和没有意义的和"淡化原因"的。因为:"如果人们知道自己的生活是为了什么,那么人们就无论如何都能够忍受"。这样,基督教就从一个没有罪恶感的古老世界产生出一个罪恶的世界,并把人变成了罪人。基督教因而把人的存在变得很沉重,但是也把它变得容易了。

尼采本人所构想的人则相反,他根本就不再问自己生活和痛苦的"为什么"。人放弃了"原因"也就放弃了"意义",并因而根本放弃了作为对意义的提出和说明的"解释"。他放弃了这些,因为他理解了,在人的存在中根本就没有什么客观"现存的"所谓意义,它只是根据人所想解释的那样存在的。但是那种最先由于迄今为止对存在的"价值解释"而必定表现为一种单纯的无意义性、纯粹的否定性或"虚无主义"(一切都是无价值和无意义的)的东西,同时就成为某种完全积极的东西,这时人决定转向这种价值,以肯定整个纯粹的存在本身——在有意义和无意义的彼岸,因而也在"善恶的彼岸",在赞扬和谴责等等的彼岸。这种无条件的肯定没有什么可能的否定作为对手,它的时间是永恒一刻的纯粹到场,尼采称它为一种"酒神的"肯定,通过这种肯定一切,原先"沉重的"东西都变得"轻松"了。随着这种没有否定的肯定,就达到了人的生存的一种最后的和最简单的状态,之所以是"最简单的",乃是因为这种状态同存在再也没有什么本质上的区别了。存在的就是如它所是的那样,因为它在总体上和命运上就是如此。

尼采在他的永恒轮回的学说中,曾试图正是通过肯定一种纯粹的生存和永恒轮回的无意义性是一种从根本的"意义"中彻底获得的自由,来证明这种通过对命运的爱重新赢得的,在变化中变得完整的生存的"无辜"。同一事物的永恒轮回,将达到道德价值解释的最极端的虚无主义终点的人置于一个其自身没有问题的自然的永恒循环之中。但是由于仍然有一个自我的决定属于这种向自然的回归,所以在理论上就产生了这一理论的"双重"论证,也就是说,用一种"伦理的"要求并同时用一种"自然科学的"形而上学来论证。因此尼采的永恒轮回的理论是那种"道德自然化"的最后结果,他从一开始就以此为目的,通过他对否定和蔑视人的自然本性的基督教道德的批评。

但是,忧郁的"罪人"非常"自然地"会被理解为一个"病人",一个缺少自然的"良好教养"的人,也就是说,这个罪人又重新变为他原先按照自己的自然本性已经所是的人。把一种其本身自然的生活状态"重新解释"为一种道德的存在状态,这又被尼采在批判地取消把"不幸的痛苦"解释成为"过错"和"罪恶"中作了

"重新评价"。对尼采来说,这种把罪人重新评价为病人有着例证的意义,因为罪恶意识是"有病的灵魂的历史中最大的事件",是"宗教解释的最可怕的艺术品"。但是尼采说,在作了这样一种逆转之后,人还仍然是一切"唯物主义"的最严厉的反对者。

尼采以这种方式在罪恶意识的现象中发现了那种问题的差别,这种差别对于克尔凯郭尔来说也是他的"忧郁"的原始问题,尼采以一种也必定会涉及到克尔凯郭尔的基督教的"存在"的方式,开始并阐发了这个关于存在和意义的问题,特别是克尔凯郭尔是决定支持精神存在和反对"生活"的,而且是带着对这样一种他本人称之为"存在艺术"的"非自然性"的明确意识。但是另一方面,克尔凯郭尔在《致死的疾病》中也以一种方式预先暗示了尼采最具特征的生活实验,它也很适合尼采:

> 如果绝望的自我是一个行动的自我,那么他实际上永远只是试验性地对待自己,即使他也可能很高贵,就像伟人和奇人,而且不管他能怎么持久地行动。他不知道有什么高于自己的权威,因此他从根本上缺乏严肃性,当他想以最大的注意力关注自己的实验的时候,他只能假装出一种严肃的样子。这就是他的虚假的严肃……因为如果这个自我还没有在绝望中走得太远,以至于成为被实验之神,那么,当他看自己的时候,除了他自身,还是不能再产生出派生的自我;他还是始终都保持为自我,并在自我的膨胀中,即不会多于也不会少于自我。就此而言,自我在绝望状态追求成为自我的努力中,恰好进入了相反的方向,他实际上将不再是自我。在自我行动的整个辩证法中,没有任何固定的东西;自我的东西没有一刻是固定的、永恒的。自我的否定形式同样非常努力地训练一种宽松的而不是约束的力量;自我随时都能够完全无意识地从头开始,而整个行动,不管

追踪一种想法多长时间,都处于一种假设当中。自我越成为自我就越少感到幸福,以至于他只是越来越清楚地表现为一种假设的自我。自我是他自己的绝对主人,就像他所说的,是他自己的主人,而这正是绝望,但也是自我所认为的乐趣和享受。但是当人们进一步观察时,就会很容易确信,这个绝对的统治者是一个没有国土的君王,他其实没有统治任何东西;他的状况、他的统治是这样的,就是叛乱随时都是合法的。也就是说,这最终取决于自我本身的任意性。

事实上,这里的每一个句子看上去都适合尼采,也就是说,如果人们能够作出这样的决定:在基督教的意义上来理解尼采的"假定的自我"和他的"被实验的上帝",他的作为一种有特殊意义的"致死疾病"的疯狂。

但正是在克尔凯郭尔和尼采关系的这种 *quid pro quo*(混淆——中译注)上,也清楚地表现出由克尔凯郭尔和尼采所描述的这整个问题的不足之处。因为正如人很少单纯从自然出发来"生活"那样,人也很少通过单纯的"存在"而生活。但是,生活和存在的一种"辩证的连接"也不会从这个问题的提出中引申出来。倒是必须把问题再一次引回到它自身的出发点,也就是引回到既能够存在也能够生活的人本身。因为这两者都是人的规定性。但是如果这种人的存在既没有化为一种"存在",也没有化为"生活",那么,什么叫做作为"人"而存在呢?为了能够回答这个问题,人们必须首先知道,究竟什么是特殊的"人性",因此也对可能的存在性和生动性的人的意义有一个标准。这就是说,我们必须知道,是什么使人成为人,究竟是什么构成了他的人性。与克尔凯郭尔所继承的基督教道德的人类学相反,尼采把这种人性带回到人的"自然性",带回到"*homo natura*"(自然的人——中译注)上去,但他除了对这种"自然性"作攻击性和反作用的规定,也不能作别的规定。尽管如此,两者都想破译"人的"存在关系的"原稿"(克尔凯郭尔),都想破译人的"永恒的底稿"(尼采),即当人们想把积存在人身上的"许多虚荣和狂热的解释和次要意义"铲掉的时候,人怎样再生为自己。克尔凯郭尔把基督教的人道主义设定为这种被寻找的原稿。尼采对人的自然性的实证的规定在一种对人性的纯粹自然主义的"生理学"解释和一种极为道德的、也就是不道德的价值解释之间摇摆不定。他最后的观念是,"自然的人"是一种"强力意志"。

但是,对于作为人而言的人来说,究竟什么是"自然的",对此,他从来没有一致的论述。尼采在他通向"发现人的现象"的途中没有发现一个真正的已经可居住的"灵魂的新大陆"。他只是在远处描绘了这一未来的大陆,而描绘最深入的地方,是他在当时确定了未来的人会"失去家园"。与此相反,他对基督教价值解释的"重新估价"无论在字面上还是在事实上都受到了自己的反对者的反对。从中产生出一个任务:在克尔凯郭尔和尼采的起点上再问究竟什么是"人性的"和以人性的方式"成为天性的"。但是,"在根本上"是人性的只可能是一般的人性的,就像"自然的"只可能属于作为人的本质的一般的自然性。但是两者都是以各自历史的方式普遍的。人的自然性作为一种人性的东西也有它的历史性。对于希腊人或者对于卢梭来说是"自然的"东西,对于我们来说就不再不加考虑是自然的了。对于人来说,自然的东西只能从完全人性的东西中产生出来并加以理解。理解自身的哲学"人类学"超越了克尔凯郭尔和尼采,但它在当前对这一根本问题的制定,却正是由这两位思想家预先确定的;因为在19世纪没有人像他们那样为发现人而深入地挖掘过。

尼采本人没有读过克尔凯郭尔的著作。因此,有必要补上两者之间的争论。1888年,勃兰兑斯才为时过晚地给尼采写信说:"有一个北欧的作家,克尔凯郭尔,他的著作要是被翻译过来的话,肯定会使您感兴趣;他生活于1813—1855年,而且在我看来,他是所有心理学家中最深刻的一位。"尼采回信说,为了研究"克尔凯郭尔这个心理学问题",他把他的下一个去德国的旅行提前了;这对他来说会有"真正最好意义上的益处"。或许尼采在克尔凯郭尔身上就像在帕斯卡身上那样,研究了基督教的虚无主义和"禁欲的观念"。对此尼采是有能力的,因为他作为一名完全的虚无主义者并不比克尔凯郭尔逊色,虽然两者都发现了一条否定之否定的道路:克尔凯郭尔是自相矛盾地"飞跃"进信仰,尼采是带着同样的绝望,飞跃进他自己创造的对同一事物的永恒轮回的信仰学说中。两者都将存在的虚无主义推向了极致并作了彻底的思考,这样就使虚无主义在其最终之处转向了它自己的并因而只是表面的反面。两者走出虚无主义的道路都是一条出路,就像在《哲学片断》中克尔凯郭尔所说:"恰巧就像当基督教来到世界上时和它在所有时代对每一个真正接受它的人永远所是的那样,是一条绝望的出路"。都还不认识另一种不同于必定会被"克服"的、绝望的虚无主义的"虚无主义"。

　　他们的这种虚无主义是他们极端的个人化这种完全成为没有世界的"存在"的直接结果。但是这种虚无主义的孤立的最后结果也还是它表面上的反面:在将要完结之前,向公众生活突围。在《善恶的彼岸》中,在"等待者的问题"这个标题下有这样一段话:"为此有必要有幸运的情况和许多意想不到的事情,以使一个对解决问题的方法还没有醒悟的较高层次的人及时开始行动——'开始突围',如果可以这样说的话。通常是不发生任何情况的,在世界的各个角落都坐着等待者,他们几乎不知道自己在什么程度上等待。"最后,克尔凯郭尔冲了出来,并用一种对丹麦国家教会的荒唐攻击冲进了他那个时代的现存世界。在这一攻击中,他本人垮了。已经精神错乱的尼采,认为现在时机已到,可以邀请欧洲的执政者到罗马去开一个会议,为"拯救欧洲"
而在政治上实现他的哲学,他认为自己的认识是正确的,即他的
虚无主义不仅是他自己的,而且同时是一种普遍的、"欧洲的虚
无主义",所以他本人在这个双重意义上是"一种命运"。与尼采
相似,只是在相反的期待中,克尔凯郭尔面对 40 年代,也观察和
追踪了欧洲的"灾难",他相信"上帝的世界统治"将会取代不断
更换的尘世的"政府部门"。他认为,"殉难者"然后将要进行统
治,他们在牺牲自己和为真理而死中取得胜利。因为在尘世中,
自从设立第四等级以来,就根本不再可能靠权威进行统治了。
"那原先看起来像是政治并自以为是政治的东西,将证明自己是
宗教运动。"相反,尼采在《瞧,这个人!》("我为什么是一种命
运")中预言道:"从我开始,世界上才有伟大的政治,也就是说与
一种'精神战争'同一的政治。"随着他们的这种个人化向政治的
突围,两者都证明了在"上帝"或在"虚无"面前的彻底的个人化
存在的内在的不可能性。

从尼采到海德格尔 [*]

——对海德格尔论尼采作品的批评性评论

格尔文　著

默　波　译

　　从 1900 年尼采逝世到海德格尔的《存在与时间》发表只不过经历了四分之一世纪的时间——人们可能认为,这几乎没有足够的时间使知识的历史长河中增添新的内容。但从许多方面看,在关于虚无主义的问题上,从尼采的成熟作品①到海德格尔的主要作品可能是现代思想发展过程中最重要的过渡之一。海德格尔所有思想的主要动机都围绕着一个问题:存在的问题。

---

* 海德格尔在他许多著作里讨论过尼采,但在这篇评论里,我集中讨论海德格尔关于尼采的四篇重要著作:名为《尼采》的两卷本巨著(Neske 1961)。本书的英译本刚发表(英译本计划共有四卷,有注解和分析。译者是克罗尔),第一篇发表于 1979 年,名为《权力意志的艺术》,哈珀与罗出版社出版;第二篇作品是《尼采的扎拉图斯特拉是谁?》,发表在《报告与论文里》(Neskezsches 1954);第三篇是《什么叫思考》(哈珀与罗出版社 1963,译者是韦克和格雷,德文第一版 1954);第四篇是《存在问题》(想象出版社 1959,德文版 1956)。克鲁贝克和汪尔德的译文《存在问题》的价值是值得怀疑的,所以不可靠。幸运的是,英文译文印有德文原文对照。

① 当然,尼采在逝世前 10 年就神经失常了,所以这些日期可能没有参考价值。尼采的成熟著作大部分指 1880 年到 1890 年之间的作品。

而尼采是这个问题的正式提出人。但是海德格尔最终还是把尼采的努力当作形而上学扬弃了。为了理解目前在对虚无主义的分析上从形而上学到本体论这一重要转向，①最令人满意的做法可以说是阅读海德格尔关于尼采的作品；研究他们之间的重大意见分歧。一方面，尼采倾向于本体论，但被形而上学束缚着。另一方面，海德格尔自称他随时坚决攻击形而上学历史，使得存在意义这一问题从形而上学中摆脱出来。对两位思想家来说，头等重要的哲学问题是虚无主义。

　　他们的作品都是对虚无主义的反应。② 只有从这个角度出发才能理解他们的作品。的确，对每一位思想家来说，只有从他自己时代向他提出的中心问题为出发点，他的作品才有意义。由于他们的天才，这些思想家会把某一问题从其他问题中分离出来，使其成为他们时代的根本问题。从这一点出发考虑，他们的作品才会有意义。笛卡尔(1596—1650)作品的许多内容一直是难以理解的。只是到了人们认识到他所正视的是怀疑主义时，他的作品才被理解了。从怀疑主义出发，他的思考(此字原为拉丁文)以及有关的分析才最终被人理解。笛卡尔是支配他自己时代的思想家。这首先是因为他阐明了怀疑论是思想批判的线索。另外，因为他发展了一种方法论，这种方法论能使人们

_____

① 在这文章里，我引用了海德格尔《什么是形而上学》里的区别。在这本书里，他把形而上学定义为对存在物的研究，而本体论则被定义为对存在的研究。以后在《尼采》那本书里和其他地方，海德格尔放弃了这一提法，因为本体论一般都被理解为形而上学的一部分。为了讨论方便起见，本文里的区别是《什么是形而上学》里讨论的区别。

② 一个有时被尼采和海德格尔两位思想解释家忽略的事实是，他们俩都对虚无主义进行挑战，而不是去推动虚无主义的发展。对尼采的错误解释是可以理解的，因为他在有的论述里把自己与虚无主义等同起来。但把海德格尔看成是虚无主义者是没有根据的。丹多在他的《哲学家尼采》一书里（麦克美兰，1965年）把尼采说成是虚无主义者。罗森在他所著的《虚无主义——哲学论文》里（耶鲁，1969年）把海德格尔说成是虚无主义者。

从真的还是假的角度来思考。同样,康德(1724—1804)分析了他自己时代提出的形而上学和道德相对论问题。在分析这问题时,他发展了一种方法论,这方法论能分辨幻想与实际。由此,他的思想支配了他的那个世纪以及自他以后的时代。尼采和海德格尔也是这样。因为他们对虚无主义这一科目本身进行了探讨,他们是自己时代的主导思想家。但是,如何精确地提出问题,如何描述或者说如何认识问题本身就是每一位诚意地应付他们时代挑战的思想家工作的一部分。尼采和海德格尔的前辈笛卡尔和康德的主要工作是双方面的:首先把问题提了出来,然后建立方法论;用这种方法论去解决问题。年轻的尼采把虚无主义看作是"疾病",把哲学家当作文明的医生(海德格尔,《存在问题》,第 39 页)。医生的工作就是治好这疾病。海德格尔沿用这医学比喻,指出医生的主要职责是把"杆菌分离出来"(海德格尔,《存在问题》,第 39 页),这样做是在治疗之前把握住虚无主义的本质。这医学的比喻,特别是把杆菌分离出来的比喻是发人深省的。因为它说明,把问题提了出来是重要而又紧急的工作。而且这还说明,治疗只有在一种能足够应付挑战的方法论发展出来以后才能进行。

对海德格尔来说,他要明了的问题就是本体论范围内的区别(海德格尔,《尼采》第 2 卷,第 209 页)——即存在物(die Seienden 或是"存在"当作动名词)与存在(das Sein 或是存在意义)之间的区别。如果我们继续沿用比喻,那"治疗"即是找出存在形式与形式的差别,也即提示存在意义(真实性)与掩盖存在意义(不真实性)①的差别。这样一来,提出问题和解决问题的方法论就互相有联系了。谁要是坚持从"存在物的种类"这一角

①　真实与不真实性的进一步讨论,参看我的《关于海德格尔的"存在与时间"》(哈珀与罗出版社,1977 年)。

度出发来对待存在意义这一问题,就不可避免地会引起混乱;对存在物的考虑(形而上学)就会阻碍对存在意义的正当考虑(基本本体论)。① 模态逻辑学家们几个世纪以来一直坚持说"是"的语态不能引申出"应该"的语态来。同样,海德格尔坚持说,从存在种类的分析不能引申出存在的意义。因此,研究实在物的形而上学是使人们离开存在意义的研究而斜滑到存在物研究的最深刻的思想根源。正因为如此,形而上学使人忘记对存在意义的研究,虽然这是无意的。对海德格尔来说,忘记对存在意义的研究是虚无主义的核心。"虚无主义的本质……是以忘记存在为基础的"(原文为德文 Das Wesen des Nihilismus … beruht in der Seinsvergessenheit)。(海德格尔,《存在问题》,第 102 页)因此,形而上学是虚无主义的。

海德格尔对尼采的解释具有不寻常的矛盾性。一方面他认为尼采成功地使存在意义问题与其他科目分离出来了,甚至成功地建立起一种用来思考什么是存在意义的方法论。另一方面,他认为尼采脑子里的本能倾向使他滑回到用形而上学来思考,其结果是虚无主义。阅读关于尼采的海德格尔作品的读者必须经常地把这一矛盾放在心里。读者可以用以下三个问题作引导:

一、海德格尔如何成功地使存在意义的研究与其他科目分离出来?

二、尼采发展的用以研究存在意义的方法论成功程度如何?

三、最后,虽然如此,尼采还是陷进形而上学里去了,陷进的程度如何?

---

① 基本本体论是海德格尔早期用的一词,指对存在意义的探讨。参看《尼采》第 1 卷,第 209 页。

应该提出的是,正是因为尼采在第一点和第二点上有部分的成功,海德格尔才如此地对他的思想有热情。海德格尔对尼采持深刻批评态度的原因是尼采没能够避免形而上学。因为这一点,海德格尔认为尼采是危险的。任何读者都会向尼采提出的一个问题是,他在说什么?他的作品是关于伦理学的吗?社会改良,人的本质,还是价值理论?尼采是社会批评家吗?还是道德说教家?他的许多著名作品似乎把他当然归入这些传统的类型里去。他"创造新价值"的呼吁总是被理解为属于价值理论的范畴。扎拉图斯特拉的狂热呼吁听起来就像社会进步言论,或者有时被看作自由言论。但是仔细阅读他的作品就会发现,尼采对新价值的呼吁不是道德上的批判,而是对存在问题提出的要求。他对传统道德观的攻击并不是他认为这些道德观不合适,而是因为他认为,不顾一切地坚持这些道德观就会丧失对意义的理解。这一点可以非常简单地加以说明。道德观告诉我们什么是应该做的,但单独从道德观出发,我们永远不懂得存在的意义。当然,有一种很强的自然倾向使人们把意义问题理解为道德问题。而尼采的天才就在于他专心致志地把这两者分开来。他的技巧向我们显示:我们是这样一种人,虽然我们在道德上是可取的,但还缺少一点什么东西。他的这一技巧在《扎拉图斯特拉如是说》①里表现得尤为特出。这就是为什么他的许多格言是如此的使人目瞪口呆。面对着一张简单的道德图画,我们为什么会感到受骗了?会有一种消极感?答案是:即使我们的道德判断是积极的,我们对存在的判断还是会引起我们的消极感(当然,如果能像在道德上否定那样在存在上肯定,那么判断就清晰了)。只要读者意识到这一点,他必然可以认识到这个

---

① 尼采,《扎拉图斯特拉如是说》,考夫曼《简明尼采》的译文(瓦伊金出版社,1954年)。本文里的所有标计页数都是关于这本书的。

差别。在形式上,事实和价值的差别与价值和意义的差别有相似之处。在这两种情况下,忽视这差别就会走向虚无主义。考虑下面的两种判断:"这天真无邪的孩子在受苦"(这判断可能在事实上是真的);"这天真无邪的孩子不应该受苦"(道德上这判断是真的)。① 如果有人不能区分这两种不同的判断,那他就会感到痛苦。所以不能够认识到道德判断与事实判断是有区别的人就会引起自己精神上的痛苦;而这种痛苦不消除就会过渡到虚无主义,虽然这一点很少被人认识到。也就是说,如果不能够把"她受苦的意义是什么?"与"她该受苦吗?"区分开来,那就会滑向被称为虚无主义的反理性泥坑中去。从扎拉图斯特拉里的一个例子可以看出尼采是如何把二者区分开来的。在此书的序言里,扎拉图斯特拉点明了他的特殊工作:"我要把存在的意义教导给人们。"(第 132 页)而且他还令人吃惊地宣称:

　　　　什么是你能有的最了不起的经历? 最了不起的经历是在你蔑视的时候。这个时候,你的幸福也会引起你的厌恶。
　　　　这时候你会说"什么与我的幸福有关"? 贫穷、肮脏和可怜的自足与我的幸福有关。(第 125 页)

　　既然人们不会把这种时刻看作最好的时刻,不会把蔑视自己的幸福或美德当作最了不起的经历,那么这段话看起来就令人费解。尼采在这里肯定不是要我们在道德上放弃幸福、美德和理性而选择不幸、丑行和无理性。难道这还值得怀疑吗? 否则我们可以毫不费力地宣布尼采完全错了而不理睬他。事实上,紧接着的一句话表明了尼采那段话的真正含义:"但我的幸

① 伊万是陀思妥耶夫斯基小说《卡拉马佐夫兄弟》里的大哥。在"反叛"一章里,陀思妥耶夫斯基描述了导致虚无主义的精神痛苦。

福应该成为存在本身的正当理由。"可是,幸福做不到这一点。那么为什么这种蔑视和厌恶的感觉要被说成是最了不起的经历呢?(注意这些并不是道德上的责怪而是存在意义上的拒绝)理由是:一旦我们认识到,这些五花八门的道德规律,不管是功利主义(有关幸福)还是道义学(有关理性)或是"好的一生"(有关美德)都不能解释存在意义时,我们就不得不为我们的探讨开辟新的范围。对道德范围的限制为进入存在意义的探讨开了大门。蔑视幸福是人生最了不起的时刻,因为通过这种蔑视,人们发现了独立的有关存在问题。人们发现价值不仅仅取决于人如何行动,还取决于人的存在。

这种由"行为"到"存在"的转变当然是由形而上学到本体论、从存在物的考虑到从存在意义的考虑之转向的重要的第一步。由此可见,海德格尔对这方面的分析的兴趣是卓越的。虽则他认为尼采最终倒退到形而上学和形而上学固有的虚无主义,他仍然感觉到尼采的作品是有独创性的;是本体论的真知灼见。这些见解不但可以用来明了存在的概念,而且还可以用来发展一种什么是存在意义的方法论。在《尼采的扎拉图斯特拉是谁?》(发表在一本《报告和论文》的书里)①和《什么是思考》(本书的第一部分)这两篇作品里,②海德格尔显得特别喜欢尼采的作品。海德格尔似乎特别集中研究尼采始终坚持的观点,即:若要认识到一个人的存在,那他就必须去克服报仇的心理。

---

① 《报告与论文》、《什么叫思考》的德文版发表日期是相同的。对尼采之扎拉图斯特拉的分析通常是几乎逐字逐句的相同。

② 在他死后不久发表的接见德国新闻杂志《明镜》记者的一次谈话中,海德格尔宣称《什么叫思考》是他最重要的作品之一,但也是读者最少的作品之一。自从那次接见后,英译本出版了。这评论大概不再是真实的了。毫无疑问,海德格尔(也许《存在与时间》除外)认为,他这本从思考问题直接探讨虚无主义的书应该是"读者最多的书"之一。

人们摆脱了报仇心理,那对我来说就是最大的希望,就是风暴后的彩虹。(第 211 页)

海德格尔为什么认为克服报仇思想是如此重要呢? 这里有两条明显而重要的分析。第一是从存在意义上讲,报仇以及它的反面宽恕,都是超道德的(在道德范围之外的)观念。这分析就为我们提供了使存在与道德分离或分解的途径。这种分离对存在意义的探讨来说是特别重要的。第二条分析从本体论上讲,报仇只是个时间问题,或者更精确地说,报仇只是"时间中的存在"问题。由于始终忘不了报仇,这个人就成了过去(过去发生的事情)的奴隶。如果谁能克服报仇心理,那他也就克服了奴役自己的过去;那么他就可以像过去本身那样的自由。我要对这两条分析简单地评论一下。

第一,存在与道德的分离。严格地讲,宽恕是与道德法律背道而驰的,至少与正义是背道而驰的。只要认识这一点,那道德与存在的区分就清楚了。如果有人因做错了事而受到惩罚,那对他不惩罚就是违反了正义。宽恕不能与借口,甚至不能与道德教育混淆起来。宽恕只有在两种条件下才有可能:一是被宽恕的人应该受到处罚;二是只有在他受到处罚后正义才得以伸张。在这种条件下,人们有什么根据要宽恕? 肯定的是,从定义上讲,宽恕是没有道德根据的。通常,宽恕都是凭对象而实施的。比如在相爱的情况下就是如此。我的兄弟做了错事,虽然他应该被惩罚,我还是能宽恕他,因为他是我的兄弟。也就是说,兄弟之间的爱使完全必要的道德法律变得无所谓了。进一步说,我宽恕我兄弟的出发点不是考虑他的行为,因为他的行为正是需要惩罚的;而是考虑他是谁:我的兄弟。由此可见选择的标准不是他的行为,而是他的存在。根据这种分析,我们可以说,宽恕只有在人们对价值的判断是基于存在而不是基于行为才有可能。

　　如果宽恕不能在道德基础上实施而只能根据存在价值的判断实施的话,那么报仇也应该是这样。报仇与惩罚性的正义是不能等同起来的,报仇也不能与道德法律所允许的惩罚等同起来。报仇是宽恕的反面,所以报仇与宽恕在本体论上是处于同样地位的。但是报仇从相反的方面超越了道德的范畴:它从道德所允许的惩罚观念上升到存在意义的水平上——仇恨。正像爱是视对象而定一样,恨也是视对象而定。但是在报仇这个问题上,惩罚超越了它适当的范围,报仇不仅仅是对错误行为的责难,报仇否定了存在的价值。所以,克服报仇不仅仅是为了使存在判断分离出来,而且肯定地去克服报仇是超人的特征。

　　我们再来谈克服报仇在本体论上的意义。海德格尔特别注意到尼采关于报仇是对时间、对时间之过去的厌恶的分析。

　　　　这个,是的,也只有这个才是报仇本身对时间,对过去
　　时间的意志厌恶。(第252页)

　　问题的要点是,要是谁愿做报仇的奴隶的话,那他就被锁在过去的观念里。他是为过去而存在的(回忆和忘却),那么在这时间的模态里,他就一点自由也没有。海德格尔是这样讲的:

　　　　这厌恶(对时间的厌恶)不是对单一的过去而是对消逝
　　的厌恶。这消逝能使已经过去的事仅仅成为过去,能使这
　　过去的僵尸冻结起来。对报仇的厌恶就是对那使一切都消
　　逝在过去时间的厌恶,由此而使消逝成为过去。(*海德格
　　尔,《什么叫思考》,第103页*)

对海德格尔来说,对本体论的最深刻的认识是,人最根本的

存在就是处于时间之中。过去是人的桎梏，尼采以对待这一桎梏的根本态度如何为出发点来分析报仇。他这样做就能使报仇不成为仅仅是心理和道德的描述，就能使报仇概念归入本体论的范畴。将来、过去和现在是三个存在时间，人们必须把三个时间模态看作是要么不受其束缚，要么受其桎梏或是要么利用它来披露自己，要么用来隐蔽自己的存在。只有做到了这一点的时候真正的基本本体论才能成立。① 尼采把报仇看成是束缚、桎梏人的过去的厌恶。正是因为尼采是这样看待报仇的，海德格尔才把尼采看作是研究本体论的。尼采对报仇的这一见解被海德格尔看成是尼采研究本体论的最好典范。所以，不论是从存在还是从本体论的意义上来看待报仇，尼采都把他的探讨从传统的科目里分离出来了。由此他也就使存在问题明朗化了。沿用医学上的比喻，他把杆菌分离出来了。现在是，痘苗在哪儿？用来应付杆菌的必要方法论是什么？

尼采和方法论

在本文的开始时，我把尼采和海德格尔如何正视虚无主义与笛卡尔如何正视怀疑主义以及康德如何正视相对主义作了比较。我指出笛卡尔和康德都有一可行的方法论用以应付对他们的挑战。为了解决怀疑论，仅仅以某一知识为例子指出它是不够的，更重要的是应该指出怎样使区分正确与谬误成为可能。为了解决道德与形而上学方面的相对主义，仅仅指出有些形而上学的判断是有意义的（道德的）而有些判断是无意义的（形而上学的猜测）是不够的。更重要的是指出如何才能区分幻觉与实际。换句话说，任何时候出现任何形式的反理性，就必须有反

① 这是整个《存在与时间》第二部分的全部观点。同时参考我的《评论》。

击的运动,光有抵抗是不够的。海德格尔把存在之形式与存在
形式区分开来。前者隐蔽我存在的意义而后者揭示我存在的意
义。这是真实和不真实的区分。他的这种区分就是一解决问题
的方法论。利用可演算的选择判断,海德格尔使整个存在概念
明白易懂,且能对其作出判断。由此,存在的意义本身就成了存
在的基础。正因为这样,海德格尔才被现代哲学家如此重视。①
海德格尔之所以赞美尼采正是因之于这可演算的方法论。这方
法论超越存在下去的一切特殊时间和特殊情况。《扎拉图斯特
拉如是说》包含了尼采的方法论。这方法论包括最不合适的人
与超人的区别。② 由于这一区别,尼采把存在这一概念从道德
价值甚至从科学中分离出来,使这概念的内容丰富了。超人是
发现了什么是存在意义的象征和化身。最不合适的人是一种把
存在意义完全隐蔽起来的人。这就使得海德格尔对尼采的区分
作了以下的评论:

> 超人是这样一种人,他首先把存在的人之本质引归为
> 真理,然后掌握这真理。(海德格尔,《什么叫思考》,
> 第59页)

所以对海德格尔来说,尼采超人与最不合适的人之区别同
海德格尔自己真实与不真实之区别一样,是发现存在意义真谛
的方法论。考夫曼在翻译他们两人的作品时提醒我们说,尼采
的区别与海德格尔的区别是相似的(考夫曼,《简明尼采》,第
116 页)。其实,像通常那样,这一点他不讲也是明显的。

---

① 当然,海德格尔的许多著作目录在不断地被修改,但目前的目录已超过两千
条了。
② ubermensch 可以有许多译法,但考夫曼的"超过之人"似乎没有传统的"超人"
那么容易懂。

　　仔细阅读下面许多格言就会发现,最不合适的人象征不真
实。幸福是他自编的,他对真实视而不见。这样的人会因为害
怕妨碍他的消化而不参加战争的。最不合适的人会问:"什么是
爱? 什么是创造? 什么是渴望? 什么是星星? 问了这些以后他
就不管了,视若无睹。"(第 129 页)正像海德格尔在他对此段作
分析时所指出的那样,这里尼采所讲的明显不是道德上的谴责,
而是存在上的丢弃。最不合适的人视若不见更是一种不夸张的
短暂的盲目。但这是对什么的盲目? 尼采和海德格尔都对这作
了毫不含糊的回答:对存在的盲目。最不合适的人对自己的存
在意义是盲目的。事实上,他的安宁与幸福正是他不真实的
基础。

　　如果最不合适的人代表着对意义的盲目,那么超人一定会
意识到存在的意义。通过无数的格言和警句,我们可以看出,尼
采巧妙描述出的超人的轮廓只是粗略地提示了什么是一个人的
存在意义。但尼采还是不时谈到了一些特殊和特别的品质。在
书的"自我克服"一章里,超人的定义是:通过认识到他不仅是要
服从法律,而且还创造法律,超人就会克服自己。

　　　　这是如何发生的? 我问自己。是什么使活着的人既服
　　从又指挥、在指挥的情况下还服从? ……是生活本身告诉
　　我这一秘密的。"注意,"生活说,"就是我自己而不是别人
　　应该经常克服自己"。(第 226 页)

　　尼采的超人的这些特征与海德格尔对真实性的分析有许多
方面是相似的。海德格尔的真实的人是个有感内疚、沉默寡言、
刚毅的人。他在害怕中领悟自己的存在意义。这里重要的一点
不在于对超人或真实性的描述,而在于这些观念起着判断存在
价值的最后照应或是标准的作用。也就是说,为了懂得什么是

存在意义,人们可以利用超人的观念作为一种标准来判断存在是否被揭示了还是被隐蔽了。由此可见,同海德格尔的真实性一样,尼采的超人成了一种思考方式,而不是为了达到一种简单抽象的目的,更不是一小群"有特殊天赋的高贵之人"。与此相反,超人成了一种分离什么是存在意义的方式。①

　　不过,尼采和海德格尔都强调了超人的特别特征。那就是:超人是无穷循环的导师(海德格尔,《什么叫思考》,第 106 页)。这一奇怪而又特别令人迷惑的学说不时被人作出各种各样的解释。这学说既使批评家们神魂颠倒又使他们讨厌。借助于以上的分析,这学说一点也不显得可笑。相反,它非常有利于对虚无主义的最终本质加以理解。下面说到的也许会使这一难以理解的观念变得容易一点。比如戏剧里的合唱部分在一开始就把以后将要发生的事情全部总结出来告诉观众了。观众对此有什么看法?莎士比亚的《罗密欧与朱丽叶》就是这样。假如有人问:为什么剧作者要把剧中以后发生的事预先告诉给观众呢?这不会破坏整个剧情,使戏剧失去吸引力吗?真的,听完《罗密欧与朱丽叶》的序词以后发现他们因为家族世仇的原因都最后死去了,观众为什么不溜走呢?我们被告之说,剧作家的这一手法会使我们从戏剧情节本身的兴趣转移到美或是意义的欣赏。如果我们在劳伦斯是否会把情况准时告诉孟多这样的情节上焦虑不安,我们就会错过高雅的诗意,错过一对恋人的艺术般的痛苦,错过恋人被厄运追随的含义和意味的理解。这是我们欣赏艺术的奇怪的真理:我们越是少依赖情节的发展,我们理解的就越多。另一方面,我们越是让美的意义揭示出来,我们懂得也就

---

① 作为一种对超人的分析的学说,它揭示了存在意义问题。这分析在《什么叫思考》和《尼采的扎拉图斯特拉是谁?》里可以找到。但在《尼采》这本书里,重点转移了。在这本书里超人被解释为对人类持有虚无主义观点。参看"超人"一章第 291 页。

越多。

　　但是,有人可能会反驳:那是艺术,但生活又怎样呢? 在生活里,我们不可能了解将来是如何,所以我们就不可能像戏剧那超越情节的发展而集中到对意义的欣赏。在艺术上,我们可以把前途预先决定下来,但生活不是艺术。对这些责难,尼采给了一个令人目瞪口呆的回答:如果我们可以决定将来呢? 将来只不过是茫茫无际的现在和过去的重复而已。如果我们能决定时间是循环的,那么发生任何事情都没有关系。如果一切都是一再重复,原封不变,无穷循环,那么将来发生的事情就没有什么意义。我们所有的成就都是枉然,我们所有经历的斗争还会反复循环。难道这不是虚无主义的灵魂和本质吗? 这不正是我们要回避的无意义吗? 既然什么都没有意义,那还有什么无穷循环呢? 回答是:就像《罗密欧与朱丽叶》一样,一旦事情的简单发生没有意义,对意义本身的欣赏就会更高一格。同艺术一样,发生的事情是不重要的,发生的事情的意义才是重要的。正像戏剧里的序词把我们的兴趣从情节转移到悲剧本身的美和意义一样,无穷循环的意志会集中于对存在意义的本身而不是对简单事件的欣赏和肯定。

　　以无穷循环的意志为工具,把意义的观念从形而上学里的事件发生分离出来是不寻常地有效。而超人就是那种能使相同的事情无穷循环的人。作为一种方法论,这是什么意思? 若要既分析又理解人类存在的某一阶段、某一方式或某一实例的话,要做到的就是让存在的意义设法从其他所有的诸如形而上学、伦理和社会的考虑中摆脱出来。如果超人代表着能使意义被了解的存在的话,那么尼采似乎就是说,我们应该把所牵涉的存在方式当作反复出现来探讨。利用这一技巧,事情的简单发生就不会再成为分散注意力的东西,剩下的就纯粹是存在的意义。熟读莎士比亚的人越是关心朱丽叶失去罗密欧的意义就越能欣赏戏剧。如果只关心朱丽叶恐怕要失去罗密欧的情节就不会达到欣赏艺术的效果。同样,存在本身才是有意义的,而事件或是事情的发生只是意义实现的形态或机会而已。正像海德格尔所说:

> 存在的意义,作为相同事物的无穷循环的意志只是永恒地控制自己而不控制任何别的人。由于进入了存在意义的领域,超人就超越了作为人的他自己。超人朝着相同事物的无穷循环发展,因为那就是他的本质所在。(海德格尔,《什么叫思考》,第 106 页)

根据海德格尔,相同事物的无穷循环是超人的主要特点。认识到这一点是重要的。正因为这一点把普通人对事件的感兴趣与超人对"意义"的感兴趣区别开来。由此可见,超人与最不合适的人的区分和海德格尔自己的真实与不真实的区分起着同样的作用。这些存在上的区分(即我们存在方式的区分)被用来探讨存在意义上的本体论真理。把存在意义与存在物分离开来就是尼采奇怪的无穷循环学说。在《权力意志》一书里,尼采解释说:

> 一切都重现这一点是从存在世界到存在意义世界的最近似的解释——这一点是思考的最高水准。(海德格尔,《什么叫思考》,第 108 页)

从表面上看,在《存在与时间》及《扎拉图斯特拉如是说》这两篇批判性的著作里,我们是肯定可以找到这种解释的理由的。但是在海德格尔分为两卷的名为《尼采》那本书里,以及在难懂的《目前存在的问题》(此书名原为德文)里,海德格尔坚持说,尽

管尼采对虚无主义作了辉煌的斗争,他最终还是失败了。因为
他接受了虚无主义的根本观点:形而上学。

尼采——形而上学家

　　尼采被看作是形而上学家的主要根据是,他的整个理论体
系都是建立在权力意志这一学说上的。① 尼采自己争辩说,权
力意志是他思想的主旨。在他的著作中,他的确是自始至终力
图表明他探讨的各方面,比如对所有价值概念的超价值、超人、
无穷循环、上帝的死亡等等都是以权力意志为主要基础的。根
据海德格尔的观点,传统西方哲学的遗产使尼采不可避免地限
制在正是他去努力克服的过去之中。尽管尼采思想中有本体论
的真知灼见,尽管他在超人和无穷循环等的论述中把存在的意
义问题与其他学科区分开来而加以独立探讨,他的基本解释还
是形而上学的。根据海德格尔的看法,既然西方思想家的根本
错误是没有能够克服形而上学;既然这种错误不可避免地导致
虚无主义,那么我们就应该克服尼采本人。

　　海德格尔似乎是悲伤地指出,虽然尼采陷入了形而上学的
泥坑,他的"克服"形而上学还是对我们有巨大的吸引力。"存在
物的基本特征就是'权力意志',存在是相同的永远往复"(海德
格尔,《尼采》第 1 卷,第 33 页)(本句原为德文)。这样一来,一
方面,利用无穷循环的理论他可以谈论存在的意义;另一方面在
权力意志的学说里,他又谈论起存在物本身了。既然尼采把无
穷循环基于权力意志,那整个结构都是形而上学的。由此,尼采

① 　权力意志最早出现在《扎拉图斯特拉如是说》一书里,也是尼采最后一部作品的
　　书目。此书尼采自己从未发表,但他的妹妹发表了。海德格尔在《尼采》这本书
　　里证明,权力意志毫无疑问是尼采哲学的中心学说。

像所有其他在他以前的哲学家一样是形而上学者。"尼采的思想是与自柏拉图形而上学以来西方思想一致的"（海德格尔，《尼采》第2卷，第257页）（此句原文为德文）。

海德格尔的两卷巨著《尼采》之所以冗长正是因为在这本书里海德格尔仔细分析了尼采的所有学说，并且证明尼采的这些学说都是建立在权力意志这一基础上的，也即证明这些学说是如何以形而上学为出发点的。在《目前存在的问题》这一难懂的作品里，海德格尔证明，离开存在物而讨论存在意义这一概念是如何的困难。海德格尔还指出，尼采企图这样做失败了。这是可预料到的。也就是在这篇作品里，海德格尔发展了有教益的"分离杆菌"的比喻。

海德格尔认为，哲学的基本问题应该是存在意义问题。但是西方思想的指导问题却是存在物问题。由于这一问题填塞了西方哲学的历史，把存在意义分离出来然后建立用来探讨存在意义的方法论就更加困难了。

> 问题在于什么是存在物。我们把西方哲学流传下来的主要问题称为指导问题。但是，这一主要问题只能是个倒数第二的问题。最后的一个问题即倒数第一个问题是：存在本身是什么？ 这个……是哲学的基本问题。（海德格尔，《尼采》第1卷，第80页）

所以真正的思想家的工作就是摆脱这指导问题，摆脱什么是存在物这一问题。应该去研究的是什么是存在意义这一根本问题。但是摆脱思想历史的影响是困难的。

我们现在该给"虚无主义"下定义了。在《尼采》这本书里，海德格尔探索了"虚无主义"这一词语的来源。从雅各比1799年第一次引用到现在，这词已有相当不同的含义了（海德格尔，

《尼采》第 1 卷,第 31 页)。虚无主义的所谓经典含义是与实证论同义的。即:除了直接被感知、所观察的事物外,对一切都否定。如果谁要是问:感知观察正确的根据是什么? 回答是:"什么也没有。"所以就是虚无。传统上,物质的形而上学观点也就是以存在物种类为出发点来解释存在世界的观点。是从最高物质或者说上帝那儿寻找意义来源的。一旦这种存在不再作为解释存在意义的根据(上帝死亡了),以物质形而上学作为思考存在来源就第一次被突破了。"上帝死亡"于是代表了虚无主义的经典含义。只是在这种意义上,尼采才既是自认又是公认的虚无主义者。但是,尼采第一次在有关美学的论述《悲剧的诞生》一书里,然后在超人的概念里企图为有关存在的判断建立基础。正是这种企图反映出虚无主义的新含义。这含义比经典虚无主义那新的、无束缚和充满活力的无神论更有害处,更赤裸裸。尼采马上意识到从"存在物"引申不出"意义"。然后他发现从价值也引伸不出"意义"。有可能的倒是在没有为存在判断找到根据的情况下,思想的探讨或者变成最不合适的人的无形无状的"虚空",或者更坏变成叔本华的否定悲观主义。由此可见,新出现的虚无主义含义是对存在意义无法作出解释的结果。而虚无主义的真正含义是尼采强烈反对的。但是,如果海德格尔没有错的话,尼采还是屈服于这一虚无主义。当尼采发现解决存在意义的方法既不在最高存在那儿(上帝已死亡)也不在最高价值那儿(最高价值无价值)(海德格尔,《尼采》第 2 卷,"剥夺最高价值",参看第 44 页)(原文为德文),而他又同时认识到,有关存在判断确实有意义时,他就企图把存在意义分离出来,然后加以探讨,以此来为存在意义寻找根据。他的企图是明显地成功的。比如无穷循环的意志,或是承认超人的存在优越就是例子。尼采的最大也是最致命的错误就在用形而上学的原则——权力意志代替了形而上学的存在——上帝。既然权力意志是形而上学的观念,那么本体论的不同之处就消失了。其结果是虚无主义原封未动。

对尼采来说,由于他前辈思想家的巨大影响,把意志作为最终的现实是不可避免的。康德自己把意志分离出来了,把它与单纯现象(科学)分开,使其置于实在领域之中。谢林进一步把意志当作最终的实在,当作所有存在和形而上学判断的基础。叔本华也把意志当作最终实在,虽然他认为这种实在是盲目的、是邪恶和没有思想的实在。尼采为了避免叔本华的悲观世界论,提出了权力意志,把它当作有创造性,有情感,而且是肯定的东西。由此使悲观论有一种肯定而不是原来否定的特点。

海德格尔认为,所有这些形而上学的努力都是没有意义的。尽管他们都企图克服虚无主义,他们努力的结果是更严重地陷入虚无主义。"形而上学"回到了原来的虚无主义(海德格尔,《尼采》第2卷,第343页)(原文为德文)。海德格尔认为尼采是西方形而上学哲学最主要、最后的一位思想家。他认为尼采对这种可怕的、无思想的"疾病"作了勇敢的斗争,试图分离出杆菌,但失败了。只有坚守住本体论上的区别,存在意义才能得到阐述。今天对虚无主义的斗争有了新的方法。第一,独立的存在判断是成立的;第二,把本体论的探讨与形而上学分离出来就能克服形而上学(也就意味着克服虚无主义)。对以上这两点的自我意识就是新方法。要使存在的判断能够成立,重要的一点就是表明,我们以前的伟大思想家比如柏拉图、黑格尔和尼采等,虽然他们都被形而上学所束缚,他们的有关存在的判断是有道理的。正像尼采一再表明的那样,推敲什么是存在意义是完全可能的。海德格尔对尼采的重大意见分歧(Auseinandersetzung),这样看来就是克服形而上学的步骤之一。

现代的神话意义

——布卢门伯格反尼采

皮普平 著

黄炎平 译

> 对于启蒙运动的鼓吹者来说,令其无比惊讶、使之极尽平生之能事也无法理解并因而更加难以置信的事情,莫过于为人所不齿的古老故事竟幸存至今,莫过于神话创作竟绵延不绝。
>
> ——布卢门伯格,1985:274

一

布克哈特曾提到,在《阿波罗多鲁斯》中,有一个"无与伦比的、非凡卓异的故事"。这个故事有助于描绘宙斯的特权及其限度,也许可以说,这一点正是一般"神话思维"的典型特征。它把宙斯描绘得"如此强大,以至足以左右命运。因为,宙斯帮助其命运已变得十分扑朔迷离的两个动物,摆脱其两难困境"(第143页)。忒拜狐狸命中注定不会被捕捉,而雅典猎狗命中注定要捕捉到它所追逐的任何东西。倘若这样一个世界真的有可能,倘若这两只动物真的遭遇,那么,我们就得考虑这是对任何世俗"意义"的巨大威胁,(我们不妨这样说)关于这个世界的任何逻各斯或可信的判断都是不可想象的。人们至少可以料想到,与排除这种可能性、或者以某种方式遭遇这种可能性相关联的重要性。人们还可以料想一下,在此类问题上,在犹太教法典或经院哲学传统中也许已经衰竭的这种实践智慧;这种实践智慧被挥霍在诸如全知和全能这类问题上。宙斯"解决"此类问题十分独到,他把狐狸和猎狗都变成了石头。

在神话的文本背景中,我们本可以用这种方式来描述上述故事,使这一故事原本蕴含的独特而与众不同的意义得以形成,并在某种意义上使故事令人满意,或者说使困境得到解决。这一切,究竟意味着什么呢?考察上述故事的主角所面临的这类困境及其解决办法,其一般要点究竟是什么?在阅读关于埃哈伯船长①及其公然蔑视上帝而追猎白鲸的故事有何功用?阅读艾略特的有关收复费希尔国王领地的故事有何功用?阅读乔伊斯的故事作品有何功用?阅读荷马的故事作品又有何功用?雪莱给《弗兰肯斯坦》一书附上副标题"现代普罗米修斯",这给它增添了什么?如此等等。引入一神教(或者说,从"神话"向"教义"的转向)原本就意味着从这种神话式的、近乎对"解释"的不屑一顾的拒斥,转向可靠的年代学,转向围绕某个单一事件和某个预示世界末日恐怖景象的天启论的、线性的、不可重复性的历史;转向这样一种符咒,其中,天神的代理人解答一切问题,无论是什么问题、无论是多么悖于常理的问题,他都决不畏惧或蔑视这种讯问,

---

① 埃哈伯船长和白鲸:均系美国后期浪漫主义小说家梅尔维尔的作品《白鲸》中的角色。《白鲸》描写船长埃哈伯为了追捕一条代表邪恶的、巨大无比的白鲸狄克,最后与之同归于尽的故事。

相反,倒是一律给予其无可挑剔的解答。这个转向过程,情形看来就是如此。但究竟为什么会出现这种情形呢?

按照布卢门伯格的说法:"人们讲述故事,是为了消除某个东西,其最无害却倒也重要的情形是为了消磨时光;另一种更重要的情形则是为了消除恐惧"(第 34 页)。认为故事能够"消磨时光"、"消除恐惧",认为故事能够而且必须持续而长久地这样做,而不是作为某些近代以前的、受到恐吓而无能为力的受造物的残踪遗迹,这一论断,陡然引入了布卢门伯格关于神话意义的大胆而彻底的理论学说中独特而引起广泛争议的论点。

在讲述关于宇宙的起源、宇宙中的诸种势力、报应、正义、死亡与来世生命、芸芸众生与男女百相、和谐协调与混乱无序的故事的过程中,人类不同的社群与传统,确定、复述、参照,以及在布卢门伯格看来更为重要的改变与调整反复得到利用的故事库的可能叙事与人物形象。布卢门伯格把含意或意义(或至少是某种形式的意蕴,即 Bedeutsamkeit)理解成某种类型的熟悉与亲近,或某种可靠的预期,而且意义紧紧围绕权力以及权力的限度问题。世界决不可湮没消失;苦难终有尽头;根本不存在令人恐惧的唯一而绝对的神圣力量。神话叙事的这些方面,即对可重复性的忠诚期盼、形式的融贯性及其限度,同对真实的原因、自然的起源、神圣的意图与计划的任何诉求形成鲜明对照。神话并不解释什么;神话并不使隐晦者变得明朗,使难以理喻者变得可以理解;它并不告诉我们实际上发生了何事,某某人事实上对某某人干了什么。神话并不使人"确信无疑"。恰恰相反,神话指明路向,给人慰藉。走向文明的生活也许是对上帝的公然违抗,充满无限的风险。它也许必定要遭受巨大的苦痛。然而,这类苦痛的根源并非总是那么强大可怕;普罗米修斯将得到拯救,宙斯的统治也将被推翻。

因此,这些故事据说具有某种功能,在人类生活中,此项功能是必需的、无法消除的。① 布卢门伯格根据一种极其普遍的类特征来描绘这种功能：人类的进化过程产生出一个新物种，该物种具有适应无法预知的、生物学上安全可靠的小生境的能力。超级适应性的成就导致了对变幻无常的海神式的种种威力的顺应不良，同时也造就了数目繁多的诸种可能的生存策略系列。过于具有可塑性、易适应性以及受到想象力过于丰富的困扰，我们人类变成了具有预知使人迷失方向的诸般可能性之才能的、因而从根本上属于未来型的受造物。由于"陡然缺失适应性"，我们表现为这样一种受造物，它老是受到巨大焦虑的困扰，即对布卢门伯格所说的可能的"现实的绝对（专制）主义"表示担忧，这是对缺乏控制、缺乏预见性或找不到宇宙位置的自觉意识。为了解释这种恐惧究竟何所指，布卢门伯格把它同弗洛伊德对"自我面临势不可挡的危险而完全无能为力"所作的描述联系起来。在弗洛伊德看来，这种完全无能为力正是心灵创伤情景的关键所在，是幼童早年为了"补偿"这种无能为力而产生对爱的需求内在根源（第 4—5 页）。

根据布卢门伯格的阐述，很显然，神话起着此类"补偿作用"之功能，以消除焦虑，或者将焦虑转化成一种可以驾驭的恐惧。命名就是赋予力量，命名这一赋予行动本身就已经引入大量的令人慰藉的熟悉与亲近成分。更为重要的是，无论在何地，多神论都是神话思维的一个特征。任何神祇或势力都不是绝对的，因而也并非绝对令人恐惧；任何一方总受其他方的制约，没有任何一方能完全获胜。"怪异之物和难以忍受之物的蕴藏"，在神话陈述者面前"不断消减"，神话起着导致"使人远离不可思议的神秘性质"的功能（第 117 页）。

---

① 任何事情都比不上观看历史上"最终战胜"荒谬之事和玄奥难解之事的反复上演更富有教益，人们至少可以从中懂得，要战胜它们并非易事（第 17—18 页）。

因此,布卢门伯格的理论学说中引起广泛争议的论点即:其一,"神话思维"(特别是作为宗教思维或"教义性思维"的对立面,同时也是作为理论、科学或"启蒙"的对立面)应当这样来得到理解,即它所意指的正是它在功能上意指的内容,并且可以说神话具有某种合理而持久的功能;其二,神话思维的此项功能,按照某种致命的、同逻各斯正好相反的方式,比如按照把人类进步描绘成从神话向逻各斯演进这种耳熟能详的说明,是根本不能得到理解的(我们将要看到,对于布卢门伯格来说,无论是就原初的古希腊启蒙而言,还是就现代16、17世纪的革命而言,事实均表明人类进步并非从神话向逻各斯演进)。"认为事物的进程是'从神话转向逻各斯',这是危险的误解"(第27页)。"并不允许人们从神话本身中辨识出逻各斯的某种完成形成。"从神话到逻各斯并不存在巨大的"跨越",并非经过这一跨越之后,只有在逻各斯之中才能存在连续不断的进步。无论神话叙事还是理论说明,二者都代表着可供选择的"跨越"类型。认为地球是漂于海洋之上,或者地球是从海洋之中突起这种叙事,同认为万物从水中产生,并因而由水所构成这种极为古老的宇宙图式一样,二者都服务于"同样的旨趣",只是以不同的方式为该旨趣服务。

因此,《神话创作》一书填补了,在某种程度上可以说,改变和重塑了布卢门伯格对《思想史》(Ideengeschichte)的巨大贡献,即他对欧洲历史上独特的现代时期所做的分析、评价以及引起轩然大波的"有力捍卫"(布卢门伯格,1983)。虽然布卢门伯格在对"新时代"(Die Neuzeit)或现代的本质属性和"正当性"的阐述中,一直坚持在现代-前现代的划分中,现代性所具有的地地道道的"自我肯定、自我伸张"方面,或者说真正的革命性和优越性方面(尽管他同时也否定官方对现代性的这种断裂所作的理解。依照官方的理解,似乎这种断裂完全是本土自生的,或者说是完全以自身为依据的)。他在《观念史》中所强调的非同一般,他反复强调由晚期经院哲学所造成的概念僵化,认为它不可避免地要激发起对"理论好奇心的解放"。现在,在《神话创作》一书中,他在某种程度上减弱了这一形象,他如今重点关注历史地演进的神话的意义生成过程,认为这是持久的、不可或缺的,而不是像经院学者所认为的,是由现代解放运动所超越的某种东西。进而言之,一旦人们把现代性视作某种宏大叙事,视作为了达到普遍启蒙、永久和平和最大福祉而逐步统治征服自然这种宏大叙事的时候,现代性本身就既非基督教的末世学的"世俗化"翻版,也并非(在当今的"后现代"时代已被克服的)世俗神话的开创甫成,登堂入室(参见李奥塔德[Lyotard,1984])。现代性是合法嫡传,它并非生来就是"解构神话化过程"(demythologizing),虽然按照布卢门伯格的思想中引起很大混乱的论点来看,现代性再次着手从事大型问题、宏大叙事,以及采取旗帜鲜明的立场观点,正如我们刚刚所提到的,是不具有合法性的。现代早期思想的显著特征,它的反目的论、反等级制度的特征,它对自然和人类情感的重新认识,都一律充满"十足的理性";即它对基督教和经院哲学传统之中以及它所借用的古典思想之中所造就的窘迫无计的疑难困境(aporiai)谋求适合时宜的解决办法。这一切正是现代性的特征。不过,这一切显然并非我们"需要"的全部内容。

　　《神话创作》一书表明,尽管布卢门伯格仍然想要捍卫其引起争议的主张,即认为不应把现代传统理解成对某个永恒的"巨大问题"的"新"解答,认为现代传统的重要意义无需求助于"世俗化的"宗教观念,不过,他并不认为,充分的合理性似乎就是充分的背景结构或叙事图式,现代事业的实践及其后果在其中能完全得到理解,并因而"具有意义"(在神话思维之中,包含有一条"不充足理由原理",布卢门伯格甚至将它同宽容与自由,而不是教条与偏见这种可能性联系起来)(第 230—231 页)。

现代在某些类型的统治征服上的成功,并非解决上文中所提及的生物学上的小生境问题。它恰恰激发起了与众不同的焦虑形式,激发出了决不可能靠方法或技术来加以解决的、一系列独特的、意料之中的偶发事情和预料之事,而这总是需要某种类型的神话,以指明路向,消除疑虑。如果真的受到"现实的绝对(专制)主义"的持续威胁,无论是现代的还是现代之前的意义生成实践,都不能说必定伴随有人类任何精神的和社会的历险:即"神话创作"(work on myth)(布卢门伯格把它同"神话作品"[work of myth]区分开来,以表明神话意义及神话式解答甚至渗入到具有强烈自我意识的文学的背景中。事实上,在文学背景中,神话结构与其说得到运用,不如说作为一种参照被提及,虽然它并非像分析或反思的对象那般简单明了。他对歌德的大量广泛而深入的讨论,涉及并解释了这个有时候令人难以捉摸的论点)。

如前文所述,布卢门伯格提出以上主张,同时又避免对逻各斯本身进行任何形式的神话化(上述探讨初看起来也许好像暗示这种情况),或任何相对主义,因为这样就会把科学实践当作我们所举行的仪式,把科学结果当作我们所造出来的神话。因此,在当代的许多理论论争中,布卢门伯格坚持自己独特的立场。这就是说,在这些日子里,我们相当熟悉这样一份遗产,即对于人们唯独赋予"理性"以无上权威的那种自以为是、盲目自负展开猛烈攻击。浪漫主义首开其端,生命哲学紧随其后,连同尼采、海德格尔、存在哲学、现代主义文学的几大流派、伽达默尔的解释学、社会科学中不同派系的相对主义流派,以及对"后现代传统"的鼓噪呐喊,这一切已造就了众所周知的"伟大的怀疑"氛围。不少人怀疑,将天文学、数理物理学,最后还有生理学和化学中的新发现的意义,连同关于自然的等级结构和目的论观念这一权威的消解，纳入关于进步的"宏大叙事"、自由、解放与解构神话化过程之中，只不过再次引发出英雄式的神话，这一"族类"正如奥林匹斯山诸神，现在正扮演新式的普罗米修斯，充当宗教权威和传统权威。

在某些章节中，这种怀疑把我们引向了对于所谓的"前理性的"环境的高度关注。对于人们声称理性对人类事物具有某种价值，或者声称理性对人类生存具有完全不同于、甚至还优越于任何认知性含意的某种意义或取向，这种"前理性的环境"乃是必不可少的。这反过来又使人们对神话意义的研究得到复兴，并使人们再次拒绝接受下述观点，即认为这种意义生成过程乃是初级的、官能退化的并且可以消除的。然而，按照布卢门伯格的理论学说，一方面，"神话思维"和"教义"（宗教的、不可重复的、非凡怪异的末世学；基于基督教的《圣经》的意义）二者之间的差异，另一方面，"神话思维"和理论（规范化的齐一性，解释，等等）二者之间的差异，受到了严厉的怀疑，虽然与此同时，尚古主义者和还原主义者对神话的说明也受到抵制。神话意义的永恒性得到了捍卫；不过，按照该书的主要结论，这种捍卫并非作为解构神话化过程的启蒙的对立面，并非无视这种启蒙。同时，这也并非是由于"启蒙的辩证法"展示自己本身就是神话式的。这种捍卫恰恰是因为神话乃是启蒙运动的"功能性的"盟友，二者服务于同一目的，它们必然是互补性的。① 此外，布卢门伯格提出上述论点，并不奢望去对神话故事刨根问

---

① 见第 163 页。布卢门伯格也承认，不要求可靠的理性基础，这通常是明智的。因为，事实上也无法给出任何可靠的理性基础。但他同时告诫说，对这种事态的神话表现，由于有着十分模糊的语用学的含义，因而过于"冒险"。不过与此同时，他也告诫说，这种模糊性决不证明，以批判的理性探究为幌子的那种全盘抛弃是正当有理的。笛卡尔曾主张，合理地建设城市的最佳途径，莫过于将旧城完全推倒重来。自此以后，这种全盘抛弃的论点十分显眼。

源，也不指望去发现神话的普遍的、共同的意义生成结构。在这方面，卡西尔、施特劳斯，正如弗洛伊德与荣格一样，都是他的反对者。

这就是说，按照布卢门伯格的论述中也许是最令人感兴趣的方面，人们应当从根本上历史地看待神话的全部意义生成过程。根本不存在任何共同的、潜在的、基础性的原始心灵；根本不存在任何原型性的意义生成，也不存在任何在经验中反复出现的、构成族类特征的区分与归类活动。我们在某种标准的叙事中所采纳、运用、改变和扩展的内容，总是表征着对各个历史时期特定的恐惧和焦虑形式所做的"筹划"。布卢门伯格宣称，在人类经验中，这种恐惧与焦虑是无法回避的。①

纵观布卢门伯格的阐述，神话的这种历史性的创作，或神话的历史性的接受，其最关键的事例是关于普罗米修斯的故事。至于在公然违抗上帝这类故事中，究竟选择何种性格品质，这可以追溯到对神话进行讲述与复述的演变过程。不过，对这种处理方式，布卢门伯格也提供了一项不失有用的提议。荷马笔下的俄底修斯在其表演之初，就流露出巨大的焦虑，而且这种角色形象必定也为观众所接受。俄底修斯的这种焦虑是因违抗命令

---

① 这并非要像该书英译者华莱士在"导论"中所指出的那样，追溯布卢门伯格在《现代的合法性》(1983 年)中对那些永恒的或根本性的问题所提出的广为人知的否定论断。布卢门伯格在该书中多少令人难以捉摸地争辩说，可以通过不同的策略与方法，占领或重新占领一个共同的"领域"，或一系列忧心之事，而无需出现某个共同的问题。在这种情形下，何者可能算作绝对专制或不可动摇的现实实在？在何种意义上不确定性和焦虑是由这种意识所导致的？何者可以算作是对这种焦虑的解答？如此等等。在寻求贯串各个时代而卓有成效的解答过程中，上述这些内容无论哪一个都不能算作是"共同的"问题。这一切并不是主张，这种重新占领的论断(联系到基督教的末世学以及布卢门伯格对世俗化论题的断然否认，这一论断因之更为著名)，并非就无可挑剔。有关批评意见参见皮普平(1987 年)。

与擅越职权而起。因而,与此形成对照,俄底修斯庆贺正当权威和等级秩序的重新恢复,尤其是为了防止真正的叛乱和非分僭越之念。从许多方面来看,这就是有关文明自身的伟大神话,即纪念重返岩石陡峭的伊塔刻岛,①庆贺岛上自然秩序的重新恢复,消除任意恣肆的请愿者所造成的社会混乱,抵御无定形且难以捉摸的海洋以及真正的大敌波赛冬,②抵御卡吕普索③、喀耳刻④和淮阿克亚人⑤的"温柔"诱惑。然而,在斯多葛派学者看来,这个故事不再意指上述内容;该故事逐渐变成关于俄底修斯的坚忍不拔的故事,他不畏艰险,面对从根本上说来毫无意义的苦难,表现出坚毅顽强、不达目的决不罢休的强烈意志。在中世纪,随着但丁在其作品中所作的改编,对俄底修斯的四处漂泊无家可归寻求此岸尘世的解决办法,这样一种期望已逐渐落空,这种期望本身毫无价值,俄底修斯本人也是一名罪人,一个对凡世

①　伊塔刻岛(Ithace):海岛名,俄底修斯的家乡。根据古希腊神话,俄底修斯曾是伊塔刻岛的国王,在参加特洛伊战争后的归国途中,遭遇各种凶险,长期漂泊,历20年。荷马的史诗《奥德赛》就是他的历险的记述。在现代语中,"奥德赛"一词已成为"力尽艰险的长期漂泊"的同义词,而"重返伊塔刻岛"一词的意思就是经过很多不幸和苦难以后终于回到自己的故乡。
②　波赛冬(Poseidon):古希腊神话中的海神。他常用三叉戟砸开岩礁,呼风唤雨。他尽管是一个海神,却不时出现在奥林匹斯山众神之中;尽管是一个臣服宙斯的神,但在自己的领域内仍然是个独立的神。
③　卡吕普索(Kalypso):古希腊神话中俄古癸亚岛的神女,阿特拉斯的女儿,是一名迷人的美女。她俘获俄底修斯,后者在岛上留居7年。
④　喀耳刻(Kirke):古希腊神话中埃亚岛上的女巫师。她曾把俄底修斯的伙伴变成猪,而把俄底修斯本人留在她的岛上达一年。
⑤　淮阿克亚人(Phaiakians):《奥德赛》一书述及的一个神话中的民族,居住在斯刻里亚岛。俄底修斯流落到俄古癸亚岛,在神女卡吕普索处逗留后,来到该岛。淮阿克亚人过着十分幸福的生活,他们的城邑和王宫极其华美。俄底修斯曾请求淮阿克亚国王阿尔喀诺俄斯的妻子阿瑞忒给予栖身之所。淮阿克亚人是高明的航海者,俄底修斯最后就是乘坐他们的船只回到故乡——伊塔刻岛。

具有过多的好奇心甚至疑心的典范,他对珀涅罗珀①表示不满,注定要终生漂泊,直到最终客死异乡。到了乔伊斯对该故事进行借用的时代,它本身已经变成纯粹的"故事",只有在元水平层次上才可以理解;漂泊和重返家园本身从本质上是毫无意义的,只不过起着使人追忆那失去了的意义的作用。现在只有通过对比,在记忆中,在得理不饶人的独白式的莫莉取代忠贞不二、苦苦等候而并不完美的珀涅罗珀这样一种嘲弄挖苦中,才能使人回忆起这种意义。生命的悲剧以及生命本身的高贵性已被"案头工作的高贵性",即一种内在的、自我指涉的现代主义文学所取代。我们不妨假定,现代主义文学是为这样一个时代的学者和审美鉴赏家而写的,其时,对现实的绝对(专制)主义的焦虑已经被内在化了,争论中的"绝对不可动摇的现实实在"变成了意义本身的绝对阻导物,同时也变成了这样一种心理体验,它潜在地无法控制,绝对排除现代自我享有盛誉的、一再出现的、耳熟能详的故事,即关于内在的精神还乡、自我实现、浪漫主义的臻于圆满、自我表现等等的故事。

二

纵观布卢门伯格著作中偏重理论分析的前两部分,他对上述问题及其类似问题的处理表明,他行文非常之快,急于要推出一些事例,他想必是把它们当作他在《神话创作》的后半部分所提出

---

① 珀涅罗珀(Penelope):是史诗《奥德赛》的主角之一,是品行高尚、忠于爱情的理想妇女。她是伊卡里俄斯和神女珀里玻亚的女儿,俄底修斯的妻子。在俄底修斯离家外出的20年里,她千方百计拖延答复当地贵族提出的无理求婚。另一种神话则说,珀涅罗珀背弃了俄底修斯,跟了赫耳墨斯,同他生了一个儿子名叫潘。俄底修斯漂泊归来,驱逐了不忠的妻子,她就远走巴格达。从上下文来看,此处文中所述的珀涅罗珀形象,似根据后一神话而来。

的论断的判决性事例。这些论断表现在他关于人们对普罗米修斯神话的接受与改造过程，以及关于在德国浪漫主义和唯心主义传统中这种"神话创作"的复杂角色的近乎专断的考察。因此，他留下了相对来说未加探究的问题，诸如他在分析中一直呼吁要探究的关于"意义"（Bedeutsamkeit）的一般理论。例如，在何种条件下，故事，作为一个地地道道的故事，而不是作为一种伪科学、第一哲学或宗教式的希望，能够在使世界少一份神秘与离奇、多一份熟悉与亲切的过程中代代相传地延续下去。而与种种失败的努力相反的情形是，勉强够格的叙事权威要么处于狂热的崇拜者的包围之中，要么就是一小宗派（事实上，布卢门伯格看来否认存在这样一种意义理论。对于有关神话的绵延不绝代代相传"是否可能"的问题，其回答纯粹就是这种代代传承的历史事实问题。因此，与时推移的选择以及一定的历史稳定性，恰恰告诉我们，什么还管用，什么又不管用。单单这种持存性就足以说明，何种叙事框架或形式是有意义的；根本不存在任何原型、集体意识、等等）。① 布卢门伯格也将太多的注意力集中在神话与教义、或者神话与理论的不同功能之间的对立上。他坚持认为，在神话中，实际上根本不存在对现象的任何"说明"，也不存在别具一格的可理解性类型。他甚至使人们很难理解，"神话思维究竟为何"能够表现据说它所具有的那种给人安慰、减轻焦虑的功能。②

---

① 参见第 161—171 页。
② 例如，参见这种典型论断："神话尤其不是神学，因为掌管责罚的天神对自己的行为并不作任何解释，还因为他拒绝表明神正论（表彰神之公正的理论）（theodicy）的任何机会……神话并非逻各斯的预备阶段，在这个阶段，人们尚不具有逻各斯的能力，相反，神话倒是在最大限度上排斥逻各斯（第 599、600 页）。"通过有能力"阻止"建立任何神正论（神正论注定要失败）的诱惑，"阻止"作出任何解释（解释终究不会成功）的诱惑，此种阻导性可以得到保证。然而，对这一迹象的似乎有理的回答却很简单，即消除疑虑。我们对下述这样一种处理方式需要采取更为肯定的态度，这种处理方式即：尽管不相信神话，不对它进行解释，却又容纳神话，乞求神话，援引神话，等等。

不过，在第二部分中，存在着大量的理论性构造。在引入他的主要分析的具体内容并加以评价之前，我们对此应提上一笔。总体说来，布卢门伯格对此类问题的回答在于，他认为，将注意力过多地花费在神话叙事的起源、动机或普遍结构上，并无多大价值（所有这一切都说明，他并不赞同卡西尔和列维劳斯所采用的众所周知的处理方式）。布卢门伯格对意义问题的态度一直持语用学立场，虽然他很少以这种方式来措词。因此，对他来说，"意义问题"乃是对某些神话叙事及其不同的转换形式"在历史上的特殊接受方式"问题（因此，意义问题，正如布卢门伯格在其更为著名的阐述中所说的，同"接受"问题相关联）。这种采纳同神话的驱邪（或禳祸消灾）功能紧密相联。通过使世界更为人熟悉、更令人亲近，使世界中各种自然势力成为相互冲突的、并非绝对的、甚至并非不可理喻的，这种功能得到实现；所有这一切，同无限的统治与征服，或完整而统一的解释这类宏大计划正好相反。

神话思维或意义生成，不仅以完全不同于解释证据或提供详情细节的方式消除疑虑，指明方向，"给人预示"，而且它必定还同现代历史的同样重要的其他根源，即同样依附于形象的圣经的或"教义的"叙事区别开来。[①] 在这里，导致人们求助于同基于《圣经》的叙事完全不同的神话，这其中所包含的思维模式才是至关重要的。神话故事似乎作为相关者、被吁求者而被人援引，但众所周知，它并非像教义那般"被人信仰"，或受到争论。

_____

① 见第184页关于消除不安与不满的神话同"解答问题"的神话两者之间的差异的论述。如果不通过解释或论证，此类功能又是如何能够起作用的？在布卢门伯格的阐述中，这并不十分清楚。一旦故事或对故事的讲述的历史经验，伴随有教义的故事或《圣经》的故事，以及理论性解释时，情况就更是如此。按照布卢门伯格本人的理论前提，我们对这类故事的体验随之发生变化；它们是否作为曾经被认同为"神话"的那种神话而发挥功能？对这一问题，布卢门伯格并不大关心。

关于狄奥尼索斯、俄底修斯的行为，或者普罗米修斯的行为的好几个神话故事，可以相安无事地并存。然而基于《圣经》的那些叙事却是在唯一的神圣经典中记述下来的，它们是作为对所发生的事情的叙述而产生出来的，从何处得知何事的发生，这对于理解我们当今所面临的问题乃是必不可少的。内在的融贯一致是必需的。正如海涅（Heine）所提到的，悲剧随着统一性和一致性这种要求而消失了，亦即消失在一神论中（第225页）。这样说，也许冒犯了伏尔泰，后者评论说，神谱（theogeny，叙述神统的史诗）并未导致对和平安宁的任何干扰。如果说关于上帝的创世及其意志是正当的，那么，作为真理的所有这些真言，必然随着宽容和模糊性而开始消逝。①

　　布卢门伯格对下述主张不以为然，即认为应当把现时代理解成某种替代性叙事。似乎对自然的永久征服，以及指向个体自我利益的缓慢启蒙这种荡涤一切的总体性神话，就是历史的新意义，认为它要取代对天意神恩、救赎和复活的信赖。这意味着，在某种程度上，布卢门伯格对许多早期的现代思想家本人的真实的自我理解持反对意见，坚持认为他们对传统的、末世学的问题的恢复乃是功能退化，同现代"伸张自我、突出自我"中逐步浮现的蓝图设计并不相容。按照他的观点，现代性既非以自我为根据的、同过去的彻底断裂，也并非是对宗教论题与宗教希望的世俗化的再现，不论它是如何自我感觉到不由自主地重新占领该领域。这也意味着，布卢门伯格正在造成有关他本人鉴别"现代性"本身的能力这个令人困扰的问题。同时，这也意味着，布卢门伯格处于某种危险之中，即他要证明现时代的某些"观

---

① 参见与此类似的关于科学与教义的评论："如果考察现时代的历史经验，我们就会找到一个无与伦比的教训，它很难听到。这个教训本可以从对科学及其历史性形式的掌握中得到。这个教训就是：把未能掌握真理看作——同真理将使人自由这一承诺恰恰相反——更加接近于这种自由"（第230页）。

念"是合法正当的。不过,这个现时代并非我们身处其中的时代,并非根据其真正的创建者的意图而创立起来并得到推进的时代。

布卢门伯格在此提到,现代的这种自我肯定、自我伸张和自我依赖,的确创造出了对某种神话意义或消除疑虑的需要,而他并不把这类神话创作视为不合法的,或者简单地视为前现代的。此种指明方向、消除疑虑的创作禀有某种功能。不过,为了同现代性自身的主张保持一致,这种神话创作其目标最终是"终结神话",但这并非通过成为最后的拆解神话化过程,而是依靠使自身成为"最后的神话"。

这种神话,我们称之为"德国唯心主义"(第266页)。根据布卢门伯格的说法,以为应该有这样一种神话,它把自身这种形式"发挥到极致,从而走向衰竭"(第266页),这种想法不过是幻想。不过,按照布卢门伯格的解读,德国唯心主义这一蓝图设计,尽管是一种幻想,却为布卢门伯格关于一般的神话创作所要表达的内容提供了大量例证。按照他的解读,笛卡尔把人们所说的"最后的妖怪",即 genius maligsus(邪恶之神)或恶魔,引入到现代世界之中。只要现代的世界观或关于客体的观念或再现过程能够成立,那么,正如我们所经历过的,一种新的"绝对(专制)主义"的威胁就乘虚而入;关于主体的构造活动、制作或把握行为(为了确保这个被意向的世界成为可以信赖的、可靠的世界)的充足理由的绝对不确定性或怀疑,随之产生。笛卡尔本人在其 ens perfectissimum 中所采用的解决办法或貌似的解决办法,根本不能令人满意。

要将这个最后的妖怪驱逐出这个世界,对认知性的主体来说,唯一的办法是使主体自身成为权威,它对主体所认识的客体承担职责。因而,唯心主义的"最后的神话"乃是

使人疏远恐惧的一种方式,这种恐惧现在纯粹是精神性的,它如今深深地打击了从事理论活动的主体。(第 267 页)

难怪谢林曾这样向歌德描述费希特:"对他来说,世界仅仅是自我抛出去然后又在'反思'中接住的圆球。"(第 266 页)(难怪人们乐于以讥讽的口吻引述叔本华对费希特的不满:"我正在努力解释,这个十足的神仙故事是怎样出现在费希特的头颅中的。")主体的这种以自身为依据的主张被视为神话,被视为对最后的神话的尝试,因为它"给下述欲望推波助澜,这种欲望即从不知足地提出要求,并且发明更多的要求加入其中"(第 288 页),其目标指向现代主体对自己所缔造的内容的偶然性的意识,指向现代主体无力成为自身的来源,因而寻求一种终极的解决。"在现时代的处境下——现时代决不能再虚构出神祇,即便是比方或寓言也不行——新奇而高度抽象的标题起着神话式的功能:'主体我'、世界、历史、无意识、存在"(第 288 页)。在布卢门伯格看来,所有这一切,都导入了主要功能范畴——即类似"神话式的解除困惑"的某种东西——,以及导入了下述两个孪生问题,即对综合性原理的诉求在何时应当被视为"神话式的"创新之举?自我,或在空间中运动的外在事物或存在,或同一事物的永恒回归,是否应当被视为"神话式的"创新之举?而如果回答是否定的,那么,在何种意义上,在任何条件下,这样的陈述说明可以算作是"给人解除疑虑的"。

对德国唯心主义回应现代哲学所提出的问题进行具体描述,也开始提出了一系列问题,正是这些问题最终使我们重点关注布卢门伯格在许多此类问题上同尼采看法的不同。这些观点差异暗示着布卢门伯格的陈述中的几个问题(笔者以为,这些问题是关键性的问题)。因为,布卢门伯格就曾主张,要对现代传统中的德国唯心主义的意义,采取一种自觉的笛卡尔式的观点。"新的思维方式"、方法论上的唯我论以及对主体的确定性的基础主义式的寻求,这一切的确真正引入了怀疑论的巨大"妖魔"。置入这一背景框架之中,旨在确立主体在全部经验中起构造作用这一角色的必要性的那种论证(或神话),也许看起来就像某种解决办法,也许看来正是德国唯心主义所要做的一切(用"神话的"术语来说,倘若世界不过是一场梦幻,一个幻象,那么,我们至少可以宽慰自己说,我们不会从这场梦幻中醒来)。

然而,这种描述忽视了对康德、费希特、谢林和黑格尔来说乃是头等大事的问题。这个问题与其说是怀疑论,不如说是"独断论"或"超验实在论",因此,这个问题乃是这样一种对抗性,即:在现代方法论(唯物主义的、决定论的等等)之中受到赞许的对自然的唯一描述或说明,同(首先)这个可以认知的自然的可能性条件(对于唯心主义者来说,即主体的感知活动)之间的对抗性,以及同(其次)在康德之后的许多学者看来密切相关的、与这种认知条件和这个可以认知的自然相并存的、某种自由观念的可能性之间的对抗性。关于自主自律的某些观念正是此类问题,而与其说是笛卡尔式的确定性,毋宁说是兼容并存论或某种类型的内在融贯的整体,才是人们所预期的目标。①

诚然,精神科学和自然科学(Geist-und Naturwissen-schaften)两者之成为可能,最初都是产生于对认识论的和形而上的问题所进行的论争。然而,正如布卢门伯格本人在某些地方所提出的,现代理论富有个性特征的主张,不可避免地创造出同以往不同的、十分不友善的氛围,它与其说是敌视"讲述故事"本身,毋宁说是反对对这类故事的任何形式的信赖,无论这种信

① 关于德国唯心主义与现代哲学传统之间的关系的更深入探讨,请参见皮普平(1991)。

赖有什么实际价值和意义。使这类故事得以"发挥功能"的那种"环境",必然受到运用其他方法以保障未来、保护现在的社会权力的影响。我们着手研究故事,研究人类事务以及为人类所独有的社会互动的再现形式,把它们作为"社会地构造出来的文书",或者以社会的和心理学的程式来探究文学和神话的意义,这一切并非徒劳之举。只有这样来进行研究,现代关于方法和意义生成的最权威观念的权威性才能受到尊重。德国唯心主义的问题并非就是哲学与诗学之间的古老论争这一问题,也并非逻各斯与神话的相容性问题。此两者都未能像严格意义上关于自由和决定论的问题那样,正确地把握了德国唯心主义的问题。

在这个问题上,含糊其词之所以重要,原因在于,布卢门伯格总是力图避免对下述问题明确表态,即关于现代知识革命,尤其是科学革命的内容同构成传统和现代关于人类实践或人类事务的观念——这些观念是神话叙事所熟悉的并构成其根本——的本质性要素之间的深层次的不相容性问题。① 在《合法性》一书中,事实上,他力图通过缩小"新时代"(die Neuzeit)这一观念的外延来做到这一点。("在他看来,现代转向是对诺斯替教异端邪说的第二次克服"。)这不是对任何"大型问题"的回答,因而对现有的"大型解答"之名目并不构成威胁。在该书中的此处,布卢门伯格主张神话和理论实践之间的"功能上的相容性",这样一来,他只不过是围绕构成后康德主义德国传统之核心的大型问题和大型恐惧迂回兜圈。对这些问题,他是以笛卡尔式的给人确信的方式,而不是以康德的第三个二律背反的方式展开探讨。我们将要看到,当他力图回避或轻描淡写尼采所谓的"理

---

① 我们只需指出"大众心理学"(folk psychology)这一当代术语的流行,就可以使这一点更为明确。

论型世界观和悲剧型世界观之间的永恒冲突"时,这种迂回战术
再次出现(尼采,1956:104;尼采,1972:107)。①

三

在对普罗米修斯窃取火种故事最早的描述中,看来人们曾
经承认,无所依助的人类既无能力生存,也没有什么生存价值。
在其争取自立自足的关键性努力的起步阶段,无论其技术力量
还是文明形式都是神明施惠之举,而且是非法的举动,(不正义
的举动? 对正当、适宜之事的冒犯?)是盗窃。所窃取之物,即火
种,本身就表明文明生活的脆弱性和偶然性;它很容易熄灭,其
秘诀可能失传。文明生活看来似乎是冒着极大风险公然违抗神
明才得以产生的,这种违抗会激发起巨大的报复性伤害和痛苦。
虽然在神话中,这种痛苦可以通过赫剌克勒斯②的救赎行为而
终止。此类焦虑在圣经故事中也极为常见:该隐的献祭③即农
产品或技艺的产物乃是令人不愉快的;④城市是危险之地,正是
城市助长了自立自足的错觉;要求上帝以我们所熟悉的形式即
偶像的形式显身,这种要求似乎是挡不住的诱惑;必须被摧毁的
亵渎神灵的巴比伦通天塔;希伯来人必然要求有一个国王,他们

---

① 在以下的行文中,我把尼采(1956)简称为 BT;把尼采(1972)简称为 GT。

② 赫剌克勒斯(Herculean):据古希腊神话,赫剌克勒斯的父亲为宙斯,其母为阿
   尔克墨涅。他是古希腊最负盛名的英雄。一生受世间各族的统治者赫拉的迫
   害,却屡创不朽功绩。普罗米修斯因窃火种而受惩罚,被锁在高加索山岩上,忍
   受兀鹰啄食肝脏之巨痛。赫剌克勒斯后来将普罗米修斯解救出来。

③ 该隐(Cain):根据基督教《圣经·创世记》,该隐系亚当与夏娃之子,其弟为亚
   伯。该隐是种地的,而亚伯是牧羊的。该隐以地里的出产为供物献给耶和华,
   亚伯则将生羊和羊脂油献上。但耶和华看不中该隐的供物,该隐大大地发怒
   了,变了脸色。

④ 参见伊拉兹马斯和科利特二人之间的论争集成。

不满足于隐匿的、无名的上帝，因而从撒母耳①转向扫罗②，更不用说转向大卫，③看来是一项较之普罗米修斯有过之无不及的、充满更大风险的举动，它在挑战神明的权威、依靠技艺、寻求自立自足这一方向上愈走愈远。只是到了卢梭那里，对技艺和习俗惯例的这种担忧焦虑才无需用亵渎神明与反抗神明压迫的语言表达出来。不过，按照布卢门伯格的研究，普罗米修斯窃取火种的行为的神话意蕴，亦即受这一行为的鼓舞而进行的持续不断的神话创作，比比皆是，有的神话创作含有神正论的问题，而有的则没有。

　　纵观布卢门伯格的这一研究，把普罗米修斯的神话故事纳入布卢门伯格本人坚定不移地加以贯彻的、考察全部人类事务的历史方法之中，这种作法也是显而易见的。在第三编第二章中，普罗米修斯式的问题看来似乎描绘了对大自然的巨大焦虑，在布卢门伯格本人对人类生存所描绘的图景中，这一焦虑处于中心地位。从古典的文本背景来看，普罗米修斯表现为对智者派观点的某种肯定，引申来看，这正是布卢门伯格本人所要说的许多观点。④ 在这一图景中，"人这一受造物从根本上被大自然遗弃于危难困境之中"（第329页）。"文化乃是大自然本身之必然要求"（第329页）。因为，大自然并未提供多少为我们生存与兴旺发达所必需的东西，这样一来，就创造了（或允许我们人类进化到）一种深度的不确定性和迷失方向性。馈赠以火种与技

---

① 撒母耳（Samue）：据基督教《圣经》，他是希伯来领袖和先知。

② 扫罗（Saul）：据基督教《圣经》，扫罗是以色列第一位国王。

③ 大卫（David）：（？—公元前962），古以色列国王，在位时间从公元前1000年至公元前962年。公元前962年建立统一的以色列王国，定都耶路撒冷。据基督教《圣经》记载，大卫系耶稣的祖先。

④ 对于智者派来说，"标志文化的起源，并为某一学派所独有的理论，其首创者，即普罗米修斯，最先踏入了寓言或象征的领地。这必将是他的未来宿命之一。"（第329页）

艺这种赏赐,连同其不合法性,不仅强化了法则规范与物理实在的鸿沟(nomos-physis gulf),而且还强化了以柏拉图和亚里士多德为一方,同以智者派诡辩论传统为另一方,两者之间的根本差异。从本质上说,前者赋予人类要做的无非是承认、认识与保存。柏拉图和亚里士多德的形而上学"令人宽慰地"肯定说,从根本上而言,"世界无需人们再作什么。一切抉择已经在理念或形式的领域中——换言之,被大自然——安排妥当了"(第331页)。对于后者来说,一切有意义之事都有待去做,有待去完成(甚至冒犯大自然的犯罪也是如此)。极为重要的是,这一切得靠政治艺术来完成。[柏拉图的回答可从他在《普罗塔哥拉篇》一书中对普罗米修斯神话所作的独特演绎中见到。在该书中,aidos 和 dike(道德心和正义感)①无法从宙斯那里窃走,它们只能作为宙斯的礼物。没有这些品质,任何事业都无法取得成功。不过,同智者派的一普罗米修斯主义的基本主张正好相反,这些品质无法买到,无法交换,无法为了金钱而向人传授。]

　　所有这一切,将在智者派的普罗米修斯同苏格拉底的鲜明对比这一背景框架中引入一场涉及尼采的学术争论。因为尼采

---

① aidos 和 dike(道德心和正义感):根据柏拉图在《普罗塔哥拉篇》中对普罗米修斯的英雄传说所作的说明,最初在塑造各种生物的过程中,埃皮米修斯(Epimetheus)承担为它们中间在"生存竞争"中取得优胜者分发各种工具的工作;普罗米修斯则扮演监督者和评论家。埃皮米修斯处理分配工作如此糟糕,以致当他开始处理人类时,各种有用的品种已被全部用在较低级的动物身上,而没有给人类留下任何东西。要是普罗米修斯不从天上偷得火种和制造技术的知识,人类就会无依无靠,没有保护。然而,处于这种"原始状态",智力和占有火种不足以使人类对抗他们的动物竞争者,他们必须进一步使自己联结在"城邦"中,而这就为相互侵略提供各种机会。因此,宙斯为了保存人类,派遣赫尔姆斯(Hermes)给人类以道德心和正义感(aidos 和 dike),以此对人类进行干预。但宙斯明确下令,这些礼物不应该像例如医学才能那样于少数专家具有,应该把它们分配给每个人,因为"政治联盟"不可能建立在任何其他关系上。"政治联盟"完全是一个公正与"节制"的问题,因此,社会的任何成员在与公正和节制有关的地方都不会是门外汉或外行。

本人曾把悲剧与苏格拉底截然对立起来。这样一来,也就引入了一场再次提出布卢门伯格所论述的许多根本性问题的学术争论;这些根本性问题尤其表现为贯串于布卢门伯格全部著作中的有关神话与逻各斯的问题、神话与启蒙的问题。

这一重大问题以及与尼采的观点的对立,也同布卢门伯格在这一研究中所作的最复杂的分析相关联(该研究以最后一部分专论尼采的文字而结束,而全书也以此收笔)。布卢门伯格看似不经意地提到,在德国人关于启蒙和反启蒙的斗争中,当最有名、影响最大的理论论争之一刚刚发轫之时,发生了一件怪事。事情是这样的:歌德揣测普罗米修斯神话乃是"一场烈性爆炸的起爆药"(第 407 页),布卢门伯格对歌德的猜想表示赞同。这个爆炸性场面就是 1780 年 5 月雅各比对莱辛的访问。一门心思放在处理来稿信函上的雅各比,将歌德的《普罗米修斯》这一颂诗给莱辛细细品读,而自己则站在一旁等候。莱辛坦承自己对该颂诗赞誉有加,认为该诗的观点正是他本人的观点,认为自己并不认同关于神性的正统观念。雅各比听后显露出十分震惊的样子。第二天上午,当他们重续话题时,莱辛脱口说出了这句名言:"除了斯宾诺莎的哲学之外,简直就没有什么哲学可言"(Es gibt keine andere Philosophie,als die Philosophie des Spinoza)(第 411 页)。德国启蒙运动的大部分争论就是围绕这段话而展开的。

在一场有记载的十分著名的解释学论争中,雅各比援引此事来证明,像莱辛和门德尔松①这类哲人,正处在启蒙运动的暗

---

① 莱辛和门德尔松:莱辛(Lessing)(1729—1781),德国文艺理论家、剧作家,其创作和理论对后世影响巨大,主要著作有《拉奥孔》、《汉堡剧评》、悲剧《萨拉·萨姆逊小姐》、喜剧《明娜·封·巴尔赫姆或军人之福》等。门德尔松(Mendelssohn,Meses)(1729—1786),德国犹太人哲学家、《圣经》翻译注释家,作曲家门德尔松(Mendelssohn,Felix)的祖父,犹太人与西方文化同化论者,著有《斐多——论灵魂不死》、《耶路撒冷——论宗教权威和犹太教》等。

藏危机的斜坡上,认为启蒙运动关于心灵和自然的观念,以及他们所描绘的人,最终必定导致某种泛神论,导致对超越性的否定,随之而来会导致对上帝的仁慈与恩宠的否定。而在正统人士看来,这就同无神论难以划清界限了。[1] 当然,门德尔松以及其他许多人并不认同雅各比对莱辛的话及其含意所作的理解。不过,这一论争的总体意义及其所采用的普罗米修斯式的言说框架,却是确凿的。

按照布卢门伯格的解读,诗歌和神话的命运,有助于我们理解现代的自我理解所走过的历程,至少关于"神话创作"的那些方面就是如此。狂飙突进运动(Strum und Drang)对诸神的公然违抗变成了浪漫主义对上帝的"超越性的体认"(第414页)。再往后,当人们认识到,康德尽管是一个"纯粹理性的批评者",却是一个超级的现代主义者,认识到康德只不过强化了普罗米修斯同自然和天启的决裂,而赞同彻底的自我意识,甚至赞同某种以自我为根据的、完全彻底的自律自主,在这个时候,最初的争论所采用的术语才受到维护并进一步得到强化(无论将康德视为一名斯宾诺莎主义者是多么的困难,像雅各比一再坚持的那样)。认为人类心灵从总体上足以揭示自身同作为整体的存在的关系,(在康德之后)认为这种关系是构成性关系,是自发性的活动,这种观点现在"充斥着"由雅各比和门德尔松之争所开创的论争天地。如今的神话和论争是关于人类对上帝的地位的公然挑战,是关于使自我提升为神这个最后的神话。对布卢门伯格来说,这意味着,应当把唯心主义置入这一神话的天地,作为神话故事来评价。正是这个神话故事,使人满怀信心地反抗偶然性,使主体作为本源安全地居于自身之内;它承担的这一神

---

[1] 雅各比力图制绘一条肇始于布鲁诺的斜线:泛神论乃是把创造的观念同无限性这一属性联系起来的必然后果。

话功能，只有当人们开始更多地以美学的术语、更少的心理学的和超验性的术语来探讨主体的活动时，才能得到强化。

　　所有这一切，并不是说，布卢门伯格相信这种神话（确切地说，是以终结性为托辞的神话——或者说以他们所谓的体系性和必然之事为托辞的神话）能够获得成功。唯心主义神话存在，一个"诗学的弱点"：

　　　　……（这）使得为什么形形色色的唯心主义者对新世纪都心存不满的缘由昭然若揭。它使得自我意识之内核难以理喻。本来，自我意识的核心在于将它自身的成就的不可改变性视为其历史上的牢不可破地位的有力保证。（第567页）

　　不过，对德国唯心主义的问题的这种解读，在某种程度上又是透过德国的反启蒙运动的三棱镜而折射出来的，似乎某种神性的自足性（即自以为无所不能，无需外求）或对神明极大的不敬就是这类故事。我曾经提到，笔者之所以认为这是一幅使人误入歧途的图景的原因。不过，现在我也该认真探讨下述著名论断，即认为："现代神话"本可以无需神明之助，也无需公然冒犯上帝，甚至无需体认上帝，而只需宣告"上帝之死"。

四

　　布卢门伯格对神话的持续存在的必然性所作的论述，并非前无古人。事实上，布卢门伯格还有一个先行者，一个盟友和重要的对手，此人即尼采。这尤其体现在尼采本人"激情迸发"的《悲剧的诞生》（1872年）这部作品中。布卢门伯格和尼采两人对下述期望都持否定态度，即尼采也许会称之为对人类生存所持的苏格拉底式自负观点的这种期望:试图进行解构神话化过程,或对神话进行还原论处理,或以心理学的方式或历史主义方式进行"揭露",这不过是为了确保在"其他的某个地方"进行再神话化的自我理解,并且是为了以一种纯粹苏格拉底主义或"启蒙精神"从事一宗具有自我蒙蔽性的、最终注定无效的举动。

在神话思维(或关于人类生存的悲剧观点)是如何发挥功能(尽管尼采决不会这样来运用该词)的问题上,布卢门伯格与尼采的观点显然相距甚远。① 这种差异也引入了在现代性的遗产问题上的巨大差异。简言之,在向苏格拉底发难的阵营中(或大体上处于这一阵营中),尼采是始作俑者之一;而这并不仅仅是因为,苏格拉底误解了悲剧性神话。人们无法去改善悲剧观念与理论观念之间的伟大战斗(Kampf)。它们并非是互补性的,也并非某种功能的不同表现形式。苏格拉底式的理论型观点本身就地位较低级。

诚然,像布卢门伯格一样,尼采也并不认为,我们应当或者将古典的启蒙或者将现代的启蒙理解为从神话走向逻各斯的进步过程;悲剧对伦理上的两难困境、英雄人物角色、命运、城邦政治等等的展现,并非是对"前批判性的"立场、不适宜的思想通过反复检验和辩证转化而产生的结果或表现。苏格拉底并非一名启蒙者,或者说一名解放者。因为,他宣告了关于人生的有限、诸神

---

① 不过,存在有类似的理论表述。尼采在其 1886 年的《批评的回顾》(Versuch einer selbstkritik)一文中评论说,他的问题是:"为什么希腊人发现悲剧是必需的,他们为什么需要悲剧("die Griechen……gerade sie hatten die Tragoedie noething?"),或者说希腊艺术有什么作用呢"(BT:3;GT:6)。然而,请看 BT:50,GT:52 及对"形而上的安慰"(Metaphysische Trost)的引证。"关于'形而上的安慰',我要说,所有真正的悲剧,都使我们获得这种安慰,即所谓尽管一切现象变化不居,而生命在根本上永远是喜悦而有力的这种看法。""悲剧性神话"在这种意义上并非使生命可以忍受,而是以某种方式值得肯定。我们将看到,对生命的这种肯定态度及其同伦理生活的关系,在布卢门伯格那里消失了。

的冲突与宿命这种危险而不完善的观念的终结,而赞同"美德的和谐统一"、"德行即知识"、"所有罪恶始于无知"、"唯有有德者才快乐"。用布卢门伯格的话语来说,在某种意义上,甚至可以说,悲剧家和苏格拉底两者都遭遇到同一个寻求安慰与消除疑虑的问题。在尼采所谓的"悲剧性神话"世界中,"为了要生活,希腊人必须创造这些神祇"。"诸神自己过着人的生活,因而证明人生的正当性——这是唯一令人满意的神正论"(BT:30;GT:32)。

然而,按照尼采所作的区分归类,苏格拉底代表着一种表征,一种衰落的标志(换言之,一个"贫弱者",一个"凡俗庶民",同原创性的自我实现相比,由于这种贫弱,面对人类生存的无可重赎的性质,简直没有能力静静享受"悲剧的力量")。① 古典的启蒙运动体现着某种神智的混乱,也可以说,体现着某种自我蒙骗,某种因对生存本身的厌恶而对生命的鄙弃。按照该书中最令人震惊的结论,苏格拉底代表着颓废衰落。这一论断显然已经意味着,人们应当把苏格拉底所代表的形象理解为一项有关人生的主张,一项以不同的方式构建人类灵魂、城邦、神祇、自然的主张。不过,据尼采看来,这是一种比较柔弱、不怎么"健康"的方式。

　　探讨的心灵可不可能只是那受到悲观主义威胁而企图摆脱悲观主义的心理呢? 能否只是一个面对真理而建立的灵巧的堡垒呢? 如果我们以公正的态度来面对它,我们能否说它是某种怯懦和虚假的东西呢? 或者,如果我们愿意以非道德的方式来表示的话,能否说它是一种诡计(eine

---

① 在 BT 的第 15 章,苏格拉底设计的道德性质和政治性质同在该书后面的论述中所表现的并不一样。对这个问题,尼采在后面的论述中表述得更为简单,苏格拉底被表现为"科学这种奥秘教义的启蒙者(Mystagogue)",苏格拉底的那份自信因其天真的乐观主义而受到批判。这种乐观主义必将招致自身的"毁灭"。

Schlauheit)呢？伟大的苏格拉底，也许这是你的秘密？讽
刺家当中最隐秘的讽刺家，这是不是你最深刻的讽刺呢？
(BT:4—5;GT:6—7)

显然，这些论断是引起很多解释性论争的主要原因。不
过，初看起来，不难发现，布卢门伯格同盟友之外的其他人的
分歧的性质所在。在布卢门伯格看来，我们固然不应把苏格
拉底，或者说，他所代表的那种古典的启蒙者，理解成神话的
某种理性的表现形式，但同时，也断然不能把他理解成文化的
某种衰落。在布卢门伯格看来，苏格拉底只是代表着另一种
形式的"神话创作"，一种独特的、但既非竞争性的、亦非进步
性的神话版本。根据布卢门伯格的说法，由于以下几个原因，
尼采在此犯了错误。

首先，布卢门伯格认为，尼采持有某种"英雄史观"，似乎苏
格拉底、欧里庇得斯和阿里斯托芬有能力使酒神狄奥尼索斯"悄
无声息地消亡"(第 327 页)。其次，"尼采不允许把神话创作，看
作是为了使各不相同的历史世代的生命成为可能所作的一项伟
大而沉重的工作"(同上)。按照布卢门伯格的观点，悲剧本身已
经代表着某种历史性尝试，即力图说明，"某种自身非神话虚构
的东西"，"神秘离奇者，不熟悉者，绝对(专制)主义的现实实在"
(同上)。对这种尝试的采用想必已经改变了其可能性将来的环
境条件，并因而确保某种转化以及"性格的选择"。"神话创作"
早就必然是历史性的，是对不同环境的接纳，它并非是尼采所说
的"形而上的东西"，或"形而上的安慰"。与此相反，尼采赞扬悲
剧所处的无可救药的处境、永远无法抉择、犹疑不定或狄奥尼索
斯式的深渊。因为，这种处境突显了戏剧(或音乐)的安慰作用
的重要性。"对人生的正当性的真正证明"在于"美学上的"证
明，而这需要对酒神狄奥尼索斯—日神阿波罗的对比采取一种

形而上的而不是历史的观点。据我推测,尤其是鉴于《悲剧的诞生》浸润了瓦格纳主义的音乐风格,所以,尼采断然否认下述观点就显得十分重要,这种观点认为,悲剧性的自我理解可以通过自身对悲剧体裁发挥到极至而走向衰竭,以及通过新的窘迫无计的疑难境地,而"激发起"关于意识的可靠性、即透彻的洞察力的某种替代性的"安慰作用",因而努力将权威赋予理论探究,将价值赋予自我认知。这种观点必定代表着某种虚幻骗人的喜悦与乐观主义。在康德和叔本华对这种乐观主义的伎俩进行揭穿之后,所有这一切使得悲剧的韧劲得到真正的复活,伴同一种崭新的音乐精神,即瓦格纳的歌剧。

此外,布卢门伯格同尼采还有许多明显的解释学上的意见分歧,正是在这种环境下,一些有力而耐人寻味的观点被提出来了。据说尼采对神明的神话性再现采取了简单化处理。在诸神之间的互相争斗的极端重要性被冲淡了。尼采对普罗米修斯的故事不是作为有关"堕落"的故事来处理,而是把它作为"自我提升",即人提升自身达到自我的确定性这种故事来处理。然而,这混淆了埃斯库罗斯①那里原本面临的问题。埃斯库罗斯提出这些问题,主要是诸神间的戏剧性事件,只是偶尔涉及诸神与人之间的戏剧性场面(尼采将太多的注意力集中在遭受苦难的神明上,以至戏剧所提出的原初性问题,即人类的毫无价值、甚至不值得生存这一问题,受到不适当的处理)。与此类似,窃取火种行为决不应被描绘成某种英雄般的"渎圣行为"。宙斯对普罗米修斯采取的行动并非出于神圣尊严受到冒犯而采取的措施,而只是一个随心所欲、反复无常的傲慢统治者的自然表现。尼采将它同基督教《圣经》上所说的人类的堕落进行对比,并诋毁

---

① 埃斯库罗斯(Aeschylus):古希腊三大悲剧作家之一,相传写了80多个剧本,现存《被缚的普罗米修斯》、《波斯人》、《阿伽门农》等悲剧7部。

说，这一故事充满"妇人式阴柔气质"。实际上，亚当与夏娃甘冒巨大风险，只是为了谋取令人迷惑的与上帝的平等地位，而并非为了谋取工具，获得火种。[因此，"支撑"尼采著作的这种"反资本主义的效果"，也有其讽刺性的一面。普罗米修斯的英雄般的（因而大概也是反资本主义的）举动所提供的，只是关于"在最低限度上，正常的生存状态"的可能性。"反资本主义的效果导致了资本主义的生活方式"（第 617 页）。]

然而，这些批评并不怎么影响对尼采的总体态度与敌意心态。这种心态认为，尼采误解了悲剧性神话的功能，认为他低估了使神话富有感染力、为人所接受所必需的历史性"创作"，认为他误解了同苏格拉底的冲突。尽管所有这些论题提出了其他许多论题，并且还卷入了有关理性与启蒙的诸多问题，而这些问题又不大好把握，我也不想在此一一涉及。不过，我想，对这些主要论题，尼采还是以自己的方式作出了回应，而这类回应又提出了有关布卢门伯格的总体事业的一些问题。

首先，尼采本人对自己早期著作中所体现的叔本华的"悲观主义的"和"形而上的"理论阴影并不满意，他承认并未很好地表述自己有关悲剧的否定性的观点（BT：12；BT：13）。悲剧并非激发起某种悲观主义的逆来顺受，也并不导致布卢门伯格所说的人性化和熟悉感与亲近感。我们在悲剧中所遭遇的，恰恰是对普罗米修斯和俄狄浦斯的苦难一无所知，或者说缺乏那种使人放心、消除疑虑的意识，而且在悲剧艺术卓越非凡地表现的那种悲剧性态度里面，恰恰不存在任何的失败主义（相反倒是相当积极与肯定的态度）。美学上的狂喜（Urlust）就是某种痛苦（BT：143；GT：148）。按照尼采的论述，正是对可能性的绝望，以至一个安详而不同凡俗的阿波罗式的个别形象（个体）本该有能力从某种狄奥尼索斯式的整体中脱颖而出，并且能够作为个体而生存下去。对这样一种个体化过程，现在还不存在任何可能性；不过，这种尝试无论如何"必定会"发生,尽管它"必定"要失败。① 如果认为,普罗米修斯、俄狄浦斯、俄瑞斯忒斯或埃阿斯②的斗争之所以成为可能,只是由于悲剧或多或少以关于斗争的可能性而使我们"得到安慰",使我们消除疑虑,相信这种伸张自我权利、一意孤行所遭致的挫败并不是绝对的挫败,如果这样想的话,那么,就漏掉了悲剧的全部要点。我们之所以"得到安慰",恰恰在于无论我们是否认识到这种失败的无可避免,这种无以排解的狄奥尼索斯式—阿波罗式的"现实实在"乃是"绝对不可动摇的"。

尼采紧持这一点并非全是由于"受瓦格纳主义的影响"。因为,尼采倾向于期望某种使艺术得到提升的力量。他想要对伦理道德上的假定提出挑战。从"理论型"观点来看,人们常常用这一伦理道德的假定来质问悲剧,似乎要么只有对苦痛给出一个理由,作出合理解释,要么只有承诺说,苦痛可以得到遏制,才能解释我们作为悲剧的观众所获得的肯定性的狂喜,或者说,这样才能说明悲剧的功能。恰恰是布卢门伯格提出,悲剧和神话的问题同(用他的原话来说)资产阶级的安全感问题紧密相联。普罗米修斯固然并非是一个有什么"锦囊妙计"帮助人类的角色,他给予我们的安慰,一点也不比埃斯库罗斯力图给予我们的更多。普罗米修斯的反抗行为并非首创,甚至也不是理性算计

---

① 很显然,在带有"必定"或"必须"(must)这类语词的论断中,蕴含有许多思想内容。我无意妄称,这暗示着对尼采关于人生的悲剧性的肯定态度或从美学上证明人生的正当性这一学说的任何说明。这里的观点只是为了提及他对叔本华和布卢门伯格的观点的反驳,并表明他正努力阐发一种与众不同的、涉及对人类行为(这种"悲剧")的独特的评价范畴,这种评价范畴并不是看人类行为是否具有好(善良)的理由或合适的动机,而是要看这种行为是否具有这样一种"必须",即在"某人'必须'如此行事,否则他就不成其为他"这一论断中所包含的那种类型的"必须"。

② 埃阿斯(Ajax):古希腊两位英雄即大埃阿斯和小埃阿斯的名字。两者在特洛伊战争中并肩作战。大埃阿斯在夺回阿喀琉斯的尸体之战中立下头功,但后来为阿喀琉斯的盔甲而同俄底修斯发生激烈争执,最后因气愤至极自刺身死。

的、讲究策略的行为。因此,把它视为一种目的不明的、非理性的反抗行为,这必定遗漏了阿波罗因素的全部要点所在,至少尼采就是这样认为的。①

其次,尼采并未以布卢门伯格所主张的固定不变的或形而上的方式来描绘这种狄奥尼索斯主义—阿波罗主义的两难困境。按照尼采的著名学说,悲剧以及在悲剧中对音乐和合唱队的运用,改变了关于普罗米修斯的古代神话,并"赋予神话以一种崭新而深远的意义":"因为所有神话的命运,都渐渐地溜进那伪造的历史事实的狭隘天地里,而被后世当作唯一无二的历史事实来对待⋯⋯它就像负伤的战士一样,重新站起来了,它的眼睛闪耀着尚存的力量和濒死者的宁静智慧"(BT:68;GT:70)。

最后一句话,即关于濒死者的智慧,不仅意指悲剧中濒死的英雄,而且也指悲剧本身的智慧,这种智慧一直处于濒临消亡状态。因为,尼采在下一章节中接着又提出了某些主张,这些主张同下述期望,即通过瓦格纳的音乐而从美学上恢复古典的悲剧观念这类期望完全不相容(虽然他在后来所写的序言中,承认自己曾误入歧途地在这类期望附近徘徊)。"希腊悲剧是在一种与较老的姊妹艺术完全不同的方式下衰亡的。由于一种无法解决的冲突,它自毁而亡"(in Folge eines unlösbaren Konflikt)(BT:69;GT:71)。这并非仅仅意味着"悲剧作家"欧里庇德斯以一种崭新的形式毁灭了悲剧,而且也意味着,正如这一论断所宣称的,在悲剧中所展现的冲突的性质,必然导致悲剧最终走向衰竭,并产生变异。② 在后来对于甚至连索福克勒斯也开始加

---

① 关于更深入的探讨,见皮普平(1983)。

② 在该书中,并没有就悲剧对人生的肯定态度的不稳固性和脆弱性作充分而彻底的分析说明。换言之,该书并未对悲剧的自毁进行解释。尼采对基督教道德心理学中诚实和动机这些观念导致自我毁灭的因素曾进行分析说明。可是,毫无疑问,在该书中根本就不存在起类似作用的导致悲剧自我毁灭的因素。

人对悲剧进行瓦解的行列所作的评论中,尼采认为,希腊戏剧史本身就是一场普罗米修斯式的悲剧:即争取阿波罗主义的个体性与殊相性,而恰恰是这方面的成功必然导致其自身的毁灭,人羊神合唱队解体为普通个人,神话英雄蜕变为平凡百姓。悲剧被表现为这样一种努力,即试图去克服并且忘却狄奥尼索斯精神的蜕变所带来的威胁。这种努力是如此成功,以至若不能确保这种个体性就会招致误解,就必定被视为鲁莽专横的"欧里庇德斯戏剧的追随者"(BT:89;GT:91)。同样的历史观点在尼采的下述使人震惊的论断中又被提出来,即尼采把柏拉图对"小说"或对话的发明,视为开创了"诗歌的新地位"的"崭新的艺术形式"(BT:88;GT:90),视为柏拉图对崭新的美学上(证明人生的正当性)的辩护形式所作的努力。正如他关于"理论型观念"的局限性所主张的,尼采认为,在当今康德之后的时代里,它("小说"或对话)将为新的悲剧感受性创造历史性的环境氛围。

　　尼采逐渐背弃了其早期著作中具有革命性的、开创性的玩弄修辞的辩术,不过,体现悲剧观念(及其日后在其著作中的所衍生的不同表现)同理论、启蒙以及哲学之间的"永恒的战斗"的语言仍旧保留着。这意味着,他一直否认下述可以说构成布卢门伯格的主要意图的核心论点。布卢门伯格的两个主要意图在于:其一,试图重新限定理论型态度的范围,并且根本否认"神话—逻各斯"的对立;其二,试图探讨以一种完全功能上的、非认知性的方式解释神话意义的可能性,并试图把神话描绘成与逻各斯根本不相对立。在这样做的过程中,尼采强调苏格拉底对诗人的怀疑,甚至还有同诗人的论战,以及苏格拉底本人的看法,即他所主张的同诗人们所从事的决不相容。尼采因而主张,在苏格拉底的转向中,这种对透彻明晰性和自觉意识的坚持,以及德行和知识之间的关联,除非我们这样来看,即认为这是由于对悲剧的那种处理方式所造成的冲突、窘迫无计的疑难境地和紧张关系,而需要某种转换过程,或者用布卢门伯格的话来说,需要"神话创作",否则,就完全难以理解这一切。

卡西尔本人由于目睹了纳粹对神话的借用,以及当代政治神话(学)的突起,因而推翻自己的观点,并变得含糊其词起来。毫无疑问,布卢门伯格肯定意识到了卡西尔的这一遭遇,所以他对于从神话的意义中挖掘出任何实用的意义内蕴尽量含糊其词。不过,鉴于他对"神话思维"的持久性及其威力所持的观点,他对这种含糊其词和模棱两可所作的辩护至少在我看来是令人费解的,个中原因,正如上文所探讨的。此外,无论对于苏格拉底还是对于尼采,布卢门伯格所谓的神话思维如果不以这种方式或那种方式在行动中给人以信心和鼓舞,就无论如何也发挥不了什么功能。事实上,尼采倾向于将这种在行动中指明方向、解除疑虑、给人信心、教人顺从这类可能的作用,视作此类神话思维方式的意义的充分而完整的表达。它们(包括悲剧的立场、基督徒的立场甚至理论型的立场)通通是"行动的样式",而并非可以算作行动理由的证据。用这些话语来说,这里需要解决的问题是如何好好生活,而不是对绝对(专制)主义的恐惧,因此,关于人生有限的任何神话意义或悲剧,同"苏格拉底式的乐观主义",这两者之间的"永恒冲突"乃是无法避免的。

德里达与尼采

贝　勒　著

吴　猛　译

汪堂家　校

1972 年 7 月，在西里斯－拉萨尔（Cerisy-La-Salle）的一次学术讨论会上，德里达第一次有机会全面表述了他对尼采的看法。这个讨论会的主题颇为有趣，名为："今日尼采?"①据孔迪亚克（Maurice de Gandillac）说，一些与会者在解读尼采时，"越来越多地依靠新型的语言学的'解构的'文本阅读方式"。② 在谈及最近所出现的一些关于尼采的著作时[它们的作者包括：考夫曼（Sarah Kofman），莱库－拉巴特（Philippe Lacoue-Labarthe），保特拉特（Bernard Pautrat），以及雷（Jean-Michel Rey）]，德里达从一开始就指出，"在过去的两年里，人们划定了一个阅读的范围，认为这样开启了一个进行解构的（也就是'肯定的'）解释的新时期"；而在这种氛围里，甚至连他自己的看法都要发

---

① 会议资料刊印为《今日尼采?》(*Nietzsche aujourd'hui?*)两卷本（Paris：Union Generale d'Editions，1974）

② 孔迪亚克，《西里斯－拉萨尔会议》(*Le Colloque de Cerisy-La-Salle*)，Nietzsche Studien 4(1975)：324。

生变化了。[1]

德里达之所以给自己的讲演冠名以"尼采的风格",是因为这个名称可以十分清楚地标明他在解读尼采时的几个关键之处:空洞无物的真理;积极的译解;对于如同一场戏一般的世界的认定;多种风格的概念。不过,他使用这一标题,尤其是他选择了复数形式的"风格"(styles),还有更深层次的原因:毫无疑问,这就是海德格尔关于尼采的演讲集的出版;那些关于"作为艺术的权力意志"的讲演此时刚刚在法国出现;它们从一开始就强调一种唯一的"崇高风格"。德里达的标题为:"马刺"——这个标题能让人和诸如钢笔、匕首、小刀甚至雨伞的形象联系起来,这可以彰显出尼采作品中所特有的震撼与犀利:这主要表现在他以各种方式来反对现存的事物,拒绝"被遮蔽的本质",拒绝所谓意义和真理。不过,德里达的讨论却是将尼采的风格与他的作品中有关女人的主题联系在一起;由此,关于真理、风格和女人的讨论构成了一个相互关联的统一体。这种相互关联使得德里达的讲演从一开始就具有了嘲讽、调侃和花哨的特征,不过这却是和他的论题相称的。

其文本本身具有一种"注解一般"的风格,这种风格人们在《论差异》中就已经熟悉了:在表现形式上没有连贯性,在内容上没有刻意安排什么,并且也不愿意采用那些服务于某种最终目的的写作方式;同样,其中也没有在哲学或逻辑学话语中经常会出现的带有目的论特征的写作技巧。这种风格只不过使他的主题戏剧化了而已:尼采,尼采的风格,尼采的真相,尼采的文本。当然,有一点要说明,就是,这个讲演比《论差异》更具勇气和变

---

[1] 德里达,《马刺——尼采的风格》(Spurs. Les styles de Nietzsche),选自《今日尼采?》(*Nietzsche aujourd'hui?*)第一卷。这篇文章有好几种单行本和译本。德文译本收集在 Nietzsche aus Frankreich,第 129—169 页,英译本见 SNS。

革的精神。而或许正是这一点，使得它不再能作为德里达的批判式分析的最佳范例了，因为典型的德里达式的批判所感兴趣的，往往是直接的陈述，而不是间接的交流技巧。正如施莱格尔（Friedrich Schlegel）所机智地评论的："再没有比精神产品更不愿让人评论的东西了；或者说，再没有比精神产品更容易恶毒地向人们的评论复仇的东西了。"

德里达注意到，尼采的作品往往有一种"浓厚的反女权主义"——尽管也有少数那么几条"'显然是女权主义'的论述"——他自己对此是不能苟同的。更确切地说，在这件事上，要想判断尼采的观点到底是什么，是很困难的。尼采自己所展示出来的思想，是与他在笔下所创造出的女人的形象相一致的。对于尼采来说，女人往往是个谜，是个寓言式的人物，她可以代表生命、真理、风格，以及其他许多东西，然而却没有什么确定的和不变的东西可言，也没有什么本体意义上的特质。这个形象令人无法理解，并且也根本没有展示出"她的来由"（GS，38）。尼采笔下的女人是团疑雾，是个幻影：她站得远远的，给人模模糊糊的一点印象，以自己的风格，让人在潜意识里受到诱惑。

在这里，德里达提到了《快乐的科学》中第60条箴言，在这一条里尼采刻画了一个心潮澎湃的年轻人的心理：那人被大海"激腾的浪花"所包围，看着"一艘大帆船，像魔鬼一样静静地滑行"，于是，他就被一种奇怪的魔力抓住了，觉得好像"世界上所有的静谧与沉默"都"在那船上了"（GS，123）。"看起来"，尼采为他的寓言总结道，"似乎是这儿的噪音让我产生了幻觉，所有剧烈的噪音都会令我们觉得幸福在那宁静的远方"（GS，123）。他又想："当一个男人被噪音所包围的时候"，或是"处在一大堆计划和任务中的时候"，他就会在女人那里发现"更好的自我"、他的安宁与梦境（不过，"即使是在最漂亮的帆船上，也总会有许多噪音,而且不幸的是,许多噪音都是很细微的")(GS,124)。之所以会产生出那种效果,正是由于那船离得太远了;所以,在这里所要求的"第一个条件,也是最关键的东西,就是:距离"(GS,124)。

尼采用女人的形象,以隐晦的或遮遮掩掩的方式给人们另一种虚幻的感觉。德里达将之描述为:"将所有遮蔽和被遮蔽的东西都混在一起,却不让它们成为一个统一体。这些东西包括:女人、生命、诱惑、节制,等等"(SNS,51)。在这里,女人似乎是生命的同义语,正像尼采自己在《快乐的科学》中一段名为"女人的生命"(Vita femina)的箴言中所指出的:"我的意思是,这世上尽管五色斑斓,可当这个世界走向它的辉煌并将万物的本相揭示给人们的时候,它又是那么的贫瘠。不过或许这正是生命最令人着魔之处:它被一只黄金织就的面纱所遮盖,这面纱下,蕴藏着各种诱人的机缘,饱含着承诺、拒绝、羞涩、嘲讽、怜悯以及诱惑。不错,生命就是一个女人"(GS,271—72)。

不过,对尼采来说,当以女人称之的,首先应该是真理。这在《善恶的彼岸》一书的序言里以及许多其他的文章里都有所提及。这是指,它(她)绝不能容忍自己被欺骗;而且还有一种特质,据说就是:"绝不容许别人战胜自己。"(BGE,2)再确切一点说,由于这里的论点是,根本就没有真理;因此,女人只不过是"真理的虚伪性"的代名词而已(SNS,51)。不过事情也并非总是如此。在尼采著名的"'一个错谬的历史':'真实的世界'如何变成了一个寓言"这段文字中,尼采谈道,真理在最初的时候是如何作为一个观念而存在的;也提及柏拉图的话:"我,柏拉图,就是真理。"(TI,40)不过这些都随时间而发生了变化。真理变成了这样的一个问题,即真理——就是女人——根本没有现实性。现在只有"轻信的和教条的"哲学家才会相信真理和女人(SNS,53)。不过对于尼采来说,他不仅

"不知道怎样对付女人"(BGE,2),甚而可以说他在这方面一
无所知。用德里达的话来说:"他根本不懂什么真理,也不懂
女人。因为,事实上,如果女人是真理的话,她至少应该知道
根本就没有真理。这儿没有真理的位置,也没人会相信有什
么真理。并且她之所以是女人,恰恰是由于她自己就不相信
有真理,她不相信她的现在,不相信人们所确信的她的将来,
也不相信人们对她现在的否定。"(SNS,53)

德里达这样含糊、戏谑地对待真理和女人,使得他对尼采、
尼采的风格、尼采的文本以及尼采的真相等重要观点都戏剧化
了,并带有一种讽刺意味。人们需要与女人(真理)保持一定的
距离,以使真理彰显出来,可真理(女人)却在其中消失了:"她藏
在深不可测的无底黑渊里,吞没和扭曲了所有本质,同一性和特
征的迹象。盲目的哲学话语统统落了下去,堕入这深渊中,粉身
碎骨。其实根本没有女人的真相这回事,不过这是由于真理已
经从根本上变了味,虚假的东西成了真理"(SNS,51)。

德里达的观点可以被看作是一种女权主义,不管从哪方面
看,都是这样。在这里,将真理如同女人那样消解掉,会导致女
人的真理的确定根基从此不复存在,而这个根基大致上从柏拉
图(或卢梭的)形而上学以及"男性中心主义"传统就开始建立起
来了(SNS,97)。这一点很重要,因为它意味着"'女人'——她
的名字开启了一个时代——不再站在阉割的对立面反对阉割
了,她现在要亲自动手阉割"(SNS,61)。这儿体现了女人内心
最深处的怀疑主义。尼采在《快乐的科学》第 64 段箴言中说:
"我想,女人年龄一大,其内心深处的疑虑,恐怕要比所有的男人
都重:她们把存在的现象当成了本质;对她们来说,所有的美德,
以及所有深刻的东西,都不过是'真理'的面具而已,或者说,是
一块很好的遮羞布而已——换句话说,这是件既体面又害羞的东
西,不过如此。"(GS,125)对于德里达来说,这段话表明"女人"

根本就不相信有什么深刻的东西,也不相信那有阉割作用的真理;她们不过是"让自己开开心"罢了(SNS,61)。在拿遮羞布让自己开心时,她展示出匠人的机巧与艺术家的才能;她有"表演天赋",这让她更像是犹太人,因为后者也"乐于"在类似的"掩掩饰饰的事儿"中施展他们的气力(SNS,69)。在这里,德里达由于受到了尼采最富启发性的几段文字的鼓舞,而产生了一大堆联想——德里达这种解读尼采的方式,比起他的任何形式的理论分析来,都能给人以更深的印象(SNS69,71)。

　　下一个问题牵涉到"对于尼采文本的阐释"、"对于阐释的阐释",或阐释自身(SNS,73)。据德里达说,当"真理的面纱被揭穿,阉割的幻梦被摇碎,从而使女人的身体牢牢钉死"的时候,这些问题就出现了(SNS,71)。这时,阐释的问题要么得到解决,要么就当它是一个无效的表述而被抛弃(SNS,73)。这个问题在德里达称之为尼采"文本的异质性"的情况下,异常尖锐地凸显出来(SNS,95)。尼采并没有想过自己真正弄懂了所谓女人、真理和阉割的意思,也不知道那些存在和不存在的本体论的意义到底是什么(SNS,95)。不过他并不是仅仅否认在这里有可靠的陈述,因此,他并没有写过"任何东西去反对阉割以及它的关涉",而只是采用了"片断式的滑稽"手法,以一种"独特的写作方式",让"笔下的文字充满了异义与变化"。一句话,这就是"文本的异质性"(SNS,95)。确切地说,这种文本的异质性会"给各种解释学的问题或系统性的问题之间的关系划定一个范围",并且也"给顺畅地把握意义和符号留了余地"(SNS,99)。

　　之所以这样说,倒不一定是因为尼采的"权威";而且,这种说法也不一定能说明他"花的气力都是可靠的,或者,他玩弄的每个把戏都是合适的。我们也不能为了达到渲染解释学阐释的目的,而把他所讲的东西说成是像莱布尼茨的上帝那样具有无所不包的机巧。那种结论,虽然其目的是力图不落入那些圈套里,其结果却是淹没了更确实的东西"(SNS,99)。因为这样就会"像一个尼采的崇拜者"或"那种爱做滑稽解释的布道士"一样重新以"可笑的模仿手段去对付真理或阉割"(SNS,99)。德里达有点犯嘀咕:"在格言与其他东西之间,甚至在那些格言之间,都没什么相似的地方——或许我们只好认为,在这里连尼采自个儿也没搞清是怎么回事;当然,他也不可能一下子弄明白。这'一下子'在尼采文中每隔一会就会有节奏地出现,我们不可能把握住它"(SNS,101)。对德里达来说,尼采似乎"在他自己的文字之网里迷失了方向,就像是一只蜘蛛,结了一张网后,突然发现这网把自己也搞得晕头转向"(SNS,101)。对尼采而言,无论何时,"都没有什么女人,没有什么女人的本来面目"(SNS,101)。这一点被下列事实进一步证明了,这就是:"在他的作品里,有各种各样、形形色色的女人:母亲、女儿、姊妹、老佣、妻妾、保姆、娼妓、处子、祖母、大姑娘和小姑娘"(SNS,103)。

不过,据德里达说,正因为如此,"不仅不存在什么真实的尼采,也没有什么尼采作品的真相"(SNS,103)。即使他在内心独白的时候,真理也是"多重"的,并且那还只是他"自己的真理"(BGE,162);也"不存在有性别差异本身的什么真相,也没有男人自身或女人自身的本来面目"(SNS,103)。可是,所有的本体论都"检讨、据有、认定和论证了同一性",将之作为一个先定了的条件,而遮蔽了这种"不定性"(SNS,105)。这样说来,女人的问题"使真与非真二者到底有无本质区别这一问题被搁置起来了"(SNS,107)。在这个过程里,"带有时代特色的引号用法"就被创制出来了,并"被运用于每一个有所论断的哲学体系中的每一个概念"(SNS,107)。"解释学的工作"现在好像是非法的了;而且,这时,"阅读游离于存在的意义或真理之外,也与文本产生时的意义或文本现在的意义无涉"(SNS,107)。而其结果就是:

"风格的问题马上被化解为一个写作问题；当下的刺激所产生的问题比任何内容、主题或意义都更来劲"（SNS，107）。

　　相比之下，海德格尔对尼采的阅读则不同。他没能够在真理的荒谬的伎俩中真正认清女人，因为他没有提出性别的问题，或者说他把这一问题当成一个"一般的真理问题了"（SNS，109）。可是对德里达和尼采来说，这些宗教的或基本本体论的问题根本没有"真正的"答案，因为它们本身就不再成其为问题了。比如，按照尼采对于性别差异的分析，就没有什么固定或持久的秩序；而唯有恒变的关系之"直解（propriation）的过程"才能"不光避开了辩证法，而且也避开了本体论的决定作用"（SNS，111）。德里达把精力主要放在一种"变"上，即"将自己作为什么"："这个出现在'把自己作为什么'中的'作为'，不管它到底有什么意义，不管它是否只是表面现象，也不管它是如何对待它所失去的特征的（是限定一些范围，是全然抛弃还是只作一番改变；是有所回复，是力图挽回还是重新获得），这个'作为'都不会令原物依旧。这往后，一切有关性别对立的东西都变了，男人和女人的位置也变了"（SNS，111）。大体上说，德里达有关男人和女人、控制与仆役、拥有与掳掠的直解理论，与马克思主义和辩证法没什么关系——尽管德里达在这篇文章里没有明确地说这个问题。不过，他的文章也没有马克思主义和辩证法给人的井井有条的感觉；毋宁说，他的符号差异理论还是通过许多讽刺手法来表现出来的。"这是什么"的问题成了多余的了，因为这直解的过程"不仅控制着语言的总体进程，而且也掌握了一般的符号变换"（SNS，111）。德里达总结道：

　　　　真理的历史是一个直解的过程。而且，特征并不是在元现象学或语言释义学的追问声中产生的。因为存在的真理的问题不能够说明特征的问题；恰好相反，它对于像由多

变少那种没有确定性的变化是无能为力的——就像在赠送
这个动作过程中可能发生的给予—接受、给予—珍藏、给
予—损坏这些环节，它都无法解释。（Already inscribed in
the give-take, give-keep, give-jeopardize, in short in the
coup de don, this question is incapable of answering for
them.）（SNS, 111—13）

他用不同的话总结这同一个意思："特征的问题只可能隐隐
约约地出现在经济（在一定的意义上）、语言、修辞、精神分析、政
治等领域；至于说基本释义学的追问，则不属于这个范围"
（SNS, 113）。

在这里，不论是"苛刻的"还是"宽厚的"尼采的读者，都不会
想起海德格尔。尽管如此，德里达还是回到了海德格尔那里；并
且，不仅求助于海德格尔的基本释义学的解读法，而且采用了他
"给本体论问题所划定的范围"（SNS, 115）。他找到了海德格尔
"对于惊人的天赋的不可思议的运用"的开端，那就是1962年他
在一篇名为《存在与时间》的演讲中对于存在本身的问题的解决
（OTB, 1—24）。在那篇文章里，有一个直解的过程，它既无法
在存在的视野范围中得到解释，也无法从它的真理、它的意义的
角度去解释（SNS, 121）。

更为重要的是这篇讲演的著名结论。它以这个标题出现：
"我忘了带伞"（SNS, 123）。这个标题实际上是引用了《评论全
编》（KSA, 9：587）第五部分的一段话；在讲演的结尾部分，德里
达提到了这段话，并且，这段文字使德里达提出了一些关于解释
的问题："或许是一段引文，它可能是不知从什么地方找出来的
一个例子，或者从哪儿道听途说来的。它也有可能是不知出处
的一个词组的注释"（SNS, 123）。我们也不可能知道。如果那
些为尼采的遗稿作注的编辑们，为了顾及选编手稿的需要；就一

定要挑那些已完成的作品来做,那么,他们肯定是给"解释的夜游神"引去了(SNS,125)。

为了明白这些刻薄的话的意思,我们得知道,德里达在这里是有所指的,尤其是指在 1967 年左右,他与一位尼采的诠释者所发生的"疾风骤雨般的冲突"(那个时候,新《评论丛刊》刚刚起步)(SNS,139)。这位先生对于刊印尼采全部未公开的手稿这一做法总想讽刺几句,他说:"那些东西,要么是很乏味的语录,要么是像'我忘了带伞'这样零零碎碎的话。他们干不下去的。"

德里达说,另一个跟伞有关的东西,可以在海德格尔的《存在问题》(QB)里找到。在这篇 1955 年的文章里,海德格尔宣布了"虚无主义时代的终结"。他所说的虚无主义,是指"否定了在者的在,或对它什么也不晓得"(SNS,141)。海德格尔在自己的文章里,总是用一个黑黑的"×"打在"存在"这个词上,这是为了更清楚地表达他对于这个问题的不确定。存在"处于遮蔽(Verborgenheit)状态;它自己把自己给遮蔽了"(SNS,141)。这儿就有一个对于本真的"遗忘"的践行问题;希腊人是确实践行了的,当然,这"不是消极意义上的践行:尽管也是隐藏,不过毫无疑问,它却具有保护作用,它保护了尚未发现者"(SNS,141)。海德格尔论道,我们平常都把"遗忘"这个词给用错了,即总是"一听到它,就只会想起不是、缺少、不定等等"(SNS,141)。一般来说,人们都肯定会"把遗忘或记性不好想成是一种'遗漏'";因此,它就仅仅被看作是"一种人的处境"。可按海德格尔的看法,"对于存在的遗忘"(Seinsvergessenheit)常会以不同的面具出现,"形象地说,存在就像把伞;那些哲学教授们漫不经心的,把它不知给忘到哪儿了"(SNS,143)。不过,以这种观点,我们仍然不清楚如何确定"遗忘的本质";因为它"属于存在的本性(Sie gehort zur Sache des seins),并掌握着它的本质(als Geschich seines Wesens)"(SNS,143)。

　　除此之外，还有许多情况，都能用"伞"那句话来作解。正像德里达所说的，猛一看去，那句话太简单、太无关紧要了；不过我们得知道，一句话是不是"耐人寻味"，"并不在于它里面是有什么鬼道道"（SNS,125）。这话太容易"看明白"了，这让它"显得十分平淡无奇"（SNS,129）。一个文本的意思，或许从表面上看很浅显，可它还会进一步变化；因为，这里面包含有一个"阅读层次"，"使得它最终可以为任何语言所译解；这些语言的素材各个不同，可在这个译解过程中，却不会缺失什么信息"（SNS,129）。"它那样明明白白地展现在人们面前，没有重复什么，也没有隐藏什么"（SNS,129）。尽管如此，我们还是对那句话一无所知，这"会使它不再被认为是个确实可以理解的问题"（SNS,127）。当然，为了解释一句话，我们还可以找出"更费思量"的办法来。比如，有人可能会采用"'精神分析'译解术"；用这种办法，人们可以"明白"或自以为明白那伞的符号意味着什么："举个例子说，它就像一个两性人的生殖器，羞羞答答地藏在遮羞布后面。它既具有进攻性，又得小心自卫；既威胁别人，又为别人所威胁。人们会在阉割台的逢合器那儿见到这类稀罕玩艺儿"（SNS,129—31）。

　　实际上，对于弗洛伊德来说，这伞远不只是"符号化的对象"，它成了"元心理学概念的一个隐喻"（SNS,131）。进一步说，精神分析学家不仅把伞而且把遗忘也当作它的对象。由此我们可以想见，他们"希望能成为对这类东西进行解释的权威"（SNS,131）。不过，希望归希望，在有些情况下，"他们和那些热情的读者以及诠释的本体论者的观点基本上还是一样的；比如，在刊印未公开的遗作这个问题上，他们也认为，那都不过是一些意思没有表达完全的残篇断简罢了。由于相信它们有确定的意思，他们就力图去寻找最符合作者本意的解释"（SNS,131）。事实上，那是我们无法知晓的。因为像"我忘了带伞"这样的"残篇"的意义,"并没有被限定在哪个范围内"(SNS,131)。它的变化"并没有一条可以从头至尾贯通一气的线索,也没有一个中心"(SNS,131)。从结构上来说,它"与任何已有的意义都没关系";并且,会"有一大堆衍生出来的意思,它们到处蔓延,不顾本来的语境,没什么限制":

> 正因为我们是用读的方式去对待书写的东西,所以,那些印出来的话,或许就应该永远是个谜。这个谜的答案有可能就是:根本没什么谜,它好像是身后隐藏着的真相的摹本,其实那是假装的。句子意义的范围,不光由它的结构得来,而且事实上,还会与后者混在一起,对文本的解释不会仅仅受制于它的用法。(SNS,133)

人们会留意到,具有讽刺意味的是,德里达居然把自己的文本理论建立在尼采未公开的手稿之上;而那手稿不仅是可疑的,而且在某种意义上,可以说是空洞无物的。为了有助于说明这一点,让我们回忆一下德里达对于文本性质的最精炼表述,那是他在解释柏拉图时所阐明的原则:"一个文本,如果它直白地显现给读者,如果它让人一眼看穿,如果它将自身的规律和游戏规则暴露无遗,那么,它就算不得一个文本。进一步说,文本永远都是不可知的。不过,它的规律和法则并非藏在某个不可捉摸的神秘地方;只是说,现在对它们的把握,严格说来,还不能称为理解。"(DS,63)①当德里达提到"躲藏起来的织品"时(DS,63),我们的确可以把柏拉图的文本当成它的原型。这是因为,柏拉图是逻各斯中心主义者的首领,他用嘹亮的声音谴责了艺术、游戏、修辞、写作和神话;可他做这事儿所用的文本,却又是由艺

---

① 德里达,《柏拉图的药》(Plato's Pharmacy),见 DS,62—172。

术、游戏、修辞、精心谋局的文字以及有神话色彩的叙述所构成的。① 这样，对德里达来说，柏拉图和尼采就太相似了；不过，他们并非像海德格尔与尼采那样以历史的或颠倒的形而上学为共同基础，而是以文本的类型为共同基础。

德里达的文本概念并不意味着，我们从一开始就不该去知道这文本到底在说些什么——这是"审美的与蒙昧的解释法"（SNS,133）。相反，为了搞清楚文本的"框架范围"和"庐山真面目"，我们应当"以最大的努力"去进行"译解"（SNS,128）。读者们应该接受尼采所提出的积极解释的方式；或者采用那种评注式的和演绎式的（mise-en-scene）的写作方式，这种方式在德里达自己的文章里曾被示范过。不过，"它有个界限，就是不能把明摆着不属于该范围的东西划入这个圈子里"，"比如对一部科学著作来说，它的界限就是很明显的，它的前提条件就是要有界限；只有这样，它才能展现出自身"（SNS,133）。

关于尼采的作品，德里达的看法是："如果尼采的确是想表达一个意思，那么指谓意志（the will to mean）就会发生分裂；而本来我们是不能给指谓意志加什么限制的，因为它是权力意志的另一种形式。现在的问题是，它到底被分成两部分还是多个部分？"（SNS,133）德里达认为，不管人们怎么"费尽心机去解释"，他的观点都是"无法否定"的（SNS,133）。这就导致了以下看法："并不存在作为一个整体的尼采文本，甚至也没有什么残篇或箴言。"（SNS,135）德里达写道：这种结论"会使人们暴笑不止的，而提出者则可怜而无助地淹没在这笑声里"（SNS,135）。

---

① 尤见《柏拉图的药》最后一节，其标题为："游戏：从药到信，从盲到补"（Play: From the Pharmakon to the Letter and from Blindness to the Supplement）（DS, 156—172）。

德里达与尼采另一次很关键的"相遇"，发生在几年以后的1976年，那时德里达正参加一个弗吉尼亚大学的哲学家讨论班，并恰逢《美国独立宣言》发表二百周年。[①] 不知我们可否把这样两件事相提并论：其一是美国脱离了一个旧世界，发表了独立宣言；其二是尼采脱离了旧形而上学，进行了哲学的转向。这事儿保不准呢——尽管德里达的那篇文章跟独立宣言无关，也跟宣言结尾的那些签名无关。那些签名不仅仅是一个"经验的、因此可作推论的东西——那类东西常会出现在科学出版物里，在其中，它的价值很容易和它的作者的名字分开，实际上，二者也不得不分开，因为科学要有它独立的对象"（NO，65）。比如，欧几里得的《几何》和爱因斯坦有关相对论的著作都是这样。然而，对一个要建立一整套制度的宣言来说，尽管制度在它的历史和传统里，肯定会脱离创建者而独立发展，"并保留它自己的痕迹"，"它的签署者还是要负一定的责任的"（NO，65）。

德里达沿着签名和专名这个问题，又到了尼采那儿。问题是这样的：像尼采那样睿智的哲学家，将其哲学著作打上自己的烙印，从此二者就不可分割、融为一体了——这件事到底意味着什么？德里达以这种方式来提出这个问题：

　　　　尼采的名字对于今天西方的人们来说，是独一无二的（这种独一无二并不是克尔凯郭尔意义上的；而可能是弗洛

---

① 实际上，德里达是重复了一年以前在巴黎高师（the Ecole normale superieure in Paris）所作的题为"生与死"（La vie et la mort）的讲演。不过，他在弗吉尼亚大学讲演时以有关《独立宣言》的内容为开演辞，所以这次讲演就被重新刊印出来。该讲演的德文本首先由凯特勒（Friedrich kittler）译出，我的评论就是基于这个版本。法文本则出现得晚了一些。（德里达：《他人传记：尼采论教育，及专名的政治》（Jacques Derrida, Otobiographies：L'Enseignement de Nietzsche et la politique du nom propre Paris：Galilee, 1984），见本章注 8 关于该文本稍晚版本的内容。

伊德意义上的），他考察了哲学与人生、科学与生命哲学，他的这些工作既是有开创性的，又是富有个性的。或许他是唯一将自己的名字与经历带入作品中的哲学家。这是要冒极大的风险的，这不光是对他的生命、他的名字及其未来而言的，而且，更重要的是指他自己所造成的政治命运。当我们阅读尼采时，怎能将这些弃而不顾呢？可以说，只有认真考虑了这一点，才真正实现了对尼采的解读。（NO，72）

这个专名与签名的问题使德里达形成了一些关于作品的文本理论。① 从这篇文章里明显能看出，德里达也在探求尼采作品中的政治含义。如果我们漠视了对于女人问题和占有过程问题的分析，那么上述问题肯定也会被忽略。如果有一个总标题的话，那么"名字的政治"只能作为第二部分，而总标题则很奇怪："尼采的他人自传"（Otobiography，这个词是参照希腊语的"耳朵"[otos]造出来的）。这个怪标题好像要告诉人们，一个人不大可能完全靠自己写本自传；而是要靠别人的耳朵去搜集作者的文本，然后给它加上一个作者的名字。德里达曾以此为主题，在蒙特利尔组织了一次学术会议。在会上，他用了那篇文章的一部分；不过他讲演的主题远远超出了尼采的范围，涉及如何解决像翻译那样的文本转换与听觉差异等问题。② 真正的自传的产生，"并不是在它面世的那一刻，而是在这之后它被人们的耳朵接受的时候"（NO，72）。作者的名字是由听众给安上去

---

① 见德里达，《署名事件背景》（*Signature Event Context*，MP，307—330）。

② 《他人听觉、他人传记、变化、翻译、文本，以及与德里达的争论》（*L'oreille de l' autre, otobiographies, transferts, traductions, textes et debats avec Jacques Derrida*，Comp. Claude Levesque and Christie V. McDonald[Montreal：VLB，1982]）英文本见德里达，《他人的听觉：他人传记与翻译》（Jacques Derrida，*The Ear of the Other: Otobiography, Translation*，trans. Christie V. McDonald[New York：Schocken，1985]）。

的。对德里达来说,这里面有一些政治任务,因为"别人把文本托付了给我们,我们也接受了它们;那么,我们就应该为自己在上面所安上的名字负责任"(NO,72)。一个签名并不是简简单单缀在文章后面的一个词或一个名字,而是要为作为一个整体的文本发挥许多作用(当然,将文本作为一个整体,就总会落下一些东西)。德里达这样理解签名和文本,可见政治责任这个问题对他来说有多么复杂。①

　　德里达在弗吉尼亚演讲的题目是:"尼采的他人自传,或专名的政治",很明显,其中含有反海德格尔的意思,因为海德格尔的耳朵所听到的尼采的名字,绝对是和他的专名以及他的生活历史分裂开来的。海德格尔写过一本《尼采》,他在前言里解释了这个题目,第一句就是:"尼采,这位思想者的名字,可以作为他的思考这一事件的标题。"(N,I:XV)尽管德里达在其讲演中并没有提到这事,可他提出了一个更直接的问题:为什么尼采的名字总是和"我们这个时代最糟糕的时候"连在一起(NO,73)?

　　这是该讲演第二部分着力要讲的东西。那部分的标题是"国家的听觉符号",它从"制度和教育制度问题"开始讲起,并最终以尼采1872年的一篇题为《论我们的教育制度的未来》的文章为落脚点(NO,82)。德里达强调说,这里不存在"为尼采那些与民主教育及和'左派'政治相悖的言论粉饰"的问题(NO,82)。同样,对那些"曾为国家社会主义者们利用,拿其中一些'话语'去为其阴暗目的服务的"尼采文本,他更不会去遮掩(NO,83)。德里达认为,我们真正应该去做的,是进一步追问:"我们一再声辩,'尼采没那么认为'、'他不希望这样',或'他肯

――――――――

① 　见《他人听觉》(*L'oreille de l'autre*),以及在这本集子里所出现的争论(见前注)。又见德里达的文章:《大地深处海涛声:保罗・德・曼(Paul de Man)的战争》(见第一章注38)。

定会对这事厌恶透顶的'，或人们曲解了事实、理解发生了偏差；可为什么说，这些还远远不够呢?"(NO,85)德里达接着写道：

> 我们应该问：这事为什么会发生，它是如何发生的？这么幼稚的曲解意味着什么（并不是所有的作者身上都会发生这种事）？那些"相同"的话和"相同"的表达（如果可以说它们是"相同"的话），为什么总是出现在各种各样似乎不尽相同或根本不同的意义或语境里呢？我们还应该问：唯一按照尼采的学说建立起来的教育制度，或者说，仅有的一丝痕迹，为什么居然是纳粹呢？(NO,85)

当然，如果下结论说，像Führer(领袖)这样"让希特勒同气相求、让纳粹同声相和"的词，就是从尼采著作中来的，那肯定是"粗鲁的、幼稚的"(NO,88)。不过，如果说"尼采压根就没有这方面的想法"，那肯定也是短视的、糊涂的。因为，我们不会忘记，"元首希特勒"也想成为"思想大师"；或者，只要想想"海德格尔的例子"就可以了(NO,89)。话虽这么说，可如果有人谈到尼采思想里不好或消极的东西时，还是会想，"或许这里有对原意的扭曲或似是而非的误解吧"。德里达坚持认为，"这种情况不能单纯归结于偶然性"，因为"在政治上，真正把他抬到最高的位置、将他正式作为一面大旗的，唯有纳粹"：

> 我的意思并不是说，这种"尼采式的"政治是唯一可能的类型；也不是说这表明他们对这份遗产继承得最好；更不是说那些与纳粹无关的人就更知道尼采的神髓。非也。尼采文本的未来，是开放的。时至今日，唯一可称之为"尼采式"的政治，就是纳粹；不过，也正因如此，这种情况才会有其意义，我们也才得去探讨它总体上的意义。(NO,91)

我们往往是从纳粹主义的视野去了解尼采和他的政治思想的，而人们却很少注意到这一点。这是因为，一方面，人们自以为"知道该如何评价纳粹主义"，而其实并不清楚；另一方面，尼采的文本"是开放的"。再说得尖锐点，我们不能忽视这样一个问题：尼采"伟大的政治思想"究竟是已离我们远去了呢，还是"正朝我们走来"？因为"国家社会主义和法西斯主义只不过是人类灾难史的一个小小片段而已"（NO，91）。在这里，德里达提到了几个文本，比如《瞧，这个人！》里关于"炸药"的一段："我不是人，我是炸药。"（GM，326）不过，他也提醒我们，在《论我们的教育制度之未来》一文中，尼采将国家称为"大恶"，并指责黑格尔是"国家思想家，他的名字是恶之名"。事实上，尼采清楚地表明了自己的立场；比如，曾有一种看法，认为"马克思主义用一系列方法所进行的分析，甚至其'统摄全部'的核心概念，都应当看作是受黑格尔的国家学说影响的产物"，尼采对此进行了批判。不过，为了更确切地搞清马克思主义批判与尼采的批判之间的关系，就应该进一步考察"马克思主义的国家概念以及尼采是如何反对社会主义和民主制的"（NO，93）。

尼采论教育制度的文章，德里达特别予以注意。在这篇复杂的尼采早期作品里，德里达发现，我们完全有理由认为我们生活在"一首完整的乐曲中"。他特别强调，这里的"我们"是指"所有的男人"，而不包括女人。这是因为，"如果我没理解错的话，女人是找不到的——你就是跑到娘肚子里也找不到，怎么都不行"（NO，93）。后来他又改口说：

> 我是说，如果我没理解错的话，除了母亲以外，是没有女人的。不过这跟整个情况有关，母亲是一个没有人格意义的形象，甚至连人格意义的面相也没有。所有的人都从她那里来，而她自己却消隐在幕后，无影无踪。万物——首

先是生命——都复归于她，万物都被引向她，万物为她而在。她并不出场，故她永生。(NO,97)

"母亲现象"是这篇讲演第一部分("生命的逻辑")的核心内容。这一部分更直接地针对尼采的《瞧，这个人！》。德里达把这篇自传也看作是"他人自传"：它一方面是传统意义上的哲学家自传，有一些哲学史人物常会用的那种往自己脸上贴金的做法；另一方面，它又带有思想传记的色彩，对于一个思想体系的存在，他会用心理学方法甚至精神分析的、历史的、社会学的方法进行实证分析，并假装做得很公平(NO,71)。对德里达来说，这是"一个'工作'和'生活'的中间地带的问题，一个体系与该体系的主题之间的空白的问题"，这个问题既不能由对哲学体系内在的文本阅读来提出(不管是不是用结构主义的方法)，也不能用"外在的和经验类推的方法"提出。德里达还说："我把这个空白称为'力学式的'，因为它有力量、有强度，还有内在的推动力。这个空白既不是积极的，也不是消极的；既不是内在的，也不是外在的。"(NO,71)

通过这一点，我们能知道些什么呢？德里达常从弗洛伊德那里借用来的一些话语可以拓宽我们在这个问题上的思路——尽管也只是说个大概而已。生命，或所谓生命，就其作为"生物学或传记的材料与对象"的意义来说，并不是和"死亡，死亡学或墓志铭"截然对立的，尽管后者总是以前者对应物的角色出现(NO,71)。恰好相反，"生命也很难成为科学的对象；因为，哲学和其他的科学都觉得，要用一般具有合法地位的科学方法去研究生命，真是太难了"(NO,71—72)。从这个意义上来说，科学可以"绝不犹豫、毫无保留"地处理它的对象；可从根本上说，它们仍然只是"无生命的科学，或者换种说法，是死的科学"(NO,72)。生命学肯定会遇到"延迟"和"剩余"的问题，这是科学在面对那些死的对象时所不会产生的问题。这样,德里达所说的"空白"就出现在以下二者之间:一个是文本,一个是作者本人(NO,72)。在这个意义上,他提出:"我们应该从《瞧,这个人!》去理解尼采";在那本书里,尼采"向人们完完全全地展示了他自己"——即使有时他没有用自己的名字,而是戴着面具或用别的名字,人们也能认出他。面具也好,许多名字也好,都可以起到"保护作用",并展现出 些"别的意义",在其中,我们可以发现"生命的狡计",因为"生命总是躲躲藏藏的"(NO,75)。

德里达提到了尼采为《瞧,这个人!》所作的序言:"我是如何长成的"。这篇文章写于他 45 岁生日之际。这时他清醒的日子已经无多了——后来,在准备写《说说我是谁》的时候,他就开始表现出精神崩溃的迹象(GM,217)。那天对尼采来说,是"美好的一天",他达到了生命的巅峰状态;"葡萄熟了,万物丰盈";这一天,"太阳之眼"凝视着他的生命,他心中充满对整个生命的"感激之情"(GM,221)。这样的一天促使他决定"为自己细数平生"(GM,221)。他之希望"为自己"讲述,是因为他认为生命是"自己的荣耀";他还说,谁要是认为他曾在这世上存在过,"恐怕那只能是个臆断而已",因为在他的周遭,"没人听说过我,甚至也没人见过我"(GM,217)。他要做的,就是和"来到安加第恩河(Engadine)上游地区消夏的一个受过教育的人"谈话,让那人确信他并不存在(GM,217)。因此,他觉得不得不说:"听我讲! 我是如此这般的一个人! 无论如何,别把我当成了别人。"(GM,217)

德里达又说,我们得知道,这种"自我呈现和展示",其实源于"隐藏的狡计",如果"我们把它当作单纯的自我呈现",那就上了当(NO,75)。可这需要有个前提条件,即我们已经知道了"一个自我呈现或解说是怎么回事"(NO,75)。然而,尼采是在《瞧,这个人!》的前言里就提到那些东西的。这本书署名"尼采"，并用这样的话作结尾："我被理解了吗？——狄奥尼索斯对死囚"进一步说，尼采虽自比"'瞧，这个人！'的基督，但他并不是基督，甚至也不是狄奥尼索斯，这两个名字谈不上'相对'，好像也不存在人们一般所以为的那样的交锋"——对德里达来说，这些似乎充分而鲜明地表现出了专名和同一个名字的"假面"的繁多，并都把名字像线一样在迷宫里混作一团；当然，这应该是指"耳朵的迷宫"(NO，76)。

在《马刺》(Spurs)这篇文章里，德里达强调了尼采的不同风格和尼采文本的异质性。尼采在其晚期作品中所表现出的独特的"双重气质"，他"两面人"似的性质，他的署名，他的生活，他的自传，无不表现出一种"矛盾的二重性"。德里达把这些都看做是"生命的高潮"的特征；所谓"高潮"，其实并不存在于哪个地方、哪个位置，毋宁说，它在乎"须臾之间"：你抓它不住，转瞬即逝。在德里达看来，这就使得某种阅读和传达尼采文本的方式成为不可能，并会引出一些可笑的荒谬结论；而且还会有一些模糊不清的东西出来——人们对尼采的解释，一直都是这样含混和影影绰绰；他们总是认为，尼采是在人类存在或生物学的意义上去谈论和思考诸如人生这样的问题的(NO，258)。德里达接着说，所有那些东西，"不管是甲乙丙丁，还是子丑寅卯，统统是可能的(因为尼采几乎对每个方面都有涉及)；同时，它们也必然是相互矛盾的(因为他所谈的，总是互不一致，并宣称他就是要这样做)"(NO，79)。

尼采自己对他生命中的"矛盾本质"以及他的存在的"双重真理"看得很重，这体现在《瞧，这个人！》的第一章："我为什么这么聪明"(GM，222)。这里，他突出他的"双重血统"，从一开始他就说："我这一生是很走运的，它是无可比拟的，或许，它是天赐的——用谜样的话说，我已像父亲那样死去了；可我也像母亲那样继续活着，并逐渐衰老"(GM，222)。从这话里，德里达发

现了尼采生命的矛盾本质：他的生命"介于生与死之间、开端与
终结之间、衰亡与成长之间，等等"（NO，79）。父亲使他具有死
的本质；母亲则使他具有了"延续的生命的本质，生存与生存者
的本质"（NO，79），并且，他母亲一直活着，完全可以说，这在很
大程度上是他精神崩溃的诱因。"已过世的或虽还在世但是缺
位的父亲，与他从头到尾一直存在的母亲"，这二者的关系，在德
里达看来，在诸多关系中具有最基本的结构。"这一点可以体现
在许多伟大的家庭里，比如，在耶稣家中的皮耶塔（Pieta）就是
这样（耶稣和狄奥尼索斯是对立的，可实际上他们也是镜里镜
外）；还有，如果人们没有忘记这一事实，即尼采的母亲一直活到
他发疯以后，就会觉得尼采的家庭也是这样的；进一步说，只要
人们'别拘泥于什么事实之类的东西'，就会发现所有的家庭都
是如此"（NO，81）。

　　对于自己来自死与生、父与母的"双重血统"，尼采将之与
"生命的全部问题"联系起来；对于这两部分，尼采采取"中立"的
立场，"不偏不倚"；他把升与降合二为一："二者我都了解。我二
者兼具"（GM，222）。

　　尼采认为，他的双重天性的最重要结果，就是逐渐形成了透
视主义的视角。这是那生病的时光所给予他的"真正礼物"；"那
些日子里，我变得更敏锐了——不论是观察，还是观察的器官"
（GM，223）。他用生病与健康的概念清楚地提出了透视主义的
观点："从病人的角度去看较健康者的理念和价值观；或者反过
来说，从一个健全和自信的充沛的生命的角度去看待那具堕落
本能的人们的隐私——这些都是我最常做的训练，我最真实的
体验；如果说我有什么长处的话，那我就对此擅长。我知道如何
改变视角，我已悟此中之道；对我个人而言，这是重估一切价值
之具有可能性的首要原因"（GM，223）。不过，对德里达来说，
这种"二重性的矛盾"已经超出了"单纯的辩证法中对立方之间

的否定的范围"(NO,82)。

德里达第三篇关于尼采的讲演于1981年8月发表于歌德学院;在这里,他与伽达默尔以"文本与解释"为题进行了一次公开的哲学对谈;参加这次活动的,还有其他一些德国和法国的评论家——不过,在这场讨论中,人们的兴趣主要集中在哲学释义学与解构主义双方的代表人物之间的交流上。① 伽达默尔和德里达之间的争论,经历了好几个阶段。在伽达默尔以"文本与解释"为题的主旨报告中(DD,21—51),他不仅提出了他的哲学释义学的原则,而且将他的动机描述为"理解的美好愿望"——这是为了给他与德里达的讨论提供一个桥梁。然而,德里达却淡淡地用一句"好的权力意志"作答——他这样做,或许是为了表明,在解释学所宣称的"理解的美好愿望"中,占有、攫取、分类、推导、删改的意志是如何起作用的(DD,52—54)。对于解释学的"一般论断";他大致向伽达默尔提出了三个关键的问题,这些问题本身就试图"在文本思考方面"提出一条"迥然不同于"伽达默尔的路(DD,54)。②

伽达默尔的回答以"不过是美好愿望的努力"为标题,试图将德里达的陈述定位在解释学的原则及一般论断之内;于是,这场论战就更急剧地转向了尼采。这时,德里达干脆瓦解了论战的框架。他的回答的标题是:"解释署名(尼采和海德格尔):两个问题";并且,他还对海德格尔的《尼采》作了批评的与哲学的分析,以此作为对于伽达默尔的"美好意愿的努力"的直接回答(DD,58—71)。不过很明显,德里达是从他的视角出发,将海德格尔的《尼采》作为典型,用这个例子来说明哲学释义学是如何

---

① 呈交这次会议的论文在德国可以找到。至于英译本,则包括其他许多不同评论者的文章,见 DD。

② 见第五章对此的讨论。

被运用的。伽达默尔不会对此不悦的,因为在很多时候,甚至就在辩论的前一天晚上,他还将海德格尔的《尼采》认作是哲学解释的杰作。在该书中,海德格尔显示了他深刻的洞察力:他将权力意志和永恒轮回归为一处,并说二者"不过是同一事物的两个方面而已"。[①]

这样,我们可以把德里达关于尼采的讲演看作是在1981年的会议上所发生的"德法论争"的一部分;不必考虑视角的多样性,也不必考虑他关于尼采的观点的复杂性,它是可以被理解的。不过,正像标题"解释署名"所显示的,这个讲演继续了在"他人自传"中所产生的、由自传式的解释或其他方式所形成的争论。这个讲演也体现了德里达在更多方面反对海德格尔对于尼采的理解——而从一开始,对于德里达关于尼采的著作来说,海德格尔的观点都是非常重要的。

在德里达对于尼采的诸多分析中,有一些非常明显的共性。不过,德里达对尼采的研究还是和以往一样,没有完整的结论;相反,他故意要使之成为片断的、模棱两可的语录似的东西,或者是一些能引起更多新想法的对于尼采的很随意的评论。所以,德里达这样总结这篇文章:他只是提出"两个问题",并且,他"有可能"会采用"转喻的暴力"——而在对尼采进行解释的过程中("在其他人那里或其他的时候"),这种"暴力"占了主导地位(DD,71)。

德里达的讲演实际上提出了两个问题:第一个是"关于尼采这个名字",第二个是"关于整体这个概念"(DD,58)。而第一个问题大致上居于主导地位:正是这一点,最能体现出德里达和海德

① 见伽达默尔,《扎拉图斯特拉的戏剧》(Hans-Georg Gadamer, *Das Drama Zarathustras*, Nietzsche-Studien 15,1986;3—4;)又见伽达默尔的访谈录:《伽达默尔与哲学的权力》(Philippe Forget and Jacques Le Rider: *Hans-Georg Gadamer et le pouvoir de la philosophie*, Le Monde, Apr, 18/19,1981.)。

格尔在对尼采的看法上的对立。只要翻开海德格尔的著作，看到那些关于永恒轮回或作为知识的权力意志的讲演，德里达就会说，"实际上，从头到尾他的解释基本上都是一样的"，并且，"这里非常强烈而集中地体现出他特有的阅读方式"(DD,58)；尤其引人注目的是，这种解释要展示出"尼采的思想的完整性和独特性"(DD,58)——其思想被认为是"前后完全一致"的；而且，对海德格尔来说，尼采似乎达到了"西方形而上学的顶峰"，他就像是"站在山峰山脊之上，屹立于群山之巅"(DD,58)。透过这种"对尼采的解读"，人们所看到的，是"解读西方形而上学的一般基础"(DD,59)。这样就产生了一个问题："对于尼采的全部解释，就其作为一个整体而言"，如何能够"仅仅以这种解释的方式，就判定其思想是前后一致的还是彼此无关的"(DD,59)？海德格尔之断定尼采哲学具有统一性，并非直接从尼采本人那里得来的——"不管尼采是清醒的还是发了疯，他的生命都不足以说明这个问题"；相反，这是从整个西方形而上学的统一性所得出的结论。这样，"传记、自传、专名的形式与作用、署名，等等，——这些东西，重新居于少数派的地位，即，又恢复了它们在形而上学的历史中一直扮演的边缘角色"(DD,59)。不过，德里达认为，这表明，"海德格尔对于尼采的解释的统一性，这种解释的依据即西方形而上学的统一性，以及海德格尔的思路的统一性；这三者是相互关联的。我们无法将它们彼此割裂"(DD,59—60)。

德里达在开始他的分析时，"暂时对传统的阅读规则妥协了"，对海德格尔的文本进行了详细的分析。不过他最不避繁冗进行剖析的，是前言的第一句话："'尼采'——这位思想者的名字，可以用作他的思想材料的标题"(N,I:Ⅳ)。这里产生的问题是："那么，把专名放在引号里，将会有什么结果呢？"(DD,60)按海德格尔的说法，Sache(材料)并不是作为"原因"而存在的，而是作为"内部的对立面"的"争论"而存在的，用拉丁文表示就

是 *causa*,或"合法的争论"。因此,尼采这个"名字"并不能直接决定他的思想,就像由原因产生实际结果那样。毋宁说,这里的句法显示出,我们应该换个角度理解这个所有格:名字并非先于思想,而是思想的"主题和材料";"'尼采'无非是这个思想的名字而已"(DD,61)。在这里,德里达是站在海德格尔的立场上的;他的观点类似于海德格尔稍后在《尼采》第一卷所指出的:"尼采是谁,以及他的名字意味着什么,真的只能从他的思想轨迹中去寻找,而不是在那些多少修饰过了的传记流水账中去寻找。"(DD,61)从其名字出发对尼采的解释,以及由其思想所看到的名字,可以用两种根本不同的方式来阐明。其一是以新的途径去探讨名字的问题。"这要冒一定的风险,即,我们可能会发现,这个名字将四分五裂,藏在各种面具和假象后面"(DD,62)。如果从这种方式出发,我们就得记住,对这个名字的解释是无穷无尽的,因为"这是在远离思想家的'生命'的情况下进行的",或者说,"是从对未来世界来说的最佳角度出发来进行的"(DD,62)。这就是德里达在他为尼采所作的"耳朵传记"中的采用的方法。另一种方法则是试图"'从思想的主题材料出发'去判定名字的本质",实际上就是从一种被明确地当作"论点的内容"的思想出发去思考问题(DD,62)。若由此视角出发,则"特定的专名"将"变得无关紧要",成为"'传记'的目录或一个人的'心理学'"(DD,62)。这是海德格尔所采用的方法;他"按照传统形而上学的路数",把生命与思想割裂开来,将那基本上是道听途说得来的传记与尼采终其一生都在探讨的"重大问题"割裂开来。

这些解释的语言与历史的基础,是被海德格尔嘲讽和批判过的 20 世纪初编的那本《全集》,[①]以及纳粹时期编纂的那部独

---

① 《尼采全集》(Friedrich Nietzsche, *Samtliche Werke*), Grossoktavausgabe (Leipzig: Naumann, 1901—13)。

具历史批判价值的《全集》。① 海德格尔认为,这些版本都错误地遵照了"百无一漏的原则"——按照这个原则,我们得把"百分之百所有的东西"都印出来(包括"我忘了带伞"这样的话);而且,它们"以一种为传记或心理路程作注释的方式",去推敲这些作品究竟出自作者生命中的哪一天,甚至同时代人的评论的具体时间(N,Ⅰ:10—11)。对于海德格尔来说,"编纂真正的'作品'(1881—1889)",处理那些《权力意志》由以编出的未公开手稿,是"将来的工作"(N,Ⅰ:11)。从这样的评论中,明显可以看出,海德格尔曾设想对这部"伪作"进行修订,弄出一个新版本,而这将严格地依照他解读尼采的原则进行。

　　德里达在其批判中认为,进一步来看,海德格尔对尼采的看法基于以下观点,即,"如果不把尼采看作是西方形而上学的终结,不认为尼采提出了截然不同于以前的存在之真理的问题",我们就无法对尼采作出"真正"的解释(N,Ⅰ:10)。德里达认为,"首先要注意的问题就是,我们得留意海德格尔所提出的这个框架的根本必要性"(DD,63)。在实际进行解释的过程中,我们应当始终把尼采放在西方形而上学的大背景中,并把真理的问题放逐到本体论的另一边。按海德格尔的意思,只有这样,我们才能知道"谁是尼采"(DD,63)。

　　对于这种特殊形式的解释名字的方法的批判,是德里达与海德格尔的《尼采》相对立的第一个方面。为了使自己避免简单化,同时也为了显示对海德格尔的哲学著作表示感谢的姿态,德里达又说,海德格尔对尼采进行解释的方法的基础,是"'X是谁?'这个问题",这在当时是"思想家们很少能提出的问题",即使是现在,也仍然很罕见。最常见的情况是,这个问题被"以传

---

① 《尼采著作与通信集》(Friedrich Nietzsche, *Werke und Briefe*), Historisch-Kritische Gesamtausgabe (Munich: Beck, 1933—42)。

记这种琐屑的方式提出来。——不管是人物还是他的工作,抑或是工作后面的人物,比如说,笛卡尔和黑格尔的生命就和一种资料汇编相联"(DD,64)。而海德格尔解释尼采的方式则不是这样,他将"尼采的名字看作是体现他的思想的著作的标题",并以此来追问尼采是谁——这在德里达看来,全然是打破常规之举(DD,64)。那些牵涉到"署名"的题目、专名、他人自传和自传——所有这些,对于德里达的文本理论来说都是极重要的,它们是德里达对海德格尔的《尼采》进行批判的起点;而且,从某种程度上讲,它们正是来自海德格尔的冲动。有一点我们得清楚,就是,是德里达自身的风格导致了他独特的阐释方法——正是这一点,使得他与海德格尔之间出现了分歧。如果我们把他们的分歧之处或二人分道扬镳的原因说得再清楚一些的话,那就是:海德格尔将尼采的名字看作是一个过去的、已经终结了的事物,或者说,是一个确切的、前后一致的和有定论的事物;而德里达则把这个名字放在一个不可预测的、没有终结的广阔未来的背景中去考察。

德里达在解释尼采的问题上对海德格尔的批判,还有一点是很重要的,即海德格尔总是想"让尼采脱离他独特的命运"(DD,65)。对海德格尔来说,尼采的命运"仍然是模糊不清的",因为他的思想没有能够完全体现在他的著作中;他的生命哲学是用诗化的语言写就的,这使得解释者们对他经常产生误解。因此,海德格尔希望能够达至"尼采的内心深处,而不受他的经验形象的蒙蔽,也不让它所产生的影响迷惑自己"(DD,65)。在这个过程中,海德格尔的拯救工作恐怕是成问题的——因为在他看来,尼采的思想并没有真正"超越形而上学的最终阶段",而是仍然停留于其中(DD,65)。德里达就此直言不讳地说:"海德格尔一方面要拯救尼采,另一方面却又遗弃了他。他想留住尼采,可同时又让他走了。在断定尼采的思想具有独特性的时候,他又千方百计去证明它具有形而上学的最为鲜明的(因而也是最普通的)框架"(DD,65)。这种"模棱两可的救生行动",就像是"一个走钢丝的演员,冒着极大的危险在细绳索上表演;可下面却伸来一张网,这是为了确保他没有任何危险(这演员没有戴面具,他靠自己名字的统一性来保护自己——这种统一性在我们的讨论中应当是形而上学的统一性)。可以说,这个演员在落入网中以前就死掉了"(DD,69)。

德里达用一个看上去很不起眼的例子,去把握海德格尔解读尼采的基本路数。这个例子是关于海德格尔的《尼采》的题辞的,这题辞选自《快乐的科学》中一段标题为"生命的中途"(In media vita)的箴言(GS,255)。海德格尔引用的只是它的一部分,而漏掉了一些重要的东西;这就使得这段复杂、多义、晦涩的文本变得似乎只有那么一层思想了;甚而,他在这样做的时候还评论说:"尼采自己也说这决定了他的思想。"(DD,67)如果把海德格尔的《尼采》和尼采的作品放在一起的话,我们就能找到足以说明二者关系的有力例证。德里达是这样描述这种关系的:

> 不过这篇文章(《生命的中途》,[In media vita])自相矛盾的特点也影响了海德格尔的解释。不错,生命是可以有彼岸,可它不能容忍自己被看作是次要的东西。生命之表里都展现着真理或知识的律动,它的彼岸就在它自身之内。不要提什么生命之重负与欢欣,笑颜与战火,疑问与感叹——所有这些,在海德格尔看来(我们别忘了他是如何淡化或抹煞这些问题的),都不应该在这里被提及。(DD,66—67)

对于德里达来说,这种抹煞典型地体现出"尼采这类人与海德格尔,尼采这类人与所谓的西方形而上学"之间的对立(DD,

68)。他进一步描述了这种对立：

> 自亚里士多德以来，至少直到柏格森为止，'它'（形而
> 上学）总是认为，想和说一定意味着是在想一件东西、说一
> 件事情——如果既没想也没说一件什么事或一个理，那么
> 就根本不能称之为想和说，而只能称之为逻各斯的缺失。
> 而尼采所要质疑的，恰好就是逻各斯的齐备（the legein of
> this logos，the gathering of this logic）。(DD,68)

对德里达来说，用尼采名字的复数形式"尼采这类人"——
就像是在指流浪者和走钢丝者的一家子人，他们引他进了一场
"宴会"(DD,68)。海德格尔也注意到了这场宴会的基调，这基
调在尼采那里经常出现；不过，海德格尔对此进行解释的方式，
若在尼采看来，只有在他的一切在者的基本概念——权力意
志——的基础之上，方可被考虑。海德格尔在对此进行反思时，
认识到了他关于尼采的讲演所具有的这种宴会的特征(N,I:
5—6)。相反，对德里达来说，"尼采家的宴会"上的思想家，都有
被撕成碎片、扯下他的或她的面具的"危险"。他认为，海德格尔
设宴的地方，不在扎拉图斯特拉那里，

> 也不在巴塞尔、威尼斯或奈斯(尼采生活过的地方)，而
> 是在弗莱堡（Freiburg im Breisgau，即海德格尔的家)，
> 1936 年到 1940 年之间的时间，是为这个宴会作准备——
> 为"在家里提出真正的问题"作准备(DD,68)。

尼采与海德格尔 *

瓦提莫　著

田立年　译

重提尼采和海德格尔关系问题,目的不是进行语文学分析,探讨一个尼采派和海德格尔派(Nietzscheans and Heideggerians)已经充分探讨过的主题,要讨论的问题却是一个至少已构成欧洲大陆哲学核心的论题——我认为甚至已构成当代哲学争论中最核心的论题。

可以从一个无争议的事实开始:取一编年单位,以最近 25 年为限,我们就会看到,大陆哲学的进展主要与两个问题有关:一个是尼采思想的含义,有关的研究和语文学探讨于 60 年代初①复兴,另一个是"后期"海德格尔哲学,这在 50 年代末也开

---

* 本文选自 Thomas Harrison 编,《尼采在意大利》(*Nietzsche in Italy*),Anma Libri,1988,pp. 19—29(王鸿赫先生曾译过本文初稿,并对本译文提出过修改建议——中译注)。

① 在这些年里,Colli 和 Montinari 版尼采著作开始出版,最初出版于意大利(Milan:Adelphi,1963 年以后)。

始成为一个重要问题。① 后期海德格尔的命运和尼采的复兴,
不只是在年代上重叠的两个哲学事件。因为众所周知,尼采复
兴的一个重要因素,正是海德格尔汇聚他 1935—1946 年间大学
讲课材料和其他文字材料,出版了关于尼采的两卷著作。② 海
德格尔对尼采有兴趣,不仅仅因为在海德格尔追溯形而上学历
史的诸多方面中,尼采是其中的一个方面。而且对海德格尔来
说,尼采是一个对手,其重要性只有前苏格拉底哲人,或许还有
荷尔德林,可以相比。独立于海德格尔所提的解释性问题之外,
语文学研究——科利和蒙提纳里在考订版中的工作一直自外于
海德格尔的讨论,即使在其需要对尼采著作做出哲学“评注”时,
也是如此——虽然也与尼采复兴同样有关,但尼采的复兴,主要
还是与海德格尔后期哲学的命运交织在一起。任何一个阅读尼
采的人都不得不与海德格尔的解释打交道,并因此必须追溯他
的整个哲学发展路线(我自己就碰到这种情况,时间恰好是 60
年代初);因为,与人们一度认为的不同,对海德格尔来说,尼采
并不是一个仅具边缘意义的历史编纂学的“主题”。

　　同时,也正是由于在形而上学的历史中,海德格尔赋尼采文
本以至关的重要性,海德格尔研究者们发现自己不得不回到尼
采文本。因此,在最晚近的欧洲哲学中,在海德格尔和尼采之间
的一场往返运动就形成了。(我的论文将试图证明这一点;)这
一运动的意义并非像人们可能想象的那样,仅限于通过海德格
尔的解释性工作理解尼采。同时还存在着一种相反运动:与海

---

① 《林中路》(*Holzwege*)出版于 1950 年(Frankfurt am Main: Klostermann),《演
　讲与论文集》(*Vorträge und Aufsätze*)于 1954(Pfullingen: Neske),《走向语言
　之途》(*Unterwegs zur Sprache*)于 1959(Pflingen: Neske)。

② 海德格尔,《尼采》(*Nietzsche*),2 卷本(Pfullingen: Neske,1961)。英文版译者
　David Farell Krell,出版者 Harper & Row,New York,其编排如下:第 1 卷,作
　为艺术的权力意志(1979),第 4 卷,虚无主义(1982),第 2 卷,同一物的永恒复
　返(1984),第 3 卷,作为知识和作为形而上学的权力意志(1987)。

德格尔在其尼采解释中提出的显论题（explicit theses）完全不同，海德格尔哲学本身的意义，似乎也只有通过尼采才能得到理解。因此，人们不仅可以谈论作为尼采解释者的海德格尔，而且也可以谈论作为海德格尔解释者的尼采。就其作为一个解释者而不仅仅是作为被解释文本的存在来说，尼采与海德格尔著作中所描述的尼采形象相去甚远。由此产生一种分布甚广的悖论性处境，特别是在法国和意大利。许多海德格尔派在一种海德格尔视野中阅读尼采，但这种海德格尔视野并不包括，或仅仅是部分包括，海德格尔关于尼采的显言论（explicit claims）。我将试图表明，之所以出现这种情况，与其说是由于海德格尔解释者关于海德格尔的知识不完全或片段化，毋宁说是由于：要忠实于海德格尔最内在的意向，就必须在一定程度上"背叛"他的尼采解读。

这一论点有事实为证，虽然我无意在此详加论证：在大部分当代海德格尔主义（Heidggerianism）中，尼采这个名字并没有（比如，像笛卡儿和黑格尔那样）被看作必须努力予以克服的形而上学传统的作者之一。相反，在这个名字背后，我们看到的是一个思想家，他像海德格尔一样，已经走上一条将形而上学抛在身后的哲学道路。毫无疑问，海德格尔本人已经部分预示了尼采的这一"特权"地位，他将这位前辈看作最后一位形而上学思想家，存在之遗忘在他身上达到顶点，但同时又将他看作一个转折点："危险在哪里生长"，用海德格尔最经常引用的荷尔德林的诗来说，"拯救的力量也就在哪里生长"。但是，不用说，在海德格尔看来，尼采与他自己仍然距离遥远，因为尼采仍然属于形而上学的历史，并将存在构想为权力意志。而今天，正是海德格尔和尼采之间存在的这一距离，在大多数当代海德格尔派的思考中，趋于消失。

即使像伽达默尔这样的作者，情况也是如此，在他的著作中，竟然只是略微展开海德格尔克服形而上学的主题。《真理与方法》中①有一段文字，巧妙地、核心性地讨论了海德格尔复兴存在问题的意义，在这段文字中，伽达默尔首先将尼采说成海德格尔的先驱，而不是狄尔泰和胡塞尔。厕身于海德格尔的"古典"解释者的思想脉络中，即那些第一代海德格尔派的思想脉络中，人们也许可以合理地假设，海德格尔和尼采也基本平行，或是被相同的意图推动，甚至洛维特也持此看法。在洛维特的解释中，海德格尔 30 年代的 Kehre 或转向，基本上是一种政治让步，没有真正理论方面的原因，这种说法值得注意。但是，洛维特说，在现代性登峰造极之时，尼采试图重新恢复希腊的存在视野，但未能成功，当他这样说的时候，他所描述的海德格尔克服形而上学的努力，岂不也是理论的而非政治的术语？在洛维特看来，这不是不成功的努力吗？洛维特的立场相当特殊，并不完全适合我们的讨论框架，因为他实际上不能被描述为一个海德格尔派，虽然说按照我刚才提出的假设，人们也可以重新考虑这一问题。然而，不容否认的是，所有当代释义学都或多或少假定尼采与海德格尔接近，这种表现为海德格尔思想之发展的哲学，在尼采解释这一特定问题上，背离了其导师的诸多结论。

　　我不想在此讨论，诸如福柯、德里达、罗蒂等作者，是否或在多大程度上可以被纳入这一释义学框架。但他们每一个人身上，都可以多少明确地看到一种尼采观，按照从这种尼采观出发所做的解释，尼采与海德格尔基本一致，其程度比海德格尔所能承认的大得多。事实上，可以将福柯的思想描述为尼采和海德格尔的一种最后完成或"综合"，一种泛尼采式观点（a prevalently Nietzschean point of view）的实现，但这却几乎没有给海德格尔的本体论意向留下什么位置。在一定程度上，这话同样

---

① Hans-Georg Gadmaer，《真理与方法》(*Truth and Method*，Garrett Barden 和 John Cumming 译，New York：Continuum，1975)228。

也适用于德里达及其学生（Sarah Kofman 和 Bernard Pautrat）
著作中的尼采和海德格尔形象，甚至更早的德勒兹著作中，也是
这样的尼采和海德格尔形象。海德格尔和尼采之间的隔阂从来
就没有被强调过。两人都被划归为指出一条超越形而上学的思
想道路的思想家之列，虽然方式有异，程度不一。

　　甚至意大利哲学，最近几十年出现的向尼采的返回，也与海
德格尔有关。技术的问题在此具有一种核心意义。即使是，或
特别是作为"技术思想家"，尼采和海德格尔也被认为是基本一
致的（我在此想到的是卡西阿里［Massimo Cacciari］的著作，但
同样还有色维利诺［Emanuele Severino］的著作。虽说将尼采
和海德格尔两人都看作——我们下面将会看到，这种看法有充
分的理由——同一虚无主义背景下的产物，实际上是在与海德
格尔争辩）。

　　我在此提到的诸思想家乃是一些实例，表明了最近一些年
来大陆思想中似乎普遍可见的一个事实。这一思想在对尼采和
海德格尔哲学的特别援引基础上发展起来。即使当其以海德格
尔思想的进一步发展的形式出现时，它也没有将海德格尔尼采
解释的全部含义都"当真"。相反，它在海德格尔和尼采之间看
到一种连续性，与海德格尔著作中给出的关于尼采的外显解释
成为对照。我建议将这一悖论看作一个重要的理论问题，并试
图说明，为什么可以（依我看则是必须），做一个海德格尔主义
者，却并不一定要跟在海德格尔解释身后亦步亦趋。最后的结
论是：要追随海德格尔思想的最内在的意图，描述他与尼采的关
系，就必须以与海德格尔自己的描述方式不同。

　　海德格尔——特别是他在 1961 年出版的内容广泛的研
究——给尼采解释造成的转变，在于建议联系亚里士多德来阅读
尼采，也就是说，将尼采当作一个主要关心存在问题的思想家，当
作一个形而上学思想家来读，而不是简单地当作一个道德家、"灵

魂学家"或"文化批评家"来读。① 根据这一解释学决策,海德格尔
给予尼采后期著作以优先关注,特别是优先关注最初为《权力意
志》准备的笔记,而倾向于将尼采的大多数更"散文性"的作品放
到一边:诸如《人性、太人性》、《朝霞》和《快乐的科学》等。但正是
这些著作,与诸如《善恶的彼岸》和扎拉图斯特拉之"诗"等晚期格
言体著作一起,决定了 20 世纪最初几十年里流行的尼采观,例如
狄尔泰在简短的《哲学的本质》(*Essence of Philosophy*,1907)中概
括的那种尼采观,其中尼采与卡莱尔,爱默生,卢斯金(Ruskin),
托尔斯泰和梅特林克等"哲学作家"并列。在狄尔泰看来,这些人
标志出一种处境:当伟大的形而上学时代过去之后,哲学趋向于
成为 Lebensphilosophie[人生哲学]——不是在我们现在所谓"生
机形而上学"(vitalistic metaphysics)的意义上,而是指对生存的一
种反思,其目标不再是论证性说服,而是具有主观表达的典型特
征,具有诗和文学的典型特征。②

　　狄尔泰的尼采描述在很多方面与海德格尔的尼采描述针锋
相对。但这两位读者在一个根本点上一致。他们都认为,尼采哲
学的性质取决于它位于形而上学的终点这一事实。但是,对狄尔
泰来说,这一"最后"或后起位置导致的事实是:主导尼采思想的
是一种文学化的——我们或可更宽泛地称之为"散文的"或"文学
批评的"——讨论哲学问题的方式。另一方面,在海德格尔看来,
在与形而上学历史的关系中看待尼采,目的是在尼采的著作中特
别寻找与传统形而上学的宏大主题有关的论点和命题——存在、
上帝、自由、主体,等等。这样看起来,狄尔泰比海德格尔走的更
远,也更一以贯之。如果尼采位于形而上学之终点,这不仅意味

---

① 　海德格尔,《尼采》卷一,"作为艺术的权力意志",p. 65ff。

② 　例如,参 Wilhelm Dilthey,《哲学的本质》(*The Essence of Philosophy*,Stephen
A. Emery 和 William T. Emery 译,Chapel Hill:University of North Carolina
Press,1954),其中一章名为"哲学和宗教,散文和诗的接合联系",pp. 27—33。

着他以一种不同于柏拉图和笛卡儿的方式看待存在,看待其他形而上学"对象",而且意味着他的思想的形式也有所不同。换句话说,狄尔泰比海德格尔更清楚地认识到,尼采的"形而上学"所求诸的那些篇章,恰恰必须是最早的读者心目中最能代表尼采,也最有意义的篇章,是他的"灵魂学的"或"文学批评的"那些篇章。虽然这一解读与海德格尔的论点一点也不矛盾,但海德格尔并没有发展这一解读。在他那里,尼采的真正形而上学论题——按照他在尼采著作中追踪的 Leitworte[主题词]的列表,诸如虚无主义,权力意志,永恒复返,超人,正义等等——和尼采对道德、宗教和个人等等的批评之间,总是存在着一种断裂。

为什么海德格尔不将最后的形而上学思想家的这两个方面结合起来? 一个可以理解的动机也许是,海德格尔有充分理由不信任新康德主义风格的"文化哲学"(诸如卡西尔或狄尔泰自己的"文化哲学"),也不信任对黑格尔—马克思主义的"意识形态批判"。但是,我们很难满足于、止步于这一解释,特别是当我们考虑到,至少在一定意义上,狄尔泰关于尼采所说的话,完全可以应用于海德格尔自己的思想风格,就更是如此。哲学和文学的接近,通过一种更具"启发性"而非论述性或科学性的样式表达哲学问题,哲学与一种文化历史(海德格尔将其等同为存在的历史和天命)的等同,所有这些特质都是海德格尔与尼采共有的。这些特质也正是狄尔泰描述的 Lebensphilosophie 的特质,虽然说在狄尔泰看来,其中仍然有主观主义和表现主义思想之嫌,因为狄尔泰仍然抱有一种梦想,梦想以"严格的"哲学继承"批判的"、康德式形而上学的遗产,将其设想为一种"超验灵魂学"或一种世界观类型学(a typology of Weltanschauungen)。但是,一旦像海德格尔那样,这一形而上学梦想不复存在,则尼采的 Lebensphilosophie 距离海德格尔自期自许的"存在之思"(thought of being)也就并不遥远。

　　我想说,对于最后的形而上学思想家尼采,狄尔泰和海德格尔采用的描述方式不同,如果我们对此加以考察,就会发现,海德格尔试图忽视形而上学家尼采和"文化批评家"尼采之间的联系,因为一旦承认这一联系,他就不得不承认自己接近尼采。不过,这一联系在当代海德格尔主义中得到了充分体认,即使还没有转变为一个公开的讨论题目。

　　那么,说尼采的本体论与他重审道德、宗教和欧洲良知(European conscience)的谱系学不可分割地联系在一起,也就是与他的"知识考古学"不可分割地联系在一起,这是什么意思呢?这种考古学与一种"意识形态批判"没有任何关系,也就是与这样一种思考没有任何关系,这种思考声称要破除(unmask)形而上学的"人性、太人性"的谎言,破除道德、风俗体系和艺术实践体系的谎言,以便最终将它们带回一个坚实的基础。面对过去文化的错误及其形而上学的僭称,尼采之所以没有进行这种仍然属于形而上学的破除行为,恰恰是因为他也破除了真理的观念,破除了有一个人们最终可以站立其上的"基础"的观念。相反,面对形而上学,尼采的考古学欢庆"记忆的节日"(festivals of memory),[①]将这类错误的历史作为"存在之历史"来追溯。从《人性、太人性》开始,[②]尼采意识到并且揭示出,在所有被描述为真理、价值和"永恒"美的东西背后,都有"生成"和利益,这并不是要废掉这些东西,而是要一劳永逸地发现,它们乃是我们可以利用的唯一"材料",是我们的世界经验可以从中获得意义的唯一命脉。此即他所谓"错误的必要性"(necessity of error),《快乐的科学》格言54则将之定义为"做梦的普遍性

---

① 尼采,《人性、太人性》,Marion Faber 译(Lincoln:University of Nebraska Press, 1984),格言223。

② 参《人性、太人性》的整个第一章,特别是最后一条格言34。

和所有做梦者的相互理解……因此也是梦的继续"。形而上学
一直在谈论的存在乃是一个"错误";但是错误——文化在时间
过程中产生出来的各种象征形式——乃是存在着的唯一的存在
(the only being there is),所谓我们存在(we are),意思无他,即
在与所有这些的关系中存在。

　　将后形而上学思想设想为 An-denken[追思]、设想为回忆
和形而上学追溯的海德格尔,距离"记忆的节日"中的这个尼采
真的那么遥远吗? 两位思想家实际上非常相似,因为他们都不
将存在看作结构和 Grund[根据],而是看作事件(event)。如果
说海德格尔没有意识到这一接近,那是因为他拒绝接受存在意
义(the meaning of being)的虚无主义意味,也不愿清楚地说明。
对他来说,就像对尼采一样,思想是一种 An-denken,不是反映
或基础,因为除了诸历史性人类存在类型(types of historical
human beings)在其中经验世界的诸历史—天命澄明(historico-
destinational clearings)之外,并无其他存在。这些历史—天命
澄明不是一个永恒结构的显现而是诸事件,这一事实并没有废
除诸事件,相反,它将形而上学曾经赋予稳定和永恒存在的那种
尊严赋予它们,尼采的"记忆的节日"就是这样。

　　在两位思想家之间因此就确立了一种复杂关系,不是历史
学意义上(historisch sense)的哲学历史编纂过程中的复杂关
系,而是他们所呼唤(appeal)的一种实际历史回应(geschichtli-
ch reply)水平上的复杂关系。在确定尼采思想的含义时,海德
格尔是决定性的因素,而哲学历史编纂学,完全处于重建文本及
其联系的历史水平上,难以确定有关含义,特别是当我们考虑
到,围绕永恒复返、权力意志、超人、积极和消极的虚无主义等诸
多概念产生的几乎不可解决的矛盾时,就更是如此。海德格尔
没有提供调解这些矛盾的工具,无论是在一种逻辑层次上,还是
在一种有时为尼采批评所偏爱的"灵魂学"层次上(诸如所谓尼

采的"疯狂"），都是如此。但是，海德格尔确实提供了一种构架（frame），在这种构架内，作为存在历史的诸多方面，这些概念在形而上学终结的时代获得了意义。

仅举一例：同一物的永恒复返概念几乎不可思议，如果认为这个概念描述的是技术世界之"反历史"的时间性（the "ahistorical"temporality），是一个 Ge-stell[座架]，在这个座架上，形而上学完成了作为世界的一个全面组织的自我，并将历史性（historicity）作为未经计划和不受支配的新奇（novelty）排除在外，如果这样考虑的话，就不那么不可思议了。就重建尼采思想的历史编纂学来说，无论还存在着什么未决的，或许不可解决的语文学问题，事实都是：它们对我们变得有意义，也就是在实际哲学情境中能够创造性地有所言说，这都只是——或几乎只是——拜海德格尔之力。在形而上学终结之际，诸如权力意志、永恒复返和超人等概念，是存在在其中被给予的各种方式，由此，它们这才获得了意义，若将这些概念看作形而上学的描述，描述"在什么地方"（out there）给定的某个存在，那它们看起来就会充满不可解决的矛盾。但是，仍然停留在这种形而上学描述水平上的尼采解释，只能将他的哲学看作"揭露"了存在乃权力意志这一事实，并因而主张一种权力和斗争的道德（如对尼采的"法西斯主义"解读，虽然在福柯那里也可以辨认出一种类似的解读）。

一方面，海德格尔赋予作为位于形而上学终点的哲人尼采以意义，另一方面，尼采的"记忆的节日"和海德格尔的"追思"之间的类似则提醒我们，尼采又赋予海德格尔的"存在"以真正意义。否则，当海德格尔说，存在（如果我们可以谈论它的话）是最终的，他的意思又是什么呢？它的意思是否不过就是许尔曼所谓的"无政府主义原则"（principle of anarchy）呢？① 在许尔曼

① 　Reiner Schürmann，《无政府主义原则：海德格尔及其相关问题》（*Le Principe d'anarchie：Heidegger et la question de l'agir*），Paris：Seuil，1982。

看来,这一表述界定了海德格尔摧毁形而上学历史的后果,表明在思想史中以支持和支配某一文化的 archē[本原],Grund[根据]或基础的形式出现的一切(我们也许还可以想到福柯的 epistemai[诸科学]),不过是"位置"(position)和事件而已。但是,这一论题的结果是什么?也许是纯粹地和简单地承认,任何 archē 都是一种诸力游戏的结果,都是权力意志,在这种情况下,我们回到海德格尔式从字面上理解的"从事破除活动的"尼采("unmasking"Nietzsche)。但是,如果我们像许尔曼看起来在做的那样,试图避免这一结论,危险则在于,我们会以为,一旦发现 archai 是事件,那么就可能以与形而上学不同的其他可选方式接近存在。无论如何,这样一来,克服形而上学的 archai 概念就会导致一种否定或神秘的神学,以某种可能性自欺:可能以某种方式收拾存在的歧异性和不可规约性,将旧日哲学所想象的各种原理和基础一扫而空。许尔曼的著作未能完全免于这一危险,因为他似乎仍然在一种福柯式的结果(作为诸力之纯粹游戏的 epistemai)与一种"神秘的"结果之间徘徊。当然,后者在很大程度上由海德格尔本人造成,因为除了将存在"描述"为事件以外,在他的文本中还总是可以看到一种渴望,渴望有朝一日存在也许会再次"亲自"向我们说话。① 但是,隐藏在这背后的,也许是海德格尔的一种自我误解。如果我们超越存在的事件(不断主宰形而上学的 archai),假定自己以某种方式接近存在,即使是以非根本的方式接近存在,那么,克服形而上学的事业就终结于一种新的形而上学,终结于一种对存在的新的"反映"或概念(Begriff)。

---

① 我在此想到的是讲座结尾的内容:"存在与时间",见海德格尔,《时间与存在》(*On Time and Being*),Joan Stambaugh 译(New York:Harper & Row,1972)1—24。

海德格尔要求我们注意的"追思",但是,我们不能把它设想为一种可以"恢复"的忆起,把存在作为某种我们可以面对面碰到的东西加以"恢复"。忆起将存在记忆为某种只能记忆和从来不重新—出现(re-present)的东西。这也就是说,像海德格尔常做的那样,存在的事件(the event of being)不仅仅要在所有格的主体意义上理解(archai[开端]和时代作为事件属于存在,而不仅仅是某些实体的发生),而且同时还要不可分离地在客观的意义上理解(将存在理解为完全不多于其事件)。这意味着,存在永远不可想象为某种牢固的结构,形而上学将这结构完全丢在脑后,而我们现在必须重新发现它。并非如此。说到底,这就是我以为必须称之为海德格尔的"虚无主义"的东西。正如海德格尔关于尼采的虚无主义所写的,只有当"没有什么'存在本身'留下来"时(海德格尔,《尼采》卷 4,"虚无主义"第 200 页),对形而上学的克服才能实现。形而上学之克服不是形而上学之存在遗忘的倒转;它是这种遗忘本身(虚无主义)最极端地展开的后果。如果他不想看到自己将存在思为 archē,Grund,或稳定结构,海德格尔就不能避开这一结论。

如果说海德格尔通过证明权力意志是"存在的天命"(而不仅仅是通过一种意识形态批判揭露的诸力的一种纯粹游戏)而赋尼采以意义,那么尼采则通过表明存在的(非形而上学意义上的)天命乃是虚无主义而赋海德格尔以意义。也就是,存在之摆脱其形而上学罗网,不是(简单地)通过将 archai 揭露为面具或事件即可,而是通过以现在不是但(总是已经过去的)曾经是(which is not but has[always already]been)、只有作为记忆,以一种褪色的和弱化的形式才有控制性影响的东西,给出自己(giving itself),才能摆脱。属于这存在的弱化的天命的——这种天命消除了"基础"一贯在其中给出自己权威的形式,基本上这也是暴力的形式——东西,在前后期海德格尔中如此重要的存在之事件和人之有死性之间,有着关联。事物在其中走向存在的历史-天命澄明,之所以是时代性的而不是"永恒的",只是因为事物借以发生和为之发生的人类世代或"此在"(Dasein)不是永恒的。属于这种弱化天命的,还有溶解的过程,在《偶像的黄昏》中名为"真实世界如果最终变成了一个寓言"的一章中,尼采曾经描写了这一过程,即 archai 和西方哲学发展过程中,自我假定之客观特征的溶解过程。这一"袅袅挥发"的存在,正如一段海德格尔经常引用的尼采文字中所写,可不仅仅是关于存在的一个虚假图象,应该代之以一个更确实和更真实图象了事。在尼采之后,在后-形而上学思想中,正是这一存在可以"揭露自己"不等同于客体、本原或基础——而等同于在思想中与追思和"记忆之欢乐"呼应的"吐纳"(mittance)。

施特劳斯思想中尼采对哲学的挑战

朗佩特 著

蒋开君 译

尼采对哲学的挑战主要有两个方面。首先是内在地发起了对哲学的挑战,亦即对发现真理提出的理论性挑战;在尼采那里,这个挑战最终是要理解那个或许致命的真理:存在即权力意志,别无其他——施特劳斯称此真理为"基本事实"。其次,真正的哲学(philosophyproper)派生的首要挑战,亦即实践性的挑战,它迫使哲学将真理或类似的真理转变成适应[不同]文化的形式——施特劳斯看到,在尼采那里,这种挑战就是哲学要统治宗教。这篇论文的两个部分将分别处理这两个挑战。除了理论性和实践性的挑战,尼采还发起了一个辅助性、策略性的挑战,这与施特劳斯尤其相关,这个挑战就是关于真理的言说或隐微术的挑战,即关于哲学真理的挑战。我会用一个插曲来处理这一挑战。①

------

① 这篇论文的一个版本原为会议"施特劳斯思想中生机勃勃的论题"而准备。会议于 2002 年 6 月在德国慕尼黑的西门子基金会(the Carl Friedrich von Siemens Stiftung)举行。我对会议的组织者,Heinrich Meier, Nathan Tarcov 和 Richard Zinman 深表谢意,感谢他们邀请我在德国首次关于施特劳斯思想的会议上宣读本论文。

一　尼采的理论性挑战

在其著述生涯的早期,在一篇论述欧洲文明未来的论文中,尼采确认了三种他称之为"真实而致命"的东西:1. 自主生成(the sovereignty of becoming);2. 所有概念、类型、种类的流变性;3. 人与动物之间任何基本差异的阙如。列举这三点决非信口开河,它表明了终极的本体论之真、认识论之真和人类学之真,这种列举还断言,其中每一点都足以致命。将欧洲文明作为一个整体反思时,尼采说,在追逐教育的现代狂热中,如果将这些致命真理强加于下一代公众,那么人们将毁于委琐的自我中心和贪婪就不足为奇了。①

当尼采称这些基本真理为致命的时候,他才二十几岁。在他[思想]成熟之后,他还会继续坚持这些真理之真吗?他不仅坚持,乃至更甚——以唯一的基本本体论之真为根基。他最伟大的两本著作《扎拉图斯特拉如是说》和《善恶的彼岸》的顶点都是发现了"所有存在者(beings)之路"。存在即权力意志。扎拉图斯特拉只向极少数精选的听众,"你们,最智慧的人",真诚的哲人宣布这一发现;而这一发现本身,在书中出现的场合则是三首歌所展示的孤独。"舞蹈之歌"处理的是中心主题——智慧的人与智慧和生命共舞;有智慧的人将各种虚假之名附加于生命之上,直到最后,野性的智慧认为生命深不可测。然而,生命本

---

① 尼采,《历史对人生的利弊》,见尼采,《不合适宜的沉思》,R. J. Hollingdale 译(Cambridge:Cambridge University Press,1983),第9节,(中译本参李秋零译,上海:华东师范大学出版社,2007 年,页 223——编者注)。在其成熟时期,一边写着《扎拉图斯特拉如是说》,一边回顾过去,尼采才得以说:"轻瞟一眼我最初的著作,那是一种耶稣会教义般的苦状,亦即,有意地坚守幻象并使其成为文化的基础";尼采,《考订版尼采文集》,Giorgio Colli and Mazzino Montinari 编辑(Munich:Deutscher Taschenbuch Verlag, 1988),10:507。

身依然诱惑着扎拉图斯特拉,并且暗示,她其实可以探测或得到正名(known by her true name)。宣布了这一发现之后,扎拉图斯特拉独对最智慧的人说"让我们一起来谈论这一本体之真"(《扎拉图斯特拉如是说》,第二卷,"舞蹈之歌"、"论自我克服")。《善恶的彼岸》在做出实质性的本体论声明之前,也缩小了听者的范围。它还将这一本体论声明置于解放的、怀疑主义的现代智慧提出的棘手难题之中。它还将权力意志的发现展现为推理的结果,亦即从自我知识出发,对事物的整体做出的合理性推断:"世界是权力意志,别无其他。"(《善恶的彼岸》,格言36)

奠定了致命真理之真这一基础之后,尼采是否继续坚持认为,它们对文明是致命的?不,或至少未必。在《扎拉图斯特拉如是说》和《善恶的彼岸》两书中,尼采论辩道,新本体论能够催生与真理一致的、新的、可以接受的大众教诲。扎拉图斯特拉邀请最智慧的人与他论辩这些问题,并以如下陈述作结:有许多房屋有待构建,智慧的人必须齐心协力构建意见之屋,以便人类安居其中。《善恶的彼岸》表达了同样的观点,并从对存在者整体的基本洞见中派生出肯定性宗教。

一旦尼采宣布他对理解真理的挑战,并遵此行动时,他是否将它视为他的挑战,他的革新?!在《朝霞》中,尼采说:

> 我们对知识的追求已变得太强烈,以致我们没有能力估价没有知识的幸福,或者,没有能力估价强大的、基础牢固的谎言之上的幸福……或许,人类甚至会毁于这种追求知识的激情!——即使这种思想也无力支配我们。(《朝霞》,格言429)

尼采如此结束他的格言:

我们宁愿人类毁灭,也不愿知识堕落! 假如人类没有
激情,就会毁于软弱:人类宁愿选择哪一个? 我们是让人类
在火与光之中死去,还是在沙中灭亡?

完成《朝霞》两年后,尼采在笔记中写道:"我们在做真理的
实验! 人类可能会因真理而毁灭,即便如此,我们依然与真理一
道勇往直前!"①我们是科学的、理智文化的现代人,做着真理的
实验。尼采并未发明这一挑战,而是这一挑战的见证人,并接受
此挑战:我们命中注定要亲历这一重要的文化实验,以检验"致
命"真理是否致命,看人类能否成功地应对真理。这并非尼采的
挑战,而是我们这个与真理共生的时代设置的文明的挑战。我
们能胜任吗? ——我们这一种类? 尼采回答——这也恰是他的
革新:真理可以成为全球文明的基础,此真理赞美本真生命,并
且,从对生命的热爱中获得善恶的意义。施特劳斯以如下方式
描述了尼采接受致命真理的挑战:尼采的目的在于将致命真理
转变成激扬生命的真理;但施特劳斯立刻纠正自己,并使他的评
论与尼采的思想一致:不是转变而是在致命真理的幽深处发现
它的反面。②

施特劳斯怎样看待尼采的两个挑战? 他认为致命真理真实
吗? 他是否认为我们能在致命的真理中发现它的反面? 通常的
施特劳斯解读以为,他认为致命真理并不真实。现在有一种日
益为人所知的观点认定,他的确认为致命真理真实无疑,但是,

---

① 《校勘版尼采文集》11:88;参尼采,《快乐的科学》,Walter Kaufmann 译(New
York:Vintage Books,1974),格言 110,此格言论及知识,结尾如下:"真理在多
大程度上被包容其中? ……那就是真理的实验"。

② 《注意尼采〈善恶的彼岸〉的谋篇》(*Note on the Plan of Nietzsche's Beyond
Gook and Evil*,以下简称《注意》),见施特劳斯,《柏拉图式的政治哲学研究》
(*Studie in Platonic Political Philosophy*,Chicago:University of Chicago,
1983),段 13,页 180。

　　尽管它是无可逃避的致命危险，但也正因为此，致命的真理——施特劳斯的看法与尼采相反——不得不依旧隐藏在高贵的谎言之中。我认为，施特劳斯以自己的方式清晰地表明，致命真理真实无疑，但他是否认为致命真理必然产生致命的危险，这一点则模棱两可。

　　施特劳斯仅写了一篇尼采论文，他简练地转述了尼采关于致命真理的陈述之前，提供了一个三字(英语原文三字——中译注)的开场白："真正的教义"，他说，"真正的教义"乃"自主生成；所有概念、类型、种类的流变性；人兽之间显著差异的阙如"。他附加了一个更长的隐文(posthide)："藉上帝已死这一真正的教义"，真理的致命危险"表露无疑"(《注意》，段7，页177)。此一补充所做的恰是施特劳斯独具特色之处：它用本体论论题代替神学论题，用最高存在者的论题代替作为整体的存在者论题。

　　施特劳斯称致命真理为"真正的教义"。他真的认为如此吗？这话他说过四次(同上，段7，13，26，页177，180—1，185)，但人们可以争辩，作为一个评论者，施特劳斯只给出尼采的意见，而非他自己的。鉴于施特劳斯的写作风格，迫使他就基本的或本体论的论题明确表态很困难，但让他将其他问题还原为神学问题则不难，当他使上帝之死暂时代替了三个致命真理时，他使替代这种方法合法化，借此方法，我们也可以衡量他的观点。假如上帝也屈从自主生成，谁来保持存在自身不变，人心中的概念、类型、种类不变，谁来保持人与动物之间的显著差异？

　　对于学术生涯早期的施特劳斯来说，真正的教义"上帝死了"真实无疑。感谢迈尔(Heinrich Meier)作为编辑的辛勤工作，我们才对早期的青年作者施特劳斯能有一个比较清晰的画面：他是一位公开的、积极的(crusading)(crusade本意为参加十字军或宗教圣战——中译注)无神论者。迈尔发现，施特劳斯在德国犹太学生兄弟会的期刊《犹太学生》上发表了三篇论文。

1929 年 5 月,施特劳斯写了最后一篇为政治犹太复国主义辩解的论文《政治犹太复国主义的意识形态》(Zur Ideologie des politischen Zionismus),其中说,政治犹太复国主义唯一可能的基础是无神论。一个现代人,除了做一个无神论者,又能成为什么呢? 今天,除了在真理的基础之上,一个有历史的民族,还能在其他基础之上获得现在和未来吗? 施特劳斯说:"无神论的反动宣传是不必要的,我们现在的生存状态,总的来说,比任何口头或书写的文字更具影响力。""我们并不要求无神论,我们确认它是一个事实,确认它强大无比。""我们是没有信仰的犹太人。"①

施特劳斯仍然是一位无神论者吗? 他不再是一位积极的无神论者,他的作品不再直接表达他的无神论思想,然而写给朋友的私人信件,却表露出他从未停止承认他的无神论。我们有权利偷看他的私人信件吗? 施特劳斯本人也是从柏拉图到尼采的哲人信函的学生;他自己的惯常做法,也诱使我们使用他有意留给后人的私人信件,以增加我们对他出版著作的理解。在与克吕格(Gerhard Krüger)——对于克吕格而言,基督教是真正的启示宗教——的通信中,施特劳斯对于哲学的当下处境展开了颇有启发的讨论。在他们的一封早期通信中,施特劳斯说,"对于我唯独一件事清晰无疑:我不相信上帝的存在",这样,他与克吕格划清了界线。② 两年后,他说,"我们的差异根源于这样一个事实,我只是无法信仰,所以我不得不寻求无信仰生存的可能性"。③

最清晰地阐明了施特劳斯终生没有信仰的地方,不是他与有信仰的基督徒的通信,而是与有信仰的犹太人索勒姆(Ger-

---

① 施特劳斯,《文集》,Heinrich Meier 编辑(Stuttgart:Metzler,2001),1:442—4。
② 同上,3:380(1930 年 1 月 7 日)。
③ 同上,3:414(1932 年 12 月 12 日)。

shom Scholem)的通信。① 在写给索勒姆的信中,施特劳斯反复
表达了对这位学者深深的敬意,并说他可能是我们这个时代"最
深刻的犹太思想家"。② 1960 年 11 月,施特劳斯刚刚读完索勒
姆论犹太秘法(the cabbala)的书,于是写就一封英文书信,施特
劳斯信中充满对索勒姆的重要赞誉,他说:

> 你(索勒姆)是一位受福的人,因为你在极高的程度上
> 达到了情智和谐,你对现在活着的每一位犹太人都是一种
> 祝福。因此之故,你有权利和义务开口言说。

施特劳斯接着说:

> 不幸的是,从秉性上来讲(constitutionally),我不能追随
> 你——或者如果蒙你祝愿,我也有一面旗帜宣誓,向它的存
> 在宣誓(用我们的一些祖先创造的美丽的阿拉伯拉丁文来表
> 达,对于西塞罗,这似乎是终极的耻辱[turpitudinis]):愿我的
> 灵魂像哲人一样死去。③

---

① 这方面同样值得注意的是,施特劳斯写给 Jacob Klein 的信(1934 年 6 月 23
日),这是写给 Klein 的一封速回信,Klein 曾于 1934 年 6 月 20 日从安全的哥本
哈根写信给住在伦敦的施特劳斯,信中谈到国家社会主义的反犹太复国主义对
他的影响(《文集》3:516)。施特劳斯说,没有"匍匐在十字架下"的任何借口,我
的意思是谈论"上帝"。即使我们被再次塞入贫民窟,被迫去犹太教会堂,维护
完整的律法,我们作为哲人也要那样做,亦即有所保留,沉默更具有决定意义。
施特劳斯赞同 Klein 所说"启示和哲学齐心协力对抗诡辩术,亦即对抗整个现
代哲学",他继续说:"但那对哲学和启示的基本差异毫无损,哲学和启示可以
在一个屋檐下,但哲学永远不会与信仰、祈祷和布道合二为一"。
② 参见《犹太哲学与现代性危机:施特劳斯现代犹太思想的论文与讲座》(*Jewish
Philosophy and the Crisis of Modernity:Essays and Lectures in Modern Jew-
ish Thought by Leo Strauss*),Kenneth Hart Green 编辑(Albany:State Univer-
sity of New York Press,1997),页 345。
③ 施特劳斯,《文集》3:742。在他生命的最后岁月,在给 Scholem 的信中,曾两次
重复提到那个拉丁句子,第二次是在他死前一个月,1973 年 7 月 7 日,1973 年 9
月 30 日(同上,3:769,771)。

当迈尔注意到这封信时,他说"这封信就像自主进取的宣言书,与另一种精神上的主宰相对立,也就是说,这是后人必须加以留心的宣言"(《文集》,3:xxxn.54)。在宣言结束处,施特劳斯谈到索勒姆在一个月前的信中使用过的一个短语:"我确信,一个简单的人将会被描述为激进的缺乏信仰者(apiquorsut [radical unbelief])"。①

在施特劳斯的思想体系里,无神论或非信仰(unbelief)并不是偶然的内容。② 相反,在他 1929 年的一篇积极的无神论论文中,有一段引文中明确表露了没有信仰对于施特劳斯的重大意义,援引了这段引文,他就将非信仰的自己与有信仰的犹太人之间的局部之争,置入歌德所说的"全部世界历史和人类历史的永恒而唯一的主题"——即非信仰与信仰之争。③ 23 年之后,施特劳斯在《迫害与写作艺术》中更加精确地引用同一段文字,并以劝勉作为引导:

---

① 施特劳斯继续写道:"尽管如此,你同义地使用'哲学的'和'虚无的'来确认我对你的诊断。你称为虚无的,the falasifa 称为自然。Period"(《文集》,3:743)。在他生命的最后一年又有两次,第二次是在他去世前一个月,施特劳斯提到他自己的观点为激进的非信仰(1972 年 11 月 17 日,1973 年 9 月 30 日;同上,3:765,771)。在最后一封信中,施特劳斯称他的尼采论文为"特别激进的非信仰的产物",这在他三篇论文中都提到,《尼采》《修昔底德》《色诺芬》。早在三个月前(1973 年 7 月 7 日),施特劳斯把色诺芬论文当作"向科学(即世界)的告别"(同上,3:770):施特劳斯向世界告别证明了他的激进的非信仰。

② 施特劳斯抛弃了术语"无神论",但他继续使用术语"非信仰"。无神论对于尼采同样不合适,因为尼采是狄奥尼索斯神最后一个信徒和会意者(initiate)(此英文词原意为"被传授了初步知识的人"——中译注)。施特劳斯在尼采个案中谈到了某种"非无神论"(《注意》,段 11,页 179)。谈到神,就像灵魂一样,哲学不必宣布放弃最古老的、最受人尊敬的假设,但替而代之,哲学能够提出新的学说和更精致的形式(尼采,《善恶的彼岸》,12)。

③ 施特劳斯,《文集》1:445。在三篇论文中的第二篇,即在《犹太学生》(Der Jüdische Student)中的《幻象的未来》(Die Zukunft einer Illusion)中(《文集》,1:433),施特劳斯在未提及歌德的情况下,做了同样的引用。

　　人们不能太频繁地回忆地歌德的这段评论：所有世界
历史和人类历史真正的、唯一的、最深刻的主题仍然是非信
仰与信仰的冲突，其他的都在其次。①

　　对于我来说，尽可能频繁地回忆起这种冲突，似乎是施特劳
斯毕生著述的核心，从早期到晚期著作始终一以贯之。非信仰
与信仰的冲突总是带有局部性特征，但施特劳斯对这一主题的
介入，却使其从犹太教内部之争扩展到更大的整体性冲突：哲学
与律法、雅典与耶路撒冷、古人与现代人、哲学与诗歌，最后，真
与善——每一个对子都不同，差异显著，但每一个对子都代表了
基本冲突的一种变形。② 在每一个对子中，冲突都演变为统治
而冲突，虽然仅仅统治永远不是非信仰者的目标，他们的方式恰
恰保留了非信仰的探询可能性。

　　1929 年 5 月，施特劳斯的而立之年，他正写作那些公开倡导
无神论的论文中的最后一篇。他的年龄值得注意，因为 6 年后，
在写给洛维特的信中，施特劳斯谈到尼采"如此支配并吸引着"
22—30 岁的他，他实际上相信他所理解的一切（《文集》，3：648
[1935 年 6 月 23 日]）。施特劳斯与支配并吸引他的思想者分
道扬镳，时间大约在他最后公开说出自己是无神论者的时候。③

------

① 施特劳斯，《迫害与写作的艺术》(*Persecution and the Art of Writing*)Glencoe,
　　I11：The Free Press，1952，页 107。
② 在 1932 年写给 Kruger 的信中(1932 年 11 月 17 日)，当施特劳斯将基本的对子
　　命名为"服从的传统"和"探询的传统"时，他将第二个传统加了引号，也许因为
　　传统本身暗示着仅仅服从，而持续的探询则是独立心灵追求真理的川流不息
　　(sequence)(《文集》3：406)。关于"古人"，施特劳斯在写给洛维特的信中做了
　　富有启发的评论(1946 年 8 月 15 日)："在古今之争中，古人的最伟大阐释者如
　　斯威夫特、莱辛知道，冲突的真正主题是古人和基督教"(同上，3：661)。
③ 从他记录他已发表和未发表作品的精确日期的审慎来判断，"在我 22—30 岁"
　　不可能是一时兴起，随意提及。

但是,假如施特劳斯仍然是一位无神论者,假如非信仰与信仰的
冲突仍然是他作品的关键性主题,那么,他为什么要与尼采分道
扬镳? 所有现代非信仰的人们当中,尼采可是最著名的一位。
施特劳斯在给洛维特的信中并未言明原因,但是在《哲学与律
法》导论中,他已经暗示了原因,该书 1935 年 3 月 30 日出版,时
间是致洛维特之信后的两个月。

　　导论中,施特劳斯谈到了尼采的无神论,但并未提及他的名
字。在区分古代和现代形式的无神论历史中,施特劳斯把尼采
当作晚近的现代无神论者,尼采拒斥宗教观念,"因为这些观念
安慰人心"。这种拒斥要求"一种新的坚毅",它建立在智性诚实
(Redlichkeit)的基础上。在描述新的无神论[与古代无神论]的
关键性区别时,施特劳斯给出了与尼采分道扬镳的原因:

　　　　这种好良心的,或者,甚至是坏良心的无神论,精确地
　　说,是凭靠它的良心做事,它的道德,与过去的不寒而栗的
　　无良心的无神论区分开来。

　　现代无神论"拒绝出于良心的原因相信上帝"。"因此,显而
易见,这种无神论……是根基于《圣经》传统的后裔",它在启蒙
与基督教正统这一相反两极之间,"最新的、最激进的、最不容怀
疑的和谐"。这种形式的无神论是"启示信仰的继承者与判决
者,是千百年来信仰与非信仰之争的继承者与判决者"。① 通过
回忆歌德的评论,施特劳斯指控这种形式的非信仰已被信仰玷
污;它并不激进,它更道德而不够哲学化。

　　为什么与尼采决裂? 因为他仅仅是道德的,而激进不足;因

_____

① 　施特劳斯,《哲学与律法》(*Philosophy and Law*),Eve Adler 译(Albany:State
　　University of New York,1995),页 37—8。

为"正统还是启蒙"的选择需要非正统的人,像施特劳斯那样,寻求更激进的基础,反对正统。与信仰的战斗需要与尼采和整个近现代传统做出非信仰的决裂。在《哲学与律法》引言结尾处,施特劳斯写道,他实际上退回到中世纪启蒙,在那里,为启蒙了的对正统的反对,寻求更为激进的基础。①

27 年以后,在他的《斯宾诺莎宗教批判》1962 年英文版的前言中,施特劳斯翻译了《哲学与律法》中的一些部分,其中再次肯定尼采是一个道德主义者,他的无神论恰恰来源于他所摒弃的有神论。1935 和 1962 年,施特劳斯表明,他与尼采决裂,不是因为对致命真理哪怕最微弱的妥协,而是因为施特劳斯寻求非道德基础的非信仰。在 1935 年版的一个脚注里,施特劳斯使用了一个短语,这个短语在 1962 年的翻译中并未出现(施特劳斯《哲学与律法》,137n. 13),"古老的热爱真理"坚守现代诚实,就像哲学坚守道德一样。施特劳斯摆脱尼采,亦即一个非信仰者摆脱了他所判定的信仰者。

施特劳斯会继续判定,尼采仅仅是道德的吗?施特劳斯生命最后一年的《注意尼采〈善恶的彼岸〉的谋篇》表明了什么?这

---

① 在与 Kruger 关键性的一封通信的草稿中(1932 年 12 月 12 日,此信 1932 年 12 月 27 日发出),施特劳斯对尼采的观点做了极富启发的陈述,而这在他实际发出的信中却被删除了。施特劳斯论辩道,尼采的确区分了两个方面。一方面是"超基督教的理想",由于对这一理想的认同,他想另辟新路,不再保留基督教的任何痕迹;另一方面,(世俗化的)基督徒品质"诚实"。尽管如此,施特劳斯断言尼采"从未摆脱某种基督教'思想倾向'",因为在他选择了荷马和伯里克利来反对苏格拉底和柏拉图之后,"在他发现人性中的自然的理想——男子气概的理想之后——他并没有进步(progress)到非信仰地批判那种理想的高度"。总结这一对尼采的批判,施特劳斯说,"被带到终点的现代哲学又回到了苏格拉底开始的地方"(《文集》3:414—15)。作为施特劳斯观点的扩展,尼采恢复了并坚持男子气概的或勇敢的自然理想,参见不到两个月后他写给洛维特的信(1933 年 2 月 2 日;同上,3:619—21)。在他著述早期,施特劳斯谈道,做一个实验看看柏拉图是否克服了这一理想。只是后来,在 1938—1939 年,由于发现了隐微教诲,施特劳斯才发现了苏格拉底学派克服和嘲弄这一理想的程度和风格。

个问题必须提出,因为尼采在《善恶的彼岸》里分析了那种新的诚实。其中格言 227 指出,诚实仅仅是唯一的道德,是基督教留给我们的唯一美德,它可能阻止我们通向基本真理。那是"论我们的美德"一章字面上的中心主题,接着,它导向关于精神(Geist)的论争,关于心灵和精神(mind and spirit)中什么为最高贵的问题。尼采主张,对于最高贵的精神(intellectual/spiritual [geistigste])形式——哲学而言,精神(Geist)就是追求真理的激情,一种超道德的动力;不过,对于大多数人来说,精神的形式是追求安逸和幸福的热情,这与冷峻的哲人对知识的追求正相反。① 尼采在讨论结束时问道,假如知识是残酷的,并从大多数人那里招来合理的憎恨,"为什么要追求知识?"他答道:求知是我们的本性,不可教授,只存在于极少数心灵(mind)深处。施特劳斯还会认为尼采仅仅是一个道德主义者吗? 他在 30 岁时与尼采分裂依然有根据吗? 事实在于,尼采本人已做出施特劳斯那样的区分,尼采在要求自身拥有一种哲人的天性,热爱真理的天性时,同时也批判了诚实美德的提升,无视这样的事实,施特劳斯 30 岁时与尼采分裂还有根据吗?

不,施特劳斯不再这样认为。恰恰在评论这些格言时,施特

---

① 恰恰在这里,尼采明确放弃了被当作"爱真理"的"漂亮的、华而不实的道德言说"。他只谈追求知识(《善恶彼岸》,230)。不过,书是这样开始的,"假如真理是一个女人,会怎样?"书以神圣的爱真理者狄奥尼索斯结束:术语"爱真理"可能被那些声称者所玷污,但摆脱了那些联想,爱真理是那本书的基本爱欲。尼采关于禁欲主义理想的论文的最后部分(《道德谱系》,Maudemarie Clark 和 Alan J. Swenson 译[Indianapolis:Hackett Publishing, 1998],论文 3,27—8)节,叙述了求真意志从禁欲主义理想中解放出来的需要,叙述了将对人类目的新的理解建立在真理之上的需要。"求真意志是什么意思?"尼采称那是

　　我的问题……我们的问题……在我们内心中,这种求真意志已意识到它自身是一个问题……从求真意志意识到自身,从现在起,毋庸置疑,道德将渐渐死去:这一幕中的伟大演出为欧洲的今后二百年保留。

劳斯说,"然而诚实是终点而非开端;它指向过去而非未来;它并非未来哲人所特有的美德"。确认了尼采诚实的派生性,施特劳斯随尼采去探询诚实的根基:"它必须由我们'最微妙的、最隐微的、最精神化的权力意志'(亦即哲学)来支撑、修正、强化;这种哲学才指向未来。"① 假如诚实成为我们的骄傲,施特劳斯补充道,这会"将我们带回道德主义(和有神论)"。随后,施特劳斯追随尼采详细阐述真实的基础:为诚实美德奠基的哲人天性。尼采不能脱离这种天性,他也没有脱离:他的美德扎根于他的天性和他对天性的理解,因为他也不能"逃避模仿他所理解的天性"。② 追随尼采的章节到达这一基点之后,施特劳斯独辟蹊径,用两段的篇幅专门谈论尼采在这里根本未提及的永恒复返。施特劳斯为什么要这样做?因为是永恒复返,而不仅仅是诚实,才是新的理想,才是从新的视角审视天性所得出的道德肯定。这种新的理想是对天性/自然可能的最高肯定,是建基于最高天性而获得的对本真自然(nature as such)的洞见。③ 这样,就像前几页一样,施特劳斯再次表明,在尼采那里,热爱真理(truth)——即超道德地趋向洞见——恰当地导向热爱真实(true);在尼采那里,道德不是原因,而是基本洞见的结果。这是施特劳斯对尼采研究的最重要贡献,他称作"回归柏拉图主义";没有哪个哲人可以完全"避免这种回归"。根本上讲,尼采不是一个道德主义者,而是洞见到基本真理的哲人,并在那显

---

① 《注意》,段31,页188。亦可参见段32,页189:"自我中心是权力意志,因此包含着残酷,因为残酷指向自身,它在'智性诚实','智性良心'中的作用是显著的。"

② 施特劳斯,《思索马基雅维里》(*Thoughts on Machiavelli*,Chicago:University of Chicago,1978),页298。

③ 未来的哲人作为真正弥补的人……是第一个在理解作为基本现象的权力意志的基础之上有意识地创造价值的人。他的行动构成了最精神化的权力意志的最高形式,同时,也构成了权力意志的最高形式。(《注意》,段33,页189)

然致命的真理深处发现了它的反面。① 理论性洞见并没有任意武断地为实践揭示一个新的理想,而恰恰在它所发现的真理之中:世界是权力意志,而非其他;这不仅不致命,反而会激扬生命。

施特劳斯认为尼采的基本真理真实吗?他的答案模糊不清。他谈到"实现或预言"(realization or divination),也即"世界的'智性品格'是权力意志"。② 不过,显而易见,施特劳斯是一位非信仰者,他渐渐发现尼采也是一位非信仰者,这位哲人被驱使着去洞见基本的事实,在那显然致命的真理中发现其反面。

1935 年,施特劳斯说,柏拉图为信仰提供了"非信仰的、哲学的基础"(施特劳斯,《哲学与律法》,页 76)。那是非信仰成功地与信仰决战的大手笔,因为柏拉图的非信仰有其理性基础,它为某种非理性的信仰提供理性支撑。施特劳斯仍然是一位激进的非信仰者,投身于与信仰的决战。施特劳斯是否认为,柏拉图鼓励的那种信仰,仍然是非信仰与信仰决战的最有效工具?或者,他是否逐渐认为,尼采的非信仰为适合我们时代的不同的信仰,一种我们时代的"柏拉图主义"发现了一个基础?他心怀那种可能性,我将在论文的第二部分进行探论。但我首先要思考尼采关于隐微教诲的策略性挑战。

---

① 施特劳斯也用这样的话表明,尼采并不仅仅是一位道德主义者:"但是受某种神秘之欲(enigmatic desire)敦促的尼采长久以来尝试着参透悲观主义的底蕴,特别是将它从道德的欺骗中解放出来;这种道德在某种意义上与否认世界的倾向相矛盾"(《注意》,段 13,页 180)。"神秘之欲"是哲学自身,在其他语境中是"爱真理",在尼采则是"最精神化的权力意志"。

② 《注意》,段 14,页 181。我们可以这样论辩,鉴于施特劳斯的写作风格,反驳尼采观点的论点的缺席和代表自主存在论点的缺席本身就是赞成尼采观点的论点;参见 Laurence Lampert,《施特劳斯与尼采》(Leo Strauss and Nietzsche, Chicago: University of Chicago,1996),页 171—3。

二　插　曲

尼采关于言说真理或隐微教诲的策略性挑战。尼采说"危险地生存!"是什么意思?"将你们的城邦建在维苏维火山上!将你们的船驶向没有航标的大海!与你们的同族和你们自己永远处于冲突之中!"谁是这些城邦的建造者,谁是这些航船的指挥者?"是你们这些神会者"。整个格言标题为"有准备之人",像前面的格言一样,是对有悟性之人的言说,只对他们言说。他激励那些悟性之人开始危险地生存:"你们这些神会之人,时光飞逝,你们如羞涩的鹿,隐匿于森林之中而心满意足!"(尼采,《快乐的科学》,283)

羞涩的鹿

尼采是否知道,为什么有悟性之人选择不去危险地生存,而是在退隐中心满意足?《善恶的彼岸》格言 30 表明,他对其中缘由心知肚明。格言这样开始,"我们的最高洞见"。——前一条格言将孤独的哲人描画成迷宫中稀罕的幸存者,哲人们的最高洞见是他们独一无二、艰苦卓绝的成就,这足可以和忒修斯杀死弥诺陶洛斯相比。在那以前的格言描绘了哲人的与众不同,现在这一精神独绝者(spirited singularity)的哲人系列在格言 30 达至巅峰。

> 我们的最高洞见必须而且应该听起来像谬误,或许也像犯罪,当它们未经允许就传入那些不配聆听最高洞见的耳朵时。

正如柏拉图的苏格拉底所言,哲人命中注定被判无用或邪恶

（《王制》487d）。尼采的下一个句子阐明，这个反对哲人们的判决可以理解，而面对这个判决，哲人们如何在公开的地方对此做出反应：他们区分了显白教诲和隐微教诲，并清楚地意识到，假如他们公开言说他们的最高洞见，他们会被嘲笑为疯子，或被当作罪犯，并被迫害，但这也就没有什么不当。哲人有权利如羞涩的鹿一般隐匿于森林，亦即，隐微地写作。

但现在呢？现在，在民主启蒙的氛围中，恰恰是哲学的可能性受到威胁。尼采认为，现在，有必要危险地生存，并说出哲学的真理。然后，尼采采取两个步骤，背叛了哲学隐微教诲的隐微或其罪恶真理。首先，尼采悍然违反平等原则，他说，隐微教诲首先不是关于内部与外部，而是关于高与低，从上往下看的观点衡量从下往上看的观点。其次，也是更糟的一点，生命意义的首要原则是超越人生之苦，尼采悍然违反这一首要原则，他说，以从上往下看的观点判定痛苦，人类整体的痛苦可能不是一个悲剧，也未必能从最高的观察者那里引来同情。假如人生不是一个要逃离的悲剧，那么，人类历史的意义就不是痛苦的克服和消除。[1] 甚至，痛苦对人类的成就可能来说必不可少；甚至，[人]需要主动渴望痛苦。此即"危险地生存"，煽起"为了这些思想和思想之果的战争"——人们渴望的结果就是保存那最罕见的东西：从上往下的观点，亦即哲人的观点不被同情歪曲。

哲学的隐微教诲肯定会遭到背叛，因为现代观念威胁到哲学的生存。危险地生存，展示出哲学的犯罪品性，这是历史的必

---

[1]　关于悲剧的论题，施特劳斯比较了苏格拉底和耶稣，并暗示"哲学更接近喜剧，而不是悲剧"（施特劳斯，《城邦与人》[芝加哥，1964]，61）。虽然最终它既不是喜剧，也不是悲剧，也不是两者的混合物（比较同上，136）。在提及他那两本关于色诺芬的苏格拉底的书（关于这两本书，他说"它们不是我所写的最后的书，但却是最好的书"）时，施特劳斯对 Scholem 说（1972 年 11 月 17 日）："它们比较详尽地，假如不是显而易见地，拓展了在《城邦与人》，页 61 中关于苏格拉底和《圣经》的差异所表明的观点。"这是仰天而笑与垂头哭泣的差异（施特劳斯，《文集》3；765）。

须。《道德的谱系》中，一长段关于隐微教诲的论述，描绘了这一新的挑战。"在开始的时候"，尼采说道：

　　　　哲学的精神总是利用先前养成的敛心默祷者的类型——牧师、巫师和预言者作为面具和茧，不管怎么说，是一种宗教类型——目的是为了能够生存：禁欲主义理想长时期以来作为一种形式为哲人服务，作为一种生存的先决条件，在这种形式中，为了能够成为一个哲人，好像他不得不表现出禁欲的理想；他为了践行不得不首先相信。哲人的这种古怪的退隐的态度，否认世界，敌对生命，怀疑感官，消除感官享乐，一直保持到最近，成为哲人同样优秀的姿态。最为重要的，它是哲学出现和求生其中的险境的结果；千百年来，没有禁欲的包裹，没有一种禁欲的自我误解，哲学根本不可能在世界里存在。说得生动形象一些：直到最近，禁欲的牧师提供了令人厌恶的，阴郁的毛毛虫，哲人独在其中生存并四处爬行。这一切真的改变了吗?！因为受惠于这个更加阳光灿烂，更加温暖，更加明亮的世界，那个变色的、危险的有翼生物，这个毛毛虫隐藏的"精神"真的被最终解放到光明之中了吗？今天有没有获得足够的自豪、胆量、勇气、自信，足够的精神意志、责任意志、意志自由，使"哲人"从今以后可能在世界里生存？（尼采，《道德的谱系》，第3章，第10节）

　　尼采的论点反驳了柏拉图的谎言，它表明，所有这一切的确改变了。哲学出现于其中的险境迫使哲学采取顺从禁欲理想的保护色，这对智慧极重要；但是因为现代长期的反基督教之战，新的险境又出现了。以现代观念的名义，曾经成功地取得了精神之战的胜利，而现在，现代观念又使哲学陷入新的险境。为了拯救自身,为了证明它自身的可能性,哲学必须作为一种美的和美化的激情而公开亮相,哲学向来如此;哲学必须神奇地转化成美丽的蝴蝶,而迄今为止,这只美丽的蝴蝶一直隐匿于丑陋的毛毛虫之中,亦即虔敬的禁欲之中。[①] 尼采对哲学的挑战因此包含着关于哲人是什么的公开言说,洞察者施特劳斯说,关于哲人是什么,没有谁言说得比尼采更伟大、更高贵。[②]

　　尼采就哲学更大的真诚提出了挑战,施特劳斯对此做何反应呢? 施特劳斯本人在他第一本书中直面真诚的问题。这是由一位年轻的犹太无神论者写成的著作,讨论的是一位著名的犹太无神论者,书中自然包含着无神论的历史。但其时,施特劳斯为犹太科学协会(Akademiefür die Wissenschaft des judentums)工作,就像他的书最终出版前不久,他写给克昌格的一封信中(亦即成书两年后)所说,"我为之工作的社会,不会容忍我的无神论预设,不会容忍我公开以这样的假定作为我质问的起点"。[③] 在他 1935 年的著作《哲学与律法》中,施特劳斯继续实践关于他的非信仰的克制,但直到 1938 年和 1939 年,年近 40 时,他才发现了历史上哲人们所实践的完全克制,或者说,无需真诚。

---

① 尼采远非暗示,结束虔敬的禁欲主义的哲学谎言,就是结束哲学的隐微教诲本身,这从尼采选择的教化方式——格言的艺术显露无疑。首先,他意识到,假如存在就是权力意志,那么自然喜欢隐藏自己就仍然是真实的。我们栖居在事物给定的晦暗不明之中,我们在探询之中栖居。

② 施特劳斯的《海德格尔式的存在主义引论》(*An Introduction of Heideggerian Existentialism*),是一篇 20 世纪 50 年代未发表的演讲,在他死后发表于《古典政治理性主义的复兴》(*The Rebirth of Classical Political Rationalism*,Thomas L. Pangle 编辑,Chicago:University of Chicago Press, 1989,页 40)。紧随对尼采的高贵的赞美之后,施特劳斯补充道,"柏拉图和尼采一样清晰地看到了值得质疑的引人注目的东西,可能比尼采看得更清晰"。然而柏拉图"是暗示而非声明他最深刻的洞见"。在接下来描述柏拉图和尼采的未来哲人的差异中,施特劳斯明言尼采"是《圣经》的继承者",结果,"他的充满爱欲的哲思本质上带有宗教的色彩"——随后,他的叙述继续描述海德格尔。

③ 施特劳斯,《文集》3:379(1930 年 1 月 7 日)。

对我们来说,幸运的是,从 1938 年 1 月 20 日到 1939 年 10
月 25 日,施特劳斯给克莱因(Jacob Klein)写信的过程中,表达
了隐微教诲的发现;同样幸运的是,迈尔保存了这些信件,并在
他的施特劳斯著作第三卷中出版。那些信才华横溢,几近轻率,
充满怀疑,然而又十足自信。信中记录了施特劳斯满怀感激之
情的发现;他发现了最伟大的灵魂为他而埋下的奇珍异宝。他
们始于迈蒙尼德,施特劳斯称之为"第一个真正自由的灵魂"
(《文集》,3:545[1938 年 1 月 20 日])。一个月后,他说,"你无
法想象,迈蒙尼德对待宗教的无穷无尽的巧技与反讽"。这巧技
远胜于伏尔泰,施特劳斯说,这个技巧卓越的思想家,在自己的
信仰中绝非犹太人,迈蒙尼德还意识到,"哲学与犹太教在原则
上相互冲突"(同上,3:549)。五个月后,他说,《迷途指津》"至少
就我所知,是最令人惊奇的一本书。在《扎拉图斯特拉如是说》
中尼采所想,亦即嘲弄地模仿《圣经》,在《迷途指津》中要成功得
多"。它是"犹太教律法的模仿,加了一些小小的补充,只有明眼
人才能注意到,其中隐含着对犹太教律法的激烈批评"。扼要概
述了他在迈蒙尼德那儿发现的结论后,施特劳斯以他早期作品特
有的语调补充道:"实际上,我可以骄傲地说,我解开了这个谜。"
他以对他随后的毕生著述的精确预料作为结语:"结果将是,我这
可怜的邪恶之灵不得不舀起那汤,在其中,12 世纪这个魔鬼似的
巫师将我紧紧抓住"(同上,3:553—4)。

　　三个月后,即 1938 年 10 月,施特劳斯说,他在读柏拉图的
《法义》和希罗多德,并且发现希罗多德也是一位隐微的写作者,
而且是最好的一个——他说"我敢像一个天主教徒那样发誓"
(同上,3:556)。五天以后,他就能够说,希罗多德的"作品,的确
是我所知的柏拉图的唯一原型。但是,另一方面,比如说,我们
学到的一切关于悲剧家的东西,可能完全是虚假的"。施特劳斯
随后的补充,可以生动地成为他后来所有哲学史研究的座右铭:

"因此,我可以表明,关于柏拉图,离我心灵最近的东西,却独立于具体的柏拉图哲学。"对这一小小座右铭的丰富性,施特劳斯用法语写了一个句子作结:"以我惯有的天真和谦逊,我宣布我已解开'希罗多德之谜'!"(《文集》,3:557)

　　12天以后,施特劳斯在下一封信中说道,"我发现自己处在疯狂的状态之中,这种状态吞噬着我的生命——希罗多德之后,我现在又在读修昔底德!"施特劳斯阅读修昔底德,也是为了有助于理解柏拉图:"葬礼演说,纯粹的戏仿——正像《普罗塔戈拉》中的普罗塔戈拉演说。"在这封信中,施特劳斯强调,《申辩》终于神,始于习俗。他说,那就意谓着"在《申辩》中有意驱除的问题,亦即城邦所相信的诸神,变成了《法义》的主题"。他在附言中补充道,"我渐渐有所领悟","古人遭致了怎样的误解"(同上,3:558)。

　　1938年11月下旬,随之而来的是色诺芬,他占据了关于隐微教诲的其余通信,成了施特劳斯的"情人"。他说,"色诺芬是我的独爱","因为他有勇气将自己装扮成一位白痴,穿越许多世纪依然如故"。[①] 关于色诺芬的通信中,有一个主题与众不同,这对于尼采对哲学挑战的主题极为重要:"道德对于色诺芬来说纯粹是显白的"(同上,3:567)。施特劳斯如是说。在这之前,施特劳斯又说:"色诺芬在写作中所为恰恰是苏格拉底的一生所为。"他在下一封信中声称,"色诺芬的苏格拉底与柏拉图的苏格拉底,是同一个苏格拉底,这不会再有疑问"(同上,3:569);"这

[①]　施特劳斯,《文集》3:567。比较施特劳斯论文《斯巴达精神或色诺芬的品味》(The Spirit of Sparta or the Taste of Xenophon)的结尾(发表于这些信件标明的时间段的结尾,1939年11月),*Social Research* 6, no. 4(1939),页502—36:

　　　像他这样一个人,他更愿意伪装成一个乞丐穿越千年,也不愿意向大众兜售苏格拉底清明智慧的秘密。他陶醉于这种清明的智慧,阿格西劳斯、居鲁士或色诺芬的敏捷,令人惊羡不已的行动;这些都是巧妙的故事。之后,这种清明的智慧让他逃向不朽。

是同一个苏格拉底——两者都是奥德修斯式的［精神探索］，色诺芬与柏拉图的教育亦然"（《文集》3：574）。苏格拉底是绅士道德——美善合一（kalokagathia）的批评者。施特劳斯说，"在苏格拉底圈子里，kalokagathia 是一句骂人话，就像 19 世纪的'市侩'或'粗俗小市民'"（同上，3：567）。《法义》和《王制》专注于激烈批评公平（dikaiosune）。《王制》"是为不公平（adikia）的反讽辩护，因为哲人本身就不公正（adike）"（同上，3：568）。在与他认为仅仅是道德的无神论者决裂后，施特劳斯受到驱策，回溯中世纪启蒙和古希腊启蒙，随后，施特劳斯走进苏格拉底的圈子，并在那里发现对道德的批判；这种道德被认定为是对探询者的威胁。苏格拉底的圈子很清楚，哲学在原则上是非道德的。他们也十分清楚，诸神不可能存在，但诸神必须作为绅士生活的保证者。关于色诺芬的书信触及了这个论域："philia 的问题极为重要"，或者友谊的问题：理解 philia 是什么"摧毁了诸神的神学：精神高贵者不可能是精神低贱者的'朋友'，因此否认了神意。我相信，这是《回忆苏格拉底》的中心思想"（同上，3：575—6）。与对苏格拉底圈子的洞见几乎同样重要的是，施特劳斯在他后来的书信中谈到赫西俄德的《神谱》。他说，"那诗不是神谱"，并非如标题所证实的那样（优秀的作者会在标题中表达主题，而不是让读者去寻找）。相反，主题是对这样一个问题的回答："那第一位的、未生的东西是什么？"答案并非是诸神，而是诸如大地、天空、星辰和海洋之类的东西。因此，这本诗的主题也是"从这个视角出发，清楚地解释了奥林匹斯诸神"。它的主题"是开启这些问题和答案的意谓，亦即智慧意谓着什么"。施特劳斯补充说，"我深信《荷马史诗》同样如此"（同上，3：581—2）。通过发现其中最伟大作家的隐微教海，施特劳斯走进了苏格拉底的世界，进而，施特劳斯走进了基础性的古希腊诗歌，这些诗歌也隐匿了关于最高事物的类似智慧。对于非信仰与信仰之争来说,那种智慧意谓着什么,在那几个月施特劳斯写了一篇关于色诺芬的文章,文章结尾对此有所阐述。"哲学是对城邦诸神的否定。""哲学根本上与城邦诸神冲突。"①在关于色诺芬文章的结尾处,那些神很容易被当作赫西俄德的和荷马的神祇。但是,毫无疑问,城邦诸神包含了迈蒙尼德戏仿的上帝。②

　　有选择地浏览了施特劳斯自己对发现隐微教诲的记录之后,我想考虑他前期的一封信中的一句评论,因为这句评论提出了一个问题:尼采的挑战在于说出哲学的真理,而施特劳斯则重新发现了隐微教诲,那么就他对尼采挑战的回应而言,这种发现有何意义? 就在他说迈蒙尼德在他的信仰中绝非犹太人之前,施特劳斯说:"几年以后,当我引爆这颗炸弹(假如我能如此长寿)时,我将点燃一场巨大的战争。"这个思想在一个附言中重现:"尼采有一句格言:当我真理在握时,我是否敢伸开手掌?"③

　　施特劳斯伸开过自己的手掌吗? 他的写作变得不再那么显白;如关于色诺芬的写作变得更像色诺芬,因为,施特劳斯本人似乎更愿意披上白痴的伪装。如此有所保留,可能暗示他从未伸开过手掌,从未引爆他手中的炸弹。然而,施特劳斯那些缄默的写作,变得愈加缄默的写作是什么呢? 是一些指示针? 使所指向的

---

①　施特劳斯,《斯巴达精神或色诺芬的品味》,前揭,页532,页534。

②　1939年12月,亦即在与Klein长达2年的通信探讨隐微教诲的发现结束时,施特劳斯写了一篇谈论"隐微写作"的论文,但从未发表(见 Interpretation,14,1986,页51—9)。该文专门讨论莱辛,施特劳斯在与Klein的通信中从未提及莱辛。这篇论文探讨莱辛大约40岁时发现了隐微教诲(同上,57n.29)。最后一段极有趣(论文收笔之前),权衡两种相对的邪恶——"教会专制"与"世俗专制",并坚持说教会专制危险性更小。"但专制广泛地以迷信为基础,亦即完全不靠强制。假如不信迷信的少数人不愿克制自己,而去公开揭露和反驳迷信的信仰,那专制就无法维持"(同上,59)。施特劳斯在结尾处,谈论莱辛谙熟隐微教诲的古典源头,以及施特劳斯从中所受的引导,"首先要注意一些古典哲人的隐微教诲,然后再去理解所有古典哲人的隐微教诲",这也是施特劳斯大约40岁时真实体验的一种描述。

③　施特劳斯,《文集》3:549—50(1938年2月16日)。

目标发生爆炸? 他的写作连续引爆了我们的里程碑似的整个写作史。那些古老经典谈论绅士和他们的美德,谈论诸神和上帝,谈论不朽的灵魂,它们向我们当代的读者证明:哲学因文化所限,除了将当时当地的意见理性化外,[再无别的神通]。施特劳斯却引爆了那些古老经典,亦即他表明这样的言说只是障眼之物;施特劳斯缄默的写作引爆了这种障眼之物,并训练读者进行引爆的活动。施特劳斯的写作有助于显露那些古老经典的核心——真诚的哲学,有益于陶醉于真诚的、高贵的灵魂,精神上永不妥协的实践。这些高贵的灵魂并不满足于将理性的或非信仰的东西隐匿于信仰之内;高贵的灵魂在思想上超越他们的时代,这些时代的继子们戏仿他们仿佛顺从的一切;他们好像受到束缚,但从高处俯瞰那些似乎束缚他们的一切。施特劳斯的写作本身并非爆炸物,它们是缄默的指示针,长长的引线,直指爆炸物。

我们可以推出合理的结论,面对尼采言说哲学真理的挑战,施特劳斯的反应是有策略地伸开他的手掌,并且与那些不可能独自做出有所发现的人一起,分享他的发现,以此规划[他的发现]的长久影响。与海德格尔的解构不同,施特劳斯的引爆并没有诽谤或者还原它们研究的大书(great books);相反,他的引爆抬高经典和经典作者的地位。通过引领他的读者直面事实本身,施特劳斯的写作展示了哲学的可能性。正如伯纳德特(Seth Benardete)所言:"施特劳斯几乎事事从经验出发",通过他的作品,施特劳斯与他人分享伯纳德特所说的一种体验:"作为一种有价值的阐释,它所具有的不可恢复的偶然品质。"①施特劳斯以这样一种方式伸开他的手掌;某种程度上,这种方式能够让读者去体验施特劳斯自己与文本的深度体验,体验他与那些伟大

---

① Seth Benardete,《情节的论辩》(*The Argument of the Action*, Chicago: University of Chicago, 2000),页408,页410。

高贵的灵魂交流而来的痊愈。施特劳斯做了一个里程碑式的决
断,以一种有效的方式,他向更多的聆听者公开我们的隐微教诲
传统。① 因此,他为尼采所描述的自然的转化做出了不可或缺
的贡献:他向我们显明怎样理解丑陋的毛毛虫所隐匿的一切。
如此行动,他有助于这样一种可能性:在我们的将来,这毛毛虫
会神奇地转化成美丽的蝴蝶。

　　我想思考一个实例,关于施特劳斯如何伸开手掌触及真正
的爆炸物,在那里"读出他字里行间的隐微教诲比较容易"(施特
劳斯,《迫害与写作艺术》,页 34)。《什么是政治哲学?》第一次
公之于众,是 1954 至 1955 年在耶路撒冷所做的三个讲座。施
特劳斯 1959 年将它出版,作为一本书的开篇论文,书名即《什么
是政治哲学及其他研究》,因此凸显了这篇论文的重要性。② 施
特劳斯一定以某种敬畏之心来看待当初的场景:一位成了雅典
人的犹太人,带着他终极的主题"雅典与耶路撒冷",在耶路撒冷
演说,讨论的却可能是雅典人最伟大的发现。他的情景是行至
雅典的使徒保罗情景的反转,保罗将"耶路撒冷"或真正上帝的
福音,带给那些将不朽杰作抬高到"未知上帝"的雅典人。③

　　施特劳斯给他的演讲扣以苏格拉底式的标题:"什么是……
政治哲学?"同时,他以表面上的虔敬结束了他的第一段。"我一

---

①　John Toland 于 1720 年在《持钥匙者》(*Clidophorus*)中做过这样的努力。他的
　　目标很激进:他要败坏和终止虔敬欺骗的长久历史,揭示它的根源来自早期的
　　智慧,而那久远的时代早已逝去。

②　施特劳斯,《什么是政治哲学及其他研究》(*What is Political Philosophy? And
　　Other Studies*, Glencoe, Ⅲ. : The Free Press, 1959),页 9—55。

③　《使徒行传》十七章 15—34 节。奠定近现代世界最有力的一位革命者之一,培
　　根,众所周知,他是一位雅典之人,来到耶路撒冷,目的是表演保罗在雅典成功
　　的反转。培根甚至引用保罗的例子,与此同时,将他极具革命性的目的隐匿不
　　露。参见培根,《关于圣战的宣传》(*An Advertisement Touching a Holy War*),
　　Laurence Lampert 编辑, Prospect Heights, Ⅲ. : Waveland, 2000。

刻也不会忘记耶路撒冷代表着什么。"他刚刚以赞美之词陈述了它代表什么，这种赞美之词好像再肯定不过了："没有什么地方会像这块神圣的土地一样有如此的热情，对正义和正义城邦的渴望充满最纯洁的心灵和最高尚的灵魂。"但如此言说使未言说的显得更高：对真理的热爱引领的不是心灵，而是心智，不是引向热情，而是知识的限度，因此也就是热情的限度。

这份耶路撒冷与雅典的对比，共有 66 段，第 33 和 34 段表明，关于耶路撒冷代表什么，施特劳斯不会忘记其中的核心内容（施特劳斯，《什么是政治哲学》，页 31—3）。"雅典的陌生人是什么样的人？"在 33 段施特劳斯提到柏拉图的《法义》时，提出这个问题。他跋山涉水来到克里特，将雅典人的祝福带到古希腊法律的最初源头，带到当时最强大的代表斯巴达。在其他方面，他像苏格拉底一样，不会将他最终的决断建基于"诉请绝对命令之上；这种绝对命令要求消极服从，不允许有'假如'或'但是'"。值得质问的决断是，苏格拉底对他的城邦正义的反应，对他因冒犯城邦诸神而被判死刑的反应。苏格拉底的决断不是为了逃避正义，而是建基在身处那种情境中"从容、审慎的考虑，什么是值得做的正确事情"。施特劳斯结束他的段落时，重申苏格拉底决断的基石："他的选择……并不在于将他的个案简单地归到一个简单的、普遍的、无法更改的统治之下。"施特劳斯并没有忘记耶路撒冷代表着什么：必须服从上帝，对于他永远给定的、普遍的、不可更改的统治，[人]只有简单地"消极服从，而不能有'假如'或'但是'"；而不能探明究竟。雅典代表着对情境理性的、灵活的反应。古稀之年的苏格拉底理性地，而非热情地放弃了自己的生命，作为反对非理性服从的强有力声明。施特劳斯，也是雅典的陌生人，来到耶路撒冷，我们终极律法的最初源头，施特劳斯讲座的核心，是哲学与启示宗教原则上的不相容，非信仰与信仰的根本冲突。

中间两段的另一段,即第 34 段展示了施特劳斯论文的另一半,并真情呼吁:"经历了这样长久的历史,还是让我们回到柏拉图《法义》的开端。"——很难想象,施特劳斯会发出一个更具颠覆性的历史性呼吁,而且这是在耶路撒冷发出的呼吁,这就更让人震惊不已。在第 34 段的新开端,施特劳斯从法律回返到对法律研究的探询,而这种法律研究"没有《圣经》的对等物"。鉴于开始段落和中间段落的品性,最后一段,即第 66 段的阐释做了自我暗示,因为在那里,施特劳斯同样没有忘记耶路撒冷代表着什么;他的结束就像开始一样,以耶路撒冷的方式,虔敬有加:他以《启示录》的方式结束了第 66 段。其中,施特劳斯责备尼采几乎成了耶路撒冷的继承人,成为一位道德的/宗教的信仰者,他的行动成了极端信仰的典范。因为施特劳斯指责尼采像热情的灵魂一样"布道",宣传"无情灭绝",①大众的"神圣权利",而且"像他的伟大对手一样毫无节制"。那么,尼采的伟大对手可能是谁?作为一位谴责现代哲学的雅典陌生人,他写下的《雅典与耶路撒冷》对比的结尾处,除了耶路撒冷的上帝,宣传圣战的布道者们还会顺从谁呢?那么此刻,在他晚期论述尼采的论文之前,施特劳斯仍然把尼采看作现代欧洲哲学的完成者,并继承了基督教的遗产。《圣经》中的 66 卷书对于施特劳斯,就像对于写《扎拉图斯特拉》的尼采一样,有着明显的《启示录》的目的。施特劳斯也理性地而非热情地投身于一场精神的战争,他可能暗示,所有激进的现代哲人,直到尼采,仅仅是热情地行动,被热情所困,无法超越他们反对的对象。

施特劳斯多次赞颂雅典而指责耶路撒冷,他的目的何在?

①　施特劳斯,《什么是政治哲学及其他研究》,前揭,页 55。施特劳斯并未给出这一引言的出处,但尼采在自传《瞧! 这个人》中谈到过"无情灭绝",Walter Kaufmann 译(New York: Random House, 1968),"我为什么写如此好的书;《悲剧的诞生》,第 4 章"。

多少有些隐微的指责隐藏了指控人（accuser），但实际上迫使读者独立思考这一指责，因此成了指控人的同谋。是鲁莽，还是算计使施特劳斯以这种方式传布爆炸物，违背哲学的隐微历史和策略——比如，使中间的部分成为最显露的部分？施特劳斯独自担当莱辛未做之事，去做为非信仰者而战的人未做之事。他的革新开启了理解我们传统中最有智慧者的一场革命：阿尔法拉比坚守的不是穆斯林，迈蒙尼德坚守的不是犹太人，笛卡尔坚守的不是基督徒。他们每一个人首先是哲人，如笛卡尔所言，"于影子中踽踽独行者"，①直到施特劳斯伸开他的手掌，训练他的读者在一定程度上分享他们的孤独，教导我们如何欣赏这种孤独。施特劳斯在所有最重要战斗中打开了新的篇章，使非信仰与信仰之战可以体验为我们传统中最智慧最优秀者进行的非信仰之战。② 通过公开我们的整个传统向怀疑的、令人惊羡的探询，施特劳斯将我们最伟大的思想者推到了我们自己无法想象的崇高地位，虽然我们预先已注定将他们判定为他们的时代之子而非继子（《注意》，段 30，页 187）。在施特劳斯的帮助下，我们瞥见了哲人真正的高贵。尼采以问题"什么是高贵？"结束

---

① 参见施特劳斯，《法拉比的柏拉图》（*Farabi's Plato*），收在《中世纪犹太和伊斯兰哲学论文》（*Essays in Medieval Jewish and Islamic Philosophy*），Arthur Hyman 编辑，1945 年；再版，New York：KTAV Publishing House，1977 年，页 410—11。

② 施特劳斯使哲学的新历史成为可能，这正在以诚实为自豪的学术中寻找到一个安全之地（因为它必然要去寻找）。有书为证，Jonathan I. Israel，《激进的启蒙：哲学和现代性的形成 1650—1750》（*Radical Enlightenment: Philosophy and the Making of Modernity 1650—1750*，New York：Oxford University Press，2001），这本 800 页的书，详尽叙述了斯宾诺莎的成功，他通过吸纳宗教传统内的许多不太激进的追随者，使其激进观点渐渐大获全胜。Israel 认为，在一个由宗教迫害支配的社会里使用隐微教诲理所当然。他记载了在斯宾诺莎和他的温和的追随者那里隐微教诲的合理存在。假如他们在清醒意识到迫害结果的情况下写作，假如他们清醒意识到他们在毁灭他们忠于的宗教传统，他们就不会写作。Israel 表明，现实上，斯宾诺莎充分利用了诚实的美德，而又未成为美德的奴隶。

了《善恶的彼岸》；施特劳斯《柏拉图式的政治哲学研究》指向了尼采的答案：极少数哲人的真正高贵。① 施特劳斯古怪的公开，他的难以破解，极具教化意义的公开，都服务于将哲学公开的尼采式目的。因其处理爆炸物的方式，施特劳斯生存在危险之中。

但是假如耶路撒冷的非信仰者施特劳斯，通过公开我们的整个高贵传统，回应了尼采关于哲学更大真诚的挑战，那么，对于尼采为信仰提供非信仰基础的哲学的挑战，他又是如何回应的呢？

三　尼采的实践性挑战

尼采对哲学的基本的实践性挑战，来源于他的理论性挑战；这个挑战是为哲学之故，而用哲学统治宗教。因此，尼采对哲学的全面挑战结合了理论与实践两个方面；这样做的原因是，理论在致命真理的深处发现了真理的反面，这就迫使它代表给予一生命（life-giving）的真理行动。

《善恶的彼岸》开篇两章论及哲学的理论性任务，随后一章讨论宗教——哲学统治宗教的实践性任务。在这三章里，尼采以哲学的明确挑战结束——哲学要粉碎权威的宗教，而催生一种由智慧引导的宗教（尼采，《善恶的彼岸》，61—2）。尼采异常清晰地表明，这种挑战并非革新，因为他描述了古印度的哲学统治，在那里，统治阶级中的极少数人为"超王者"（supra-royal，überköniglicher）的任务吸引，并指导那些王者（同上，61）。不过，他的伟大先行者是柏拉图。这些格言并未直呼柏拉图其名，但在整本书中却无处不在。柏拉图，"古人中最美丽的奇葩"，他"行使着至今任何哲人最伟大的权

---

① 关于高贵和真正的高贵，不被习俗的高尚认可的高贵，哲人的高贵，参见施特劳斯，《法拉比的柏拉图》，前揭，页421—422。

力",并将"所有的神学家和哲人引到了同一轨道"(尼采,《善恶的彼岸》,前言,191)。柏拉图"遭到邪恶的苏格拉底败坏",从而滋生了柏拉图主义,"那纯粹的心灵和善本身","是至今最糟糕、最持久、最危险的错误",因为它使哲学极易受统治性宗教的宰制,受被称为"人民的柏拉图主义"(同上,前言)的基督教的宰制。过去300年的精神战争成功地颠覆了那一主宰。现在,在那场战争留下的精神废墟里,上帝死了,灵魂被谋杀,①欧洲的哲学面对着它的最大的实践性任务:在真理的基础上建立新的理想,这种理想与否定世界的禁欲的旧理想截然相反,做好迎接新的诸神的准备,它们是哲思之神,是令人惊叹的女神。

　　恰恰是施特劳斯表明,尼采对哲学的实践性挑战,以逻辑的方式源于他的理论性挑战。在格言36—7的关键性转折里,施特劳斯的注疏,使《善恶的彼岸》的情节大白于人;在那里,理论与行动相连,认识这个世界必然激励人们重估这个世界。这两个格言刚刚从最重要的核心章节下降,它们的这种运动方式,以施特劳斯的说法就是,"最不妥协的智性诚实和最具魅惑力的嬉戏"(《注意》,段8,页177—8),首先,这是理性的引导,导向基本本体论的声明——存在就是权力意志,然后,从最高的洞见出发,下至对最高洞见的自然或普通的反应:指控尼采在进行一种高级的犯罪,甚至尼采最优秀的读者,现代自由心灵们也会作出这样的指控。尼采允许这些读者在他自己的书中说出他们的指控:他们说,在你的教诲中,被驳斥的是上帝,而不是魔鬼。施特劳斯强调尼采答案的意义,他五次说这恰是对上帝的辩护。施特劳斯言简意赅地想表达的内容是,尼采思想是怎样移至基本

---

① 《善恶的彼岸》中关于宗教那一章的两个关键性格言依次讨论了宗教的当代危机的两个核心问题,上帝之死(53)和现代哲学对"古老灵魂概念"的谋杀(54)。接下来的格言触及到开始疗治危机的必要手段:对新的理想的洞察(56)和强迫哲学行动(61—62)。

事实,并从那里,理性地、肯定地移至最高的价值,并如此为上帝辩护。但那种辩护必遭误解,因为被辩护的上帝不是耶和华,不是城邦诸神,而是世界,作为权力意志的整体世界,是自然,那真正被肯定的神圣的最初之物。上帝或自然:尼采肯定其中只有一种哲学,斯宾诺莎的哲学,现在正重新输入新鲜的血液(参见尼采,《快乐的科学》,372)。

我们能否这样讨论,通过强调尼采"为上帝的辩护",施特劳斯实际上在批评尼采,就像他1935年所做的那样,再次暗示尼采那里,现代哲学展示了其特有的缺陷,亦即未能统治宗教,结果反倒在自身的道德热情中被宗教统治?施特劳斯已经说过尼采的本体论推理,除此之外,对于我而言,似乎只要思考柏拉图,施特劳斯的柏拉图,问题就可以得到解决,因为施特劳斯关于柏拉图的说法表明,尼采从哲学移至宗教既不是革新,也不是哲学臣服于宗教;相反,它是柏拉图式的政治哲学的特有转向,是非信仰成功地抗击了信仰。

在施特劳斯的《城邦与人》中,关于柏拉图的章节分两部分,前13段的引言部分,后65段的《王制》部分。① 施特劳斯安排了65段《王制》部分,似乎是为了展现一个有意义的中心,因为第33段表明,哲人苏格拉底在与阿得曼图斯对话时怎样对待宗教。阿得曼图斯,一位年轻人,蔑视他在其中成长的宗教,蔑视制造宗教的诗人。② 在居于核心的一段里,施特劳斯强调,苏格拉底在与阿得曼图斯谈论诸神时,从未问这样的问题:"一个神是什么?"相反,"谈话者从绝对的前提出发——诸神存在……并

---

① 这一分法不仅仅以主题的转换为标志,而且也是以第13段结尾处的结尾破折号为标志。

② 施特劳斯,《城邦与人》,前揭,页98。引向中间段落的那一段论及《王制》中哲人的首次出场,它唤起人们对哲学的注意,称之为艺术之艺术;艺术的真正秩序是有等级的:普遍的,或最高的艺术指导所有其他艺术。

且,他们也知道一个神是什么"。针对阿得曼图斯而言,从他认为自己知道的内容开始,苏格拉底就已心满意足。①

施特劳斯在居于核心的一段里提出了"一个神是什么?"这样一个问题,而《城邦与人》的最后一句,把这称作"最重要的问题",施特劳斯说这一问题"与哲学同时存在,虽然哲人们很少提出这一问题"。施特劳斯结束他的书时,并没有太宣扬"神是什么(quid sit deus)这个问题",施特劳斯的核心一段表明,苏格拉底为什么不向阿得曼图斯提出这个最重要的问题:关于阿得曼图斯对一个神是什么的理解,表面上,苏格拉底似乎提不出任何问题时,但他改变了那一理解。柏拉图的苏格拉底并非毫不妥协的人;他在对话者没有问题时不再坚持提问。他不会说,"宙斯甚至不存在"。相反,他的目标是"更保守的行动方式,逐渐用真理或接近的真理代替公认的意见?(施特劳斯,《迫害与写作艺术》,17)。暂时接受阿得曼图斯的意见,这允许苏格拉底做阿得曼图斯已做过的事:驳斥赫西俄德和荷马(《王制》377d)。苏格拉底没有挑战阿得曼图斯理解的一个神是什么——毕竟阿得曼图斯是从赫西俄德和荷马那里得知一个神是什么,但苏格拉底创立了两项关于诸神的新律法,非赫西俄德的、非荷马的律法:首先,神是善的,所以不是所有事物的原因,而只是善的事物的原因;其次,神是简单的,并不改变他的形式,也不欺骗。因此,施特劳斯这核心一段暗示,柏拉图的苏格拉底在公认的关于诸神的意见之内工作,开始统治宗教,并且讲究谋略。

后来,施特劳斯专门用两段来讨论理念的原则。第一段详

---

① 为了澄清处理苏格拉底对待他的对话者的柏拉图方式,施特劳斯引用色诺芬,色诺芬说"苏格拉底的对话艺术是两面的:对于那些与他矛盾的人,他提出问题'什么是……',涉及争论的主题":"当他主动地讨论一个主题时,即当他只是和那些聆听的人谈话时,他用公众的意见进行谈话,因此谈话的一致和谐达至难以想象的程度"(《城邦与人》,前揭,页53)。

尽描述了《王制》中出现的这一原则,第二段反思这一原则,其开篇的陈述令人注目,时常为人援引:"首先,它完全不可思议,更不要说,它仿佛是奇思玄想(fantastic)。"这一原则有"关键的困难":它要求我们相信理念与事物是"分开的","狗本身"是真正的狗,或者,"最完美的床,人们不能在上休息,最完美的嚎叫是听不见的"。① 格劳孔和阿得曼图斯并未发现困难;他们相对平静地接受了教诲。为什么? 施特劳斯已经表明他们很容易受到苏格拉底的控制,而在这里,施特劳斯提到,他们以前多次听到这一原则,但他挑选出其他的东西作为他们接受的主要理由。施特劳斯将这些理念描述为"永恒存在的自立之在(self-subsisting beings)。它们最光彩照人"(施特劳斯,《城邦与人》,119)。然后,施特劳斯描述格劳孔和阿得曼图斯从小就听说过的正义之神和胜利之神,同时他说,正义之神和胜利之神就是"自立之在,一切美好事物的原因,其光辉让人难以置信,感官无法理解他们,因为他们从不改变他们的'形式'"(同上,120)。对于从小就受正义之神和胜利之神影响的孩子们来说,理念原则的关键困难根本就不成其为困难,现在,前面提到的两个苏格拉底革新改进了正义之神和胜利之神。

这样,施特劳斯暗示,理念的原则完全是有社会责任感的哲人,为了向信仰提供非信仰的基础,做出的理性尝试。苏格拉底发明了无时间性的理念,它明显适合那个时代,他就以这样的方式处理那个时代的宗教危机。施特劳斯说苏格拉底"在没有人成功"的地方成功了——他"对理念做了令人满意的清晰描述"。他表明,在没有削弱理念的想象空间的情况下,它们怎样变得可信——已存在的幻象使它们似乎可信。理念的原则对特殊的大众——雅典的青年一代——有一种公共的益处,他们已经丧失

---

① 论文的第63段,或《王制》部分的第51段(《城邦与人》,前揭,页119—121)。

了他们的父辈依然供奉的诸神。理念是某种手段,通过它,统治城邦的人,从"顺从法律并最终顺从诸神的父辈",转变为"手艺人的联合体,他们顺从哲人,最终顺从理念"(施特劳斯,《城邦与人》,121)。柏拉图认为理念原则本身可以是无时间性的,但是通过表明理念原则的适时性,施特劳斯却让我们怀疑了他对柏拉图的看法。阿尔法拉比完全放弃了理念的无时间性;因为,他的听众并不是在正义之神和胜利之神的影响下长大。但是适时的理念原则,表明了柏拉图式的政治哲学中无时间性的东西:非信仰统治信仰的必要性。柏拉图是一位伟大的革新者,他表明了歌德之战的非信仰者一边,怎样赢得胜利。

施特劳斯强调,在《王制》中苏格拉底是被胁迫(force),或受驱使(compel)。他甚至将《王制》和质疑探询的对话之间的差异还原为强迫(compulsion)问题,这种"压力"(pressure)迫使苏格拉底为那些驯化的、正义倾向发生动摇的年轻人们定义正义:"即使完满答案所需要的所有证据还未出现,但无论如何也必须回答正义问题"(同上,106)。在处理《王制》中哲学问题的最后一段(同上,127—8)——《王制》中最重要的一部分时,施特劳斯展示出,哲人是真正正义的人,"自足的、真正自由的人,就像城邦的生命很少专注于为其他城邦服务,哲人的生命也很少专注于为其他个人服务"(同上,127)。然而,哲人的正义却是第二种意义上的正义,从那种意义上说,他的确服务于其他个人,虽然他这样做"不是出于自然倾向,不是出于爱欲(因为他追求真理),而是出于强迫"。施特劳斯加了一个至关重要的提示:"假如它是自我强迫,强迫就会一直是强迫"(同上,128)。苏格拉底驱使自己去做并非为事物本身的事情;他的正义是"必要的邪恶"。[①] 他承受的压力包括为了降身而治,主动置身其中的压力。为了统治柏拉图

---

① 　施特劳斯提及"这可怕的结果"(《城邦与人》,前揭,页83)。

兄弟的心灵,他成了一位审慎的立法者,创造了由他人搬运的人工制品,创造了意见,在那些意见的阴影中,公民得以理解他们感知到的一切(施特劳斯,《城邦与人》,125)。根本上讲,苏格拉底这样做并不是为了拯救城邦,而是通过逐渐改变哲学唯一的可能的处境,以拯救哲学。施特劳斯说过,"因为哲人不情愿统治,所以正义的城邦不可能"(同上,124)。《王制》中的情节证明,哲人不愿统治,但这被一种他的自我强迫的必需克服。施特劳斯主张,哲人出于强迫而服务于城邦,为了确认这一说法,他引用了政治哲学奠基者的引言之辞:①它是一种命令,"你必须走下来"。在《王制》里,苏格拉底叙述的第一句话中,他宣布,他将自身置于强迫之中:"我下来了。"

施特劳斯的最后段落表明,苏格拉底在第 10 卷中返回诗歌,目的是让诗歌成为哲人统治的工具。诗人是模仿的工匠,比起非哲学的立法者,他们对生命有更宽广的视野,因为诗人将生命看成是激情与理性的冲突;因此,审慎的或哲学的立法者要向诗人学习。从哲人的视角来看,哲学与诗歌的真正之争,用施特劳斯的关于统治的话语来说,就是事关等级秩序。苏格拉底强迫他们返回的诗歌,是最高等级的诗歌,是关于神和灵魂的统治信仰的生成之源。苏格拉底返回诗歌,是为了代替曾经统治但现在已被败坏的荷马诗歌——古希腊的教育者,他所返回的诗歌,有着同样教育目的,是哲学统治的一种新的统治性诗歌。施特劳斯说,哲学眼中的诗歌,要么是自主的,要么是工具性的(ministerial);要么自治,要么是统治者哲学手中的工具。施特劳斯在引用中引入了尼采的话,"诗人永远是某种道德的仆人",②关于哲学和宗教的关系,尼采有同样的观点:宗教要么是

---

① 《城邦与人》,前揭,页128,引用柏拉图《王制》519e—520b。

② 《城邦与人》,前揭,页136,引用尼采,《快乐的科学》,1。

统治的，是自治的，要么是哲学的工具（尼采，《善恶的彼岸》，62）。尼采谈宗教，柏拉图谈诗歌；在此语境中，他们是同一现象的不同名称：关于神和灵魂的信仰，它们主宰了人的行动。在非信仰与信仰的冲突中，尼采和柏拉图是有着同样策略的哲人：哲人必须走下来阻止统治的信仰，而为信仰提供非信仰的基础。

施特劳斯说，"工具性的诗歌的最大实例，是柏拉图的对话"。通过柏拉图的对话，哲学生成一种新的诗歌，以此统治诗歌。在《王制》结尾处，柏拉图允许工具性的诗歌进入城邦，歌颂神和灵魂，满足城邦的需求，同时仰指（pointing upward to）哲学。尼采在《扎拉图斯特拉如是说》中论证道，哲人必须屈尊而治。"我下来了"，是《王制》中苏格拉底叙述的第一句话；而在苏格拉底最后的话语里——在《王制》中，唯有整个第十卷以全新的［话题］开端，而且这个开端也根本不是强加于苏格拉底——他强迫自己去创造道德诸神的工具性诗歌，道德诸神主管灵魂的奖惩，并且，他曾强迫自己去证明这些灵魂的不朽。

苏格拉底今天叙述的，正是昨天发生的一切：昨夜在比雷埃夫斯港，他为青年人和色拉叙马霍斯所做的一切，今天又在重复，面对的是那些未加区分的听众，他将昨夜发生在比雷埃夫斯港的一切，提升到雅典和白昼之光中。每一个人都知道发生的事情：雅典人引进了一个新的异邦女神——色雷斯的本迪斯女神（Bendis），希望她能减轻瘟疫和战争的灾害。现在，因为苏格拉底的叙述，他们了解到，与此同时，在私下里，在克法罗斯的家中，一位哲人引进了他自己的异邦诸神——理念，还有色雷斯式的诸神和灵魂的观点（参柏拉图，《查米德斯》156d）。苏格拉底的叙述告诉人们，面对雅典近来发生的最大事件——这既不是战争，也不是瘟疫，而是体面的年轻人的诸神之死，面对这样的事件，一位哲人怎样强迫自己做出反应。

施特劳斯对《王制》的分析表明，柏拉图作为

自己力图将宗教置于哲学的统治之下。尼采的哲学统治宗教这一挑战并非革新；它其实是柏拉图式的政治哲学。①施特劳斯曾

---

①　关于作为革新者尼采的论题，请思考题献给施特劳斯的一本书的最后一章，Muhsin Mahdi，《阿尔法拉比和伊斯兰政治哲学的基础》(*Alfarabi and the Foundation of Islamic Political Philosophy*，Chicago：University of Chicago Press，2001)，页228—240。这一章的开始，Mahdi 引用了《善恶的彼岸》的一长段61—62——尼采关于哲人统治宗教的责任的最清晰的陈述，因为统治性宗教有着巨大的危险。然后，Mahdi 评说道：

> 假如这些关于哲学和宗教关系的陈述有些大胆的话，我想提示，它们并不是革命性的。它们也不代表一种革新，而仅仅是一种修整、恢复，一种哲学传统中张力的复活，这种哲学传统与假定某种形式的"永恒复返"的历史循环观紧密相连，在很多情况下，它实际上来源于这种循环观。(页230)

Mahdi 的书致力于阐明阿尔法拉比是哲学张力的伟大代表，这种哲学意识到哲学统治宗教的责任。他向我们展示，阿尔法拉比本人怎样试图恢复如此观点的历史，怎样发现它可以追溯到柏拉图和亚里士多德，他也发现基督教一直试图压制它。阿尔法拉比教导说"人类宗教……应该及时地紧随哲学之后，通过劝说或者创造具象，教导大众那些在哲学中发现的理论和实践的主题"(235)。阿尔法拉比意识到"人们能够而且应该创立一种与哲学或科学一致的人类宗教观念，这在亚里士多德的《形而上学》中并不陌生，在柏拉图的《王制》与《法义》中也受到鼓励"(235)。阿尔法拉比将哲人对宗教的责任呈现为智慧的"自然的、内在的发展"：

> 保存这种历史上获得的智慧的工具是哲人—立法者，他们建立了人类宗教，以便论证和审慎发现的理论和实践的主题可以通过修辞和诗歌的方法授与大众，劝说每个人接受正确的意见并进行有益的实践。(页236)

关于革新论题，亦可参考 Seth Benardete，《弓弦与竖琴》(*The Bow and the Lyre*，Lanhan：Rowman and Littlefield，1997)，页80—90，特别是页87—88。

> 假如人(即奥德修斯成为的那个人)只能政治地生存，他必须和这样一些人生活在一起，假如他们并不知道人由什么构成，他们必须有人是由什么构成的知识的变体，这种变体无论它可能反应多少，也不能保全人的本性。荷马表明，那种知识的最强大的变体被一个词"冥界"(Hades)所概括。

> Benardete 表明，奥德修斯理解了"他的命运是建立信仰，而非知识"(页152)。那将使荷马成为据说由尼采革新了的观点的革新者。

对克莱因说，"关于柏拉图，离我心灵最近的东西，却独立于具体的柏拉图哲学"。① 理念的原则是具体的柏拉图哲学内容，但很显然，这个原则会被耗尽。那么，正义诸神，不朽的灵魂或一般意义上的道德或惩罚的世界秩序，这些情形又如何呢？施特劳斯不可能将它们视为真实；他将它们中的某个变体看作柏拉图哲学不可或缺的内容吗？尼采认为这样的诗歌极其危险，他倾其一生，耗费诸多心血，以探询恨、恐惧和复仇这些惩罚性激情的根源（他明确地豁免了柏拉图有这样的动机［尼采，《快乐的科学》，359]）。尼采深知，自己生活在终极的惩罚性上帝之死的后果中，所以，他强迫自己极力将宗教归顺于哲学的统治，并发明了一种新的诗歌，它关乎哲思之神和礼赞的感恩之人。

施特劳斯曾给洛维特写过两封生花妙信，在信中，他极清晰地阐明，尼采的目标是建立新的理想，而他作为一位后基督教的、后柏拉图的哲人，所要直面的困难。② 那时，洛维特刚刚出版了一本关于尼采的书，施特劳斯大加赞誉，"能够如此清晰、深刻提出尼采的问题和尼采本人的问题，这样的书我还从未读过"。然而，施特劳斯接下来声称，恰恰是那些问题，必须要更深刻地理解。论题是永恒复返，这是洛维特书中的核心论题。③ "做好准备去承受永恒复返，是真正的自然道德的必备条件（conditio sine qua non)"，而施特劳斯表明，关于这一点，洛维特并未充分领会。洛维特并未看到，尼采也可以平静地教授永恒复返学说，而不是像尼采实际所做的那样——"强迫地，疯狂地"教授——但这两样的目标都是一件事情："纵容"（pampering，Verwöhnung，就像娇生惯养一个孩子），纵容人类的［宗教］教条，使人类相信诸神创造了我们并关爱我们，加上创世和天意的教条，这些教条千百年来一直在"软化"人类。在第二封信中，施

① 施特劳斯，《文集》3:557(1938年10月20日)。
② 同上，3:648—650(1935年6月23日)和655—657(1935年7月17日)
③ 洛维特书的标题是《尼采哲学：相同者的永恒轮回》(Nietzsches F
ewigen Wiederkunft des Gleichen)。

特劳斯再次声明,尼采的问题是,他必须"从惊人的人类纵容中",解放我们和他自己——尼采的方式是向人类介绍自然的教诲,因为人类已被极危险的迷误教诲扭曲到非自然之中。

　　尼采坚持认为,柏拉图关于诸神的公开教诲,已为建立纵容教诲的统治铺平了道路。我们或可认为,施特劳斯的陈述仿效了尼采的判断,其中,施特劳斯曾允许自己以公开的姿态探询,柏拉图是否可能"太成功了"。① 当施特劳斯把诸神教诲的巨大成功归功于柏拉图时,他其实是参考了"普鲁塔克《名人传·尼基亚斯》第 23 节"。在那里,普鲁塔克赞扬柏拉图,认为他通过理性证明了物质世界最终服从神性原则,从而拯救了哲学免受迷信的迫害。正是柏拉图在这方面"太成功"的判断,迫使早期的现代哲人,如培根、笛卡尔攻击柏拉图:柏拉图捍卫神性原则,却最终导致迷信者的统治,这种统治最终令早期的现代哲人们未曾约束对哲学的新迫害,而哲学正是他们时代的标志,就像他们所认为的那样,哲学还预示了一个新的黑暗时代。施特劳斯对早期现代哲人的叙述,仿佛将他们呈现为工具诗歌的信仰者,为了消除成功的柏拉图观点,他们发明了这种工具性的诗歌。早期现代哲人鼓吹这种反柏拉图的错觉,以为它是有益的信仰,就是说,人类能够(在神性原则下变得宽厚仁慈)掌握并控制自然,但是,施特劳斯柏拉图式的政治哲学的重新发现者,他是否真的认为,这些早期现代哲人真的相信这种反柏拉图的错觉?或者,在他们的诗歌三个世纪的影响之下,施特劳斯会仅仅从他们诗歌的结果来判定他们吗? 这种诗歌比它所代替的更加危险,与此同时,作为哲人,他们几乎不可能信仰他们寻求建立的信仰,可他们选择不再强调这一事实,施特劳斯是否如此以为?② 无论怎样,我们都很难相信,施特劳斯会认为,现在回归

---

① 施特劳斯,《论僭政》(*On Tyranny*), Victor Gourevitch and Michael S. Roth 编辑,New York:The Free Press, 1991,页 206。

② 参见施特劳斯,《思索马基雅维里》,前揭,页 298—299。

柏拉图那已遭毁坏的诗歌,既可能又值得追求——除非在不可或缺的恢复意义上来说,在信仰与非信仰冲突中,恢复非信仰的核心和它的成功策略。

　　柏拉图的纵容诗歌,将哲学系缚其上,并且可能太过成功,施特劳斯恢复了作为工具性诗歌的柏拉图式政治哲学,那他是否认为,一种新的诗歌即尼采的诗歌,能够代替柏拉图的纵容诗歌?施特劳斯研究《善恶的彼岸》,是将尼采与唯一的一位思想者柏拉图比较。施特劳斯表明,尼采已经柏拉图化,并且无可避免地重陷柏拉图主义。施特劳斯暗示,尼采属于柏拉图式的政治哲学研究,但施特劳斯并不是采用某种有益的小伎俩,仅仅把尼采置于有那样一个书名的书的中心,而是通过表明,尼采关于存在的叙述,恰好引向一种新的宗教,作为新本体论的工具。施特劳斯如何看待这种新的诗歌?在他的尼采研究中,施特劳斯达至这样一个理解的高度——他几乎不可避免地要言说尼采的神学,他的语气很决断:"我未曾谈及,将来也不会谈及尼采的神学,但他的神学中有一个重要的因素(ingredient),虽说不上是其中经脉"。然而,当施特劳斯拒绝说起他无法进入的狄奥尼索斯和阿里阿德涅时,他唯有以某种方式言说尼采神学的经脉,这种神学的经脉代替了柏拉图神学的经脉,因为,施特劳斯在他最后一句话中几乎公开宣称:"高贵的自然代替神性的自然"(Die vornehme Natur ersetzt die gottliche Natur)。尼采的神学诗化了高贵的自然观点,这种高贵的自然代替了柏拉图神学中被诗化的自然观点。①

　　尼采与柏拉图之争,是引导诗歌领域的哲人之争;每一个人都是非信仰者,生活在诸神死去的时代,每一个人都为了信仰而

---

① 尼采并没有着手去创作关于真正的诸神的长的、而且可能是不可或缺的章节,亦即,关于真理的诗化的赞美,关于真理的追求,关于近似性真理,尼采在某□上吸纳了阿里阿德涅和狄奥尼索斯,在经历了漫长的败坏诸神的过□□个古代现象的古代名字以新的形式复活。尼采事实上说,在经□□之后,让我们回归柏拉图《法义》的开端之前。

诗化其非信仰的基础。如何对待"致命"真理？柏拉图将其隐匿于工具性的诗歌，这使永恒真理仿佛既永恒又充满关爱。尼采曾断言，柏拉图诗歌是成功的，太成功了；它的成功制造了险境，这种险境现在要从真理的爱者那里获取一种工具性的诗歌，它比真理的真正品性更真实，永远充满魅惑力，难以言传，貌似平凡却令人惊叹。施特劳斯的尼采研究，使柏拉图和尼采之争现在成为柏拉图式的政治哲学的关键之争；它是一种非信仰的策略之争，永远走在与信仰的基本之争的路上。

　　施特劳斯是否认为，具体的柏拉图诗歌曲调杂异，但富有教益？或是认为，尼采将宗教归于哲学统治的意图，能有一个未来？非信仰者施特劳斯，自始至终完全清醒地意识到这一基本之争，而对我来说，情形似乎是，施特劳斯要么是近来哲学统治宗教尝试的旁观者，他的伊壁鸠鲁色彩多于柏拉图色彩，要么，他揭示了哲学尝试统治宗教的惊险历史，把尼采在那段历史中的地位揭示为一个贡献者，积极、长期、循序渐进地致力于尼采工程，这样，施特劳斯就不是伊壁鸠鲁式的，而是柏拉图式的，同时，施特劳斯还强迫自己参与这项工程之中，并战斗不止。施特劳斯之解读柏拉图，一如对尼采的解读，就像他对公开哲学隐微教诲的伟大革新所做的贡献一样，对于我，它们好像在为后者而辩：作为一位柏拉图式的政治哲人，施特劳斯可能也是一位尼采主义者。甚至可能是，这种模棱两可乃施特劳斯思想的根本；丧失这一根本，他的学说或许会失去它的实验特性和诱惑性。

图书在版编目（CIP）数据

尼采在西方（重订本）/ 刘小枫选编.—上海：华东师范大学
出版社，2009.12
（经典与解释. 尼采注疏集）
ISBN 978-7-5617-7431-1

I.①尼… II.①刘… III.①尼采，
F.W.（1844～1900）－哲学思想－研究 IV.①B516.47

中国版本图书馆 CIP 数据核字（2009）第 238070 号

华东师范大学出版社六点分社

企划人 倪为国

尼采注疏集

尼采在西方（重订本）

编 者	刘小枫	
责任编辑	倪为国	
封面设计	吴正亚	

出版发行 华东师范大学出版社
社 址 上海市中山北路 3663 号 邮编 200062
网 址 www.ecnupress.com.cn
电 话 021－60821666 行政传真 021－62572105
客服电话 021－62865537
门市（邮购）电话 021－62869887
地 址 上海市中山北路 3663 号华东师范大学校内先锋路口
网 店 http://hdsdcbs.tmall.com
印 刷 者 上海景条印刷有限公司
开 本 890×1240 1/32
插 页 2
印 张 16.25
字 数 360 千字
版 次 2014 年 1 月第 1 版
印 次 2015 年 4 月第 2 次
书 号 ISBN 978-7-5617-7431-1/B·532
定 价 48.00 元

出 版 人 王焰

（如发现本版图书有印订质量问题，请寄回本社客服中心调换或电话